진정한 나를 찾아 떠나는 심리여행

가족

존 브래드쇼 지음 | 오제은 옮김

학지사

역자 서문

　이 책의 저자인 존 브래드쇼는 상처 입은 내면을 치료하는 내면
아이치료 분야와 함께 가장 중요한 치료 도구로 인식되고 있는 가
족치료 분야에서, 이 시대에 현존하는 최고의 치료사로서 전 세계
의 상담전문가들과 치료사들에게 널리 존경받는 분이자 일반 대중
에게도 잘 알려져 있는 분이다. 브래드쇼는 『가족』을 통해서 전공
자들도 잘 이해하기 어려운 가족치료의 개념들을 그분만의 탁월한
대중적 언어로 누구나 알기 쉽게 풀어내고 있다. 그런 의미에서 이
책은 상담전공자들뿐 아니라 일반 독자들에게도 매우 유익한 책이
다. 또한 이 책의 내용 전체는 어떤 심리학 이론이나 심리치료 기
법 중심이 아닌, 저자 자신의 실제 삶의 경험들을 중심으로 한 매
우 진솔한 자기고백 형식을 지니고 있다. 자칫 딱딱하기 쉬운 상담
이론, 어떤 설명이나 분석보다도 저자 자신의 어린 시절의 상처와
아픔을 있는 그대로 드러내면서 자신이 구체적으로 어떻게 상처를
받았으며 무엇이 진짜 문제였는지, 그리고 그 상처로 인해 어떤 영
향을 받았으며 어떻게 치유될 수 있었는지를 생생하게 기술하고
있다. 그가 저술한 서적들 거의 전부가 연속적으로 『뉴욕타임스』

베스트셀러를 기록하고 있는 이유는 그분만의 이러한 특별함 때문일 것이다.

　내가 본격적으로 가족치료를 접하게 된 것은 하버드대학교 석사과정 재학 중에 가족치료 관련 과목들을 공부하게 되면서다. 가족치료에 깊은 매력을 느낀 나는 그 후 미국 가족치료의 본산이라고 할 수 있는 케임브리지 가족치료연구소에서 1년간 가족치료 레지던트 전문가과정을 수련하면서 진정한 가족치료의 진수를 경험할 수 있었다. 역기능 가족체계 속에서 세대 간에 걸쳐 계속되는 악순환을 생생한 사례들을 통해 분석하고 슈퍼바이저들과 가족치료사들이 함께 참여하는 치료 전략회의에서 치료방법을 결정하여 상담의 횟수를 더해 갈 때마다 구체적으로 적용, 수정해 감으로써 각 가족 구성원들이 어떻게 치료되는지를 보다 잘 알 수 있게 되었다. 아직까지도 생생하게 기억하고 있는 잊지 못할 경험이 있다. 가족치료사로부터 상담사례에 대한 모든 정보와 치료과정, 그리고 앞으로의 치료전략들에 대한 발표를 들은 후에, 여러 슈퍼바이저 교수님들과 더불어 어떤 의견이라도 자유롭게 말할 수 있는 열린 토론과 분석, 충분한 검토와 전략회의를 거친 후에, 일방경을 통하여 가능한 모든 가족 구성원들이 참석한 상황에서 가족치료의 실제현장들을 생생히 지켜볼 수 있었다. 레지던트 수련생들 중 누구라도 자원하는 이는 그 치료에 직접 참여할 수가 있었다. 그리고 치료가 끝난 후에는 가족 구성원 전체와 수련생들과 가족치료사들 전체가 참여하는 자리에서 허심탄회하게 질문도 하고 모든 치료과정에 대해서 흉허물 없이 마음을 터놓을 수 있어서 치료사와 내담자 모두가 치료에 대하여 보다 적극적이고 협력적이 될 수가 있었다. 이 경험은 나로 하여금 개인의 문제는 결국 가족 전체의 문제가 그 개인을 통해서 드러난 결과라는 확신을 갖도록 했고, 동시에 가족문제가 곧 우리 사회의 근본적인 위기라는 가족중심적인 패러다임으로의 전환을 꾀할 수 있는 가족치료의 눈을 열어 주었다.

이제 상담전공자들에게 상담을 가르치고 있는 위치에서 어떻게 하면 나의 이런 경험들을 보다 생동감 있게 전달할 수 있을지가 고민이다. 오랫동안의 이런 고민을 시원하게 해결해 줄 수 있는 방법이 이 책에 어느 정도 담겨 있다고 믿는다. 가족치료에 관한 훌륭한 분들의 서적들이 국내에도 많이 소개되고 있는 것은 참 다행스러운 일이지만 나는 아직 이만큼 명료한 책을 찾지 못했다. 이 『가족』은 정작 우리가 지닌 문제들의 진짜 이유가 무엇인지 아직 잘 깨닫지 못하고 있는 국내의 현실에 그 해답의 실마리를 제공해 줄 수 있을 것이다. 7년 전 귀국할 때부터 이 책을 번역하는 일을 가장 최우선으로 여긴 이유도 바로 이 때문이다. 이제야 그 큰 짐을 던 듯하다.

오늘날 국내에 발생하고 있는 여러 문제들의 핵심은 바로 가정이 위기이기 때문이다. 즉, 가정의 문제가 여러 문제들의 핵심이라는 말이다. 사실 북미와 비교할 때 우리나라의 현실은 아직 이혼문제를 비롯한 가정의 여러 위기들을 극복하기 위해 필수적인 변변한 가족상담전문센터나 연구소, 학술기관, 상담전문가의 수요가 절대적으로 부족한 실정이다. 모두가 알고 있는 것처럼 우리나라는 근래 없었던 가장 가파른 이혼율 상승과 가정의 해체를 경험하고 있다. 이대로 간다면 머지않아 전 세계 이혼율 1위라는 미국도 결국 앞지르고 말 것이다. 그런데도 아직 우리는 이러한 문제들에 대한 해결책은커녕 그 심각성조차도 제대로 파악하지 못하고 있다. 과거 미국 내의 수많은 시민들을 깨우쳤던 브래드쇼 선생님의 『가족』이 이러한 문제들의 핵심이 곧 '가족' 에 달려 있음을 새롭게 인식하게 하는 하나의 계기를 마련했으면 한다. 『가족』은 그동안 나 자신이 문제인 줄로만 알고 있었던 데서 가족이 모든 문제의 핵심이었음을 알게 해 준다. 즉, 문제를 바라보는 시각에 있어서 개인중심적인 사고로부터 가족중심적인 패러다임으로의 전환이 일어나도록 이끌어 준다. 즉, 나의 문제는 우리 가족 전체의 문제가 나를 통해서 드러났던 것임을 깨닫게 해 준다. 결국 가족이 문제요, 환자인 셈이다.

우리 가정이 행복해짐으로써 우리 모두가 환하게 웃을 수 있는 그런 날을 그려 본다. 이 책을 번역하는 동안 많은 도움을 주신 이현숙 선생님과 이 책의 출간을 허락해 주신 학지사 김진환 사장님과 편집부 직원 여러분께 특별히 감사드린다. 또한 (사)한국가족상담협회와 한국가족상담센터의 스태프들, 그리고 숭실대학교 동료 교수님들과 상담전공 학생들 모두에게 감사드린다.

사람을 꽃보다도 아름답게 바라보는 세상,
일보다도 가족을 가치 있게 여기는 사회를 바라보며
숭실대학교 연구실에서
오제은

초판에 붙인
저자 서문

　이 책은 〈브래드쇼의 가족(Bradshaw On: The Family)〉이라는 제목으로 최근에 방영된 텔레비전 시리즈의 내용을 보강한 것이다. 이 프로그램은 원고 없이 청중들 앞에서 애드립(대본이 없는 즉흥 대사)으로 녹화되었고, 프롬프터 기계(원고가 보이도록 하는 장치)도 사용하지 않았기 때문에 자세한 설명이 부족한 경우가 종종 있었다. 방송에서는 청중의 감정에 다가가고자 하는 목적을 가지고 내용을 전달했기 때문에 설명이 좀 부족하다고 해서 그리 문제가 되지는 않았다.

　이 책은 '가족'이라는 주제에 관하여 좀 더 깊이 있게 알기를 원하는 사람들을 위해서 썼다. 이 책은 또한 텔레비전 시리즈를 시청한 사람이든 아니든 역기능 가족 출신의 사람들을 위한 것이다. 그리고 가부장적인 규칙들에 의해 양육을 받은 결과로 감정적인 무감각, 비자기화, 중독의 증상을 갖게 되었으면서도 그 영향에 대해서는 미처 인식하지 못하고 있는 우리 사회의 모든 사람들을 위한 것이기도 하다.

　각 장은 대체로 텔레비전 시리즈의 순서를 따르고 있다. 그러나 '체계로서의 가족'에 대한 설명을 보충하기 위해 한 장을 따로 만들어 넣었다. 또한 마지막 세 프로그램의 소제목들 중 몇 개를 바꾸었다.

이 시리즈에서 나는 정서적인 건강과 질병이 무엇인지에 대한 새로운 개념을 제시하는 것과 아울러 그러한 정서적 건강 혹은 질병이 어떻게 해서 세대를 거쳐 전수되는지에 관해 설명하였다. 이 책은 자존감을 강화하기 위한 새로운 방법뿐만 아니라 잃어버렸던 어린 시절의 자기를 회복할 수 있는 방법을 제공한다. 또한 가족이 반드시 제대로 기능을 해야만 사회의 상처들을 치유할 수 있다는 점을 이해할 수 있도록 도와줄 것이다.

이 책은 대체로 가족을 체계로 보는 관점에서 쓰였으며, 상담사, 심리치료사, 임상의 등 이 분야의 전문가들을 위한 것이다. 일반인, 즉 비전문가를 대상으로 쓴 것은 아니지만 일반인들도 이렇게 혁신적이고 강력한 개념을 이해할 수 있는 다리가 필요하다고 본다. 가장 중요한 것은 우리 각자가 어떻게 해서 가족체계 안에서 진짜 자기를 잃어버리게 되었는지, 그리고 우리의 가족체계가 어떻게 해서 오늘날의 중독된 사회를 만들게 되었는지를 이해하는 것이다.

겨우 45년밖에 안 되었지만, 가족을 사회체계로 보는 개념은 우리 자신을 이해하는 데는 물론 우리 사회의 주요 문제들을 이해하는 데도 새롭고 효과적인 접근법이라고 할 수 있다.

위대한 실존주의 심리치료사인 로널드 데이비드 랭(Ronald David Laing)은, 가족체계이론은 이전의 이론들과는 극적인 대조를 이루고 있는데, 이는 마치 프로이트의 치료가 그 이전에는 정서장애가 있는 사람들을 정신병원에 감금해 놓던 행태와는 극적으로 다른 대조를 이루었던 것과 같다고 하였다. 이것이 좀 과장된 주장일지 모르겠으나, 만일 내가 지금의 나를 있게 한 나 자신의 가족체계에 대해서 잘 알지도 못하고 이해할 수도 없었다면 진정한 나에 대해서, 또 내가 살고 있는 이 사회에 대해서도 잘 이해할 수 없었을 것이다.

문화의 역사에 대한 논의는 개인에게도 적용될 수 있다. 우리가 우리의 가족사를 모른다면 똑같은 가족사를 그대로 반복할 수밖에 없을 것이다.

나는 가족체계 이론 분야에서 많은 선구자들이 이루어 놓은 여러 가지 업적들을 자유롭게 사용하여 이 책을 썼다. 이 운동의 아버지로서 밀턴 에릭슨(Milton H. Erickson), 머레이 보웬(Murray Bowen), 나단 애커먼(Nathan W. Ackerman), 그레고리 베이트슨(Gregory Bateson), 제이 헤일리(Jay Haley), 칼 휘태커(Carl A. Whitaker)의 이름이 제일 먼저 떠오른다. 또한 이 책을 쓸 때 이 운동의 위대한 어머니 버지니아 새티어(Virginia Satir)에게서도 엄청난 영향을 받았다. 앨리스 밀러(Alice Miller), 르네 프레데릭슨(Renee Frederickson), 게센 카우프만(Gershen W. Kaufman), 로버트 파이어스톤(Robert W. Firestone), 샤론 웩셰이더 크루즈(Sharon Wegscheider Cruse) 그리고 밥 서비(Bob Subby)에게도 많은 빚을 졌다.

테리 켈로그(Terry Kellogg)에게 또한 특별히 감사한다. 그는 나의 텔레비전 시리즈에도 7, 8번 출연해 주었다. 그리고 몇몇 주제에 대한 나의 입장을 분명히 하는 데 테리의 통찰력이 크게 도움이 되었다. 이 모든 분들의 생각을 소개할 때 원 저자의 말을 직접 인용하지 않은 경우, 그들의 사상과 생각을 해석해서 쓴 부분은 나에게 그 책임이 있음을 밝혀 둔다.

나는 신학자로서 우리가 자기 자신을 알아가고 사랑하는 것에 관련된 영적인 주제들에 대하여 관심을 갖고 있다. 자신을 알고 사랑하는 것은 '가족'에서 비롯되는 것으로 사회에 중대한 영향을 끼치고 있다. 이에 대한 관심을 강조하기 위해서 나는 이 책의 부제를 "당신의 자존감을 강화하고 진정한 민주주의를 육성하기 위한 새로운 방법"이라고 붙였다.

영성이란 전체성에 관한 것이다. 가족체계를 탐구해 보면서 우리는 우리의 전체성을 파괴하는 상처들의 한 가지 근본 원인을 발견하게 된다. 내가 주장하고 싶은 것은 오늘날 우리 사회는 위기 가운데 있으며 우리의 가족 안에도 그 위기가 나타나고 있는데, 그 위기는 우리가 진짜 자기에게서 단절이 되어 있다는 것이다.

사회가 만들어 낸 가족의 위기 그리고 가족이 만들어 낸 사회의 위기가 결국 같은 뿌리를 가지고 있다고 보는 것이 치료의 시작이다. 우리 자신 안의 전쟁과 실질적인 다른 사람들과의 전쟁의 주요 원천이 가족 안에 있다.

나의 위대한 스승 중 한 분인 그레고리 바움(Gregory Baum)은 악마적이라고 하는 것을 '인간의 악을 뛰어넘는 악의 구조'라고 정의하였다. 바움의 말로 하자면, 이 책은 인간이 경험하고 있는 악마적인 것에 맞서서 그 손아귀에서 벗어날 수 있는 방법들을 제시하고자 하는 것이다.

개정판에 붙인
저자 서문

나는 먼저 PBS 시리즈 〈브래드쇼의 가족〉을 시청해 주시고 이 책의 초판을 읽어 주신 모든 분들께 감사 드리고 싶다. 그분들이 변화의 경험을 써 보내 주시고 친절한 격려의 말씀을 보내 주셔서 나는 기대했던 것 이상의 보람을 느낄 수 있었다. 사실 나는 이 책의 내용이 과연 적절한지에 대해 두려움이 있었는데, 그분들의 지지와 열정적인 반응에 힘입어 그 두려움에서 벗어날 수 있었다.

또한 시간을 내어 건설적인 비판을 써 보내 주시고 어떤 생각들에 대해 좀 더 확장시킬 수 있는 방법들을 제안해 주신 분들께도 감사를 드린다.

공적인 비판에도 감사를 드린다. 때로는 신랄했던 공격으로 인해 텔레비전 방송과 이 책에서 표명했던 나의 입장들에 대해서 어쩔 수 없이 스스로를 비판해 보기도 하고 여러 번 반복해서 생각해 보기도 하였다. 그렇게 해서 이 책에 새로운 내용을 첨가하고 나의 생각들을 갱신할 수 있는 기회를 갖게 되었기에 고맙게 생각한다.

『가족』은 내가 처음으로 출간한 책이다. 그래서 그 책에는 청년의 열정과 이상주의의 도장이 강하게 찍혀 있다. 그 책을 쓸 당시 나는 거의 선교적인 열정으로 활활 타오르고 있었다. 1984년 10월 PBS 시리즈를 만들고 있을 때, 나는 아직도 나 자신의 어린 시절의 분노와 고통을 느끼고 있었고 한창 초기의 고통을 애도하는 작업을 하고 있던 중이었다. 그리고 바로 그때 가족체계 이론이 어떻게 해서 알코올 가족에게 적용되는지를 인식하게 되었고, 알코올 가족의 성인아이(ACoA: Adult Children of Alcoholics)와 관련된 특성들이 무엇인지도 알 수 있게 되었던 터였다.

그 당시 이러한 지식은 내게 너무나 놀라운 것이었고 나의 유독성 수치심을 완화시키는 데 매우 큰 도움을 주었기 때문에, 나는 가족체계적인 생각들을 거의 구원의 종교처럼 받아들이는 신봉자가 되어 있었다. 1984년에는 성인아이운동과 상호의존증에 대한 새로운 논의가 힘을 얻기 시작하고 있었다. 나는 내가 하는 일이 그러한 회복 운동을 촉진시킬 수 있을 것이라고 믿었다.

지금 와서 생각해 보면, 나 자신의 미해결된 과제와 가족체계를 마치 일종의 구원의 체계인 것처럼 믿었던 나의 열정이 방송과 책에 영향을 주어 그 내용이 때때로 극단에 치우쳤다는 것을 깨닫게 된다. 그러나 나는 지금도 PBS 시리즈와 그 책이 당시에 꼭 필요한 것이었다고 믿는다. 내가 하지 않았다면 다른 누군가가 그 일을 했을 것이다.

텔레비전 시리즈와 나의 책이 사람들의 삶에 어떠한 영향을 미칠지 나는 미처 예상하지 못했다. 그러나 PBS 시리즈가 방영된 직후, 미국과 캐나다 전역에서 생방송 대담과 워크숍에 와 달라는 요청을 셀 수 없이(내가 감당할 수 없을 만큼) 받게 되었다. 1988년 이 책이 출판되자 125만 부 이상이 팔려 나갔다. 그리고 나의 워크숍과 강의에 참석한 사람들이 약 25만 명에 달하였다.

회복 운동의 처음 열기가 이제는 식었다. 회복 운동의 철학이 이제는 많은 사람들의 삶의 방식이 되었다. 내가 이 일을 시작했을 당시에는 별로 쓰이지 않던 '역기능 가족' '수치심에 기초한 성격' '상처받은 내면아이' 같은 말들이 이제는 흔하게 되었고 때로는 진부하게 느껴지기까지 한다. 그러나 이러한 말들의 의미가 당시에는 진지하게 받아들여졌으며, 내가 받은 편지들을 통해 볼 때 정말로 많은 치유가 일어나고 있었다.

회복 운동은 조롱을 받았고 비난과 도전을 받았으며 논란거리가 되었다. 나는 이 운동이 그런 시련의 시간을 견뎌냈다고 믿는다. 이제는 많은 사람들이 이 운동을 위대한 역사적 현상의 중요한 한 부분으로 보고 있다. 내가 이렇게 생각하고 있는 이유를 간단히 소개해 보겠다.

인간의 발전과 그 역사는 불어인 '의식화(prise de conscience)'라는 말로 특징지어져 왔다. 이 말은 개인과 집단이 자라고 성숙해가는 중에 나타나는 깨달음과 자기 이해의 과정을 뜻한다. 발전 과정 중에 인간의 의식이 일단 자기 반성 수준에 이르게 되면 인간의 본성을 구성하는 요소들에 대한 더욱 깊은 인식이 자라게 된다. 그리고는 그 인식이 확장되어 우리의 가장 중요한 본성이 어떤 종류의 환경 가운데 있을 때 잘 성장할 수 있을지에 대해 이해하고자 한다. 인류가 인간다울 수 있었던 것은 추론할 수 있는 능력이 있고, 자유 의지를 행사할 수 있으며, 도덕적인 양심을 발달시킬 수 있고, 창조적이며, 법칙에 따라 살 수 있다는 데 힘입은 것이다. 이러한 인간의 활동은 정치 형태가 군주적이거나 독재적(부계 또는 모계)일 때보다는 민주적일 때 더욱 강화된다는 주장에는 이견이 별로 없을 것이다. 그러나 서구 역사의 대부분은 군주제가 지배해 왔다.

대부분의 서구 역사의 특징은 사회적인 합의하에 왕과 영주에게 엄청난 힘을 실어 주고, 대신 그들에게 백성의 안전과 보호를 책임지게 하는 것이었다. 인류 역사의 대부분은 우리가 상상할 수 없을 정도로 매우 원시적인 상태에 있었다. 약 1세기 전까지만 해도 우리에게는 선거제도, 대중매체, 고속 운송 수단, 비행기, TV, 냉장고, 전자레인지, 컴퓨터, 인터넷 등이 없었다.

산업혁명, **정보**혁명의 성과가 없었다면 우리의 삶이 어떻게 되었을지 상상하기 어렵다. 식민지 시대에는 좀 더 빛이 남아 있을 때 하기 위해서 이브닝 파티를 보름밤에 열었다는 이야기를 읽은 적이 있다. 군주제도(대부분 가부장적인)는 사회생활을 조직하고 백성들에게 안전감을 제공해 주었다.

종교적인 가부장제는 왕이 신성한 '권리'를 가지고 있다는 원리에 의해, 또한 모든 권위(아무리 부패한 것이라도)가 하나님에게서 오는 것이며 반드시 그에 복종해야만 한다는 믿음에 의해 정치 조직을 인정해 주었다. 불의한 왕이나 통치자들은 하나님 앞에서 책임을 지게 될 것이기 때문에, 왕의 불의함 앞에서도 맹목적으로 순종하는 것이 훨씬 더 덕스러운 일이었다.

가족은 자연스럽게 군주제도를 본받게 되었다. 거기서부터 내가 이 책에서 **유해한 교육**이라고 부른 부모의 양육 규칙이 나온 것이다. 우리는 마치 신에게 하듯 부모에게 순종해야 했다. 부모는 **존경을 받아야만** 했다. 아이들은 부모에게 절대로 목소리를 높이거나 화를 내서는 안 되었다. 군주제의 왕처럼 부모는 하나님 앞에서 책임을 지게 되어 있었다. 부부관계에도 계급이 있었다. 여자들은 남편에게 순종해야만 했다. 아버지와 어머니는 둘 다 자녀들을 때릴 수 있는 권리가 있었다. 아이들이 화를 내는 것은 특히 금지되어 있었고 벌받을 일이었다. 군주제에서 신하들이 화를 내는 것을 원치 않던 이유는 분명해 보인다. 분노는 우리를 침해하는 사람들에 대항해서 싸울 수 있는 힘을 준다. 우리의 분노는 우리의 권리를 보호한다. 신하들은 권리가 별로 없었으며 군주들은 그들이 자신의 권위 밑에 있고 항거하지 못하도록 확실히 해 두고 싶어 했다. 분노를 허용해 주면 혁명을 일으킬 힘이 될 수 있었다. 부모의 권위는 왕의 권위를 반영하는 것이었기 때문에 자녀들의 분노도 금지되었다. 가족 안에서 힘의 위계는 명백히 비민주적인 것이었다.

프랑스혁명과 미국 독립전쟁은 군주제의 권력 남용에 대한 직접적인 도전으로 일어났다. 이것이 이후 대표 민주제를 이끌어냈다. 그러나 대표 민주제라 해도 가족은 여전히 권위주의적인 구조를 유지하였다. 내가 개인적으로 알고 있는 사람들 중에는 세계 민주주의를 지키기 위해 전쟁에 나가 싸웠는데도 자신의 가족에 대해서는 마치 나치 지도자처럼 통치하던 사람들이 있었다.

히틀러의 나치 정권은 가부장적 군주제가 극단적인 형태로 사회에 모습을 드러낸 것이었다. "Vater über alles(the fatherland over all, 최고의 조국)"는 나치의 슬로건으로 고삐 풀린 권력의 극단적인 잔인성을 지지해 주는 것이었다. 그들은 이러한 권력을 사용하여 세계에서 유래 없는 가장 가증스럽고 비인간적인 범죄를 저지르게 되었다.

나는 나치즘의 패배를 서구 가부장적 군주제의 종말로 본다. 아직도 현대 사회 안에 가부장제 및 모권제의 잔재가 강하게 남아 있는 것이 분명하다. 그러나 나치즘은 전제적 통치 형태가 얼마나 잔인하고 학대적일 수 있는가를 분명하게 보여 주었고, 그러한 사회 구조가 계속된다면 매우 위험할 수 있다는 것을 확실히 가르쳐 주었다.

지난 50년간 새롭고 더욱 **성숙한** 단계의 민주주의가 시작되었다고 볼 수 있다. 제2차세계대전 이전까지는 가부장적 산물로서 성별, 인종, 동성애에 대한 원시적인 정서를 가지고 있었지만, 이제 우리의 의식은 그것들을 뛰어넘어 크게 확장되었다. 우리의 의식이 확장된 것은 또한 19세기의 실존주의 철학 운동에 힘입었다고 할 수 있다. 실존주의 이전에는 이성주의가 지배적이었다. 이성주의자들은 모든 것이 논리에 의해서 설명될 수 있다고 믿었다. 도스토예프스키, 키에르케고르, 카프카 그리고 니체는 예언자의 목소리였다. 도스토예프스키는 공산주의가 일어날 것을 예언했다. 카프카와 니체는 허무주의적인 전쟁과 그것이 초래할 극악한 행위를 경고하였다. 이들 철학자들은 의지와 감정을 억압함으로써 나타날 결과를 분명히 알고 있었다. 현대 물리학이 나타나기 훨씬 전에 그들은 이미 억압된 에너지는 결국엔 분출된다는 것을 이해하고 있었다. 20세기의 전쟁들, 사회의 혁명들, 극심한 불안, 대규모의 중독 등의 현상은 오랜 세월 동안 가부장적 군주제와 이성주의에 의해 억압되어 왔던 정서생활(감정, 의지, 욕구)이 결국 분출된 것이라고 볼 수 있다. 가부장적 군주제와 이성주의는 의식이 진화되는 과정에서 필요한 단계였지만, 이제 우리가 더 높은 단계에 도달하는 데는 도움이 되지 않는다. 그것들은 우리를 감정적인 원시 상태에 묶어 놓는다.

프랑스혁명, 미국 독립전쟁, 나치주의에 의한 재앙, 이성주의에 대항하여 일어난 실존주의, 이 모든 요소들은 우리의 의식을 일깨워 민주주의의 의미를 새롭게 깨달을 수 있도록 도와주었다. 우리는 이제 좀 더 **성숙한** 민주주의(deep democracy)가 우리 인간의 본성을 더욱 온전하게 실현할 수 있는 방법이라는 것을 인식하게 되었다.

새로운 의식의 전환을 통해서 이전의 가부장적 자녀 양육이 학대적이었다는 것이 드러났다. 나는 여러분이 이 사실을 이해할 수 있기를 너무나도 절실하게 원한다. 가부장제에서 아이들을 제 자리에 묶어 놓기 위해 사용했던 방법 중의 하나는 수치심을 심어 주는 체벌이었다. 이러한 유독한 수치심이 얼마나 자존감을 손상시킬 수 있는지 나는 경험했다. 다른 사람들 역시 이런 경험을 했다. 미네소타의 심리학자 메릴린 메이슨(Marilyn Mason)은 가정 폭력 중 가장 해로운 형태가 **유독한 수치심**을 심어 주는 것이라고 말한 적이 있다.

나는 부모들에게 사회적으로 용인되고 있는 이러한 **정상적인** 양육 규칙이 자녀들의 자존감을 손상시켜 왔다는 것을 알리며 경고하고자 한다. 특히, 부모들이 해롭다는 것을 알지도 못했으며 나쁜 의도로 그렇게 한 것이 아니기 때문에 더욱 해로울 수 있었다. 내가 부모들을 **비난하려는 것이 아님**을 분명히 해 두고 싶다. 부모들은 그들이 알고 있는 한 최선을 다했다. 전제군주적 양육이 학대적이었다는 것을 볼 수 있으려면 우리의 의식이 **좀 더 성숙한 민주주의 의식으로 전환되어야만** 했기 때문이다.

『가족』 초판은 많은 사람들이 가족이 어떻게 움직이는지를 보여주는 혁명적인 새로운 정보에 집중하도록 만드는 역할을 하였다. **가족의 역동과** 관련하여 **가족이 어떻게 움직이는지 정확하게 보여주는 이러한 지식을 접할 수 있는 기회가 이전에는 전혀 없었다.** 나는 이 책의 내용이 전통적인 가치관을 개혁하고 심각한 사회의 상처들을 치유하는 자료로서 여전히 유용하다고 믿는다.

우리는 인류 역사상 처음으로 가족이 우리의 근본적인 정체감을 형성하며 대를 이어 가족 구성원들에게 영향을 미치는 놀라운 힘을 가지고 있다는 것을 알게 되었다. 우리는 **또한 어떻게 하면 가족의 건강을 증진시킬 수 있으며 대를 이어가며 강화시킬 수 있는지를** 배우고 있다.

가족은 종(種)과 같이 멸종될 수 있다. 하지만 그러한 일이 일어나게 되는 역동을 이해할 수 있다면, 가족을 강화하기 위한 중요한 정보를 얻게 될 것이고 미래의 세대들을 도울 수 있을 것이라고 생각한다.

전통적인 가치관은 튼튼한 결혼과 성숙하고 효과적인 자녀 양육의 중요성을 강조하고 있다. 가족이 어떻게 움직이는지에 대해 새롭게 이해하게 된다면 그러한 전통적인 가치관의 정당성을 다시 한번 깨닫게 될 것이다. 가족이 어떻게 우리의 정체성을 형성하는지에 대하여 새롭게 인식하게 될 때, 우리는 부모가 자녀를 양육하는 방법에 대하여 더욱 신중하게 생각해 보게 되고 양육이 정말 무엇인지를 배울 수 있게 될 것이다.

가족은 성격이 형성되는 모형이다. 즉, 가족은 우리가 참된 미덕의 기초를 닦으며 변치 않는 진정한 가치관을 내면화하는 장소다. 그러나 가족은 위협을 받고 있으며 덕스러운 사람들을 길러내지 못하고 있는 것이 분명하다. 그렇기 때문에 우리는 이 문제에 대해서 좀 더 배울 필요가 있다.

이 책이 더욱 긴급히 필요한 이유는 전통적인 가치관으로 돌아가자는 소리가 점점 커지고 있기 때문이다. 우리에게 전통적인 가치관이 필요한 것은 사실이다. 이 책에서도 그 점을 강조하고 있다. 그러나 전통적인 가치관으로 돌아가자고 하면서도 힘의 위계를 가지고 있던 군주제로 돌아가 유해한 교육 규칙들을 되살리자고 주장하는 소리를 자주 듣게 되는 것은 매우 불행한 일이다.

역설적으로 들릴지 모르겠지만, **그러한** 전통적인 가치관으로 돌아가게 된다면 이혼, 학대, 십대들의 약물 남용, 혼란하고 무질서한 아이들 그리고 힘 있고 명료하고 완고하고 경직된 지도자를 아무 생각 없이 따르는 추종자들은 더욱 늘어날 것이다. 지도자를 아무 생각 없이 따르는 사람들을 상호의존적인 사람들이라고 할 수 있는데, 이들은 성숙한 민주주의의 새로운 시대에 우리가 필요로 하는 덕스러운 성품을 지닌 사람들이 결코 아니다. 현대 가정의 이혼율이 높고 가출 자녀들이 많은 것은 좀 더 성숙한 민주주의가 나타나고 있는 증거라고도 볼 수 있겠다. 과거와 달리 여성들과 아이들이 매맞고 학대당하는 가족 안에서 살기를 거절하는 행동을 보이는 것은 그들의 용기와 개별성을 표현하는 것일 수 있기 때문이다.

성숙한 민주주의의 현실에 대하여 좀 더 이야기해 보자. 나는 성숙한 민주주의라는 말을 200년 전에 일어난 민주주의 혁명이 내면화되는 과정에 의해서 점차 우리의 존재 자체의 일부분이 되어 가고 있다는 의미로 사용하고 있다. 심리학자 아놀드 민델(Arnold Mindell)이 그의 저서 『전사(戰士)로서의 지도자(The Leader as Martial Artist)』에서 한 말에 의하면, **성숙한** 민주주의란 모든 살아 있는 존재를 향하여 온정을 나누는 무한의 감정이다. 이는 전체를 중요하게 생각하고 소중히 여기는 것이다. 이것은 특히 우리 개개인에게도 적용된다. 진정 민주적인 사람들은 자신의 내면의 감정, 필요, 욕구, 생각, 꿈뿐만 아니라 자기 몸의 모든 기관도 소중히 여긴다. 우리는 자기 자신을 사랑하고 정직하게 대할 수 있어야만 다른 사람들을 사랑하고 정직하게 대할 수 있다. 그렇기 때문에 자선은 가정에서 시작이 된다. 우리가 성숙한 민주주의 방식으로 자기 자신을 사랑할 수 있어야만 자신의 자녀, 부모, 형제들도 사랑하게 될 것이다. 그리고 가족이 진정 민주적일 수 있어야만 우리가 진정 민주적으로 자연과 사회와 세계를 사랑할 수 있을 것이다.

가족체계 이론의 싹을 틔운 사람 중 하나인 버지니아 새티어는 "전체 가족의 96%가 역기능적이다."라는 말을 했다. (종종 내가 이 말을 했다고 인용이 되는데, 나는 실제 이 말을 한 적도 쓴 적도 없다.)
이 말은 가부장적 전제군주 시대에서 성숙한 민주주의로 전환되어
가고 있는 맥락에서 나온 말이다. 민주주의 시대에 살면서 전제군
주 시절의 규칙들을 가지고 있는 가족은 모두 역기능적이 될 소지
가 있다고 믿는다. 성숙한 민주주의에 대한 새로운 의식은 과거에
는 꿈도 꿀 수 없었던 개별화를 강조하고 있기 때문이다. 과거는
나쁘지 않았다. 다만 성숙한 민주주의라는 새로운 의식에 비추어
볼 때 과거의 것이 적절하지 않다는 말이다.

　전제군주제와 유해한 교육이 위험하다는 생각이 지난 50년 동안
가장 열정적으로 일어났다는 것에 주목할 필요가 있다. 뉘른베르
크에서 있었던 전범 재판에 의하여 반가부장제운동이라는 준열한
사회혁명적 물결이 일어났다. 뉘른베르크 전범 재판에서는 가부장
적 군주제가 가장 소중하게 여기던 **맹목적 순종**에 대항하여 **양심**이
승리를 거두었다. 미국의 민권운동은 종종 시민 불복종 활동으로
이어졌다. 또한 반가부장적 활동에는 여권운동, 게이와 레즈비언
인권운동, 최근의 남성운동 등이 포함된다. 나는 이밖에 두 가지
운동이 매우 중요한 의미를 갖고 있다고 생각한다. 그중 하나는
1960년대의 히피운동이고, 다른 하나는 1980년대의 성인아이운동
이다. 반가부장제운동으로 일어난 이 두 가지 현상의 역사적인 중
요성을 이해하게 될 때, 나는 **우리의 의식이 성숙한 민주주의 의식
으로 가는 집단적인 패러다임의 전환 과정 가운데 회복운동이 일어났
다**는 것을 이해할 수 있게 되었다.

　히피운동은 인간 본래의 순수함과 인간이 태어나면서부터 지니

고 있는 사랑과 평화에 대한 갈망을 증언해 주었다. 1960년대에 우리는 전쟁에 대한 공포를 날카롭게 느끼고 있었다. 우리는 권력에 굶주려 전쟁을 일으킨 가부장적인 어른들의 손에 의해서 우리의 순수한 젊은이들이 희생당하는 모습을 분명히 보았다. 당시에는 "그들이 전쟁에서 돌아오지 않을 수 있습니다."라고 쓰인 벽보를 종종 볼 수 있었다. 이 말은 좀 평이하기는 해도 전쟁에 의해서 우리의 젊은이들이 더 이상 희생당해서는 안 된다는 것을 강력하게 표현해 주었다.

1980년대의 성인아이(Adult Child)운동은 어린 시절의 외상과 학대가 어른으로서의 삶에 치명적인 영향을 준다는 것을 증언해 주었다. 그리고 지나간 세대에는 효과적이었던 '정상적인' 자녀 양육법(유해한 교육)이 성숙한 민주주의 시대에는 효과적이지 않다는 것을 우리에게 분명하게 보여 주었다. 이러한 규칙들은 민주적이지 않으며 낮은 자존감과 수치심 중독을 초래하기 쉽다. 과거에는 강한 감정의 억압과 함께 자기 부정(비자기화)이 바람직했었다. 그때 필요했던 것은 가족체계에 대한 충성심이었다.

최근에 와서야 비로소 어린이 학대가 커다란 사회 문제라는 것을 확실히 보게 되었다. 이것은 마리아 몬테소리(Maria Montessori)가 몇 년 전에 한 말이다. 그녀는 가부장적 군주주의 규칙으로 아이들을 양육하는 것이 어린이 학대가 될 수 있다는 것을 알아야만 한다고 주장하였다.

성인아이운동은 비자기화의 역동을 날카롭게 인식하도록 해 주었다. 회복운동에서는 비자기화를 다소 모호한 표현인 상호의존증이라는 말로 묘사했는데 그것은 불행한 일이라고 하겠다. 상호의 존증이 약간 혼동을 주는 말이기는 하지만 나는 본문의 많은 부분을 할애하여 이것에 대하여 논의하였다. 이후에 쓴 나의 책 『가족 비밀(Family Secrets)』에서 나는 상호의존증을 묘사할 때 '비자기화'라는 단어를 사용하였다. 나는 이 단어를 더 좋아하지만 초기 성인아이운동에서 상호의존증이라는 말을 썼기 때문에 이 책에서는 그냥 그대로 쓰는 것이 좋겠다고 생각했다.

무엇이라고 부르든 간에 중요한 것은 그것이 실재한다는 것이다. 즉, 견고한 자존감을 잃어버리고 거짓 자기가 발달되는 현실이 존재한다는 말이다. 가부장적 양육 규칙에 의해 양육을 받은 아이들은 사랑을 받기 위해서 진짜 자기를 포기하고, 맹목적으로 순종하고 의무를 다하는 자기를 발달시켜야 한다는 것을 재빨리 배운다. 자기의 핵심이 거짓 자기로 덮이게 되면, 진짜 자기를 사랑하고 자존감을 발달시키는 일은 불가능해진다.

이 책은 특히 유해한 규칙에 의해서 손상된 자존감 대신에 견고한 자존감을 다시 세우는 일에 초점을 맞추고 있다.

내가 1988년 처음 이 책을 출판했을 때는 정신질환과 정서질환의 차이점에 대한 혼동이 있었다. 초기 가족체계 이론가들은 정신분열증과 그 밖의 정신질환들이 어떻게 형성되는지를 설명해 줄 수 있는 가족의 관계 패턴을 발견했다고 믿었다. 정신질환과 정서질환이라는 용어를 종종 서로 바꾸어 쓰기도 했다. 오늘날에는 자폐증과 정신분열 같은 정신질환을 뇌의 화학적인 이상으로 보며, 사회화의 결과가 아니라는 것에 대한 강한 합의가 이루어지고 있다. 이러한 구분이 초판에는 분명하지가 않았기 때문에 개정판에서는 바로잡았다.

　또한 절대화하기 쉬운 나의 성향을 가능한 한 부드럽게 하고자 노력했다. 내가 체계 이론적인 생각들을 거의 신성시하는 바람에 역기능도 절대시하는 경향이 있었다. 그래서 종종 가족의 역기능이 본래부터 있는 것처럼 표현하였다. 그러나 머레이 보웬(Murray Bowen)의 책을 좀 더 깊이 읽어 본 결과, 가족의 역기능이 생각했던 것보다 좀 더 상대적이고 역동적이라는 것을 이해하게 되었다. 어떤 가족이라도 극심한 스트레스와 불안이 있는 기간 동안에는 역기능적이 **될 수 있다**. 튼튼한 가족은 부모의 성숙도가 높은 특징을 가지는데 그런 가족은 대처하는 기술이 유연하고 잘 발달되어 있다. 그들은 좋은 대처 전략을 가지고 있기 때문에 고통스러운 시간을 단축하고 가족 역기능을 최소화할 수 있다. 반면에 약한 가족은 부모의 성숙도가 낮은 가족으로서 대처 전략이 효과적이지 못한 경향이 있고, 오랜 기간에 걸쳐, 심지어 대를 이어 역기능적으로 남아 있는다. 건강한 가족은 각 구성원이 견고한 자존감을 가지고 있다는 특징이 있다. 높은 수준의 자존감은 개별화 또는 자기 분화의 정도에 달려 있다. 자기 분화는 생각과 감정을 구분하는 능력과 감정에 대하여 생각하고 생각에 대하여 느낄 수 있는 능력으로 특징지어진다. 자기 분화가 잘되어 있으면 가족 안에서 반사 행동과 비이성적 행동이 줄어든다.

　나는 우리나라, 나아가 세계 모든 나라에 여전히 위기가 존재하고 있다고 믿는다. 나는 이 점을 강조함으로써 서문을 마무리하려고 한다. 가부장적 또는 모권적 군주주의 우주론을 가지고 있던 옛 질서에서는 귀중한 역할을 하였다. 그것은 과학 기술의 발달을 이끌어서 우주 공간을 탐험하고 DNA 코드를 해독하는 모험을 가능하게 하였다. 이제 우리는 지구가 살아 있는 생명체임을 문자 그대로 **보게** 되었고 유전자 생명공학에 도전하고 있다.

우리의 의식이 확장됨에 따라 '우리가 지구'라는 생각, 즉 모든 인류 가족은 '지구의 의식'이라는 것을 깨닫게 되었다. 이에 우리는 모두가 함께 미래를 준비하는 일을 해야 할 필요가 있다는 것을 깨닫는다. 우리 가운데 있는 차이점들은 문제의 근원이 아닌 해결책의 근원이다. 지구상의 문제들을 풀기 위해서는 모든 인류 가족—모든 문화, 모든 언어, 모든 종교, 모든 생명체들—이 필요하다.

우리의 의식은 아직 나이가 많지 않으며, 과학 기술적으로는 뛰어나지만 그렇게 현명한 것 같지는 않다. 우리가 지구상의 가족으로서 어떻게 함께 살아갈 수 있을 것인가? 우리의 미래를 위하여 어떤 선택을 할 것인가? 이러한 매우 어려운 질문에 우리는 직면해 있다. 가족이 어떻게 움직이는지 이해할 수 있다면, 우리가 원가족 안에서 어떻게 사회화가 되었으며 그 사회화가 어떻게 더 넓은 세계로 옮겨 가게 되는지를 이해하는 데 도움이 될 것이다. 나는 이 책이 우리가 새로운 천년에 다가가며 당면하게 될 많은 문제들의 해결책을 모색하는 데 새로운 인식을 가져다주기를 바란다. 그리고 여러분이 이 책의 내용을 통해 그 희망의 원천을 발견할 수 있기를 바란다.

나는 원래 가르치는 사람으로서 가족을 사회체계로 보는 여러 가지 새로운 자료들을 종합해 보려고 시도하였다. 고도로 전문적인 임상 용어들은 내용을 좀 더 분명히 하기 위해서 때때로 좀 더 쉬운 말로 바꿀 필요가 있었다. 물론 전문 용어는 정확하고 정밀해야 하므로 그렇게 하는 것이 좀 위험한 일이기는 하다. 내가 임의로 바꾼 부분에 대해서는 전적으로 책임을 지려 한다. 그리고 행여 잘못 전하게 된 부분이 있을지도 모르기에 가족체계이론을 체계화한 뛰어난 분들에게 미리 용서를 구하는 바다.

가르치는 사람으로서 또 나는 체계화하고 의미를 분명하게 하는 일을 한다. 그래서 나는 각 장의 마지막 부분에 내용을 잘 기억할 수 있도록 요약을 해 놓았다. 여러 대학에서 이 책을 선택하여 교재로 사용하고 있다 하니 기쁘게 생각한다. 그들에게 이 개정판이 좀 더 정확하고 유용한 것이기를 바란다. 또한 스스로를 성인아이라고 생각하고 있는 분들이 내면화 작업을 계속 진행해 나갈 때 이 개정판의 새로운 내용이 더욱 도움을 줄 수 있기를 바란다. 마지막으로 새로운 독자들에게도 도움이 될 수 있기를 간절히 바란다.

차 례

망가진 의지의 회복 / 수치심을 상대화하기 / 제1단계의 문제점 /

우화: 휴의 이야기

****

옛날 옛날에 한 왕족이 태어났다. 그의 이름은 휴였다. 휴를 '그'라고 부르기는 하겠지만, 휴가 남자였는지 여자였는지는 사실 아무도 모른다. 그리고 그것은 별로 중요하지 않다.[1] 휴는 이전에 살았던, 또 이후에 다시 태어날 어느 누구와도 달랐다. 휴는 비교할 수 없이 소중하고 독특했다. 그는 1조 달러짜리 다이아몬드 원석이었다.

태어나서 15개월 동안 휴는 자신을 돌보는 사람들의 눈에 비쳐진 자기의 모습을 통해서만 자기 자신을 볼 수 있었다. 휴는 정말 운이 없었다. 그를 돌보는 사람들은 비록 장님은 아니었지만 안경을 쓰고 있었다. 그런데 그들의 안경에는 이미 어떤 상이 찍혀 있었기 때문에, 그들이 휴를 볼 때는 단지 안경에 찍혀 있는 그 상을 볼 수 있을 뿐이었다. 그래서 그들은 휴와 함께 있었지만 어느 누구도 휴를 제대로 볼 수 없었다. 휴는 성장하면서 다른 사람들이

---

1 '그녀 또는 그' '그녀의 또는 그의'라는 말 대신, '그' '그의' '그를'을 사용한 것은 문법적으로 일관성 있고 분명하게 하기 위해서다. 성적 편견이 있거나 무신경해서가 아니다.

자신을 볼 때 가지고 있었던 여러 가지 상들이 모자이크된 사람이 되었다. 그런데 그 상들 중 어느 것도 진짜 휴가 아니었다. 아무도 휴를 진짜로 보지 못했다. 따라서 아무도 그가 정말로 어떻게 생겼는지 그에게 비춰 줄 수 없었다. 결국 휴는 다른 사람들의 상들로 모자이크된 것이 자기 자신이라고 생각했다. 그는 자기가 정말로 누구인지 알지 못했다.

때때로 깜깜한 밤에 혼자 있을 때 휴는 뭔가 매우 소중한 것을 잃어버렸다는 것을 느꼈다. 그는 끊임없이 자신을 괴롭히는 공허감, 깊은 허무감을 경험했다.

휴는 마음의 텅 빈 공간을 여러 가지 것들로 채우려고 애썼다. 권세, 세상의 명성, 돈, 소유, 도취감을 주는 화학 물질, 음식, 섹스, 흥분, 오락, 관계들, 자녀들, 일, 심지어 운동 등으로 말이다. 그러나 아무리 해도 자신을 끊임없이 괴롭히는 공허감은 사라지지 않았다. 주의를 산만하게 하던 모든 것들이 사라진 고요한 밤, 그는 조용하고 작은 목소리가 "날 잊지 말아요. 제발 날 잊지 말아 줘요!" 하고 말하는 것을 들었다. 그러나 슬프게도 휴는 그를 잊었고, 자기가 누구인지 결코 알지 못한 채 죽었다.

개관: 위기

1

우리의 심리학은 그 근본부터 흔들리고 있다. 오늘날의 세계를 이해하기 위해서 우리는 어제의 세계를 표현하기 위해 만들어진 언어를 사용하고 있다.

과거의 삶이 우리의 본성에 더욱 가깝게 느껴지는 것은 그것이 우리의 언어에 더욱 가깝기 때문일 뿐이다.

－앙투안 드 생텍쥐페리(Antoine De Saint-Exupéry)

지난 45년간 개인의 견고한 자존감을 형성하는 데 미치는 가족의 영향력에 대해서 새롭게 인식하게 되었다. 가족이 개인에게 영향을 준다는 것을 그 전에도 알고는 있었지만 지금 우리는 그 영향력이 그동안 생각해 왔던 것 이상이라는 것을 발견하고 있다. 이제 우리는 가족이 역동적인 사회체계로서 조직적인 법칙, 구성 요소 그리고 규칙들을 가지고 있다는 것을 이해하게 되었다.

가족 규칙 중 가장 중요한 것은 인간됨이 무엇인지를 규정하는 규칙들이다. 이 규칙들에는 자녀를 양육하는 것에 관한 가장 근본적인 신념들이 포함되어 있다. 부모들은 인간이 어떻게 살아야 하며 무엇을 이루어야 하는지에 대하여 자신들이 믿고 있는 방식대로 자녀들을 양육한다. 그리고 자녀들은 부모의 양육 방식에 따라 자기 자신에 대한 핵심적인 믿음을 형성하게 된다. 이보다 더 중요한 것은 없다. 아이들은 어느 문화권에서나 가장 중요한 자원이다. 이 세상의 미래는 아이들이 **자기 자신**에 대하여 어떻게 생각하는가에 달려 있다. 아이들은 이러한 자기 개념에 따라 모든 것을 선택하며 살아가게 되기 때문이다.

오늘날 가족은 위기에 처해 있다. 이 위기는 주로 우리 부모들의 양육 규칙들로 인한 것이며, 이러한 규칙들은 다세대 전수 과정을 통해 지속적으로 이어지고 있다.

영혼의 병: 수치심

　이렇게 이어져 내려온 양육 규칙들은 아이들을 야단치고 창피를 주는 방식이었다. 그런데 이런 식의 양육은 아이들의 자존감을 파괴하고 결국은 수치심을 심어 주게 된다. 게센 카우프만(Gershen Kaufman)은 『수치심(Shame)』이라는 그의 저서에서 다음과 같이 말했다.

　　수치심은 영혼의 병이다. 이것이 모멸감 또는 굴욕감에서 느낀 것이든, 난관에 성공적으로 대처하지 못했다는 실패감에서 느낀 것이든 간에 다른 사람이 아닌 자기 스스로에 의해 경험하게 되는 가장 쓰라린 경험이다. 수치심은 내면에서 느끼는 상처로서 우리를 자기 자신과 타인 모두에게서 분리시킨다.[1]

　카우프만에 의하면, 수치심은 대부분의 심리 문제의 원인으로서 인간의 삶 전체를 부인하게 한다. 우울, 소외, 자기 의심, 고립시키는 외로움, 편집증과 정신분열증 현상, 강박충동 장애, 자아분열, 완벽주의, 깊은 열등감, 부적절감 또는 실패감, 경계선 또는 자기애성 장애 등이 모두 수치심에서 비롯된다. 수치심은 일종의 자기 살해다. 수치심이 내면화되면 심리적 무감각 상태라는 특징이 나타나며, 이런 무감각 상태로 인해 죽음과 다름없는 삶이 되어 버린

1　Gershen Kaufman, *Shame: The Power of Caring*, 3rd rev. ed. (Rochester, Vt.: Schenkman Books, 1992), vii · viii.

다. 아이들이 생후 초기에 경험하는 인간관계를 통해 형성된 수치심은 그들 삶의 다른 모든 인간관계에 영향을 미치게 된다. 수치심은 자존감을 완전히 파괴한다.

수치심과 죄책감

수치심은 우리 내면의 상처의 중심에 있으며 죄책감과는 매우 다르다. 죄책감은 내가 잘못을 저질렀다고 이야기한다. 그러나 수치심은 내게 무언가 잘못된 것이 있다고 이야기한다. 죄책감은 내가 실수를 했다고 이야기하지만, 수치심은 나 자신이 실수라고 이야기한다. 그리고 죄책감은 내가 한 행동이 잘못되었다고 이야기하지만, 수치심은 내가 잘못된 존재라고 이야기한다. 그 차이는 확연하고 깊다.

우리의 양육 규칙들은 세월이 가도 크게 달라지지 않고 있다. 본래 이 규칙들은 가부장적 전제군주 시절에서 비롯된 것이지 민주제도에서 온 것이 아니다. 높은 이혼율, 폭력적인 십대들의 무질서, 대규모의 약물 남용, 유행처럼 번지는 근친상간, 섭식장애, 신체폭력 등의 모든 것들이 무언가 크게 잘못되었다는 것을 증명해 준다. 오래된 규칙들은 더 이상 효력이 없다. 우리의 의식이 변화했고 우리의 세계관 역시 변화했기 때문이다.

버림받음에 의한 수치심

우리의 양육 규칙들은 주로 여러 가지 형태로 자녀를 버림으로써 그들에게 수치심을 심어 준다. 부모들은 다음과 같은 방식으로 자녀들을 버리고 있다.

① 실제로 자녀들을 버리고 떠난다.
② 부모가 자녀들에게 감정을 어떻게 다루어야 하는지 본을 보여 주지 못하며 자녀들의 감정 표현을 지지해 주지 못한다.
③ 자녀들의 발달 과정상의 의존 욕구를 채워 주지 못한다.
④ 신체적, 성적, 정서적, 영적으로 학대한다.
⑤ 부모 자신의 채우지 못한 의존 욕구를 자녀를 이용하여 채우려 한다.
⑥ 자녀를 이용하여 부모의 결혼을 돌보게 한다.
⑦ 부모의 수치스러운 비밀이 밖으로 새어 나가지 않도록 숨기고 부인한다. 그래서 자녀들이 가족의 균형을 유지하기 위해 그 비밀들을 지키도록 만든다.
⑧ 자녀들에게 충분한 시간을 내주며 관심을 가져 주거나 지도해 주지 않는다.
⑨ 파렴치한 행동을 한다.

어린아이들은 아동기 내내 끊임없이 부모를 필요로 한다. 그들을 위해 부모가 채워 주어야 할 것들이 너무나 많다. 다섯 살짜리 어린아이가 짐을 싸 놓고서 이제 세상으로 자기의 길을 갈 준비가 되었다며 부모가 그동안 돌보아 주고 지도해 준 것에 감사하기 위해 가족 회의를 소집하는 일이란 있을 수 없다. 자연의 이치에 따라 그들이 집과 부모를 떠나고 싶어질 때까지는 15년이 걸린다. 어린아이들에게는 부모가 곁에 있어 주어야만 한다.

버림받은 아이들에게는 함께 있어 줄 사람이 없다. 심지어는 어린아이가 자기의 부모를 돌보아 주어야만 하기도 한다. 인간이라면 누구나 가지고 있는 그 아이만의 소중함과 독특함이 버림받음으로써 파괴되어 버린다. 아이는 혼자 남겨지고 소외된다. 이러한 버림받음은 수치심에 기초한 내면의 핵심을 이루게 된다.

거짓 자기의 출현

일단 아이 내면의 자기가 수치심에 의해서 상처를 입게 되면 그런 자기의 경험은 고통스러운 것이 된다. 이를 메우기 위해서 아이는 생존을 위한 **거짓 자기**를 발달시키는 것이다.

거짓 자기는 방어를 위해 가면을 쓰게 되는데, 그 가면은 진짜 자기가 고통과 내면의 외로움을 느끼지 않도록 하기 위한 것이다. 오랫동안 연기하며 가식으로 살다 보면 아이들은 진짜 자기와의 접촉을 잃어버리게 된다. 진짜 자기는 마비되어 버린다. 거짓 자기에 의한 은폐는 자존감의 발달을 불가능하게 만든다.

이러한 위기는 일반적으로 알려진 것보다 훨씬 더 심각하다. 왜냐하면 자녀들을 양육하는 성인들 자신이 수치심에 기초한 내면의 자기를 심하게 은폐하고 있기 때문이다. 그러므로 문제는 우리가 어떻게 자녀들을 양육해야 하는지에 관한 것뿐만 아니라, 성인처럼 보이고 성인처럼 말하며 옷을 입고 다니지만 실제로는 성인아이인 사람들이 너무나 많다는 것에 있다. 이러한 성인아이들이 종종 우리의 학교, 우리의 교회, 우리의 정부를 운영하고 있다. 또한 그들은 우리의 가족을 이루고 있다. 이 책은 오늘날의 가족의 위기,

즉 성인아이가 아이를 기르고 그 아이가 다시 성인아이가 되어 버리는 위기를 다루기 위한 것이다.

가족 규칙들

자녀를 양육하는 규칙은 모든 규칙들 중 가장 신성한 것으로 여겨진다. 그 규칙들은 종교적인 가르침으로 권위를 부여받고 학교 제도로 강화된다. 이런 것에 대하여 심각하게 의문을 제기하는 것은 신성 모독으로 간주된다. 그렇기 때문에 이 위기가 더욱 심각한 것이다.

벌거벗은 임금님의 이야기처럼 우리는 진실을 보아서는 안 된다. 그러나 실제의 경우는 동화 속 이야기보다 그 결과가 훨씬 더 심각하다. 우리는 부인하며 **말하지 않기 규칙**의 문화를 집단적으로 공유하고 있다. 말하지 않기 규칙은 부모의 자녀 양육 규칙에 그 뿌리를 두고 있다. "아이들은 어른이 말을 시킬 때만 말해야 한다." "아이들은 가만히 있어야지 말을 해서는 안 된다." "아이들은 어른이라면 누구에게나 무조건 복종해야만 한다." "질문을 하는 것은 복종하지 않는 행동이다." 모든 성인들 안에 있는 순종적인 어린아이는 자신들이 가족을 돌보는 과정에서 이러한 규칙들을 사용한다. 모든 성인들 안에 숨겨져 있는 아이는 계속해서 순종하게 되며, 이 규칙들은 여러 세대에 걸쳐 전수되어 '조상들의 죄'가 삼사 대에 이르도록 자녀들에게 이어지게 되는 것이다.

우리의 위기 상황이 매우 미묘한 이유는 **우리가 규칙들 중 어느 하나에 대해서도 질문을 해서는 안 된다는 것이 이 신성한 규칙들 가운데 포함되어** 있기 때문이다. 우리는 규칙에 대해서 이야기할 수 없다. 그렇게 하는 것은 부모를 모욕하는 것이 된다.

이제 다른 대안은 없다. 우리는 이 신성한 규칙을 깨고 질문을 해야 한다. 그렇게 하지 않는다면 빠져 나갈 방법이 없기 때문이다. 우리는 가족을 체계로 보는 새로운 지식의 불빛 아래서 이 규칙들을 점검해 보아야만 한다.

또한 우리는 이 규칙들을 점검하여 우리의 **강박성**과 화해해야만 한다. 수치심은 외로움과 심리적인 무감각 상태를 동반하게 되어 강박적 또는 중독적 형태의 삶을 살도록 불을 붙이게 된다. 성인 안의 어린아이는 만족을 모르는 욕구를 가지고 있기 때문에 결코 그 욕구가 채워질 수 없다. 그렇다고 어른이 된 지금 우리가 다시 어린아이가 되어서 엄마의 무릎에 앉거나 아빠에게 낚시에 데려가 주도록 바랄 수는 없는 것이다. 그리고 아무리 애를 쓴다 해도 우리의 아이들이나 연인이나 배우자가 엄마나 아빠가 되어 줄 수는 없다. 우리는 다시 어린아이로 되돌아갈 수 없다. 우리가 아무리 계속해서 채우려 해도 컵은 여전히 채워지지 않을 것이다.

수치심은 강박성에 불을 붙인다. 이 강박성은 우리 시대의 역병이다. 강박이 우리를 몰아가고 있다. 우리는 더 많은 돈, 더 많은 섹스, 더 많은 음식, 더 많은 술, 더 많은 약물, 더 강한 흥분, 더 많은 오락, 더 많은 소유, 더 많은 황홀경을 원한다. 마치 굶주린 사람처럼. 하지만 이 모든 것들을 아무리 더 가진다 해도 우리는 결코 만족할 수가 없다.

이 질병은 우리의 일상생활에 스며들어 있다. 우리는 무엇을 먹는가, 무엇을 마시는가, 어떻게 일을 하는가, 어떻게 자는가, 어떻게 사람들과 친해지는가, 어떻게 오르가즘에 도달하는가, 어떻게 노는가, 어떻게 예배를 드리는가에 집중하여 수고하고 애쓰고 있다. 그렇게 너무도 바쁘고 정신이 없어서 사실 우리가 얼마나 외롭고 상처 입고 화가 나고 슬픈지 결코 느낄 수가 없다. 우리의 강박성이 잃어버린 도시, 즉 폐허 속에 숨어 있는 우리 안의 깊은 내면을 완전히 덮어 감추고 있는 것이다.

강박적/중독적 행동

나는 강박적/중독적 행동을 '기분을 잠시 전환시켜 줄 뿐 결국 삶을 파괴하는 결과를 가져오는 어떤 경험과의 병적인 관계'라고 이해하고 있다. 이렇게 정의해 볼 때 우리는 사창가나 뒷골목을 헤매는 약물 중독자나 알코올 중독자와 같은 판에 박힌 그림만이 아니라, 일 중독자나 종교 중독자의 존경스러운 조직이나 거룩한 삶의 모습도 떠올릴 수 있게 된다. 이 정의는 또한 수치심을 심어 준 우리의 초기 양육자와의 잘못된 관계가 우리에게 어떤 영향을 끼쳤는지 알 수 있도록 도와준다. 우리가 태어나서 생존을 위해 의존해야만 하는 다리(bridge)였던 초기 양육자와의 관계가 잘못되었기 때문에 우리는 **의존**의 문제, **관계**의 문제를 가질 수밖에 없게 된다. 초기 관계에서의 버림받음은 우리에게 수치심을 심어 주며, 우리의 강박성은 그때 이미 준비되는 것이다.

가족은 우리가 처음으로 관계를 경험하는 곳이다. 가족은 우리가 부모의 눈이라는 거울을 통해서 처음으로 우리 자신을 보고 자신에 대해 배우게 되는 곳이다. 가족 안에서 우리는 정서적 친밀감이 무엇인지를 배운다. 또한 우리는 감정이 무엇이며 어떻게 그것을 표현하는지를 배운다. 부모들은 어떤 감정들이 괜찮고 가족 안에서 허락되는지, 그리고 어떤 감정들이 금지되는지 본을 보여 준다.

가족 안에서 버림을 받으면 우리는 자신을 보호하기 위해서 **방어기제**를 사용하게 된다. 감정을 억압하고, 무슨 일이 일어나고 있는지 부인하며, 자신의 분노를 연인이나 배우자 또는 친구들에게 전가하고, 사랑과 연결에 대해 허상을 만들어 내고, 이상화하거나 최소화하며, 아무것도 느끼지 않기 위해 해리하고, 무감각하게 되어 버린다.

중독적이고 강박적인 행동들은 우리의 **기분**을 **전환**시켜 준다. 우리는 무감각하게 되었을 때 그런 행동들을 발달시키게 된다. 그렇게 해야 살아 있는 것 같고 어떻게 해서든 감정을 처리할 수 있기 때문이다. 술이나 약물을 사용한다거나, 강박적으로 섹스를 한다거나, 단 것을 먹는다거나, 황홀경과 자신이 외롭다는 느낌을 가져다 주는 재미와 흥분 등 도취적인 경험들 속에서 이런 현상이 뚜렷하게 나타난다. 일, 쇼핑, 도박, 텔레비전 시청, 강박적 사고 등의 활동들 역시 감정을 피하는 데 사용된다. 이러한 행동들은 아주 뚜렷하지는 않지만 어쨌든 역시 기분을 전환시켜 주는 행동들이다.

중독은 이제 전 국민의 삶의 방식(삶이 아니라 죽음으로 이끄는)이 되어 버렸다. 이러한 삶의 방식은 그 자체로서 가치가 있는 자기 자신을 포기하고, 사랑받고 행복하기 위해서 자신 밖에 있는 무언가를 성취하고 수행하거나 사용해야만 하는 자신이 되려 하는 것이다. 따라서 우리를 죽음으로 이끌어 간다. 중독은 마땅히 견뎌야만 하는 고통을 피하기 위한 진통제와 같은 **대체물**이다. 그렇지만 고통을 견디려면 힘든 감정을 그대로 느껴야만 하는 것이다.

미국에서 가장 급격하게 증가하고 있는 문제는 성 중독이다. 추정하기로는 성 중독자의 수가 약물 중독자의 수와 비슷하다고 한다. 이로 인해 심각한 사회 문제들이 대두되고 있다. 성 중독으로 인한 강간과 성추행과 더불어 에이즈도 크게 번지고 있다. 모든 성 중독자가 어린이 성추행자인 것은 아니지만, 어린이 성추행자의 대부분은 성 중독자다.

힘과 폭력 중독 역시 역기능 가족에서 볼 수 있는 주요 요소다. 매맞는 아이들과 매맞는 아내들을 통해서 신체적으로 학대하는 가족 안의 공포가 여실히 드러나고 있다.

폭력은 그 자체에도 중독이 될 수 있다. 즉, 모든 학대하는 관계에서의 핵심적인 요소 하나가 희생당하는 것에 대한 중독이다. 학습화된 무력감의 형태인 **외상적 연합**이야말로 자신을 노예로 만들고 영혼을 죽이는 진짜 중독이다.

앞에서 나는 이전의 규칙들이 더 이상 효력을 발휘할 수 없다고 이야기하였다. 그렇다면 이전의 규칙들이란 어떤 것들인가?

유해한 교육

　스위스의 심리학자인 앨리스 밀러(Alice Miller)는 그녀의 저서 『당신 자신을 위하여(For Your Own Good)』에서 '유해한 교육'이라는 제목 아래 그러한 규칙들을 모아 놓았다. 이 책의 부제는 '자녀 양육에 숨겨진 잔인성과 폭력의 뿌리들'이었다. 그녀는 유해한 교육이란 자녀의 권리를 침해하는 형태의 양육이라고 주장하였다. 이러한 침해는 자녀들이 자라서 부모가 되었을 때 다시 재연된다.

　'유해한 교육'은 순종을 가장 중요한 가치로 떠받든다. 순종 다음은 정리정돈, 청결 그리고 감정과 욕구의 절제다. 아이들은 가르침을 받은 대로 생각하고 행동할 때만 '좋은 아이'로 여겨진다. 또한 온순하고 상냥하고 사려 깊고 이기적이지 않아야만 '착한 아이'가 된다. 아이들은 '가만히 있고 말을 하지 않을수록', '말을 시킬 때만 말할수록' 더욱 착한 아이가 된다. 밀러는 유해한 교육을 다음과 같이 요약하고 있다.

① 어른은 어린아이(의존적인)의 주인이다.
② 어른은 하나님처럼 옳고 그름을 결정한다.
③ 어른을 화가 나게 하는 것은 아이의 책임이다.
④ 부모는 항상 보호되어야 한다.
⑤ 아이들이 자신의 진실한 감정을 갖는 것은 전제군주인 부모에게 위협적인 일이다.

⑥ 아이의 의지는 가능한 한 빨리 '깨트려져야' 한다.

⑦ 이상의 모든 일들은 아이가 알아채지 못하도록, 어른들의 의
도를 폭로하지 못하도록 아이가 아주 어렸을 때 행해져야 한
다.[2]

이러한 가족체계 규칙들을 그대로 따른다면 한 집단의 사람들
(부모들)이 다른 집단의 사람들(아이들)을 완전히 통제하게 되는 결
과가 온다. 그런데도 현재 우리 사회에서는 신체적이나 성적인 학
대가 극단적인 경우에만 아이의 권익을 위해 개입할 수 있다.

극심한 정서적 학대, 무시 또는 밀착도 폭력의 한 형태다. 앞서
정의한 것과 같은 식으로 자녀들을 버림받게 하는 것 또한 아이의
자아 개념에 파괴적인 영향을 준다. 그러나 이러한 학대를 적발하
는 기관이나 법은 아직 없다. 사실상 종교 기관이나 학교는 이러한
신념에 권위와 지지를 부여해 주며, 우리의 법제도는 오히려 그 신
념을 강화시켜 주고 있다.

유해한 교육의 또 다른 측면은 어린아이에게 처음부터 거짓된
정보와 신념들을 심어 준다는 것이다. 증명되지 않았을 뿐 아니라
터무니없는 허위인 이러한 거짓 신념들은 여러 세대에 걸쳐서 전
해지는데 이것이 곧 '조상들의 죄'인 것이다. 앨리스 밀러가 말한
이러한 거짓 신념들을 인용하자면 다음과 같다.

① 의무감은 사랑을 만들어 낸다.

---

2 Alice Miller, *For Your Own Good: Hidden Cruelties in Child Bearing and the Roots of Violence* (New York: Farrar, Straus, Giroux, 1983), 59.

② 증오심은 표현을 금지하면 없어진다.

③ 부모들은 그들이 부모이기 때문에 존경받을 자격이 있다.

(누구나 15세가 되면 어떤 훈련을 받지 않아도 부모가 될 수 있다. 오히려 우리는 전화 교환수에게 더 많은 훈련을 시킨다. 우리에게 전화 교환수도 필요하지만 더욱더 필요한 것은 좋은 부모들이다-강조를 위한 필자의 덧글)

④ 어린아이들은 그들이 아직 어린아이기 때문에 존경받을 자격이 없다.

⑤ 순종은 어린아이를 강하게 만든다.

⑥ 높은 자존감은 해롭다.

⑦ 낮은 자존감은 사람을 이타적으로 만든다.

⑧ 아이들을 부드럽게 대하는 것은 해롭다.

⑨ 아이들의 필요에 부응하는 것은 잘못이다.

⑩ 아이들에게 엄격하고 냉정하게 대해야 그들이 인생을 잘 준비할 수 있다.

⑪ 감사하는 척하는 것이 솔직하게 불만을 표시하는 것보다 낫다.

⑫ 어떻게 처신하는가가 실제 어떤 사람인가보다 더욱 중요하다.

⑬ 부모와 하나님을 절대로 거역해서는 안 된다.

⑭ 육체는 더럽고 역겨운 것이다.

⑮ 강렬한 감정은 해롭다.

⑯ 부모는 충동이나 죄의식으로부터 자유로운 존재다.

⑰ 부모는 항상 옳다.[3]

---

3 Alice Miller, ibid., 59-60.

현대의 부모들 중에 이러한 생각들을 가지고 있는 사람들은 아무도 없을 것이다. 사실 어떤 이들은 이와 정반대의 극단적인 신념들을 가지고 있는데, 그 결과도 마찬가지로 학대로 나타난다. 그러나 부모들은 무의식적으로 이러한 신념을 따르게 되며, 특히 스트레스를 받거나 위기에 처했을 때는 더욱 그러하다. **사실상 부모들은 이 신념들에 따를 것인가 말 것인가에 대한 선택권을 가지고 있지 못하다. 그들 자신들이 자기 부모와의 관계를 잘 다루어 분명하게 인식하게 된 후라야 그 선택을 할 수 있게 될 것이다.** 나는 이것을 앞에서 성인아이의 문제라고 언급하였다. 이에 대해서 좀 더 설명해 보려 한다.

아이들의 신념 패턴

아이와 부모의 관계에서 매우 역설적인 사실은 **아이들이 자신의 부모에 대해 가지고 있는 신념이 바로 그 부모에게서 나온다**는 것이다. 부모는 자녀들에게 주변 세상이 가지고 있는 의미를 가르쳐 준다. 부모는 생후 10년간 아이의 세계에서 가장 중요한 의미를 갖는다. 부모가 어떻게 처신하더라도 부모를 존경해야만 한다고 아이가 배웠다면, 그 아이가 어떻게 이에 대해 이의를 제기할 수 있겠는가?

무력한 유아야말로 모든 생명체 중에서도 가장 의존적인 존재다. 장 피아제(Jean Piaget)와 같은 인지심리학자에 의하면, 아이는 생후 8년간은 비논리적이고 자기중심적이며 마술적인 사고를 한다. 네 살짜리 어린아이에게 남동생이 있는지 물어 보면 "네."라고 대답할 것이다. 그러나 이어서 자기 동생에게 형이 있는지 물어 보면 보통 당황해하거나 "아니요."라고 대답할 것이다.

또 다른 예를 들어 보자. 왼팔과 오른팔을 구별할 줄 아는 다섯 살 이전의 아이와 마주 서서 당신의 팔을 내밀고 어떤 팔이 오른팔이며 어떤 팔이 왼팔인지 물어보면, 아이는 당신의 왼팔이 오른팔이라고 대답할 것이다. 아이는 아직 미성숙한 상태기 때문에 자신을 주변의 대상들과 완전하게 구분하거나 분리하지 못한다. 아이는 세상에 대한 자신의 생각을 모든 사물에 투사한다. 그래서 자신의 관점에서만 볼 수 있을 뿐이다. 예를 들어, 아기 곰 푸우가 자신과 똑같은 느낌을 갖고 있다고 믿고 있다. 아이에게는 푸우가 장난감이라는 사실이 별로 문제가 되지 않는다. 이러한 자기중심성은 자기 보존과 관계가 있기 때문에 아이의 생존을 위해 중요한 가치를 지닌다.

어린아이의 마술적 사고는 **부모를 신격화한다.** 아이들에게 부모란 신이며 전지전능하고 모든 것에서 자신들을 보호해 주는 대상이다. 부모가 있는 한 자신을 해칠 것은 없다. 이러한 마술적 이상화는 아이를 밤의 공포에서 보호해 준다. 밤이란 버림받음에 관한 것으로 어린아이에게는 곧 죽음을 의미한다. 부모를 보호해 주는 대상으로 신격화하는 마술적 이상화 역시 아이에게 수치심을 심어 줄 수 있다.

예를 들어 부모가 아이에게 신체적, 성적, 정서적, 정신적 고통을 주어 상처를 입히고 학대한다면, 아이는 전능한 부모의 보호를 잃지 않기 위하여 자기 자신을 탓하며 자신을 나쁘다고 생각하게 될 것이다. 이 단계의 아이에게 자신의 부모가 적절치 않다는 인식은 견디기 힘든 불안을 가져온다.

본질적으로 아이들은 위협과 견디기 어려운 상황에서 자신의 의식적인 자각을 방어하는 타고난 능력을 갖추고 있다. 프로이트는 이러한 능력을 **자아 방어기제**(ego defense)라고 불렀다. 방어기제들은 처음에는 원시적이지만 일단 형성이 되면 자동적이고 무의식적으로 작동한다. 이러한 방어기제들이 매우 위험해질 수 있는 것은 바로 무의식적이라는 그 특성 때문이다.

심리학자 로버트 파이어스톤(Robert Firestone)이 최근에 출간한 『사랑의 환상(Fantasy Bond)』은 프로이트의 업적을 정교하게 다듬은 책이다. 저자에 의하면 사랑의 환상은 정신질환자에서 정상인에 이르기까지 모든 인간의 심리체제 안에 있는 핵심적인 방어기제다. 우리는 자신의 정서적인 욕구들이 적절하게 채워지지 않을 때마다 양육자와 자신이 연결되어 있다는 환상을 스스로 만들어 낸다. 사랑의 환상, 즉 연결의 환상은 사막에서 우리를 살려 주는 신기루와 같은 것이다.

엄마와 아빠 그리고 어떤 양육자도 완벽하지 않기 때문에 인간은 누구나 어느 정도는 이렇게 연결의 환상을 발전시킨다. 사실상 성장해서 집을 떠나는 것은 이러한 연결과 보호의 환상을 극복할 수 있어야 가능하다. 성장한다는 것은 인간이 본래 혼자라는 사실을 받아들인다는 것을 의미한다. 이것은 또한 우리가 스스로 밤의 공포를 직면하고 죽음의 실체와 맞선다는 뜻이다. 그리고 무엇보다도 부모에 대한 환상과 이상화를 포기한다는 뜻이다.

사람이 정서적으로 박탈감을 느낄수록 연결의 환상은 강해지게 마련이다. 역설적으로 들리겠지만, 사람은 버림을 받을수록 자신의 가족과 부모를 이상화하며 집착하는 경향이 있다. 부모를 이상화하게 되면 그들의 양육 방식 또한 이상화하게 된다.

거짓 자기의 발달

어린아이는 무력하고 의존적이며 두려워하기 때문에, 자신의 부모가 부적절하거나 병들었거나 미쳤거나 또는 어떤 다른 문제로 불완전하다는 사실을 결코 받아들이고 싶어 하지 않는다. 자연의 이치는 아이들에게 자기중심적, 마술적, 비논리적 형태의 인지를 부여함으로써 그들을 보호한다고 앞서 말한 바 있다. 버림받은 아이가 안전하게 생존하려면 자신의 부모를 이상화하고 자신이 나쁘다고 생각함으로써 자신을 분열시켜야만 한다. 이렇게 분열된 자신의 한 부분은 사실 자신이 받아들이기를 거부한 부모의 일부분이다. 아이는 이렇게 분열되고 금지된 자기를 다른 사람들, 즉 자신의 가족이 아닌 이방인들에게 투사한다. 그리고 부모의 목소리를 내부로 투사하게 된다. 이 말은 **아이가 원래 자신의 부모로부터 들었던 수치심을 심어 주던 대화를 자신의 내부에서 계속해서 듣게 된다는 것을** 의미한다.

아이는 자신이 부모에게 양육을 받은 대로 자신을 돌본다. 만일 아이가 분노, 슬픔, 또는 성적인 느낌 때문에 부모에게서 창피를 당했다면, 자신이 그러한 것들을 느낄 때마다 스스로에게 창피를 줄 것이다. 모든 감정, 필요, 충동은 수치심과 연결되게 된다. 이러한 내적인 불화는 너무나 고통스러운 것이기 때문에, 아이는 '거짓 자기'를 발달시키는 것이다. 거짓 자기는 문화에 의해서, 그리고 균형을 맞추려는 가족체제의 필요에 의해서 결정되는 가면이나 경직된 역할로 그 모습을 드러낸다. 아이가 오랫동안 거짓 자기와 자신을 동일시하다 보면 자신의 진정한 감정, 필요, 욕구를 거의 의식하지 못하게 된다. 즉, **수치심이 내면화되는 것**이다. 수치심은 더 이상 감정이 아닌 자신의 정체성이 되는 것이다. 진짜 자기와의 의식적인 접촉은 차단되고 진짜 자기는 존중의 대상이 되지 못한다.

아이는 마술적인 사고의 단계가 지나고 8세 정도가 되어 좀 더 논리적인 사고를 할 수 있게 되었을 때도 여전히 자기중심적으로 부모를 이상화한다. 이제 아이는 구체적이고 논리적인 방식으로 생각하며 다른 사람의 관점에서 볼 수 있다. 이에 산타클로스가 여섯 개의 백화점에 동시에 나타날 수 없다는 것을 눈치채게 된다. 이 단계에 오면 아이는 게임이나 놀이를 할 때 좀 더 협조적이 된다. 그리고 덜 마술적이게 된다(금을 밟는다고 엄마의 허리가 **진짜로** 부러지는 것은 아니다.). 아이는 이제 규칙을 좀 더 존중하게 된다.

논리가 좀 발달하기는 하지만 아이는 사춘기가 되기까지는 여전히 자기중심적이며 분화가 되어 있지 않다. 사춘기가 되어서야 비로소 타인 중심적인 사랑과 이해를 할 수 있는 능력을 갖게 된다. 그때까지 아이는 가설을 세우고 그 가설을 주조하여 청동기를 만든다. 가설을 반박하는 새로운 자료가 나타나도 아이는 도리어 가설에 맞추어 자료를 고치려고 들 것이다.

아이들이 가지고 있는 이러한 가설 중 하나는 어른들, 특히 자신의 부모가 자애롭고 완전히 선하다는 것이다. 왜냐하면 그들이 마술적 사고를 하던 시기에 그렇게 배웠기 때문이다.

부모가 선하다는 아이의 신념은 **그것을 반박하는 자료가 아무리 많아도** 바뀔 수 없다. 게다가 아이가 감정적으로나 의지적으로 이러한 신념에 집착하는 이유는 부모를 사랑하고 부모와 정서적으로 끈끈하게 연합이 되어 있기 때문이다. 학대받는 아이는 더욱 강력한 연합을 이룬다. 학대를 받으면 아이의 자존감은 약화되고 선택의 폭은 줄어들게 되기 때문에 학대가 더욱 강한 연합을 만들어 낸다. 아이는 자신을 무가치하게 느낄수록 변화할 수 없다는 무력감을 느끼게 된다. 또한 **아이는** 규칙들을 받아들이고 부모의 목소리를 내사할수록 **그 규칙들을 이상화하여 부모에게서 분리되지 않으려하게 된다.** 다시 말해서 아이가 부모의 규칙을 재고해 보고 그것이 잘못되었다는 것을 발견할 수 있으려면, **어렸을 때 이미 부모에게서 자신을 분리하고 독립할 수 있어야 한다**는 말이다. 그러나 어린아이는 그렇게 할 수가 없다.

일단 청소년기가 되면 아이는 대부분의 에너지를 가족을 떠나는 일에 집중시키게 되고 부모의 규칙을 거부하는 모습을 자주 보인다. 사실상 청소년기의 아이는 환상에 묶여 있을수록 더 많이 또래 집단에 집착하게 된다. 이때 또래 집단은 그들에게 '새로운 부모'가 되는 셈이다. 그러나 이러한 정체성의 위기가 일단 지나가고 나면, 대부분의 청소년들은 다시 가족과의 사랑의 환상으로 돌아가게 된다. 이러한 모습은 정착을 하고 자신의 가정을 꾸미게 될 때 특히 분명하게 나타난다. 자신에게 익숙한 것으로 돌아오고 그것이 옳다고 느끼며 자신의 양육 규칙에 이것을 포함시키게 된다. 유해한 교육은 신령한 진리의 본체로서 여러 세대에 걸쳐 전수되는 것이다.

앞서 이야기한 바 있듯이, 이러한 양육 규칙들은 시대에 뒤떨어진 것이며, 우리의 의식과 생활 방식은 지난 200년간 급격하게 변화해 왔다. 200년 전에는 유해한 교육이 여러 가지 이유로 효과적이었다.

우선 당시에는 평균 수명이 훨씬 짧았다. 그래서 가족들이 함께 있는 시간이 적었다. 이혼도 드물었다. 결혼생활은 평균 15년 정도였고 지금과 같은 청소년기의 가족 갈등도 거의 없었다. 13세가 되면 대부분의 아이들은 부모 중 한쪽을 여의게 되었다. 15세가 되면 정규 교육을 마쳤다. 그리고 여성의 사춘기는 청소년기 후반이 되어서야 왔다.

가족은 일과 생존을 중심으로 연합을 이루었다. 아버지는 집에서 살았다. 아들은 아버지와 일 도제제도를 통해 결속을 맺었다. 아들은 아버지가 땅을 변형시키고 집과 헛간을 짓고 손으로 놀라운 물건들을 만들어 내는 것을 지켜보며 아버지를 숭배했다. 오늘날은 수많은 가족들이 자동화와 인공두뇌의 새로운 세상에 아버지를 빼앗겼다. 아버지는 집을 떠나 있다(누군가의 연구에 의하면 관리직에 있는 아버지가 새로 태어난 아기와 보내는 시간은 하루 평균 37초라고 한다.).

대부분의 아이들은 자신의 아버지가 무슨 일을 하는지 잘 모른다. 아이가 어머니에게 연합되고 아버지는 집에 잘 없기 때문에 그 연합을 깨뜨릴 수 없다고 하는 것은 심각한 부부 문제와 친밀감의 문제를 야기하여 왔다.

아이들, 특히 남자 아이들은 한때 가족의 가장 큰 자산이었다. 오래된 중국 격언이 그것을 강조하고 있다. "아들 없이 부자인 사람을 내게 보여 주시오. 그러면 내가 그 사람의 부가 그리 오래 가지 않으리라는 것을 보여 주겠소. 아들이 많고도 가난한 사람을 내게 보여 주시오. 그러면 내가 그 사람의 가난이 그리 오래 가지 않으리라는 것을 보여 주겠소."

그러나 오늘날 아이들은 우리 경제의 가장 큰 부담 중 하나다. 아이가 대학을 졸업할 때까지 뒷바라지를 하려면 돈이 엄청나게 든다. 또한 부모와 자녀는 25년간이나 서로 긴밀한 상호관계를 유지해야만 한다.

200년 전 자녀 양육과 인성 형성을 지배했던 규칙들은 인간의 본성에 대한 과학적, 철학적, 종교적 견해의 결과였다고 할 수 있겠다. 이러한 견해들은 그동안 급격하게 변해 왔지만, 200년 전에는 민주주의, 사회 평등 그리고 개인의 자유는 검증되지 않은 새로운 개념이었다.

그 당시 세상은 지금보다 단순했다. 아이작 뉴턴(Isaac Newton)은 자연법칙들을 세밀하게 밝혀 놓았다. 그는 세상을 마치 산업 혁명에 의해 출현하게 된 기계처럼 보았다. 사고와 이성만이 발전을 의미했다. 사람은 이성적인 동물이었다. 감정과 욕구들은 오염시킬 수 있는 강한 힘이 있기 때문에 매우 의심스러운 것이었다. 따라서 감정은 이성을 통해서 주의 깊게 검토되고 통제해야 할 필요가 있었다. 사람들은 사물의 질서가 고정되어 있어야 안전하게 느끼고 만족스러워 했다. 하나님이 하늘에 계시고 사람이 자연의 법칙에 순종하는 한 세상은 모든 것이 잘 되어 갈 것이었다.

이러한 법칙들은 또한 남자들의 마음속에(가끔씩 여자들의 마음속에도) 쓰여 있었다. 이것은 자연의 법칙으로서 불변하는 영원한 진리에 기초한 것이었다.

어머니와 아버지는 하나님의 권위를 가지고 있었다. 부모의 임무는 자녀들에게 하나님과 자연의 법칙들을 가르치고 자녀들이 그 법칙들에 반드시 순종하게 하는 것이었다. 감정과 의지는 억압되어야만 했다. 아이들은 짐승처럼 길들이기 어려운 본성을 가지고 태어난다. 그들의 영혼은 하나님의 형상으로 만들어졌지만 원죄에 의해서 오염되었다. 그러므로 아이들에게는 훈련이 필요하다. 그들의 길들이기 어려운 욕망과 거친 영혼을 깨뜨리기 위해서 엄청난 힘이 사용되었다. **회초리를 아끼면 아이를 망치게 되는 것**이다. 앨리스 밀러에 의하면, 한 19세기 작가는 다음과 같이 말했다고 한다.

때리는 것은 말에 강한 힘을 실어 주고 그 효과를 크게 만든다. 가장 직접적이고 자연스럽게 때리는 방법은 뺨을 갈기고 나서 귀를 잡아당기는 것이다. ······이는 입을 때리는 것과 마찬가지로 상징적인 중요성을 가진다. 입을 때리는 것은 그것이 말하는 기관이므로 잘 사용해야 한다는 경고를 상기시켜 주는 것이다. ······머리를 때리거나 머리카락을 잡

아당기는 것도 역시 상징적인 뜻을 전해 준다.[4]

이러한 벌에 대하여 어떤 반응을 보이면 고집스러운 것으로 여겨졌다. 고집스러움은 자기 자신의 생각을 갖고 있다는 뜻이었다. 이것은 아주 오래전 좋았던 시절의 이야기다.

아인슈타인의 업적은 이러한 세계관에 종지부를 찍었다. 그의 상대성 이론이 뉴턴의 시계 태엽과 같이 결정된 우주와 그 안의 당구공과 같은 요소들을 대체하게 되었다. 상대성 이론은 공간과 시간에 대한 이러한 근본적인 생각에 도전하였다. 우주의 모든 것은 다른 모든 것에 대하여 상대적인 것이다. 곧이어 하이젠베르크(Heisenberg)의 불확정성 원리가 뒤따랐다. 그는 물질의 소립자가 존재한다는 것은 알 수 있지만 그것을 측정할 수는 없다는 것을 보여 주었다.

양자물리학(Quantum Physics)은 우리가 우주를 바라보는 방법에 혁명을 가져왔다. "이에 따라 우리가 심리신체적 자기(Psychophysical Self)를 바라보는 방법에도 놀라운 변화를 가져오게 될 것을 기대할 수 있게 되었다."라고 래리 도씨 박사(Dr. L. Dossey)가 『공간, 시간 그리고 의학(Space, Time, and Medicine)』이라는 책에서 말했다.

옛 세계관은 제1차세계대전과 그 결과로 1,500만 명이 죽은 것으로 인해 완전히 흔들리게 되었다.

---

4 Alice Miller, ibid., 44.

인류는 진보가 필연적이라는 많은 환상 속에서 느긋해하고 있었다. 합리주의와 기술혁명은 모든 사람에게 진보가 필연적이라는 확신을 주었다. 그러나 제1차세계대전 후에 사람들은 "이성과 계몽사상은 어디로 갔는가?"라고 물었다.

신봉자들은 당황했지만 여전히 이 신념을 지지하였다. 국제연맹과 바이마르 공화국은 이런 일이 다시는 일어나지 않도록 하는 안전 장치였다.

그러나 20년도 못되어 다시 전쟁이 일어났다. 이때 현대 세계는 이성을 뛰어넘는 충격을 받았다. 히틀러와 그의 추종자들은 6년간에 걸쳐 수백만의 사람들을 죽였다. 그의 정권은 계획적으로 6,700만 유대인들을 가스실과 수용소에서 죽였다. 인간의 역사상 전례가 없는 극악한 범죄였다. 그들의 잔인성과 비인간성은 상상을 초월하였다. 무엇이 한 사람에 의해서 수백만의 사람들을 가스실에서 죽이게 하였는가? 어떻게 해서 수백만의 사람들이 그에게 갈채를 보내며 동조하게 되었던 것인가?

어떻게 히틀러가 가능했을까?

독일은 기독교의 요새자 종교개혁이 탄생한 곳이었다. 독일은 세계 여러 나라들 중에서 단연 철학, 신학, 예술의 거장이었다. 그런데 어떻게 해서 그 모든 참사가 일어날 수 있었을까? 어떻게 히틀러가 가능했을까?

이 질문에 대해서 많은 대답이 나왔으나 만족스러운 답은 하나도 없었다. 그렇지만 우리는 그 대답을 찾아볼 필요가 있다. 나치

시대가 끝날 무렵에 인류를 멸종시킬 수 있는 핵무기가 새롭게 개발되었기 때문이다.

어떻게 해서 히틀러가 가능했을까? 독일에서 영토를 빼앗아 간 베르사이유 조약의 가혹함도 하나의 답이 될 수 있을 것이다. 또한 정치와 경제에서도 그 답을 찾을 수 있다. 이기심과 탐욕 그리고 가진 자와 못 가진 자의 문제와도 관계가 있을 것이다. 또 다른 답은 사회 문제, 즉 특수 이익 집단과 그 집단을 지배하는 법칙이 될 것이다. 여기에는 집단에 충성하기 위해 모두 함께 한곳에 초점을 맞추고 모두 함께 무엇인가를 부인하는 것이 포함된다. 그리고 히틀러의 독일이라는 수수께끼의 또 하나의 답은 심리적인 것으로서 가족 구조를 지배하는 규칙이라고 할 수 있겠다.

가족은 사람이 사회화되는 장소다. 전형적인 독일 가정을 지배하는 규칙은 가부장적 유해한 교육의 원리를 거의 똑같이 모방해 놓은 것이다. 사실상 복종, 엄격함, 질서, 감정의 부인을 극단적인 형태로 채택했기 때문에 이것이 '나치즘의 검은 기적'으로 이끌어 갔던 것이다.

에릭 에릭슨(Erik Erikson)은 히틀러에 관한 그의 글에서 이 사실을 강력하게 주장하였다. 그는 다음과 같이 썼다.

나치즘의 검은 기적이란 **현 시대에서도 전 세계적으로 일어날 가능성**이 있는 일의 독일판으로서 대단하게 계획되었다가 대단하게 실패한 것임을 우리는 깨달아야만 한다. 이러한 움직임은 아직도 지속되고 있다. 히틀러의 망령은 이 사실에 주목하고 있다. (강조는 필자에 의한 것임)[5]

이런 일이 재발될 가능성이 있는 것은 가부장적인 유해한 교육이 아직도 존재하고 있기 때문이다. 복종과 체벌은 아직도 부모가 자녀를 훈련하는 가장 좋은 방법으로서 높이 평가받고 있다.

1920년대에 누군가가 바이마르 공화국은 독일 가족의 전체주의적 구조 때문에 결코 성공할 수 없을 것이라고 주장하였다. 아버지가 어머니와 아이들에게 절대적인 힘을 행사하도록 하였던 권위주의는 민주주의를 배울 수 있는 토양을 제공할 수 없었다.

절대 복종

검은 기적의 또 하나의 원인은 가부장적 종교 신념으로서, 모든 권위는 하나님에게서 온 것이기 때문에 신성한 명령으로 여기고 복종해야만 한다는 신념이다. 이것은 극단적으로는 권위가 비록 잘못되었더라도 복종해야만 한다는 것을 의미한다.

앨리스 밀러는 히틀러가 어렸을 때에 신체적으로 그리고 정서적으로 학대를 받았다는 믿을 만한 증거를 내놓았다. 그의 아버지는 모든 면에서 전체주의적인 독재자였다. 어떤 역사학자들은 히틀러의 아버지가 반은 유태인이고 사생아였으며, 자신의 분노를 자녀들에게 표출하였다고 추측하고 있다. 히틀러는 수백만의 무고한 유태인을 희생양으로 삼아 자신의 어린 시절을 재연한 것이라고 믿는 사람들도 있다.

---

5 Erik Erikson, *Childhood and Society* (New York: W.W. Norton & Co., 1963), 326.

그러나 히틀러가 모든 것을 혼자서 할 수는 없었을 것이다. 한 사람의 미친 남자가 독일과 같은 최고 지성의 나라를 타락시킬 수 있었다는 것은 인간의 논리로는 이해할 수 없는 사실이다.

에릭슨은 히틀러가 독일 청소년의 분열된 분노를 결집시켰을 것이라고 말하였다. 히틀러는 청소년 패거리들의 두목과 같았고, 그들의 형처럼 나타나서 분노의 토대를 제공하였다. 그 분노는 가혹한 양육에 대한 무의식적인 반응이었고, '우월한 민족'이라는 신화로 교묘하게 위장되어 있었다. 그들은 스스로를 공격적이고 전체주의적인 아버지와 동일시한 것이며, 희생양이었던 유태인들은 희생을 당했던 자신들의 일부를 뜻했다. 부모 또는 부모 중 한 사람이 모든 힘을 가지고 있으면서 양육과 교육이라는 이름 아래 아이들을 때리고 모욕하고 조종하고 학대하거나 무시하는 권위주의적인 가정생활이 결국 전 국가적인 '표출 행동'을 만들어 냈던 것이다. 이러한 결과는 어떻게 보면 당연한 것이었다.

독재적인 독일의 가정에서 어머니와 아이들은 전적으로 아버지의 뜻과 기분과 변덕에 따라야만 했다. 아이들은 굴욕과 부당함을 아무 의심 없이 감사하게 받아들여야만 했다. 복종은 가장 중요한 행동 규칙이었다.

히틀러의 가족 구조는 전체주의적 제도의 원형이었다. 그의 경우 좀 더 가혹하기는 했지만, 모든 독일의 자녀 양육법이 그와 별반 차이가 없었다. 나는 이런 유사한 가족 구조 때문에 히틀러가 독일 국민들을 부추길 수 있었을 것이라고 믿는다.

밀러는 한 사람이 대중을 장악할 수 있었던 것은 그가 자신의 이익을 위해서 사람들이 양육되어 온 사회체계를 이용할 줄 알았기 때문이라고 말한 적이 있다.

뉘른베르크 전범 재판에서 살인자들마다 자신들은 권위에 복종했을 뿐이라며 무죄임을 주장하였다. 아돌프 아히만(Adolf Eichmann)과 루돌프 헤스(Rudolf Hess) 같은 사람들은 복종의 훈련을 너무나 철저하게 받았고 그 효과는 결코 사라지지 않았다. 결국 그들은 그 내용이 무엇인지 질문해 보지도 않은 채 명령만을 수행하였다. 그들은 본래부터 타고난 정의에 대한 감각이 아닌 단지 명령에 따라 행하였다. 즉, 유해한 교육이 가르쳤던 그대로 했던 것이다.

밀러는 다음과 같이 썼다. "이는 아히만이 재판 중에 증인들이 너무나 가슴 아픈 증언을 할 때는 감정의 미동도 보이지 않다가, 판결문을 낭독할 때 일어서는 것을 잊고 있어 주의를 받았을 때는 왜 그렇게 얼굴을 붉히며 당황했는지 그 이유를 설명해 준다."

루돌프 헤스가 엄격한 가부장적 가톨릭 가정에서 자랐다는 것은 널리 알려진 사실이다. 매우 종교적이었던 그의 아버지는 그가 선교사가 되기를 바랐다. 헤스는 다음과 같이 썼다.

> 나는……그 나이의 소년으로서는 더할 나위 없이 신앙심이 깊었다. ……나는 부모님에게서 모든 어른들을 존경하고 복종해야 한다고 배우며 자랐다. ……그래서 부모님, 선생님, 신부님, 심지어 노예들까지 포함해서 모든 어른들이 나에게 원하는 것이나 명령하는 것에 즉각적으로 복종해야만 한다는 강력한 음성이 항상 나의 마음속에 울렸다. 나는 절대로 이 의무를 소홀히 하면 안 되었다. **그들이 말하는 것은 언제나**

옳았다.[6]

나는 뉘른베르크가 전제적인 가부장적 유해한 교육의 결정적인 전환점이 되었다고 믿는다. 기독교의 영광스러운 왕관 위의 별이자 현대의 모든 서구 가족체계의 최고 규칙인 **복종**이 파괴적일 수 있다는 것이 마침내 극명하게 드러난 순간이었다. 가족 구조의 유년기적 이상주의가 지독하게 파괴적이라는 것이 갑자기 폭로되면서, 더불어 생명을 부인하는 모든 하위 체계의 규칙들도 마찬가지로 파괴적이라는 것이 드러났다.

히틀러와 나치즘이라는 잔인한 풍자극은 우리가 인간의 자존감을 파괴하는 가족 규칙을 조장하고 확산시키는 것을 멈추지 않는다면 현대 서구 사회 안에서 어떤 일이 벌어질 수 있는가를 단적으로 우리에게 보여 주었던 것이다. 나치즘은 한 시대의 종말을 고하였다.

절대 복종의 흉계

나는 절박하고 필사적인 심정으로 유해한 교육을 형성하는 규칙들이 **얼마나 위험할 수 있는지** 사람들이 이해할 수 있게 되기를 호소한다. 이러한 규칙들은 그 자체가 위험한 것은 아니지만 그것이 인간을 형성하는 절대적이고 전체적인 법이 될 때는 매우 위험해진다. 복종과 질서는 어느 가족이나 사회 구조에도 반드시 필요하

---

6 Alice Miller, op.cit.

다. 보호 장치를 통해 인간의 안전을 도모하는 길잡이로서의 법은 인간이 무언가를 성취하는 데 꼭 필요한 것이다. 상냥하고 협조적이며 이기적이지 않고 온순한 것은 유익하고 가치가 있다.

그러나 비판을 통한 판단이나 내적 자유가 없는 복종은 나치즘, 존스타운(Jonestown)[7] 그리고 미라이(My Lai)[8]로 인도한다. 이것은 인간의 감수성과 자연 법칙에서 단절된 절대화된 복종이다.

유사하게 청결과 질서도 자발성이 없다면 강박적인 예속 상태가 되게 한다. 또한 생동감과 감정이 없는 법과 지성주의는 기계적인 냉혹함과 잔인함, 무정한 통제로 이끈다. 내적인 자유와 내적인 독립성 그리고 비판적인 판단이 없는 사려 깊음, 온유함, 이타심은 거의 모든 권위적인 인물에 의해서 지배를 당하는 '현관의 신발 털개', 즉 다른 사람의 비위나 맞추는 사람이 되게 한다.

우리는 어린아이에게 감정, 특히 분노와 성적인 감정이 있다는 것을 의도적으로 부인한다. 그런데 사람이 자신의 감정과의 접촉을 잃어버리면, 자신의 신체와의 접촉도 잃어버리게 된다. 우리는 또한 아이들의 욕구와 생각을 감시하고 통제한다. 사람이 감정, 신체, 욕구, 생각을 통제당하게 되면 자기 자신을 잃어버리게 된다. 그리고 이렇게 자신을 잃어버리게 되면 자존감에 심각한 손상을

---

7 Jonestown이란 이름은 Jim Jones의 이름을 딴 유토피아적 집단그룹이며, Peoples Temple Christian Church로도 알려졌으며 그의 추종자들 918명과 함께 1978년 11월 18일에 집단 자살/살해되었다. (역자 주)

8 미라이(My Lai) 학살은 베트남전쟁 중이던 1968년 3월 16일 미군들에 의해서 베트남의 미라이 마을에서 수백 명의 무고한 어린이들과 여인들, 노인들이 학살된 사건이다. (역자 주)

입게 된다.

'내가 진정 누군지 결코 알지 못하고 사는 것' 은 엄청난 비극이다. 이러한 비통한 느낌이 오늘날 세상을 지배하고 있는 분노의 주요 원인이다. 분노가 외부인을 향하게 되면 난폭한 범죄를 저지르게 되며, 자기 자신을 향하게 되면 수치심으로 인한 중독에 빠지게 된다.

나는 대부분의 가족이 역기능적인 요소를 가지고 있다고 주장한다. 왜냐하면 우리가 정상이라고 생각하는 규칙들이 사실은 역기능적이기 때문이다. 당신의 가족이 이러한 규칙들을 사용함으로써 구체적으로 당신이 어떤 영향을 받았는지를 발견해 내는 것이 중요하다. 당신에게 무슨 일이 일어났는지를 일단 알 수 있게 된다면, 그것을 어떻게 다룰지도 당신이 알 수 있게 될 것이다.

 요약

이 장의 요점을 'CRISIS(위기)' 의 머리글자를 사용하여 요약해 보겠다.

Compulsive/Addictive Behavior Disorder(강박적/중독적 행동장애)
현대 사회의 강박적/중독적 행동장애는 끔찍할 정도로 널리 퍼져 있다. 오늘날의 역병은 강박증이라고 할 수 있다. 이것은 우리가 무엇을 어떻게 먹을 것이며 무엇을 어떻게 마실 것인지, 그리고 일, 오락, 활동, 성생활, 종교와 예배에 이르기까지 우리의 매일매일의 삶의 스타일에 영향을 미친다. 강박적/중독적 행동은 가족 안에서 모델이 되어 자리를 잡는다.

Rules for Child Rearing(자녀 양육의 규칙)
유해한 교육은 자녀를 소유물로 여기도록 만든다. 이것은 관계의 비민주성을 설파하며 특히 힘의 불평등을 신봉한다. 또한 감정을 부인하게 하고 체벌을 강조한다.

Idealization of Parents and Family(부모와 가족의 이상화)

유해한 교육의 규칙들 중 하나는 누구도 그 규칙에 도전하면 안 된다는 것이다. 이것은 부모와 가족을 비판하면 안 된다는 뜻이다. 아이들은 생존하기 위해서 부모를 이상화할 수밖에 없다. 그렇게 아이들은 성인아이로 자라서 자기 부모들의 규칙을 다음 세대에 전수한다. 그리하여 더 많은 성인아이들이 만들어진다.

Shame(수치심)

성인아이들은 내면에 상처받은 아이를 가지고 있다. 진짜 자기와는 단절되고 거짓 자기가 만들어진다. 수치심이란 존재의 상처다.

Ideological Totalism Nazi Germany(이데올로기적 전체주의 나치 독일)

유해한 교육의 최종 결과는 나치 독일이었다. 히틀러는 주인/노예 국가를 창출했다. 그는 독일 가족의 사회화된 구조를 이용하여 나치 정권을 만들었다. 유해한 교육이 도전받지 않고 지속되는 한, 히틀러 현상은 우리 사회에서도 다시 나타날 수 있다.

Social System(사회체계)

이제 우리는 사회체계가 법칙과 구성 요소와 구조적인 역동을 가지고 있다는 것을 이해하게 되었다. 사회는 '합의된 실체'를 만들어내고, 이는 결국 무의식화되어 버린다. 가족은 부분보다 전체가 더 큰 체계다. 이러한 체계에는 규칙이 있는데, 이 규칙이 도전받지 않은 채 그대로 남아 있게 될 경우 그 체계는 닫힌 체계가 된다. 그리고 이 닫힌 체계는 수세대에 걸쳐 대물림된다.

2

규칙 중심의
사회체계로서의 가족

자기 이미지와 가족 이미지는 상호의존적이다.

-나단 애커먼(Nathan Ackerman)

1957년 위스콘신 주 라크로스(LaCrosse)의 루터란 병원에서 일하던 크리스천 미델포트(Christian Midelfort)는 자신의 연구 결과를 출판하였다. 그는 자신이 치료하던 우울증, 편집증, 정신분열증, 신경증 환자들과 그들의 **가족들과의 관계**에 대하여 연구하였다. 그는 연구의 결론을 다음과 같이 밝혔다.

> 이 연구는 모든 정서적 문제가 가족 내에서 발생하며, 당사자뿐 아니라 가족 중 몇몇 다른 구성원들에게도 같은 문제가 나타난다는 사실을 뒷받침해 주고 있다.[1]

1957년 거의 같은 시기에 영국의 입스위치(Ipswich)에서 존 하웰즈(John Howells)는 가족들을 대상으로 광범위한 연구를 한 후 다음과 같은 결론을 내렸다.

> 가족 정신치료에서 가족은 환자를 돕기 위한 배경 정도로만 여겨지지 않는다. 가족 정신치료학은 **가족 자체가 곧 환자**이며, 증세를 가진 개인은 그 가족의 정신병리를 드러내는 것으로 본다.[2]

이러한 연구는 메릴랜드 베데스다의 국립 정신병원에서 일하던 마가렛 싱어(Margaret Singer)와 리만 와인(Lyman Wynne)의 업적에 의해서 절정을 이루었다. 싱어와 와인은 정신분열증이 임상적

---

1 Christian Midelfort, *The Family in Psychotherapy* (New York: McGraw Hill, 1957), 192.
2 John Howells, *Family Psychiatry* (Springfield, Ill.: Charles C. Thomas, Publisher, 1963), 4–5.

인 문제를 가진 개인의 기질뿐만 아니라 그 사람을 사회화하는 방식에 의해서도 초래된다고 제시하였다. 와인은 정신분열증을 가족체계의 관점에서 파악했다. 그는 정신분열증에 걸린 어린아이의 병을 따로 떼어 놓고 보는 것은 지나치게 단순화하는 우를 범하는 것이라고 강하게 주장하였다. 그는 오히려 다음과 같이 보아야 한다고 쓰고 있다.

> 자녀들과 부모들, 모든 가족 구성원들이 서로 희생양을 만들고 또 구원해 주기도 하는 과정을 반복하고 있다. 이렇게 해서 모두가 서로 비극적으로 밀착되어 있다.[3]

1951년 그레고리 베이트슨(Gregory Bateson)은 한 연구를 시작하였는데, 이 연구를 통해서 '미치게 만드는' 잘못된 대화 이론을 근거로 하여 정신분열증을 가족적 상호관계라는 관점에서 보게 되었다. 아이에게 무엇을 자발적으로 해야만 한다고 명령하는 것이나 부모를 사랑하는 것이 그들의 의무라고 말하는 것은 '이중 구속(double binding)'이라는 말로 알려지게 되었다. 그 개념 정의상 명령받을 수 없는 일(자발적이 되라)을 하라고 명령하는 것은 사람을 미치게 만든다는 것이다. 얼마 후, 연구 결과에 의해 정신분열증이 화학적인 원인 때문이라는 것이 증명되었다. 그러므로 뇌의 이상에 의한 질병과 정서적인 질병은 예리하게 구분되어야 한다. 그렇

---

3 Lyman Wynne, *Explaining the Base for Family Therapy* (New York: Family Service, 1961), 103.

지만 전체적인 가족체계를 정서적인 질병의 모형으로 보는 것은 여전히 적절하다고 하겠다.

버지니아 새티어는 베이트슨을 도와 정서적인 질병이 역설적인 형태의 잘못된 상호간의 대화에 기인한다는 이론을 발전시켰다. 새티어는 후에 독자적으로 가족체계 병리학 이론을 정교화했다. 그 후에 계속해서 정서적 질병이 있는 개인과 그가 속한 가족 사이의 관계에 대한 연구와 이론들이 계속해서 나왔다. 머레이 보웬 (Murray Bowen)과 워렌 브로디(Warren Brodey)는 다세대에 관한 관점을 덧붙였다. 보웬은 여러 사례를 통해 조부모의 역할이 중요하다는 것을 밝혀냈다. 한 사례에서 그는 다음과 같이 쓰고 있다.

조부모 두 사람의 합쳐진 미성숙함은 어머니에게 가장 집착하는 아이에게 이어진다. 이 아이가 자기와 마찬가지로 미성숙한 배우자와 결혼하게 된다면, 태어날 아이는 정도가 아주 심한 미성숙한 아이(환자)일 것이다.[4]

보웬은 다음과 같은 시나리오를 정서적인 질병을 만들어 내는 주요 **패턴**으로 보았다. 즉, 자신의 부모와의 사이에서 미처 해결되지 않은 갈등을 가지고 있는 두 사람이 결혼을 한다. 결혼생활을 통하여 두 사람의 친밀감의 수위가 높아질수록 그 갈등들이 더 심화된다. 부부는 정서적으로 결별함으로써, 즉 정서적으로 서로에게 거리를 둠으로써 갈등을 해결하려 한다. 흔히 두 사람은 서로 불화를

---

4 Murray Bowen, "A Family Concept of Schizophrenia," in Dr. Jackson, ed., *The Etiology of Schizophrenia* (New York: Basic Books, 1960), 348.

일으키지 않기로 합의를 하게 되는 경우가 많은데, 이렇게 해서 가짜 친밀감을 만들어 내게 된다. 이런 결혼생활은 겉으로는 행복해 보이지만 속에는 몸부림과 고통과 외로움이 자리 잡고 있다.

아이가 태어나게 되면 그 아이를 중심으로 삼각관계가 만들어진다. 아이는 두 사람 관계의 초점이 된다. 아이는 이 체계 안에 갇히게 되고 가족을 떠난다는 것이 사실상 불가능하다는 것을 알게 된다. 그리고 아이는 종종 정서적인 어려움을 갖게 되고 환자로 지명되어 치료를 받도록 보내진다. 그렇게 지명된 환자(identified patient)는 사실상 정서적인 문제를 안고 있는 결혼의 한 증후에 불과할 뿐이다. 이러한 환자의 정서적 질병은 가족 전체의 정서적 체계와의 **관계** 안에서만 이해될 수 있다. 전염성이 있는 정서적 문제가 온 가족 안에 퍼져 있는 것이다. 즉, 환자라는 꼬리표가 붙은 그 사람은 가족 전체의 정서적 체계 자체가 가지고 있는 증상을 나타내고 있을 뿐이다.

대단히 탁월하고 혁신적인 여러 치료자들이 이러한 이론을 활용하여 이례적인 결과들을 산출해 냈다. 살바도르 미누친(Salvador Minuchin), 칼 휘태커(Carl A. Whitaker), 제이 헤일리(Jay Haley), 버지니아 새티어(Virginia Satir) 등이 두드러진 인물들이다. 가족체계적인 사고는 우리 인간이 불가피하게 사회적인 존재라는 사실에 근거하고 있다. 즉, 나 자신에 대해 내가 처음으로 갖게 된 신념들은 나를 대하던 어머니의 감정들과 어머니가 나에게 원하고 바라던 것들로부터 형성되었다. 나 자신에 대한 자기 정의와 자존감은 문자 그대로 어머니의 자궁 안에서부터 형성되는 것이다.

관계에 의해 형성되는 나

　생후 초기 양육자가 우리를 어떻게 바라보는가에 따라 우리의 자아상은 형성된다. 정확하게 나를 돌보는 사람의 눈을 통하여 바라본 그대로 나는 나 자신을 보고 느끼게 된다. 생후 처음 몇 년 동안 나는 나를 돌보는 사람이 나에 대해서 느끼는 그대로 나 자신에 대해 느끼게 되는 것이다. 만일 부모가 수치심이 많다면 부모 자신이 부적절감과 부족감을 느끼게 된다. 그러므로 그런 상태에서는 부모가 나를 위해 있어 줄 수가 없다. 오히려 부모들이 내가 그들을 위해 있어 주기를 원하며 나를 필요로 할 것이다.

　나의 실체는 처음부터 이렇게 관계에 의해 형성된다. 즉, '우리가 나'이기 이전에 이미 '우리는 우리'다. 우리의 '나 됨'은 우리의 '우리 됨'에서 나온다. 우리의 개별성은 우리가 살아가는 사회적 맥락에서 비롯된다. 이것이 가족에 대한 새로운 생각의 기본 토대다.

　빈센트 폴리(Vincent Foley)는 그의 저서 『가족치료 입문(An Introduction to Family Therapy)』에서 테네시 윌리엄스(Tennessee Williams)의 희곡 '유리 동물원(Glass Menagerie)'을 사용하여 가족체계의 관점을 예시하였다. 로라를 그녀의 가족체계(어머니와 오빠)에서 떼어 놓고 보면, 그녀는 환상과 비현실 속에 살아가는 여성처럼 보인다. 그녀는 정서적 질병에 걸렸다고 진단이 내려질 수 있다. 그녀는 아픈 사람이며 환자로 분류된다.

그러나 우리가 체계의 관점에서 로라를 본다면 매우 다른 그림을 그릴 수 있다. 즉, 우리는 그녀가 어머니나 오빠와 맺고 있는 관계가 가족을 유지하는 데 매우 중요하다는 것을 보게 된다. 그녀는 더 이상 '신사 방문객'을 기다리는 병들고 초라한 여동생이 아니라 가족체계의 균형을 이루는 데 꼭 필요한 사람인 것이다. 아들 톰과 어머니 아만다 사이의 갈등은 오직 로라에 의해서 저지되고 진정된다. 둘 사이의 갈등의 수위가 너무 높아지면 로라가 끼여들어서 톰과 아만다가 **자신**에게 초점을 맞추도록 한다. 그래서 그들은 그들의 문제에서 눈을 다른 데로 돌리게 되고 갈등의 수위는 낮아진다. 이런 식으로 로라는 중대하고 결정적인 역할을 수행한다. 그녀는 가족을 묶고 유지시킨다.

　가족체계는 로라가 **아픈데가** 아니라, 정확히 로라의 개입에 의해서 기능을 하고 있는 것이다. 로라를 환자로 명명하는 것은 터무니없는 거짓이라고 주장할 수도 있을 것이다. 심지어는 로라를 가족을 돌보고 가족의 결속을 보존하는 사람이라고 부를 수도 있을 것이다. 그러나 윈필드 가족의 체계 그 자체가 병들었으며, 로라는 그 체계의 하나의 증상에 불과하다고 보는 것이 더욱 정확하다. **개인이라는 관점에서 상호관계라는 관점으로의 전환**은 병리를 바라보는 또 하나의 방법에 불과한 것이 아니라 병리를 전적으로 새롭고 다르게 보는 개념이라고 해야 할 것이다.

체계로서의 가족

체계로서의 가족은 이해하기 어려운 일련의 행동들을 설명하는데 도움이 되는 새로운 실재이다. 정서적인 질병이라는 개념은 개인의 내면 세계에 관한 것으로서 한계를 가지고 있다. 가족체계 모델은 가족 안의 개개인이 어떻게 **전체 체계 안에서 각자의 역할**을 하는지를 보여 준다. 가족을 체계로 보면, 같은 가족 안에서도 아이들이 종종 왜 그렇게 서로 다른지 이해할 수 있다. 그리고 유해한 교육이 어떻게 해서 여러 세대에 걸쳐 계속 이어지는지도 알 수 있다.

정서적인 질병은 고치기 어려운 개인의 문제가 결코 아니다. 가족체계이론은 **가족 자체를 환자**로 여기며, 문제를 보이는 구성원은 가족의 정신병리를 나타내고 있는 것으로 본다. 따라서 지명된 환자는 가족체계의 역기능이 증상으로 나타난 것이다. 또한 가족 자체는 더 나아가 사회의 증상을 나타낸다고 할 수 있겠다.

나는 상담을 하면서 이러한 가족체계의 실재를 거듭해서 볼 수 있었다. 우리가 로스앤젤레스에서 10대들을 위한 약물 남용 프로그램을 열었을 때, 약물 남용 10대 자녀를 둔 약 50쌍의 부모들이 8주 동안 특별 부모 세미나를 마쳤다. 이 세미나는 부모들이 자신들의 역기능적인 결혼생활을 인정하도록 하였다. 나는 이 세미나를 통하여 자녀들의 약물 복용은 부모들의 결혼생활이 빚어내는 마찰을 진화하기 위한 '표출 행동'이었음을 알게 되었다. 어떤 의미에서 아이들은 약물 중독자가 됨으로써 자신의 가족이 뭉칠 수 있도록 해 주는 **역할**을 한 셈이었다. 그들은 **지명된 환자들**이었다. 하지만 그들의 체계적 기능은 가족을 돕는 것이며, 사실상 성공적으로 그 일을 수행했다. 가족 구성원들은 모두 유해한 교육의 상흔을 지니고 있다. 가족들은 모두 유해한 교육 규칙에 의거해서 움직였다. 부모들 역시 이러한 규칙을 사용하는 가족 안에서 양육을 받았기 때문이다.

체계에 대한 연구는 생물학에서 처음으로 시작되었다. 독일의 생물학자인 루트비히 폰 버터란피(Ludwig von Bertalanffy)는 체계를 '상호작용을 하는 요소들의 합'이라고 정의하였다. 그는 계속해서 체계에 대한 연구를 하여 모든 체계에 적용할 수 있는 일련의 원리들을 추론해 내었다.

그의 입장을 일반체계이론이라고 부른다. 버터란피와는 별도로 조지타운 대학의 머레이 보웬 박사는 많은 연구를 통해 가족을 '서로 연결되어 있는 전체로서의 사회체계'로 보는 이론을 내놓았다. 보웬의 체계이론은 일반체계이론과 구분하기 위하여 그냥 '보웬이론(The Bowen Theory)'이라고 부른다. 다음 장에서 보웬이론을 부분적으로 소개하려 한다.

이 장의 나머지 부분에서는 버터란피의 일반체계이론을 적용하여 체계로서의 가족에 대해 설명하도록 하겠다.

전체성

전체성은 체계의 첫 번째 원리다. 전체는 요소들을 합한 것보다 크다. 즉, 요소들을 모두 합한 것이 체계라는 것은 맞지 않는다. 체계는 요소들의 상호작용에 의해 만들어진다. 상호작용이 없으면 체계는 없다.

'유리 동물원'에서 보면 가족은 아만다, 로라, 톰 윈필드라는 개개인의 기질의 합이 아니라, 오히려 그들 사이에서 생생하게 나타나는 상호관계다. 버터란피는 그러한 상호관계를 특징짓는 데 '전체성'이라는 용어를 사용하였다.

관계

체계의 두 번째 특징은 관계다. 가족체계는 구성원들을 서로 연결시키는 관계로 구성되어 있다. 가족을 체계로서 연구하려면 개개인들 사이의 다양한 연결과 상호작용을 보아야만 한다. 체계 안의 각 개인은 모든 다른 개인들과 비슷한 양상으로 관계를 가진다. 개인은 전체인 동시에 부분이다. 즉, 체계 안에 있는 개인은 자신만의 독특한 개별성을 가지고 있으며, 동시에 전체 가족체계의 흔적을 지니고 있다. 내가 아무리 개인으로서 독특한 특성을 가진 사람이 되었다고 하더라도 나는 나의 가족이기도 하다. 나는 개인으로서의 정체성과 집단으로서의 정체성 모두를 가지고 있다.

이러한 특성을 이해하기 위해서 홀로그램으로 설명해 보는 것이 좋을 것 같다. 홀로그램이란 피사체에 레이저 광선을 비춰서 입체상이 나타난 것이다. 홀로그램을 양분하면 두 개의 반쪽에 전체 그림이 들어 있다. 그리고 4등분하면 4등분된 각 부분에 전체 그림이 담기게 된다. 계속해서 나누어 보아도 마찬가지 결과가 나타난다. 많은 연구자들은 유기체가 모두 홀로그램이며 인간의 뇌와 우주 자체가 홀로그램과 같다고 믿고 있다. 홀로그램은 가족체계를 이해할 수 있는 좋은 방법이다. 내가 나의 가족에게서 떨어져 나간다 하더라도 가족의 모든 실체가 내 안에 존재한다. 나의 깊은 무의식은 전적으로 체계 안의 모든 사람들과 관계되어 있으며, 나의 실체는 체계 안의 각 사람과의 관계에 의해 형성되어 왔다. 전체라는 개념은 각 체계, 특히 혈연관계인 가족체계의 깊은 유기적, 무의식적 연대를 표현하는 방법이다.

내가 상담했던 다음 사례를 보면 이것이 더욱 분명해진다. 몇 년 전에 한 부부가 아들 문제로 나를 찾아왔다. 그 부부는 둘 다 뛰어난 전문 직장인이었다. 그들은 매우 지적인 사람들로 감정에 대해서는 거의 경멸하는 사람들이었다. 그들은 일 중독의 범주에 들어맞는 모습을 보였다. 그들의 부부관계는 성적으로 문제가 있었는데, 지난 5년 동안 성생활을 전혀 하지 않았다. 그러나 각자는 매우 은밀한 환상 속의 성생활을 가지고 있었다. 그들의 결혼생활은 친밀감이 없고 외로운 것이었다. 그들이 유일하게 즐기는 것은 좋은 레스토랑에서 식사를 하는 것으로 일주일에 적어도 네 번은 외식을 했다. 13세인 소년은 그들의 외아들이었다. 나를 찾아온 이유는 바로 그 아이 때문이었다. 아이는 학교에서 성적 부진에다 체중이 100파운드가 넘는 비만이었다. 그 소년은 아이 같지 않았다. 침울하고 폐쇄적이며 거의 아무런 감정도 보이지 않았고 마치 노인처럼 행동했다. 몇 개월을 지내면서 나는 그가 강박적으로 자위 행위를 하고 있다는 것을 알게 되었다. 그는 이 사실을 매우 부끄러워했다. 그는 자위를 하는 은밀한 의식도 가지고 있었는데 이 또한 그의 수치심의 원천이었다.

내가 분명하게 깨달았던 것은 **소년이 바로 부모의 역기능적 결혼생활의 증상을 나타내고 있다는 점**이었다. 부모의 외로움과 단절 그리고 은밀한 성적 수치심을 그 아이가 드러내 보여 주고 있었다. 그는 높은 성취에 대한 부모의 강한 욕망에 대해 자신의 낮은 성취로 균형을 맞추었다. 부모가 먹는 것을 좋아했기 때문에 아이는 지나치게 과체중이 되었다.

소년이 상담을 받기 시작한 후로 부모의 부부관계는 개선되었다. 나에게 오기 전에 소년은 여러 명의 상담사들에게 상담을 받은 적이 있었다. 그들은 각자 다른 방법으로 소년을 다루었다. 어떤 치료사는 항우울제를 복용하게 했다. 그러나 누구도 그 소년을 가족체계의 역기능을 증상으로 가지게 된 것으로 보지는 않았다. 나의 치료는 결국 실패로 돌아갔다. 왜냐하면 그 부모가 자신들의 결혼생활이 아이 문제의 근본 원인이라고 인정하기를 거부했기 때문이었다.

닫힌 체계와 열린 체계

가족체계는 닫힌 체계가 되기도 하고 유연한 열린 체계가 되기도 한다. 닫힌 체계에서는 연결, 구조, 관계들이 엄격하고 고정되어 있으며 절차가 유형화되어 절대로 변하지 않는다. 가족의 문제를 검토할 때 이 유형을 알면 도움이 된다. 돈, 성, 자녀, 시댁 또는 처가 문제 등 주제는 달라도 유형은 항상 같다.

가족체계의 또 다른 측면은 그 체계가 다른 모든 체계와 마찬가지로 피드백이라는 절차를 통해서 조절된다는 것이다. 체계의 기능을 유지하는 것이 곧 피드백 망(feedback loop)이다.

예를 들어 보면, 화이트 가족의 아빠는 알코올 중독자다. 아빠가 술에 몹시 취해서 다음 날 일을 나가지 못하면, 아파서 못 나간다고 아빠의 직장에 엄마가 대신 전화를 한다. 아이들은 아무것도 묻지 않고 아빠가 아프다는 것을 믿는 척한다. 그들이 아빠가 직장을 잃지 않게 하고 가족의 경제를 보호하려는 취지로 이렇게 하는 것은 아빠를 계속해서 알코올 중독자로 남아 있게 만든다. 아빠는 자신의 무책임한 행동의 결과를 책임지지 않아도 된다. 잠시 후회는 하겠지만 그는 다시 술을 마시기 시작할 것이다. 그리고 똑같은 과정이 반복될 것이다.

닫힌 체계의 가족 안에서 피드백 망은 체계를 동결시키고 변하지 못하게 하는 부정적인 작용을 한다. 이것을 역동적 항상성(dynamic homeostasis)이라고 부른다. 화이트 가족이 아빠의 행동을 바꾸려고 노력할수록, 아빠는 그대로 있거나 점점 더 나빠진다. 피드백은 또한 체계를 다스리는 규칙에 의해서 유지된다. 이러한 규칙들에는 '아이들은 가만히 있어야지 말을 해서는 안 된다.' 처럼 공공연한 것도 있지만, '여자는 남자를 두려워하고 잘 따라야 한다.' 는 메시지를 숨기고 있는 아버지의 떠들썩하고 거친 남성 우월주의 같은 암시적인 것도 있다. 이 암시적인 규칙들은 종종 부정적인 피드백의 형태가 된다. 유해한 교육은 공공연하게 행해지기도 하고 암시적으로 행해지기도 한다. 유해한 교육은 수치심에 기초한 사람을 만들고, 또 그런 사람은 대부분 수치심에 기초한 사람을 만나 결혼하게 된다. 이들은 각자 자신의 부모의 규칙을 이상화해 왔기 때문에 부모에 의해 양육받았던 대로 자신의 자녀들을 양육한다. 그리고 자녀들은 자기 부모가 그랬던 것처럼 수치심을 느끼게 하는 양육을 받으며 자란다. 그렇게 **악순환**은 대를 이어 계속된다.

새로운 신념체계

긍정적인 피드백은 체계의 동결된 상태를 깨트려 버릴 수 있으며 파괴적이고 검증되지 않은 규칙(공공연한 것이든 은밀한 것이든)에 도전한다. 긍정적인 피드백은 새로운 신념체계의 형태로 온다. 새로운 신념체계는 옛것이 지속되지 못하게 하고 새로운 방식으로 행동하도록 촉진한다. 유해한 교육의 가설에 도전하는 것이 긍정적인 피드백을 주는 방법이다.

내가 진행하던 텔레비전 시리즈에서 나는 트루디 스윈(Trudy Sween)이라는 훌륭한 미술가가 만든 6피트짜리 스테인리스 모빌을 사용하여 가족을 시각적으로 표현해 보았다. 프로그램이 시작되었을 때 나는 그 모빌을 건드려 놓고, 모빌이 처음 있던 자리에 언제나 정확하게 멈춰서는 것을 후에 가서 지적해 주었다. 그렇게 역동적 항상성의 원리를 보여 주었다.

또한 모빌의 한 부분을 건드리면 다른 부분들이 모두 움직이는 것을 보여줌으로써 서로 연결된 상호관계의 원리를 예시했다.

가족의 열린 체계는 모빌이 항상 부드럽게 움직이는 상태를 유지하게 함으로써 예시될 수 있을 것이다.

가족 규칙

가족체계가 만성적으로 역기능적이 되는 것은 나쁜 사람들 때문이 아니라 나쁜 정보망, 즉 나쁜 행동 규칙의 형태가 된 나쁜 피드백 때문이다. 사회도 마찬가지다. 부모들이 나쁜 사람이라서 유해한 교육을 전수하는 것이 아니다. 그런 규칙들이 효과적이던 때도 있었다. 그러나 우리의 의식이 점점 민주적으로 변화됨에 따라 가부장적인 규칙들은 더 이상 쓸모가 없게 되었다.

가족의 규칙은 재정, 가사, 축하 의식, 사회적, 교육적, 정서적, 직업적, 성적, 신체적(병과 건강), 자녀 양육 등의 규칙으로 넓은 범위에 걸쳐 있다. 또한 규칙들은 각각 태도, 행동 그리고 대화의 측면을 가지고 있다.

가사 규칙을 예로 들면 다음과 같다.

① 태도 규칙: 집은 깔끔하고 청결해야만 한다.
② 행동 규칙: 접시는 사용 후 매번 닦아 놓는다.
③ 대화 규칙: 접시를 닦아 놓지 않으면 아빠가 말로 꾸짖는다.

부부는 각자 원가족의 규칙을 가지고 있는데, 이 규칙들을 조율하는 것이 **결혼생활의 주요 과제**가 될 것이다.

앞서 논의한 규칙들 외에 모든 체계들은 구성 요소를 가지고 있다. 가족체계 안의 주요 요소들은 어머니의 자기 자신과의 관계, 어머니의 아버지와의 관계, 아버지의 자기 자신과의 관계, 아버지의 어머니와의 관계다. 이들 관계들의 상태가 체계를 지배하게 된다. 결혼생활이 기능적이면, 자녀들은 매우 기능적이 될 소지가 많다. 그러나 결혼생활의 주요 요소가 역기능적이라면, 가족 구성원들은 스트레스를 받게 되고 역기능적으로 적응을 하게 되기 쉽다.

가족의 필요 채우기

모든 사회체계와 같이 가족은 기본적인 필요를 가지고 있다. 가족은 가치가 있다는 느낌, 신체적 안전감 또는 신체적으로 풍요로운 느낌, 친밀감 또는 연결감, 구조가 화합된 느낌, 책임감, 도전과 자극의 느낌, 즐거움과 인정받는 느낌 그리고 영적인 기반을 필요로 한다. 또한 가족은 어머니와 아버지, 즉 자신을 위탁하여 근본적으로 건강한 관계를 맺으며, 자녀들을 오염시키지 않고 양육할 수 있도록 충분히 안전한 어머니와 아버지를 필요로 한다.

어머니가 건강 염려증이 있어서 조금만 아파도 그에 사로잡혀 자주 누워 있고 책임을 회피한다고 하자. 어머니가 자기 역할을 하지 않으면, 결혼은 친밀감이 없는 진공 상태가 될 것이고 가족체계는 결혼을 필요로 하게 된다. 즉, 체계의 누군가는 아버지의 파트너가 되어 결혼을 채워야 할 필요가 생긴다.

가족 역할

앞서 말한 가족의 경우 딸들 중 하나가 엄마의 역할을 맡게 될 것이다. 그 딸은 **대리 배우자**가 된다. 다른 아이는 아빠가 일 때문에 바쁜 동안 양육하는 일을 넘겨받을 수 있다. 이 아이는 엄청난 책임을 지게 되며 **작은 부모**가 된다. 체계 안의 어떤 아이는 귀엽고 재미있게 굴어서 가족들에게 즐거움을 가져다 준다. 이런 아이는 엄마와 아빠 사이의 팽팽한 긴장감을 완화시켜 주는 **마스코트**다.

어떤 아이는 **성자**와 **영웅**의 역할을 맡아서 전 과목 A학점을 받고 반장을 하고 상을 타온다. 이런 아이는 가족의 명예를 높여 준다.

또 어떤 아이는 엄마를 향한 아빠의 내재된 분노를 이어받아 반사회적인 표출 행동을 보인다. 약물을 사용하거나 학교에서 문제를 일으킬 수 있다. 그렇게 해서 엄마와 아빠의 초점을 흐려 놓는다. 부모들은 이런 자녀로 인해 공동 관심사가 생겨서 실제로 더 친밀해질 수도 있다. 이 아이는 가족의 **희생양**이다.

사실 '유리 동물원'의 로라와 같이 이런 아이는 가족의 역기능의 증상을 가지고 있는 아이다. 희생양은 종종 가족을 위한 **봉사자**가 된다. 희생양이 일으키는 문제들 때문에 종종 온 가족이 합심해서 치료에 참여하게 된다.

이러한 역할명을 강조한 것은 그 역할이 고정되어 있다는 것을 보여 주기 위함이다. 이 역할들은 개인이 선택한 것이 아니라 **체계의 필요**에 의해서 생긴 결과다. 사람들은 본래 진공 상태를 싫어한다. 그래서 아이들은 체계의 공공연한 필요와 은밀한 필요를 채우기 위한 일을 **자동적으로** 하게 된다.

모든 가족 구성원들은 어머니와 아버지의 **관계**에 영향을 받는다. 가족의 각 개인이 스트레스에 대응하기 위해서 하나 또는 여러 개의 특정한 역할을 맡게 되면 자신의 참된 정체성을 잃어버리게 된다. 그리고 역할이 점점 더 굳어지면 가족체계는 더욱더 닫히고 얼어붙어서 아무런 의식이 없는 최면 상태가 된다. 일단 이렇게 얼어붙으면 가족은 고착되어 버린다. 이렇게 개인이 가족을 돕기 위해 **역할을 하면 할수록** 가족은 더욱더 같은 상태에 머무르게 된다.

건강한 가족체계 안에는 건강한 역할이 있다. 그리고 자녀 양육을 통한 부모의 역할은 주로 다음과 같은 모델을 보여 주기 위한 것이다.

- 어떻게 해서 남자가 되고 여자가 되는가?
- 어떻게 해서 남편이 되고 아내가 되는가?
- 어떻게 해서 아버지가 되고 어머니가 되는가?
- 어떻게 친밀한 관계를 맺는가?
- 어떻게 기능을 잘하는 인간이 되는가?
- 어떻게 적절한 경계선을 갖는가?

또한 부모는 자녀들에게 시간과 관심과 지침을 주어서 자양분을 공급하는 교사의 역할도 한다.

아이들은 학습자의 역할을 하며 특히 지침을 필요로 한다. 그들은 호기심이 많고 경이감으로 가득 차 있다. 그들은 자신들의 힘을 사용하여 알고 사랑하고 느끼며 선택하고 상상하려 한다. 그들은 이러한 힘을 자신들의 기본적인 필요를 채우기 위하여 효과적이고 창조적으로 사용하는 법을 배울 필요가 있다.

건강한 가족체계에서는 역할들이 유연하고 역할을 서로 돌아가면서 한다. 이는 모빌이 부드럽게 돌고 있는 것과 같다. 역할을 건강한 형태로 바꾸기도 하고 유연하게 서로 교환하기도 한다. 한 달은 어머니가 **희생양**이 되었다가 다음 달에는 아버지가, 또 그 다음 달에는 자녀가 희생양의 역할을 할 수 있다.

모든 가족체계는 하위문화라고 불리는 더욱 큰 체계의 일부분이다. 이러한 하위문화에는 국적과 종교가 포함된다. 모든 하위문화는 원리들과 규칙들과 요소들을 가지고 있다. 하위문화는 문화와 활동의 일부분이다. 각 하위문화와 문화는 규칙이 만들어지고 강화되는 데 영향을 미친다.

출생 순서에 따른 특징

최근에 나온 한 가족 모델은 가족체계에 대한 새로운 측면을 시사해 준다. 이 모델은 출생 순서에 관한 것이다. 출생 순서는 모든 사회체계의 필요에 기초를 두고 있다.[5]

---

5 본문에 제롬 바흐 박사(Dr. Jerome Bach)와 그의 동료들이 바흐 연구소와 미네소타 대학에서 연구한 것을 간단히 요약해 놓았다. 이 자료는 출판되지 않은 간행물을 사용한 것으로, 바흐/앤더슨(Bach/Anderson)의 출생 순서에 대한 전면적인 논의는 마가렛 홉스(Margaret M. Hoopes)와 제임스 하퍼(James M. Harper)의 『개인과 가족치료를 위한 출생 순서와 형제자매 유형(Birth Order and Sibling Patterns in Individual and Family Therapy)』 (Gaithersburg, Md.: Aspen Publishers, Inc., 1987)에 나와 있다.

바흐 모델(Bach Model)에 의하면, 모든 사회체계는 다음과 같은 네 가지 기본적인 필요를 가지고 있다.

① 생산성
② 정서적 균형 유지
③ 관계
④ 화합

아이가 태어나게 되면 출생 순서에 따라서 이러한 필요들을 채우게 된다.

첫째아이

첫째아이는 보통 가족의 의식적이고 분명하게 드러난 기대를 짊어지게 된다. 체계의 생산성에 대한 필요 때문에 부모는 첫째아이에게 다른 자녀들보다 더 많은 성취를 기대한다. 첫째아이는 가족의 중요한 가치와 주제들을 짊어지며, 대부분 아버지(생산성 관리자)에게 반응하고 아버지와 자신을 동일시한다.

첫째아이는 아버지와 동일하거나 정반대의 결정을 하고 동일하거나 정반대의 가치관을 지니게 된다.

첫째아이의 행동 유형은 다음과 같은 경향이 있다.

① 타인 지향적이며 사회적인 인식이 있다. 사회 규범과 사회 상(image)을 가장 많이 의식한다.
② 분명하고 명백한 것을 선호한다. 세부 사항을 원하고 정신보

가족
•
86

다는 조문(條文)에 의해 판단하고 행동하는 경향이 있다.

③ 부모가 젊으며 높은 기대를 걸고 지나치게 간섭함으로써 압력을 받기 때문에('첫아이는 안달을 한다.') 높은 자존감을 발달시키는 데 어려움을 겪는다.

둘째아이

둘째아이는 자연스럽게 체계의 정서적 균형 유지와 연결된다. 둘째는 가족체계 안의 암시적이고 무의식적인 규칙에 반응을 한다. 둘째는 보통 어머니와 연합(반응하고 동일시)하게 되며, 어머니와의 관계 속에서 결정을 내리고 가치관을 갖는다.

둘째아이의 행동 유형은 주로 다음과 같다.

① 자기 자신의 것뿐만 아니라 다른 사람들의 무의식적인 기대와 필요를 채우는 데 전력한다. 종종 어머니의 무의식적인 필요나 욕망의 연장선상에 있게 된다. 둘째가 남자인 경우에는 어머니가 결혼하고 싶어 했던 남자와 똑같은 남자가 될 수 있다. 여자인 경우에는 남자관계가 복잡한 여자가 될 수 있다. 어머니가 은밀하게 그것을 원했기 때문이다.

② 가족 안에 숨어 있는 정서적 문제를 짊어지게 되며 머리와 가슴을 짜맞추는 데 어려움을 겪는다. 그들은 무슨 일인지, 왜 그러는지는 모르지만 직관적으로 뭔가 좋지 않은 일이 일어나고 있다는 것을 눈치챈다. 숨겨진 사안을 곧잘 끄집어 내기는 하지만 그것이 무엇인지는 분명하게 표현하지 못할 수 있

다. 그렇기 때문에 둘째는 종종 순진하고 어리둥절해 보인다. 그리고 종종 스스로 자기가 미쳤다고 느낀다.

셋째아이

셋째아이는 체계가 필요로 하는 관계를 유지하는 일을 맡게 된다. 가족체계의 발달 과정 가운데 셋째는 결혼관계에 깊이 연루된다. 셋째는 부부관계에서 무슨 일이 일어나고 있는지를 가장 잘 보여 주는 상징이다.

셋째가 태어났을 때는 부부관계, 부모와 첫째아이 그리고 둘째아이의 관계 등이 이미 자리 잡혀 있게 된다. 셋째는 이 모든 양자관계의 균형을 유지하는 과제를 안고 있다. 그들은 특히 부부관계에 대한 책임을 지게 된다. 부부관계가 가장 중요하고 겉으로 드러나는 양자 관계이기 때문이다. 기존의 양자 관계에 휘말리게 되기때문에 셋째는 독자적인 정체성을 확립하는 데 어려움을 겪는다.

셋째의 행동 유형은 대체로 다음과 같다.

① 주요 관심사는 관계 맺음이다.
② 겉으로는 전혀 끼여들지 않는 것처럼 보이지만 실은 매우 연루되어 있다.
③ 양가감정을 많이 느끼며 선택하는 데 어려움을 갖는다.

넷째아이

넷째아이는 가족체계에서 화합의 필요를 맡는다. 넷째는 가족의 미해결된 긴장을 발견하고 수집한다. 이는 체계 안의 어떤 관계의 긴장일 수 있다. 넷째는 가족의 레이더와 같이 가족체계 안의 모든 행동과 상호관계를 포착하고 확인한다.

행동 유형의 관점에서 보면, 넷째는 책임감을 매우 많이 느끼지만 가족 안에서 일어나고 있는 일에 대하여 실제로는 무기력하고 아무것도 할 수 없다. 넷째는 고통스러운 상황에서 주의를 다른 데로 돌리고 가족을 돌보기 위하여 종종 **마스코트** 같은 귀여운 행동을 한다. 그리고 종종 유아나 응석받이 같아 보인다. 그들은 가족을 돌보기 위해서 파괴적이 되거나 **희생양**이 될 수 있다.

외동아이

외동아이는 출생 순서에 따른 모든 역할을 맡는다. 부부관계가 기능적인 경우 외동아이는 최고가 된다.

앞에서 매우 높은 성취도를 보이는 전문 직업인 부부의 예를 들었는데 그 아들이 외동아이였다. 외동아이는 종종 가족의 모든 발달 과정에 따른 기능을 짊어지게 된다. 건강하게 기능을 하는 결혼 안에서는 외동아이가 그 기능을 훌륭하게 감당할 수 있다. 그러나 역기능적 결혼에서는 암시적인 역기능을 지니게 된다.

앞의 예에서 열세 살짜리 소년은 **부모의 결혼에서 무슨 일이 일어나고 있는지**를 거의 완벽하게 보여 주었다. 그는 과체중이었다. 부부의 유일한 관심사는 먹는 것이었다. 그는 성적인 비밀을 가지고 있었다. 부모도 성적인 비밀을 가지고 있었다. 그는 외로웠고 거의 감정을 보이지 않았다. 부모 또한 외로웠고 자신들의 관계에 대해서 거의 아무런 감정도 가지고 있지 않았다. 그는 대화를 하지 않았다. 부모도 서로 거의 대화하지 않았다.

한편, 넷째 이후의 자녀들은 위의 순서들을 반복한다. 즉, 다섯째는 첫째아이와, 여섯째는 둘째아이와 같은 역할을 한다.

바흐 모델은 하나의 이론으로서 타고난 것이라기보다는 **체계**에 의해서 갖게 된 성격 특성을 식별하는 데 도움이 된다.

가족의 최면 상태

가족을 생각할 때 한 가지 재미있는 방법은 최면에 걸려 있는 집단을 생각해 보는 것이다. 사실 이러한 상태는 자연스럽게 일어난다. 우리들 대부분은 하루에도 몇 번씩 이런 상태를 들락날락 한다. 우리는 백일몽을 꾸고, 미래의 환상에 빠지기도 하고, 옛 추억에 잠기고, 텔레비전을 보거나 소설책을 읽거나 영화를 본다. 이 모든 것이 우리를 최면 상태에 빠지게 만든다.

최면 중에는 의식이 흡수되고 더욱 전체적인 상태가 된다. 어린 아이들은 순진하고 잘 믿으며 부모님과 강하게 연합되어 있기 때문에 이런 상태에 잘 빠진다. 이 상태에서 배운 모든 것은 마치 최면 중에 주는 암시와 거의 똑같이 작동한다. 예를 들어, 엄마가 당신에게 '너는 절대로 네 언니만큼 똑똑해지지 못할 거야.' 라고 말한다면, 그 메시지는 최면이 깰 때까지 작동할 것이다. 집을 떠나고 성장해서 엄마와의 연합이 깨져야만 그 메시지가 깨질 것이다.

최면 상태는 또한 순환적인 피드백 형태로 기능을 한다. 각 개인은 다른 모든 사람들의 행동에 영향을 받는다. 보웬은 이를 '가족

의 분화되지 않은 자아 덩어리(family's undifferentiated ego mass)'
라고 불렀다.

가족 최면(family trance)은 부모와 자녀들의 개별적인 관계를 통
해서, 또 부부관계에 의해서 만들어진다. 아버지의 행동은 어머니
에게 영향을 주고, 어머니가 그에 반응하고 대응하는 행동은 다시
아버지에게 영향을 준다.

예를 들어, 아빠가 말을 안 하려고 해서 엄마가 바가지를 긁는다
고 하자. 아빠에게 왜 말을 안 하려고 하느냐고 물어 보면, 아빠는
엄마가 불평하고 바가지를 긁기 때문이라고 말한다. 그러므로 엄
마는 아빠가 말을 안 하려 하기 때문에 불평하고 바가지를 긁고,
아빠는 엄마가 불평하고 바가지를 긁기 때문에 말을 안 하려 한다.
순환의 고리(circular loop)는 이렇게 생겨난다. 아이들은 먹고 숨 쉬
며 살듯이 최면 상태와 같은 이러한 부모의 행동에 의해서 형성되
어 간다. 전 가족이 최면 상태로서 모두가 그에 참여하고 있다.

또한 개인은 온 가족의 최면에 의해서 자신의 감정에 대해 배우
게 된다. 가족은 당신이 어떤 감정을 느낄 수 있고 표현할 수 있는
지에 대해 명령을 내린다. 부모는 그 본을 보여 준다. 나는 이것을
원가족 주문(original family spell)이라고 부른다. 주문(**SPELL**)은 원
(**S**ource)가족(**P**eople)의 정서적(**E**motional) 언어(**L**anguage) 유산
(**L**egacy)을 나타낸다. 연결의 환상 또한 우리의 원천적인 주문의
일부다. 우리 모두는 인생을 우리의 가족 주문 속에서 시작한다.
우리는 모두 아주 어릴 때 최면 상태로 유도되는 것이다.

최면의 과정에서 연합의 역할은 매우 중요하다. 어린아이들은

부모 모두나 부모 중 한 사람에게 **연합**이 된다. 이러한 연합은 강력한 라포(rapport)의 형태다. 라포 가운데서 우리는 다른 사람의 세계 모형 안으로 들어간다. 우리는 다른 사람의 현실을 그린 지도를 받게 된다. 그리고 연합이라는 과정을 통해 어린아이는 부모에 의해서 만들어진 최면 상태에 빠지게 된다.

역기능적인 체계에서 이런 연합은 심각한 재앙을 가져온다. 신체적, 성적, 정서적, 지적, 도덕적 학대를 받은 아이는 '외상적 연합(traumatic bonding)'을 형성하게 될 것이다. 아이는 학대를 정상적인 것으로 경험할 것이다. 왜냐하면 가족이 그와 다를 수 있다는 것을 알지 못하기 때문이다. 그는 자신이 강하다고 느끼기 위해서 종종 학대하는 부모와 자신을 **동일시**하게 될 것이다. 아이가 부모와 자신을 동일시하게 되면 부모의 감정과 신념을 스스로 지니게 된다.

예를 들어, 로스앤젤레스에 살던 질이라는 나의 내담자는 난폭하고 폭언을 하는 아버지를 두었다. 아버지는 질을 남자친구들 앞에서 모욕하고 창피를 주었다. 끊임없이 그는 질이 남자들을 유혹하고 다닌다며 언젠가 강간을 당하게 될 것이라고 예언까지 했다. 질은 아버지를 증오했고 아버지를 향한 엄청난 분노를 마음속에 품고 있었다.

질은 보잘것없는 남자와 결혼했는데, 이제는 그녀가 남편을 비난하고 헐뜯고 폭언을 퍼부었다. 그녀는 자신의 아버지의 행동을 그대로 복사했고 아버지를 향한 분노를 남편에게 쏟아내었다. 그녀의 딸 중 하나는 네 번이나 강간을 당했다!

유해한 교육에 의해서 희생당한 아이는 학대하는 부모와 자신을 동일시하게 되고 부모의 양육 방식을 열렬히 고수하게 되어 자신의 자녀에게도 똑같은 학대를 되풀이하게 된다.

이와 같은 **학대자와의 외상적 연합과 동일시**는 병적인 태도들이 어떻게 대물림되는지를 설명해 준다. 이러한 동일시는 아이가 살아남을 수 있도록 하는 **자아 방어기제**인 것이다.

가족 최면의 순환 고리

I. 가족체계는 인과관계에 의해서가 아니라 사이버네틱하고 순환적인 피드백 망을 통해서 움직인다. 그러므로 가족체계 안에서는 **각 가족 구성원이 다른 모든 구성원에게 어떤 형태로든 연루되어 있다.**

이러한 유기체적인 접근을 하게 되면 '아프다'거나 '정서적인 질병'에 걸렸다는 꼬리표를 붙이지 못한다. 오히려 역기능이란 고정된 피드백 망이나 순환 고리의 결과로 만들어진 부적절한 규칙이나 신념 때문에 생긴 유기적이고 전체적인 불균형이다. 이 접근에 따르게 되면 희생양에게 진단명을 붙여 **비난할 수 없게 된다.** 또한 질병을 개인의 심리내적 기관이 파손된 것으로 볼 수 없게 된다. **개인이 아닌 가족이 환자인 것이다.** 그러나 역기능적으로 행동하는 것은 개인일 수 있다.

II. 가족 전체는 행동에 의해 유도된 최면 상태 가운데 있다. 열린 가족체계에서는 결혼의 양자인 부부가 건강한 환경을 조성하므로 유연한 선택에 의해서 최면 상태가 바뀔 수 있다.

그러나 닫힌 체계에서는 최면 상태가 엄격하고 굳어져 있다. 어느 누구라도 자신의 특정한 역할 행동에 의해서 최면 상태를 유도할 수 있다. 그렇기 때문에 구성원이 가족을 떠나도 여전히 그 안에 머물러 있게 되는 것이다. 만성적으로 역기능적인 가족 안에서 자란 사람은 자신의 굳어진 역할에 머물러 있게 되고 계속해서 역기능적인 삶을 살게 된다.

III. 가족은 하위문화와 문화가 함께 양육한 결과다. 하위문화와 문화는 개인들에 의해 만들어진다. 개인들이 현존하는 사회 구조, 즉 '합의된 실체'를 형성한다. 합의된 실체는 모든 사회 구성원들이 함께 동의한 것으로, 이러한 합의에 의해 가족도 만들어지는 것이다. 자녀 양육에 대하여 합의된 실체가 바로 유해한 교육이다. 또한 가족은 문화를 형성한다. 그런데 문화 안에는 보웬이 말한 것 같은 사회적 퇴행 현상이 있다. 예를 들어, 우리의 형사제도는 종종 입소자들에게 그들을 애초에 그곳으로 들어오게 만든 학대와 모욕을 재연하고 있다.

IV. 가족체계이론은 유해한 교육과 다른 학대들이 **어떻게 대물림될 수 있는지**를 설명해 준다. 자신의 가족체계를 이해하게 되면, 당신은 자기 자신이 유해한 교육에 의해 어떻게 역할을 맡게 되었고 각본에 쓰인 대로 행동하였으며 자존감의 손상을 입게 되었는지 발견할 수 있다. 자신을 가족 내력과 연결시켜 보면 **당신의 진짜 자기에게 무슨 일이 일어났는지** 알 수 있게 된다.

요약

이 장의 요점을 'FAMILIES(가족들)'의 머리글자를 사용하여 요약해 보겠다.

Feedback Loops Versus Cause/Effect(피드백 망 대 원인/결과)

가족체계 이론에서는 가족을 역동적인 사회적 유기체로 본다. 이러한 유기체는 상호관계와 상호의존에 의해서 기능을 한다. 아빠는 엄마가 불평하고 바가지를 긁기 때문에 말을 안 하려 하고, 엄마는 아빠가 말을 안 하려 하기 때문에 불평하고 바가지를 긁는다. 그들의 행동은 인과관계적인 것이 아니라 순환적이다.

Autonomy or Wholeness(자율성 또는 전체성)

가족은 전체적인 유기체다. 즉, 전체는 부분들의 합보다 크다. 가족의 모든 사람은 다른 모든 사람의 영향을 받는다. 개개인은 전체인 동시에 부분이다. 정서적 질병에 대한 전혀 새로운 개념은 바로 이 생각에서 나온 것이다. 개인이 환자인 것이 아니라 가족이 곧 환자인 셈이다.

Marriage as the Chief Component(주요 요소로서의 결혼)

결혼은 가족 안에서 주요 요소다. 결혼의 건강이 가족의 건강을 결정한다.

Individual Roles(개인의 역할)

모든 가족은 역할을 가지고 있다. 부모의 역할은 다음과 같은 본보기를 보여주기 위한 것이다. 어떻게 해서 남자가 되며 여자가 되는가? 엄마 노릇과 아빠 노릇. 어떻게 해서 사람이 되는가? 어떻게 감정과 욕구를 표현하는가? 아이의 역할은 호기심을 가지고 배우는 데 있다. 건강한 가족에서는 역할들이 유연하다. 역기능적인 가족에서는 역할들이 유연하지 않다.

Laws or Rules(법칙 또는 규칙)

모든 가족은 체계를 지배하는 법칙과 규칙을 가지고 있다. 법칙은 가사, 건강 돌보기, 축하 의식, 사회생활, 재정 문제, 사생활과 경계선

등을 포함한다.

Individuation/Togetherness Tension(개별성과 연결성 간의 긴장)
가족의 긴장은 개별성과 연결성이라는 양 극단에서 비롯된다. 고유
성과 자기실현에 대한 필요와 체계를 위해 따라야 하는 필요가 종
종 부딪친다.

Equilibrium(평형)
가족 구성원들은 서로 보완해 주는 경향이 있다. 아빠가 자주 화를
낸다면 엄마는 유순하고 부드럽게 말하게 된다. 모빌과 같이 체계
는 멈춰 서려고 하며 균형을 맞추려고 한다. 가족은 열려 있거나(항
상 부드럽게 움직임) 닫혀 있다(얼어붙거나 굳어 있음).

Systems Needs(체계의 필요)
개인과 마찬가지로 체계는 필요를 가지고 있다. 가족은 모든 사회
체계와 같이 생산성(의식주), 정서적 안정(신체 접촉, 쓰다듬기, 따
뜻함), 좋은 관계(사랑, 친밀감), 개별화와 차별화(자기실현), 자극
(흥분, 도전, 재미), 화합(소속감과 연대감)을 필요로 한다.

기능적인
가족체계의 프로필

3

내가 나이기 때문에 내가 나고
당신이 당신이기 때문에 당신이 당신이라면
나도 있고 당신도 있습니다.
그러나 당신이 당신이기 때문에 내가 나고
내가 나이기 때문에 당신이 당신이라면
나도 없고 당신도 없습니다.

- 랍비 멘델(Rabbi Mendel)

이제 더욱 풍성한 자존감을 향한 탐색을 시작해 보자. 중요한 것은 당신의 **원가족**에 초점을 맞추는 것이다. 당신은 당신의 원가족이라는 한 단위에서 나왔다. 그것이 기능적인 단위였다면, 그 가족은 당신의 개별성과 힘의 근원이었을 것이고 당신에게 영원한 소속감의 확신을 주었을 것이다. 당신의 원가족은 당신의 모든 인생 경험 중에서 가장 열정적이고 강력한 삶을 살았던 곳이 되었을 것이다.

또한 기능적인 건강한 가족이 어떤 것인지를 살펴보면서 당신이 지금 속해 있거나 앞으로 꾸미려고 하는 가족에 초점을 맞춰 볼 수 있을 것이다.

기능적이라고 하는 말은 곧 작동한다는 말이다. 예를 들어, 차의 트렁크가 녹이 슬었어도 잘 굴러간다면 그 차는 완전히 기능적이다. 그 차는 작동을 하고 있는 것이다.

건강한 가정에서는 구성원들이 제 기능을 완전하게 하며, 구성원들 간의 관계가 완전히 기능적이다. 모든 가족 구성원들은 인간으로서 자신의 모든 힘을 사용할 수 있다. 그들은 이 힘을 사용하여 협력하고 개별화하며 집단적인 필요와 개인적인 필요를 채운다. 기능적인 가족은 개인이 성숙한 인간으로 자라도록 하는 토양이다. 가족은 다음과 같은 것들을 포함하고 있다.

① 가족은 생존과 성장을 위한 단위다.
② 가족은 여러 구성원들의 정서적 필요를 위해 무엇을 공급해주는 토양이다. 이러한 필요들에는 자율성과 의존성 사이의

균형과 사회성 훈련과 성적인 훈련 사이의 균형이 포함된다.
③ 건강한 가족은 부모를 포함한 각 구성원의 성장과 발달을 제
공한다.
④ 가족은 견고한 자존감의 발달이 이루어지는 곳이다.
⑤ 가족은 사회화가 이루어지는 중요한 단위며 사회가 존속되기
위해 결정적으로 중요한 곳이다.
⑥ 가족은 아이들의 성품과 도덕적 가치관이 형성되는 모형이다.

가족이 성숙한 사람을 만드는 토양이라면, 여기서 성숙한 사람
이란 어떤 사람을 의미하는가? 성숙의 필수 요소는 무엇인가?

성숙이란 무엇인가

보웬이론의 핵심 개념은 **자기 분화**(self-differentiation)다. 성숙한
사람은 모든 다른 사람들에게서 분화되어 있고 분명한 자아 경계
선을 설정해 놓은 사람이다. 성숙한 사람은 건강한 정체성을 갖고
있다. 그런 사람은 가족체계와 관계하되, 거기에 융해되거나 결합
되지 않으면서 의미 있는 방법으로 관계를 한다. 즉 성숙한 사람은
정서적으로 자유롭기 때문에 분노나 흡수됨이 없이 조금씩 떠나
며, 죄의식 없이 멀리 떠나기를 선택할 수 있다는 뜻이다. 자기 분
화와 자존감의 발달을 위해서는 시간이 걸린다. 사람이 아동기에
다양한 발달 과제들을 완수한다면, 또 청소년기에 너무 많은 사회
의 방해를 받지 않고 발달을 이루어 갈 수 있다면, 틀림없이 견고

한 자존감을 가진 어른으로 성장할 것이다. 견고한 자존감을 가진 사람은 가족과 분리될 수 있으면서 동시에 가족과 계속해서 관계할 수 있다.

자기 분화는 또한 감정에 대해 생각할 수 있고 감정에 의해 압도되지 않을 수 있는 능력과 관계가 있다. 이러한 능력이 있으면 충동적으로 반응하지 않고 선택을 할 수 있다.

예를 들어, 성장한 자녀 중 하나가 성탄 휴가에 자신의 다른 가족 또는 친구들과 함께 여행을 떠나기로 결정했다고 하자. 기능적인 가족에서는 그의 부모나 형제 등 다른 가족 구성원들이 좀 섭섭하기는 해도 그가 행복하고 친구들도 많다는 것에 기뻐할 것이다.

역기능적인 가정에서는 다른 가족 구성원들이 화를 낼 것이다. 부모는 그에게 죄책감을 주어 조종하려 할 것이고, 그는 휴일을 다른 데서 보내는 것에 대해 죄책감을 느끼게 될 것이다. 그렇게 그가 죄책감을 느낀 나머지 자신의 계획을 취소하고 성탄절에 집으로 왔다고 하자. 그러면 그는 집에 있는 동안 화가 나게 될 것이다. 역기능적인 가족에서는 이러한 일이 흔하게 일어난다.

자기 분화의 과정은 우리 모두에게 필수적이다. 모든 사람은 개별성과 소속의 연속선상의 어딘가에 놓이게 된다. 우리의 개별성은 결국 우리의 정체성이다. 건강한 정체성을 갖는다는 것은 자기 가치감을 갖고 있다는 뜻이고, 그 가치감을 인정해 주는 중요한 타인이 하나 또는 그 이상 있다는 뜻이다. 우리는 자기 혼자서는 정체성을 가질 수 없다. 우리의 가치를 증명해 줄 수 있는 중요한 타인이 적어도 한 명은 있어야 한다. 우리의 정체성은 자기 자신을 다른 사람과 구별될 수 있는 차별성을 말한다. 이것은 언제나 사회적 맥락, 즉 관계 안에 기초를 두게 마련이다.

정체성은 자기실현의 욕구와 소속의 욕구를 결합시킨다. 좋은 정체성은 항상 소속에 그 뿌리를 두고 있다. 사실상 개별화의 충동과 소속감의 욕구는 양 극단에 있으며 그 사이에는 항상 긴장감이 있다. 둘 중에 하나를 가지려면 다른 하나도 가져야 한다.

인간의 기본적인 욕구

개별화와 분화가 일어나려면 가족이 구성원의 욕구를 채워 줄수 있을 만큼 충분히 안전하고 안정되어 있어야 한다. 건강한 가족환경은 모든 구성원들에게 가능한 자신의 욕구를 채울 수 있는 기회를 준다.

개인은 다음과 같은 것들을 필요로 한다.

- 자기 가치, 자기 사랑, 자기 수용, 그리고 고유하고 독특한 사람이 될 수 있는 자유
- 신체 접촉과 반영
- 성장과 개별화의 위험을 충분히 감수할 수 있는 안전한 구조. 그 구조는 발달 단계에 따라서 변할 것이다.
- 애정과 인정
- 자신의 감정에 대한 지지
- 각 발달 단계를 거쳐 갈 수 있는 도전과 자극

• 자기실현과 영성

여기서 영성은 다른 사람들을 사랑하고 돌보아 주고자 하는 욕구, 필요한 사람이 되고자 하는 욕구, 그리고 진리 추구와 아름다움, 선함에 대한 욕구를 포함하는 것이다. 영성은 자신보다 큰 뭔가를 위해 사는 것을 의미한다.

개인은 이 모든 욕구들을 채울 수 있는 힘을 가지고 태어난다. 알고자 하는 힘은 우리 자신과 다른 사람들에 대해서 발견하고 생존하는 데 필요한 충분한 지식을 배우며 기본적인 안전에 대한 욕구를 채울 수 있도록 해 준다. 사랑할 수 있는 힘은 우리가 자신과 다른 사람을 사랑할 수 있도록 해 준다.

인간의 기본적인 힘

느낄 수 있는 힘

감정을 뜻하는 'emotion'이라는 단어는 라틴어 'exmovere'에서 나왔다. 이는 글자 그대로 움직이게 하는 힘이다. 우리의 감정은 우리가 가지고 있는 기본적인 힘들 중 하나다. 감정은 우리에게 필요, 상실감, 포만감 등 우리의 몸에서 오는 신호를 전달해 준다. 이 에너지는 우리가 스스로를 돌보기 위해 효과적으로 행동할 수 있도록 돕는 일을 한다. 생각은 우리의 경험을 분석하고 해석하지만, 감정은 생각과는 반대로 현실을 직접적으로 표현한다. 감정은 우리에게 무엇이 필요하며 우리가 무엇을 변화시키고 싶은지에 대한 중요한 정보를 준다.

느낄 수 있는 힘은 우리 각자가 자신의 고유한 자발적인 현실을 알도록 해 준다. 감정은 우리가 자신의 욕구를 어느 정도 채우고 있는지 온전히 인식할 수 있게 만들어 주는 도구다. 나는 때때로 감정을 뜻하는 'emotion'이라는 단어에 하이픈을 넣어 'e-motion'이라고 쓴다. 감정이 우리를 움직이는 에너지라는 것을 가리키기 위해서다. 이러한 에너지(말하자면 화가 났을 때 심장이 크게 뛰거나 근육이 수축되는 것)는 자신의 기본적인 욕구를 채우지 못하게 하는 위협에 맞서 대항하도록 해 준다. 이 에너지(위 예에서는 화)가 없다면 나는 나의 위엄과 자기 가치를 지킬 힘이 없을 것이다.

두려움은 분별할 수 있는 에너지다. 이는 우리의 기본적인 욕구를 채우는 것과 관련하여 위험 지대를 알아챌 수 있도록 해 준다.

슬픔은 작별을 고하고 상실을 슬퍼하는 에너지다. 인생은 이별의 연속이다. 우리는 계속해서 작별을 고하며 성장의 주기들을 끝마쳐야 한다. 애통과 슬픔은 과거를 끝낼 수 있는 에너지를 준다. 유년기와 유아기에 작별을 고하는 것은 학교에 가게 되는 잠복기로 들어가기 위해 반드시 필요하다. 그리고 학교에 작별을 고하는 것은 사회에 나가서 자기의 길을 개척하고 자리를 잡는 데 반드시 필요하다. 성장하려면 계속해서 죽고 다시 태어나야 한다. 슬픔은 '치유의 감정'이다.

죄책감은 우리의 양심을 형성하는 에너지다. 이는 우리의 도덕적 수치심이다. 이 에너지가 없다면 우리는 파렴치하게 행동하게 되고 반사회적 이상 성격자나 정신병자가 된다. 죄책감은 우리가 무엇인가의 편에 서며, 내면의 가치체계를 갖고 그에 따라 행동하고 헌신할 수 있게 해 준다.

수치심은 우리가 유한하고 제한된 존재임을 알려 주는 에너지다. 수치심은 우리가 실수하도록 허용해 주며, 우리에게 도움이 필요하다는 것을 알게 해 준다. 수치심은 우리의 영성의 원천이다. 이는 유해한 교육에 기인하는 신경증적 수치심과는 매우 다른 것이다. 신경증적 수치심은 더 이상 움직이게 하는 에너지(emotion)가 아닌 우리의 정체성의 핵심이 되어 버린 것이다.

기쁨은 모든 일이 잘되어 가고 있다는 것을 알려 주는 에너지다. 이를 통해 모든 필요가 채워지고 있다. 우리는 완성되어 가고 성장하고 있다. 기쁨은 새롭고 무한한 에너지다.

결단할 수 있는 힘

사람은 선택하고 바라는 힘을 가지고 있다. 이 에너지를 의지력 또는 결단력이라고 부른다. 우리의 의지란 바라는 힘의 강도를 높여 행동하게 하는 것이다. 우리는 선택을 통하여 우리의 현실과 삶을 만들어 간다. 우리의 의지는 사랑의 원천이다. 사랑은 선택이다. 사랑은 때로 그렇게 하기 힘들더라도 의지를 가지고, 즉 기꺼이 우리의 관계에 헌신하는 것이다. 또한 사랑은 용기를 수반한다. 우리가 다른 사람을 사랑하면 그 사람을 잃어버릴 위험도 무릅써야 하기 때문이다. 그 사람은 우리를 거절할 수도 있고 죽을 수도 있다.

상상할 수 있는 힘

우리는 상상할 수 있는 힘을 가졌다. 이 힘으로 인해 우리는 새로운 가능성을 바라볼 수 있다. 반대로 이 힘이 없다면 우리는 경직된 순응주의자가 되어 버릴 것이다. 인간의 상상력은 새로운 개척자를 만들어 냈고 세상에 혁신과 진보와 발전을 가져왔다. 국립 미술관과 박물관들은 상상의 힘을 기리는 기념비다. 이 힘이 없다면 우리는 점차 희망 없는 사람이 되어 갈 것이다. 희망이란 새로운 가능성을 바라볼 때 생기는 것이기 때문이다.

알고자 하는 힘

좋은 가족 모형은 우리가 알고자 하고 사랑하고 느끼고 결정하고 상상할 수 있는 힘을 행사하도록 견고한 토대를 마련해 준다. 그러한 토대는 발달 단계에 맞아야 한다. 이 말은 우리가 필요를 채우기 위해 우리의 힘을 자유롭게 사용하는 것도 발달 단계에 알맞은 방법으로 해야 한다는 뜻이다.

예를 들어, 알고자 하는 힘은 16세가 될 때까지 상징적 사고, 전논리적 사고, 구체적인 논리적 사고, 마지막으로 추상적, 상징적 사고의 단계들을 거치면서 서서히 발달한다. 부모는 각 발달 단계에 따라서 우리가 어떻게 사고하는지를 세부적으로 이해하여야 한다. 그렇게 해서 자녀의 초기 단계에는 건강한 도전을 주는 것과 인지적인 한계를 인식하는 것 사이에 균형을 맞추는 기대감을 가져야 한다. 앞서 1장에서 마술적, 전논리적 사고의 단계를 요약해 놓았다. 성숙한 사람은 자신 안의 마술적인 어린아이를 갱신하여 이제 자신의 부모를 유한한 인간으로 보게 된다. 그리고 부모의 규칙들도 이성과 논리와 실제 경험을 가지고 갱신하게 된다.

가치감

나는 우리가 모두 깊은 가치감을 가지고 태어난다고 믿는다. 우리는 귀하고 유일하고 독특하고 순수하다. 우리는 앞서 말한 모든 힘과 필요를 가지고 태어난다. 그러나 우리는 미숙하여 전적으로 우리를 돌보는 사람에게 의지해야만 한다. 어렸을 때의 우리의 운명은 놀라울 정도로 우리를 돌보는 사람에 의해서 결정된다. 우리가 계속해서 자신이 귀하고 독특하다고 느낄 수 있으려면, 우리를 돌보는 사람의 눈에서 우리의 존귀함과 독특함을 볼 수 있어야 한다. 우리가 처음으로 갖게 되는 자신에 대한 신념은 그들의 **눈**을 통해서 온다.

우리의 자아상의 기반은 생후 3년 동안 우리를 주로 돌보아 주는 사람의 반영(mirroring)에 의해서 형성된다. 우리를 사랑해 주고 돌봐 주는 중요한 타인이 반영을 해 주어야만 우리는 자기에 대한 감각을 가질 수 있다. 돌보는 사람은 자기실현이 되어 있어야 한다. 그래야 우리가 팽창하는 자발성과 자유를 가지고 새로운 인지 단계로 넘어갈 때 위협을 느끼지 않고 우리에게 적절하게 반영을 해 줄 수 있다. 우리를 돌보는 사람이 자신을 사랑할수록, 그리고 자신의 감정과 필요와 욕구를 받아들일수록, 아이들의 충동, 느낌,

필요 등 모든 것을 받아들여 주며 아이 곁에 있어 줄 수 있다.

자기 가치감을 가지고 자기 수용을 할 수 있는 부모는 자신의 필요를 채울 수 있다. 그렇기 때문에 자신이 힘, 적절감, 안전감을 느끼기 위해서 자녀를 이용할 필요가 없다. 이러한 부모는 자신의 원가족과 관련된 과업을 끝마치는 중에 있으며 자기 분화를 이루어 가고 있다. 그리고 유해한 교육의 파괴적인 부분을 이미 인식하고 새롭게 갱신하였다.

감성 지수

건강한 가족은 예일 대학의 심리학자 피터 살로비(Peter Salovey)와 뉴햄프셔 대학의 교수인 존 마이어(John Meyer)가 말한 '감성 지수(EQ)'에서 높은 수준을 보인다. 행복하고 지속되는 결혼은 지능 지수보다 감성 지수에 의해서 결정된다. 감성 지수가 높은 부모는 자녀들에게 좋은 본을 보여 준다. 이에 감성 지수가 높은 부모와 사는 자녀들은 감성 지수가 발달한다.

감성 지수의 특징은 자기 인식과 내면의 자기 분화, 공감, 지속성 또는 자기 동기화 그리고 사회 기술이다.

자기 인식은 감성 지수의 기초가 된다. 이 자기 인식을 통해 우리는 자기를 통제할 수 있고 자신 안의 지각, 사고, 감정, 욕구들을 각각 구분할 수 있기 때문이다. 반응하기에 앞서 생각할 수 있는 능력이 있으면 상호관계에서 균형 잡힌 반응을 할 수 있다. 우리 자신의 내면의 신호를 읽을 수 있는 능력이 있으면 자신의 여러 가지 경험을 분류해서 현명한 선택을 할 수 있다. 자기 인식이 있는 사람들은 자신의 무의식적인 상처들을 이미 의식하게 되었기 때문에 상처를 스스로 책임지게 된다. 부부가 과거의 상처를 인식하게 되면 이제는 옛 쓰레기들을 서로에게 던지려고 하지 않을 것이다.

감성 지수의 또 하나의 특징인 **공감**은 타고난 특성으로 경험에 의해 발달된다. 유아는 다른 아기가 우는 소리를 들으면 따라서 울려고 한다. 공감도 생존 기술이다. 심리적으로 손상된 가족 가운데 자란 아이들은 부모의 분노와 불안한 분위기에 민감하게 조율이 되기 때문에 지나치게 경계심이 많아지기 쉽다. 공감은 잔인성을 완충시키는 것으로, 아동 폭력자나 아동 성추행자에게는 공감 능력이 눈에 띄게 결여되어 있다.

지속성은 계속해서 자신에게 동기 부여를 할 수 있는 능력이다. 이는 낙관주의에 근거하고 있는 것 같다. 자신에게 동기를 부여할 수 있는 사람은 좌절 앞에서도 낙관적일 수 있다. 그들은 자신의 실수에서도 좋은 점을 찾아낸다. 그들은 자신을 실패로 이끈 잘못된 선택이나 무능함 대신 현실적인 대안을 제공할 수 있는 새로운 환상을 만들어 낼 수 있다.

사회 기술은 상호관계를 잘 운영할 수 있는 능력이다. 촉망받던 인사들이 왜 실패했는지에 대한 많은 연구 결과들을 보면 그들이 관계 기술의 결점 때문에 실패했다는 것을 알 수 있다. 그들은 전문적인 능력이 결여되었다기보다는 지나치게 야심이 많고 무감각하며 지나치게 권위적이고 반항적이었던 것이다. 사회 기술은 다른 사람들과 좋은 관계를 유지하며 그들에게 동기 부여를 할 수 있게 해 준다.

감성 지수를 발달시키기 위해서 아이들은 자신의 감정과 욕구를 확인하고 구분할 수 있어야 한다. 그들은 또한 자신 안에 그 분노를 담고 있을 수(자신의 분노에 머무를 수) 있어야 한다. 부모가 자신의 감정과 필요에 이름을 붙일 수 있고, 서로에 대한 그리고 자녀에 대한 분노를 수치심을 주지 않는 방식으로 자신 안에 담고 있을 수 있다면 자녀들도 배워서 그렇게 할 수 있을 것이다.

다니엘 골먼(Daniel Goleman)은 그의 뛰어난 저서 『감성 지수(Emotional Intelligence)』에서 감정 뇌체계(emotional brain system)가 사고 뇌체계(thinking brain system)보다 중요하다는 것을 나타내 주는 엄청난 양의 자료를 수집하였다.

우리는 종종 생각하지 않고 느끼기만 하는데, 가족관계에서 가장 해로운 상처는 생각 없이 감정적으로 반응함으로써 생긴다. 가족이 기능적일수록 구성원들은 자신의 감정을 조절할 수 있고 이성의 통제 없이는 감정을 분출하지 않게 된다. 이 책에서 나는 **감정을 억제할수록 생각이 오염된다**는 것을 보여 주는 자료를 제시할 것이다. 유해한 교육은 감정을 억누르라고 말하는데, 그러면 높은 감성 지수를 발달시킬 수 있는 가능성에 손상을 입게 된다.

건강하고 기능적인 결혼은 어떤 것인가

이미 지적한 바와 같이 **체계로서의 가족의 주요 요소는 결혼관계**다. 결혼관계가 건강하고 기능적이면 아이들은 성장할 수 있는 기회를 갖는다.

건강하고 기능적인 부부는 결단할 수 있는 힘을 통해 서로에게 위탁한다. 그들은 부유하거나 가난하거나, 건강할 때나 병들 때나, 죽음이 그들을 갈라놓을 때까지 어떤 일이 있어도 함께 하기를 결정하고 선택한다. 좋은 관계는 위탁하는 사랑에 기반을 둔다. 사랑은 결코 감상적인 것이 아니다. **사랑은 결정이다.**

건강하게 기능을 하는 관계는 평등에 기초한다. 이는 자기실현을 이루어 가고 있는 영적인 두 존재가 각기 다른 수준의 됨됨이로 교류하는 평등이다. 각자는 온전한 사람이 되어 가는 과정 중에 있으며, 서로를 향한 사랑의 도움을 받아 성장한다.

건강하고 기능적인 결혼관계에 있는 배우자는 둘 다 자신의 상처, 행동, 행복이 결국 자신의 책임이라는 것을 알게 된다. 밖에 있는 무언가에 의지한다면 점차 성숙해 가며 행복을 실현할 수 없다.

성숙이란 환경의 지원을 받는 것에서 자립으로 옮겨가는 과정이다. 사춘기부터 시작해서 성장하고 성숙해진다는 것은 자신의 두 발로 서고 독립적이 되고 자립하게 되는 것을 의미한다. 불완전하며 채워져야 할 결핍을 가지고 관계를 맺는다면 결코 건강한 관계가 될 수 없다. 건강한 관계는 성숙한 것으로서 평등하고 스스로 책임질 줄 알며 상호 지원해 주는 관계다.

내가 가장 좋아하는 성숙한 관계의 이미지는 두 사람이 함께 악기를 연주하는 모습이다. 두 사람은 각기 자신의 악기를 연주하며 자신만의 독특한 기술을 사용하지만 같은 노래를 연주한다. 각자는 전체이며 완전하다. 각자는 독립체로서 서로에게 위탁한다.

건강하고 위탁된 관계에 있는 배우자는 훈련에도 위탁한다. 각자는 자기 훈련이 되어 있고 관계에도 훈련을 적용시킨다. 인생의 불가피한 문제에서 오는 고통을 덜어 주는 다음의 네 가지 기본 기술을 활용하여 훈련을 할 수 있다. 스콧 펙(M. Scott Peck)은 그의 저서 『아직도 가야 할 길(The Road Less Traveled)』에서 그 기술을 다음과 같이 요약해 놓았다.

① 만족을 지연시키기
② 자신에 대한 책임감을 받아들이기
③ 진실을 말하고 현실에 충실하기
④ 영적인 성장을 위해서 자아의 필요를 제쳐놓기[1]

끝으로 사랑에 위탁하는 것은 훈련할 수 있는 힘을 주고 또 훈련은 위탁을 해야 할 수 있다.

---

[1] M. Scott Peck, *The Road Less Traveled: A New Psychology of Love, Traditional Values & Spiritual Growth* (New York: Simon and Schuster, 1978).

건강하고 기능적인 부모

건강한 관계의 두 사람이 부모가 되기로 결정하면, 그들은 부모로서 자기 훈련과 자기 사랑의 본을 아이들에게 보여 주게 되고 아이들은 그것을 모방하게 된다. 그들은 자녀를 갖는 것을 일생에서 가장 책임감 있는 결정으로 받아들인다. 그들은 자신을 위탁하여 자녀를 돌본다.

이러한 관계가 가족의 기초를 형성할 때 체계 안의 자녀는 **연령에 따라 필요한 의존의 욕구**를 안전하게 보장받는다. 여기서 연령에 따른 의존의 욕구란 사람이 연령마다 갖게 되는 특정한 필요들을 말한다. 아이는 또한 자신의 독특한 개성에 따라 실험해 보면서 성장할 수 있는 안전함을 필요로 한다. 사실상 부모의 관계가 안정되어 있고 안전할수록 아이들은 더욱더 독특해진다. 엄마와 아빠가 자기 스스로 그리고 서로 도와가며 필요를 채우는 한 자녀들을 이용하여 필요를 해결하려 하지 않을 것이기 때문이다.

또한 기능적인 부모는 자녀들에게 성숙함과 자율성의 본을 보여 준다. 그들은 튼튼한 정체성을 세워 나가는 한편, **미해결된 어린 시절의 상처**(unresolved childhood wounds)를 해결하는 과정에 있다. 그러므로 자녀들이 부모의 미해결된 무의식적 갈등을 짊어질 필요가 없다.

기능적인 부모의 자녀들은 이제 개별적인 자기실현에 도달하기 위하여 알고자 하는 힘, 사랑하는 힘, 느끼는 힘, 결정하는 힘, 상상하는 힘을 사용하여 자유롭게 성장할 수 있다. 아이들은 부모의 좌절과 불안에 쫓기는 투사로 인해 끊임없이 판단받고 평가받지 않아도 된다. 아이들은 부모가 그들 자신의 부모와의 관계에서 아직 미해결된 갈등을 표출하는 **희생양**이 아니다.

사실상 모든 이야기는 이상일 뿐 어떤 부모도 완벽하게 이렇게 할 수는 없다. 그러나 우리가 유해한 교육을 좀 더 성숙한 민주주의적 방법으로 바꾸려고 노력한다면, 힘들겠지만 자녀에게 병적인 수치심을 심어 주는 일을 멈추고 자존감을 길러 주는 일을 시작할 수 있다.

다섯 가지 자유

기능적인 가족 안의 개인은 자신의 타고난 자질에 접근할 수 있다. 가족치료사인 버지니아 새티어는 이 자질을 다섯 가지 자유라고 불렀다. 이러한 자유들은 다음과 같다.

① 과거에 있었으며 앞으로 있거나 있어야만 하는 것보다 지금 여기에 있는 것을 보고 들을(지각할) 수 있는 자유

② 생각해야만 하는 것보다 생각나는 것을 생각할 수 있는 자유

③ 느껴야만 하는 것보다 느껴지는 것을 느낄 수 있는 자유

④ 허락을 받으려고 기다리지 않고 알고 싶은 것을 물어 볼 수 있는 자유

⑤ 안전을 선택하며 항상 조심하는 것보다 자기 자신을 위하여

위험을 무릅쓸 수 있는 자유[2]

이러한 자유를 통해 온전한 자존감과 자기 통합에 이를 수 있다. 개인의 엄청난 힘은 이러한 자유에서 나온다. 그의 모든 에너지는 개인적인 필요를 채우는 한편, 자유롭게 밖으로 흘러나가 세상에 대처하게 한다. 그렇게 하여 그는 온전한 자유를 경험하며 마음껏 제 기능을 하며 살게 된다.

다섯 가지 자유는 비판적으로 판단하고 평가하는 모든 종류의 완벽주의적 체계를 거부한다. 왜냐하면 비판과 판단은 사람의 가치를 평가하는 것이기 때문이다. 기능적인 가족들은 갈등과 견해 차이를 보이기는 하지만 다른 사람의 가치를 판단하지는 않는다. "나는 기분이 나빠."라고 말하는 것은 감정을 표현하는 것이다. "넌 멍청해, 이기적이야, 미쳤어."라고 말하는 것은 평가하고 판단하는 것이다.

유해한 교육은 불평등한 관계, 즉 일종의 주종관계에 기초하고 있다. 부모는 그들이 부모라는 것 때문에 권위를 갖는다. 그들은 단지 부모라는 이유만으로 존경받을 만하다. 부모는 항상 옳으며 자녀는 부모에게 복종해야만 한다.

유해한 교육 규칙을 가진 가족에게 있어서 비판은 해도 괜찮은 것 정도가 아니라 반드시 해야만 하는 의무다. 아이들에게 "나는 기분이 나쁘다. 그러므로 너는 멍청하고 괴상하고 미쳤다."라는 왜

---

2 Virginia Satir, *Making Contact* (Millbrae, California: Celestial Arts, 1976), 19.

곡된 말을 하지 않을 수 없다. 결국 부모가 가지고 있는 감정 에너지는 그것이 마치 아이 자신의 것인 양 아이에게 전달된다.

나의 내담자였던 한 여성은 직장에서의 좌절감, 분노, 상처를 안고 집으로 돌아왔다. 그녀는 아이들에게 "혼자 있고 싶구나. 난 화가 나고 실망스럽고 상처받았거든." 하고 말하는 대신, 아이들의 너저분한 방을 돌아다니면서 아이들에게 그들이 이기적이고, '다른 사람 생각은 절대로 안 하고 자기 생각만 한다.'며 소리를 질렀다. 그녀는 자신의 좌절감, 분노, 상처를 아이들의 책임으로 떠넘겼다. 이것이 성경이 금지하고 있는 비판이다. 이는 아이들의 자존감을 공격하는 것이기 때문에 학대라고 할 수 있다.

비판의 문제는 각 구성원들이 효과적으로 의사소통하는 능력과 관계된 것으로써, 아마도 기능적 가족과 역기능적 가족을 구분하는 가장 중요한 문제라고 할 수 있을 것이다. 어떤 이론가들은 가족 안에서의 훌륭한 의사소통이 정서 건강의 기초이며 나쁜 의사소통은 역기능의 표시라고 주장하고 있다.

효과적인 의사소통

훌륭하고 효과적인 의사소통은 주로 높은 수준으로 발달된 개인의 인식과 분화에 달려 있다. 대화를 잘하는 사람은 자신과 다른 사람의 내면의 작용에 대한 인식이 있다. 자기 인식이란 나의 지각, 나의 해석, 나의 투사, 나의 느낌, 나의 욕구를 포함한다. 다른 사람에 대해 인식하려면 그의 말을 오감에 기초한 경험적 자료로 해독하는 능력뿐 아니라 오감을 통하여 관찰하는 기술을 사용한다. 오감을 통하여 관찰하는 기술은 신경계를 통해 사람을 실제로 접촉하는 것, 즉 그 사람의 어떤 신호들을 보고 그 사람의 말을 듣는 것이다.

여기서 신호들이란 호흡, 얼굴 표정과 동작, 어조, 억양과 같은 것들이다. 이 모든 신경계의 신호는 자신이 살아온 경험에 의해서 일어나고 있는 내면의 작용을 알려 준다.

말을 오감에 기초한 경험으로 해독하는 능력에는 말에 포함된 내용과 말을 하는 과정 모두를 듣는 것이 요구된다. 이것을 '**적극적 경청**(active listening)'이라고 한다. 적극적 경청이란 진실을 듣는 것이다. 말의 내용과 과정이 잘 맞아야 진실이다. 예를 들어, 그의 몸이 그의 말과 일치하는지를 보아야 한다. 크고 공격적인 어조로 "나 화 안 났어요!"라고 말하는 것은 일치하지 않는 것이다. 화나지 않았다면 화난 목소리로 말하지 않을 것이다.

퇴근 후 집에 돌아와서 아이들에게 소리를 지른 엄마는 자기 자신의 감정을 인식하지 못하고 있었다. 그녀는 자기의 감정과 단절되어 있었다. 그녀는 어렸을 때 정서적으로 학대를 받았으며 **연결의 환상**이라는 방어기제를 가지고 자신의 감정을 마비시키는 법을 배웠다. 자신의 감정을 인식하지 못한 채, 그리고 스스로 책임지는 방식으로 감정을 표현하는 법을 알지 못해서 그녀는 분노와 비판으로 반응하였다. 자기중심적이고 마술적인 사고를 가진 아이들은 엄마의 분노 폭발을 자신들에 대한 비판으로 이해할 수밖에 없다. 엄마의 분노와 좌절을 아이들은 '**나는 나쁘다.**'라는 식으로 해석한다.

또한 말을 잘 해독할 수 있으려면 우리가 신속한 의사 전달을 위해 일상적으로 사용하는 많은 말들을 점검해 보는 것이 필요하다. 그 예로는 일반화, 생략 그리고 왜곡이 있다.

"여자는 신체적으로 아이를 낳을 수 있다."와 같은 일반화는 신속한 의사 전달에 효과적이다. 그러나 "여자는 믿으면 안 돼."와 같은 말을 일반화하는 것은 위험하다. 여기서 '여자'라는 단어는 그 말을 하는 사람이 믿을 수 없는 그 여자(또는 여자들)로 구체적이고 분명하게 해독되어야 할 필요가 있다.

마찬가지로 생략은 흔히 쓰이며 유용하다. 칵테일 파티에서 담소하며 "우리 분야의 일은 힘들어요."라고 말하는 것은 적절하다. 그때 그 일이 무엇이 그렇게 힘든지 자세하게 이야기할 필요는 없다. 그러나 우리가 직업적으로 힘든 문제를 가지고 도움을 받고자 한다면 생략해서 한 말을 오감의 정보로 해독해 주어야 한다. 누군가 우리에게 구체적으로 그 일이 어떻게 힘든지 질문을 해 준다면 그렇게 하는 데 도움이 될 것이다.

왜곡에는 편견, 마음 읽기, 원인과 결과의 착각이 있다. "침례교도들은 편협하다." 또는 "여자들은 열등하다." 같은 말들은 **편견의 왜곡**이다. "너 때문에 짜증나." 또는 "너 때문에 골치 아파." 같은 말들은 **원인과 결과의 왜곡**이다. 사실상 어떤 행동을 함으로써 다른 사람을 짜증나게 하거나 골치 아프게 할 수 있는 방법은 없다.

마지막으로 "난 네가 무슨 생각하고 있는지 다 알아." 또는 "내가 너를 생각하는 것만큼 너는 나를 생각하지 않는다는 것을 난 알고 있어." 같은 말들은 **마음 읽기 왜곡**이다.

겉으로 드러난 것의 기저에는 그 사람이 실제로 가지고 있거나 갖기를 원하는 경험이 있다. 이를 파악하기 위해서는 위의 경우와 같은 왜곡에 도전해 보아야 한다.

자기 인식과 자기 분화가 되어야 좋은 대화를 할 수 있다. 자기 분화가 잘 되면 우리는 매우 분명한 경계선을 세울 수 있다. 우리는 자기 자신의 감정, 지각, 해석, 욕구를 스스로 책임진다. 우리는 '나'라는 단어를 사용하여 자기가 책임을 지는 방식으로 그것들을 표현한다. 또한 분화라는 것은 **너의** 감정, 지각, 해석, 욕구에 내가 책임을 지지 않는다는 것을 의미한다.

적절한 경계선을 가지고 있을 때 우리는 자신이 어디서 시작하고 어디서 끝나는지를 안다. 우리는 자기가 하고 싶은 말을 구체적으로 상세하게 하고 행동에 관해서도 세부적으로 표현할 수 있다. "내 옷을 세탁해야겠는데……" 하고 말하는 대신, "나는 당신이 내 옷을 내일 9시에 ○○○ 세탁소에 맡겨 주길 바라는데 그렇게 해 줄 수 있겠어요?"라고 말한다. 그리고 상대방이 내 말을 분명하게 듣고 이해했는지를 점검한다.

사고 대 감정

건강하게 기능을 하기 위해서 또 하나 중요한 점은 내적인 자기 분화다. 내적인 자기 분화가 되면 우리는 감정에 대해서 생각할 수 있다. 어떤 사건이나 일에 대해 생각할 수 있으면 자신의 감정에 머무르며 그것에 대해 적절한 태도를 취하고 행동할 수 있게 된다. 감정과 생각을 분리하는 것은 견고한 자기됨이 있다는 표시다. 이것은 감성 지수의 일부분이다. 감정에 대해서 생각할 수 있으면 우리는 더 좋은 선택의 기회들을 갖게 된다. 생각과 감정을 분리할 수 없을 때에는 반사적이고 충동적으로 된다.

피드백

건강하고 기능적인 가족을 만들 수 있는 마지막 대화 기술은 좋은 피드백을 주는 능력과 용기다. 좋은 피드백은 관찰자의 눈에 상대방이 어떻게 보이고 들리고 느껴졌는지에 대해서 오감을 사용한 구체적인 정보를 가지고 말해 주는 것이다. 이는 종종 상대방을 직면하는 형식을 취하기도 한다. 예를 들어, "당신은 화가 나 보여요. 턱이 굳어 있고 주먹을 쥐고 있네요. 그리고 20분 동안이나 말을 안 하고 있군요."라고 말하는 것이다. 또한 우리 자신의 마음의 반응을 오감을 사용한 구체적인 자료를 가지고 표현함으로써 상대방에게 직면할 수 있다. 예를 들어, "나는 당신과 이야기하고 싶은데 당신은 신문을 읽고 있네요. 나는 거절당한 느낌이 들고 실망스러워요."라고 말하는 것이다. **직면**은 좋은 가족관계를 위해 중요하다. 이는 진실을 말하는 행동이다. 직면을 할 만큼 마음을 쓰는 것은 사랑의 행위다.

대화에 관하여 설명할 것이 더 많이 있지만, 적절하고 효과적인 대화에 대해 서술한 나의 목적은 효과적인 의사소통이 적절한 분화에서 나온다는 것을 보여 주기 위해서다. 건강한 부부는 서로 솔직하게 대화한다. 그렇게 함으로써 자녀들에게도 본을 보인다.

요약하자면, 기능적인 가족의 대화는 구체적이고 경험적인 것이다. 그 특징은 다음과 같다.

① 자신과 다른 사람들에 대한 높은 수준의 인식
② 사고와 감정의 분리
③ 구체적, 세부적, 오감에 근거한 행동 자료. '나' 중심의 분명한 자기 책임감
④ 상대방이 인식하지 못하고 있는 행동에 대한, 그리고 자신의 반응에 대한 적절한 피드백
⑤ 자신이 무엇을 느끼고 원하며 알고 있는지 기꺼이 드러냄

기능적인 가족의 규칙들

기능적인 가족에서는 규칙들이 분명하게 드러나 있다. 남편과 아내는 태도, 대화, 행동에 대한 규칙들이 서로 어떻게 다른지 인식하고 있다. 그리고 그 차이점을 이해하고 협상한다. 누가 틀리고 누가 맞는 것이 아니다. 두 사람은 단지 **서로가 다를 뿐**이라는 것을 안다. 두 사람은 해결을 위하여 협상한다. 그들에게 아무런 갈등이 없다는 것이 결코 아니다. 갈등이 있다는 것은 친밀감의 표시며 가족이 건강하다는 표시다. 건강한 갈등은 일종의 계약과 같다. 역기

능적인 가족에서는 문제들을 부인한다. 또한 융해(불화를 일으키지 않도록 합의)나 철회를 하기도 한다.

건강한 갈등의 예를 들어 보겠다. 사람은 각각 독특하기 때문에 가족체계의 규칙들도 각기 달라서 갈등이 불가피하다. 예를 들어, 나의 원가족은 선물을 크리스마스 이브에 풀었다. 우리는 선물을 재빨리 뜯었고 포장지를 모아두지 않았다. 그런데 아내의 원가족은 선물을 크리스마스 날 아침에 풀었다. 그들은 선물을 천천히 푸는 것을 좋아했고, 각자 차례로 자신의 선물을 푸는 동안 온 가족이 지켜보았다. 그리고 그들은 리본이나 포장지를 모아 두었다.

어떻게 하는 것이 맞는 방법일까? 맞고 틀리는 것이 없다는 것이 분명하다. 아내와 나는 이것을 깨달았다. 아내의 가족과 나의 가족은 서로 다른 축하 의식의 규칙들을 가지고 있었던 것이다. 축하 의식의 규칙들은 양육 규칙이나 재정 규칙보다는 덜 중요하다. 자녀들을 어떻게 양육할 것인지, 무엇이 바른 훈련 방법인지, 돈은 어떻게 다룰 것인지, 얼마를 쓰고 얼마를 저축할 것인지와 같은 규칙들은 더욱 중요하며 갈등을 일으킬 위험도가 높다. 이러한 **차이점들을 다루는 작업**은 여러 해가 걸릴 수 있다.

공정한 싸움 규칙

기능적인 결혼에서 부부는 그들의 차이점을 해결하기 위해 자신을 위탁한다. 그들은 그냥 갈등 가운데 머물러 있지도 않고 그렇다고 도망(불화를 일으키지 않도록 합의)을 가지도 않는다. 그들은 서로 접촉하며 협상하려고 노력한다. 싸우는 것은 일종의 접촉이며 협

상이다. 기능적인 부부도 문제를 가지고 있고 싸우기도 하지만, 그
들은 어떻게 해야 공정하게 싸우는지를 알고 있다. 갈등을 다루는
데 전적으로 맞는 방법이 있을 수는 없지만, 다음과 같은 지침이
효과적인 것으로 증명되었다.

① 공격(어떤 일이 있어도 이기려 한다)하는 대신 자기 주장(자신을
가치 있게 여긴다)을 한다.

② 현재에 머문다. 기록을 보관해 놓지 않는다. "당신은 늘 저녁
식사 시간에 늦는군요. 2년 전 휴가 때도 당신은……"라고 말
하는 것보다 "당신은 저녁식사에 늦었어요. 나는 화가 나요.
난 음식이 가장 따뜻하고 맛있을 때 함께 먹고 싶었단 말이에
요."라고 하는 것이 좋다.

③ 설교를 피하고 구체적이고 상세한 세부 행동을 자료로 한다.

④ 비판을 피한다. '나'를 주어로 하여 자신이 책임을 지는 방식
으로 말한다.

⑤ 정직하려면 정확해야 한다. 대충 합의하고 마무리하는 것보
다 정확을 기한다.

⑥ 지엽적인 일로 논쟁하지 않는다. 예를 들어, "당신 20분 늦었
어요." "아니에요, 13분밖에 안 늦었어요."와 같은 경우다.

⑦ 탓하지 않는다.

⑧ 적극적 경청을 한다. 상대방에게 들은 말을 반복해서 들려
준다. 반응하기 전에 상대방의 말을 맞게 들었는지 동의를
구한다.

⑨ 한 번에 한 가지만 가지고 싸운다.

⑩ 학대를 당하지 않은 한 옳고 그름을 따지지 않는다. 이것은 특별히 중요하다. 자신이 옳다고 주장하기보다는 해결책을 찾는다.

은밀한 규칙

규칙이 암시적인 경우에는 갈등이 훨씬 커질 가능성이 있다. 예를 들어, 성역할에 대한 규칙들은 의식적이고 언어적인 수준으로 나타나지 않는다. 매우 성공적인 남편이 여성 해방 운동에 대해서 폭언을 퍼붓는다면, 마음속에 아마도 여자들은 두려워하고 고분고분해야 한다는 규칙을 숨기고 있을지 모른다. 이러한 규칙은 연애 기간 동안에는 나타나지 않을 수 있다. 이후 결혼해서 가정을 꾸렸을 때 나타날 수도 있고, 첫 아기를 낳기 전까지는 안 나타날 수도 있다. 아기가 생기면 아내는 엄마가 되고 남편은 아빠가 된다. 우리가 엄마 노릇, 아빠 노릇을 하게 될 때 원가족과의 유대관계는 다시 돌아온다.

사랑에 빠졌을 때는 자아 경계선이 무너진다. 결혼을 하면 경계선이 다시 세워진다. 기능적인 가족은 은밀한 규칙들을 인식하고 다룬다. 은밀하고 무의식적인 것은 거의 없다. 그러므로 아이들은 부모의 많은 비밀과 가족체계의 불균형을 행동으로 표출할 필요가 없게 된다. 기능적인 가족의 아이들은 가족체계의 은밀한 규칙에 묶여 있지 않다. (나의 책 『가족 비밀(Family Secrets)』에서 이러한 현상을 자세하게 검토하였다.)

기능적인 규칙들은 각 가족 구성원들이 다섯 가지 자유를 표현할 수 있도록 해 준다. 그리고 유연성과 자발성을 허용해 준다. 실수는 성장을 위한 기회로 여겨진다. 건강한 수치심은 당연한 것으로 여기지만 해로운 수치심을 주는 일은 금지된다. 기능적인 규칙들은 기쁨과 웃음을 촉진한다. 그리고 각 사람은 소중하고 유일하며 독특한 존재로 여겨진다.

기능적인 좋은 규칙

기능적인 규칙을 다음과 같이 요약할 수 있다.

① 문제를 인정하고 해결한다.

② 다섯 가지 자유를 장려한다. 모든 구성원은 자신의 지각, 감정, 생각, 욕구, 환상을 자유롭고 적절하게 표현할 수 있다.

③ 모든 관계를 대화로 한다. 개인은 인간으로서 동등한 가치를 지니고 있다. 어린아이에게는 발달 과정상의 한계를 고려해 준다.

④ 대화는 직접적이고 일치성이 있으며 오감에 기초를 두고 있다. 즉, 구체적, 세부적, 행동적이다.

⑤ 가족 구성원들은 자신의 필요를 최대한 채울 수 있다.

⑥ 가족 구성원들은 서로 다를 수 있다.

⑦ 부모는 자신이 말한 대로 행동한다. 그들은 자기 훈련이 되어 있는 훈련자다.

⑧ 가족 역할은 선택적이고 유연하다.

⑨ 분위기가 재미있고 자발적이다.

⑩ 규칙들은 중요하며 이행해야 할 책임이 있다.

⑪ 다른 사람의 가치를 침범하면 죄책감을 갖게 된다.

⑫ 실수는 용서받고 배움을 위한 도구로 여겨진다.

⑬ 가족체계는 개인의 안녕을 위해서 존재한다.

⑭ 부모는 자신의 건강한 수치심과 접촉하고 있다.

기능적이고 건강한 가족에서 역설적인 것은 **개별성이 증가할 때 연결성도 증가한다**는 것이다. 사람들은 분리되고 온전함을 향하여 나아갈 때 진짜 친밀감이 가능하다. 시인은 "산을 오르는 자에게 산은 평지에서 더욱 선명하게 보인다."라고 노래하였다. 우리가 함께 있기 위해서는 분리가 필요하다. 불완전하고 채워야 할 것이 많은 사람들은 자신을 완전하게 만들어 줄 사람을 찾는다. 그들은 "난 당신이 필요하기 때문에 사랑해요."라고 말한다. 홀로 됨과 분리를 대면하고 개별화된 사람은 혼자서도 잘해 나갈 수 있다. 그들은 완전해질 필요 때문이 아니라 **사랑하고 싶기 때문**에 파트너를 찾는다. 그들은 "나는 당신을 사랑하기 때문에 당신이 필요해요." 라고 말한다. 그들은 필요 때문이 아니라 관용으로 사랑을 제공한다. 그리고 그들은 더 이상 연결의 환상을 가지고 있지 않다. 건강하고 기능적인 가족의 규칙은 유해한 교육의 요소들과 매우 다르다는 것이 이제 분명해졌을 것이다.

[그림 3-1]에서 기능적인 가족을 그림으로 표현하였다. 그림에서 각 사람은 완전한 동그라미를 경계선으로 가지고 있다. 각 사람은

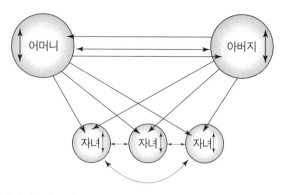

1. 전체는 부분의 합보다 크다.
2. 체계는 역동적이다. 피드백과 스트레스에 적응하며 끊임없이 개방과 성장을 추구한다.
3. 규칙들은 명백하고 협상이 가능하다.
4. 상호 존중-균형-함께하기-개별화
5. 상호관계와 개인 내면의 불안이 낮으면 개별화의 힘이 자동적으로 나타난다.
6. 다섯 가지 자유

[그림 3-1] 기능적인 가족체계의 주요 구성 요소

다른 모든 사람과 접촉을 한다. 화살표(↑)는 각 사람이 건강한 자존감을 가지고 있다는 것을 가리킨다. 어머니와 아버지는 경계선이 반투과성이기 때문에 서로 내면의 삶을 나눌 수 있다. 그러나 경계선은 상대방을 밖에 세워 둘 수 있을 정도로 튼튼하다. 그들은 서로에게 "아니요."라고 말할 수 있다. 그들은 서로에 대해 책임을 지는 동시에 책임지지 않는다는 것을 이해한다. 어머니가 아버지에게 화를 낸다면 아버지는 자신이 어머니를 화나게 했다고 믿지 않는다. 아버지는 어머니의 분노가 어머니 자신의 반응(어머니의 해석)이며, 어머니 자신의 경험(아버지의 목소리가 자신의 아버지 목소리처럼 들림) 때문인 것을 알고 있다. 각자는 자신의 반응에 책임을 진다.

그들은 서로에게 위탁했기 때문에 서로에 대해 책임감을 갖는다. 아버지는 어머니의 화내는 반응에 마음을 쓰며 그녀를 위해 자신이 할 수 있는 일을 하기로 선택한다. 아버지 자신도 그리고 어머니도 아버지에게 잘못이 없다는 것을 안다.

스스로 책임지는 가족

건강한 가족 내에서 어머니와 아버지는 훈련되는 사랑을 한다. 그들은 사랑이 요구하는 것을 행할 용기가 있다. 두 사람은 서로를 사랑하며 자기 훈련이 잘되어 있다. 그래서 그들은 **훈련이 잘되어 있는 훈련자로서 자녀들을 훈련**시킨다. 그들은 자녀들에게 시키는 것을 자신들도 행한다. 자녀들은 훈련을 **받는다**.

이러한 가족 안에서는 각자가 자신의 필요를 채우는 일을 충분히 할 수 있다. 물론 때때로 타협과 협상을 해야 한다. 또한 **갈등이 생기고 경계선을 침범할 수도 있다**. 그러나 모두가 책임을 지며 자신을 위탁하여 사랑의 행동을 한다. 즉, 그들은 거기 머무르면서 공정한 싸움을 하고 끝까지 해결하려고 노력한다.

이런 가족은 수치심을 놀라운 치유의 감정으로 활용한다. 엄마와 아빠는 **수치를 모르는**, 즉 파렴치한 행동을 하지 않는다. 그들은 '모든 것을 아는' 전능한 하나님처럼 굴면서 명령을 내리지 않을 것이다. 그들은 소리를 지르거나 저주하지 않을 것이다. 그들은 지나치게 책임을 지우는 판단을 하거나 조롱과 신랄한 언사로 비판하지 않을 것이다. 그들은 가족의 건축가이자 지도자인 엄마와 아빠로서 분명하고 확고한 경계선을 가지고 행할 것이다.

당신이 어렸을 때 당신의 가족이 이러했는가? 만약 그랬다면 당신은 정말로 축복을 받은 사람이다.

많은 사람들은 이러한 형태의 가족을 경험하며 살지 못하였다. 만약 우리 부모들도 알았더라면 이런 모습의 가족을 이루었을 것이다. 그러나 대부분의 부모들은 유해한 교육을 받고 자랐다. 그들은 자신들의 인식의 한계 안에서 할 수 있는 한 최선을 다했다. 어떤 부모들은 중독자이며 신경증이 있다. 그러나 그들이 할 수 있는 한 최선을 다했다라고 볼 수밖에 없다.

다음에는 유해한 교육이 어떻게 가족체계에 역기능을 가져왔는지를 살펴보려 한다. 그것을 보면 당신의 원가족이 얼마나 역기능적이었는지를 알 수 있게 될 것이다. 이후의 다섯 장을 읽을 때는 마음을 더 열어 놓기 바란다. 그리고 **가족과 부모를 이상화하는 일은 자연스럽고 불가피한 일이며, 심각하게 학대를 받고 버림받은 아이들은 자신의 부모를 강박적으로 보호하려고 하게 마련**이라는 것을 기억하기 바란다. 우리는 부모들이 고의로 그렇게 했다거나 그들을 탓하려고 하는 것이 아니다. 대부분의 부모들은 자신이 자녀를 학대하고 있다는 것을 미리 알았더라면 그렇게 하지는 않았을 것이다. 그들 대부분은 아마도 스스로를 학대하고 있었을 것이다. 문제는 그들의 의도가 아니라 우리 자신의 실제 내력을 찾아내고자 하는 것이다. 당신의 내력을 알게 되면 그것을 다시 반복할 필요가 없게 된다. 당신에게 실제로 무슨 일이 일어났는지 알게 되고 버림받은 것이 사실이었다는 것이 밝혀지면 **당신은 변화할 수 있다.** 당신이 부인하고 있거나 무의식적인 자아 방어기제에 의해 숨겨져 있어서 아직 실제가 되지 않은 일을 변화시킬 수는 없는 것이다. 당신이 모르고 있는 일을 알 수는 없는 것이다. 테리 켈로그(Terry Kellogg)는 다음과 같이 말했다.

> 과거와 접촉하여 학대받은 것을 사실로 인정하게 되면, 당신은 학대로 인해 입었던 상처와 고통을 표현할 수 있다. **분노와 슬픔을 표현함으로써 당신은 수치심의 고통을 덜어낼 수 있다.** 그렇게 되면 당신의 많은 행동들이 학대의 경험 때문이지 자기 자신 때문이 아니었다는 것을 이해할 수 있게 된다.[3]

이 점을 깨닫게 되면 새로운 자기 수용과 자기 사랑이 시작된다. 우리 모두의 앞에는 우리를 정말 놀라게 할 일들이 기다리고 있다. 독특하고 가치 있고 소중한 자기 자신을 새롭게 발견하는 놀라움과 더불어 새로운 자존감이 찾아올 것이다.

 요약

이 장의 요점을 'FUNCTIONAL(기능적)' 이라는 단어를 사용하여 정리해 보겠다.

Five Freedoms Expressed(다섯 가지 자유의 표현)
온전하게 기능적이 되려면 사람은 다섯 가지 기본적인 힘을 자유롭게 표현할 수 있어야 한다. 인간의 능력을 구성하는 이 다섯 가지 힘은 지각하는 힘, 사고하고 해석하는 힘, 느끼는 힘, 선택하는 힘,

---

3 Terry Kellogg의 오디오테이프에서 인용.

원하고(바라고) 사랑하는 힘 그리고 상상력을 사용하여 모험하는 힘이다.

Unfolding Process of Intimacy(친밀감 형성 과정의 전개)
가족의 구성 요소 중 가장 중요한 요소인 결혼, 즉 부부관계는 친밀해지기 위해 여러 과정을 겪어야 한다. 이 과정은 사랑에 빠짐, 차이점 해결 작업, 타협과 개별화, 높은 수준의 친밀감의 단계로 이어진다.

Negotiating Differences(차이점 협상)
차이점을 협상하는 것은 친밀감 형성 과정 중 결정적인 과제다. 차이점을 협상하려면 부부는 협력하기를 원하는 마음을 가져야 한다. 이 마음이 있으면 기꺼이 공정한 싸움을 하고자 하게 된다.

Clear and Consistent Communication(분명하고 지속적인 대화)
분명하고 지속적인 대화가 분리와 친밀감을 확립하는 열쇠다. 분명한 대화를 하려면 상대방의 인격을 서로 존중해 주는 것뿐 아니라 자기 자신과 다른 사람에 대한 인식이 있어야 한다.

Trust(신뢰)
신뢰는 정직에 의해 만들어진다. 감정, 사고, 욕구를 정확하게 표현하는 것이 합의보다 더 중요하다. 정직은 스스로 책임지는 것으로서 수치심을 막아 준다.

Individuality(개별성)
기능적인 가족에서는 차이점이 권장된다. 기능적 가족에서는 독특함과 고유함이 가장 중요한 요소다. 독특함을 인정해 주면 강한 자존감이 발달할 수 있다. 차이를 인식하게 되면 가족과 연결을 유지하면서도 자신을 분리할 수 있다. 튼튼한 개별성은 자기 인식, 즉 자신의 생각, 감정, 필요, 욕구 사이의 차이를 구별할 줄 아는 능력에 기초한다.

Open and Flexible(개방성과 유연성)
기능적인 가족에서 역할들은 개방되어 있고 유연하다. 개인은 수치심과 비판에 대한 두려움 없이 자발적이 될 수 있다.

Needs Fulfilled (충족된 욕구)

행복한 사람들은 자신의 욕구가 채워진 사람들이다. 기능적인 가족은 모든 구성원들이 자신의 욕구를 채울 수 있도록 해 준다.

Accountability (책임지기)

기능적인 가족은 책임을 진다. 그들은 가족의 문제뿐 아니라 개인의 문제도 기꺼이 인식한다. 그들은 문제들을 해결하기 위해 노력한다.

Laws are Open and Flexible (개방적이고 유연한 법칙들)

법칙은 실수를 허용할 것이다. 법칙이 있지만 협상이 가능하다.

만성적인
역기능 가족체계의 프로필

4

그들은 게임을 하고 있다.
하지만 그들은 게임을 하지 않는 게임을 하고 있다.
만일 내가 그들이 게임을 하고 있는 것을
내가 알고 있다는 것을 드러낸다면,
나는 규칙을 위반하는 것이 되고
그들은 나에게 벌을 줄 것이다.
나는 게임을 하고 있다는 것을
보지 않는 게임을 해야만 한다.

-R. D. 랭(R. D. Laing)

역기능적인 가족은 주로 스트레스로 인한 높은 불안에 의해 만들어진다. 스트레스를 다루는 능력은 성숙도를 나타내는 지표다. 우리는 스트레스 요인을 효과적으로 다룰 수 있는 능력을 가지고 성숙도를 일부 측정할 수 있다.

자기화되지 못한 정도가 심각하고 낮은 자존감을 가진 두 사람이 결혼을 하게 되면, 부부관계와 가족생활에서 야기되는 스트레스와 긴장감에 잘 대처하지 못하는 모습을 종종 보이게 될 것이다.

남편과 아내를 가족의 건축자라고 생각해 보라. 그들이 역기능적으로 대처한다면 가족은 역기능으로 시작할 수밖에 없다.

비극적인 것은 역기능적인 사람은 거의 항상 똑같은 수준 또는 더 심한 수준의 역기능적인 사람을 찾는다는 사실이다.

2장에서 논의한 가족 주문(SPELL)을 기억하는가? **개인은 자신 안에 온 가족을 지니고 있다.** 사람들은 오로지 자신이 경험한 것과 같은 관계만을 추구하는 경향이 있다. 사람이 가지고 있는 가장 강렬한 경험은 자신의 원가족과의 관계다. 우리는 거의 대부분 자신의 부모들이 지니고 있던 장점들과 단점들을 가장 많이 지니고 있는 배우자를 선택한다. 어떤 사람은 자신의 부부관계가 부모님의 부부관계와 정반대라고 할지 모르겠다. 그러나 정반대를 선택했다는 것은 아직도 원가족의 최면 상태에 지배받고 있다는 뜻이다. 우리의 특징은 무엇을 좋아하고 무엇을 원하는가뿐만 아니라, 무엇을 싫어하고 무엇을 원하지 않는가에 의해서도 결정된다.

역기능 가족을 관찰해 보면 그들이 다세대 과정의 한 부분이라는 것을 알 수 있다. 역기능적인 사람은 역기능적인 사람과 결혼하는데, 이들은 모두 역기능 가족 출신이다. 이렇게 해서 순환은 계속된다. 역기능적인 가족은 역기능적인 사람을 만들고, 이 역기능적인 사람은 다른 역기능적인 사람과 결혼해서 새로운 역기능적인 가족을 만든다. 머레이 보웬은 이것을 **'다세대 간의 전이 과정**(multigenerational transmission process)'이라고 불렀다.

5세대 가계도

가계도를 보면서 좀 더 설명해 보고자 한다. [그림 4-1]은 5세대 가계도다. 가계도란 여러 세대에 걸친 가족 지도이다. 가계도는 다세대에 걸친 패턴을 찾아보는 데 매우 유용하다. 이를 통해 우리는 여러 가지 역기능의 패턴을 볼 수 있다. 첫째, 알코올 중독이 5세대에 걸쳐 있다. 둘째, 4세대에 걸친 신체적 유기가 있다. 셋째, IP(Identified Patient, 지명된 환자)의 부모 모두에게 부적절한 **'세대 간 연합**(cross generational bonding)'이 있었다. 나는 이것을 **'대리 배우자 역할**(surrogate spousing)'이라고 말한 적이 있다. IP는 역시 대리 배우자였던 사람과 결혼함으로써 이러한 세대 간의 유형을 이어갔다. 이 가계도에 나온 사람들은 모두 견고한 자존심이 매우 손상되어 있었다는 의미에서 병리적 **'상호의존**(co-dependent)'의 문제를 가지고 있었다. 이들 모두는 정서적인 회복을 위해서 어떤 형태로든 치료가 필요한 사람들이다. 이 다세대 지도에는 또 다른 미묘한 부분들이 있다. 이는 임상적인 문제다. 그러나 다세대 과정

1. ◎ 상호의존증
2. ❖ 알코올 중독
   유기
3. A A
4. ⬭ 대리 배우자
5. d// 이혼
6. ...... 문제가 있는 관계

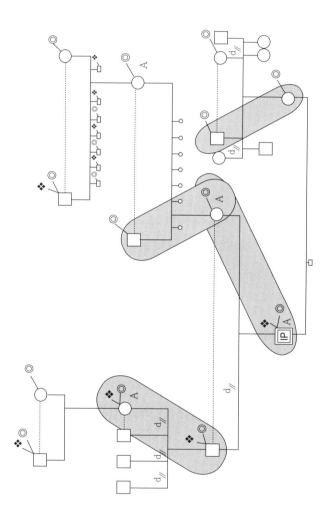

[그림 4-1] 5세대 가계도

에는 예외의 경우도 많이 있다. 그런데 왜 어떻게 해서 어떤 사람들은 가족의 역기능의 결과에서 벗어날 수 있었는지를 이해할 수 있으려면 더 많은 연구가 필요할 것이다.

3장에서 우리는 좋은 결혼관계의 요소들을 살펴보았다. 기능적인 결혼관계는 부부 각자의 자기 자신과의 관계에 달려 있다. 어머니/아내가 자기 자신을 사랑하고 안정감을 느끼고 건강하게 성장하고 있다고 느낀다면 자신이 완성되었다고 느낄 것이다. 아버지/남편의 경우도 마찬가지다. 두 사람은 자신이 완성되었다고 느끼고 있기 때문에 완성을 위해서 상대방을 바라볼 필요가 없다.

자기완성과 자기 존중 없이 우리가 다른 사람을 사랑한다는 것은 어렵다. 어떤 생명체라도 불완전할 때는 생명의 본능적 욕구에 따라 완전을 향하게 된다. 그러므로 두 불완전한 인간이 함께 하면 서로를 지지해 주기보다는 자기완성의 욕구를 채우려 할 것이다.

만일 우리가 자기완성의 과정 중에 있다면 우리는 상대방의 자기완성을 도와줄 수 있다. 사실상 좀 더 현실적인 결혼의 개념은 부부 각자가 상대방에게 자기실현 또는 자기완성의 기회를 제공하는 결합의 상태라고 할 수 있다. 릴케가 다음과 같이 말한 것은 아마도 그런 의미였을 것이다

> 가장 가까운 사람 사이에도 무한한 거리가 계속해서 존재한다는 깨달음을 얻게 되면 나란히 함께 하는 삶의 놀라움이 자라난다. 그들이 온 하늘을 배경으로 서로를 바라볼 수 있게 해 주는 그들 사이의 거리를 사랑할 수만 있다면 말이다. 서로가 상대방을 고독의 수호자로 임명하는 결혼이 훌륭한 결혼이다.[1]

이것이 또한 지난 장에서 논의한 분화의 의미다. 잘 분화된 두 사람은 다음과 같은 것을 인식하고 있다.

① 그들은 자신의 감정과 생각을 구별한다.
② 그들의 신체적, 정서적, 지적 자기(self)는 배우자의 자기와 다르다.
③ 그들은 자신의 행복을 책임진다.

견고한 자존감을 가진 사람들은 의존적이지 않고 매우 개별화된 사람들이다. 개별화되고 의존적이지 않다는 것은 배우자끼리 서로 돌보지 않는다는 것을 의미하지 않는다. 이 말은 그들이 서로 사랑하고 돌보고 싶어 하는 동시에 사랑받고 돌봄을 받고 싶어 하지만 **혼자서도 살아갈 수 있다**는 것을 안다는 뜻이다. 그들은 상대방이 자신을 행복하게 해 줄 수 없다는 것을 안다. 그들은 상대방이 자신의 **더 좋은 반쪽이 아님**을 안다.

산술적인 교훈

남편과 아내가 상대방의 '더 좋은 반쪽'이라는 말은 결혼에 대한 가부장적 대본의 오류를 보여 준다. 우리의 경직된 성역할은 마치 1/2 곱하기 1/2이 전체인 1이 된다는 듯이 반쪽짜리 두 사람이 한

---

1 Rainer Maria Rilke, *Letters of Rainer Maria Rilke*, trans. Jane Barnard Green and M. D. Hester Norton (New York: W. W. Norton & Co., 1969).

사람을 만들기 위해 합친다는 생각을 부추겼다. 그러나 1/2 곱하기 1/2은 1/4이며 1/2보다도 적다. 그러므로 완전해지기 위해서 결혼한 사람들은 결혼하기 전에 불완전했던 것보다 더 불완전해진다.

반쪽짜리 두 사람이 만나면 관계가 아닌 함정과 그물을 만들어 낸다. 함정에 빠지게 되면 두 사람 모두 빠져 나갈 수 없다. 그들 각자는 자신이 완성되기 위해서는 상대방이 필요하다는 생각 때문에 함정에 빠져 있다. 해가 거듭될수록 홀로 서는 것에 대한 두려움은 더욱 커져 가고 그럴수록 그들은 점점 더 깊이 빠진다. 나는 부부 상담을 하면서 많은 함정들을 보았다. 그런 사람들은 사실 이혼할 수도 없다. 그들은 함께 정서적 공생관계에 붙잡혀 있다. 1장에서 이야기했던 연결의 환상을 재연하고 있는 것이다. 그들은 서로의 필요에 의해서 연결되고 연합된다. 나는 이러한 모습을 카누를 타고 있는 두 사람으로 묘사하기를 좋아한다. 한 사람이 움직일 때마다 다른 한 사람도 움직이지 않을 수 없다.

건강한 관계란 필요 때문이 아니라 서로 원하기 때문에 함께 하는 것이다. 그래서 각자는 완전한 전체가 되는 과정 가운데 있게 된다. 서로의 온전함을 지켜 주는 온전한 두 사람은 함께 하면서 상대방이 온전함을 지켜 주기 때문에 성장해 간다. 릴케가 말한 것처럼 부부 각자는 상대방에게 성장할 수 있는 넉넉한 공간(고독)을 제공해 준다. 그리고 상대방을 조종하고 비난하고 탓하고 판단하는 일을 포기함으로써 상대방의 성장을 돕는다. 이렇게 판단 없는 공간이 있어야 그들은 다섯 가지 자유를 표현하는 자유를 갖게 된다.

건강한 관계를 맺고 있는 부부는 그러한 자유(이것은 결국 무조건적인 사랑을 받는 것과 같은 것임)를 통해 각자 자신을 무조건적으로 수용하게 된다. 무조건적 자기 수용은 온전함에 이르는 왕도다. 당신 자신이 실제로 느끼고 원하고 지각하고 생각하고 상상하는 바로 그것을 느끼고 원하고 지각하고 생각하고 상상하지 못한다면 당신은 분열되어 있는 것이다. '~해야만 한다'는 생각과 조건적인 사랑은 **마음속의 잣대**가 되어 당신을 자신에게서 분열시키고 소외시키게 한다.

마음속의 혼잣말 전쟁은 끊임없는 고통을 주고 사람의 진을 뺀다. 살아 있는 것 자체가 자연스러운 것이 아니라 문젯거리가 된다. 모든 일에 자기 스스로 논쟁을 벌이게 된다. '해야만 하나' '하지 말아야 하나'가 마치 고장난 녹음기처럼 돌아간다. 이러한 내면의 대화 속에서 자기는 길을 잃어버린다. 당신은 문자 그대로 당신 자신의 옆에 서 있을 뿐이다. 이것이 역기능을 잘 보여 주는 그림이다.

역기능적인 가족은 '~해야만 한다'는 것을 정해 놓고 그것에 의해 모든 지각, 생각, 감정, 결정, 상상을 평가한다. '넌 그렇게 느끼면 안 돼.' '왜 그런 걸 원하니?' '넌 어쩌면 그렇게 멍청하니?' '넌 그저 꿈만 꾸고 있구나.' 등등. 그런 환경에서는 자연적인 힘들이 계속해서 무시되고 받아들일 수 없는 것으로 판단된다. 당신이 분노를 느낄 수 없다면 그 분노는 당신에게서 쪼개져 나가고 방어기제에 의해서 마비될 것이다. 그 분노는 저지를 받게 되어 결국 의식에서 밀려나 잃어버리게 될 것이다. 성적인 감정, 두려움, 슬픔, 생각, 욕구, 비전도 다 마찬가지다. 1장에서 지적한 것과 같이, 일단 당신이 자신의 감정을 느낄 수 없게 되면 방어기제가 작동하고 심리적인 마비 상태가 된다.

결핍과 불완전함 때문에 결혼을 하면 부부관계에 문제가 생기지 않을 수 없다. 개인은 불완전한 자신의 완성을 위해 상대방을 필요로 한다. **구애 과정에서 기꺼이 자신을 상대방에게 내어 주려는 것도 결국은 상대방에게 주면 그 사람이 자신을 완성시켜 줄 것이라는 옛 환상 때문이다.** 이런 식으로 받기 위해 주는 것은 속임수이며, 두 사람의 관계에서 가장 문제가 된다. 받기 위해 주는 것은 위조된 사랑이다. 그러나 결핍이 있는 두 사람은 상대방이 불완전한 자신을 채워 줄 것이라는 착각에 빠져 서로에게 끌린다.

연애는 매우 거짓되고 혼란스러운 형태의 위조된 사랑이다. **'사랑에 빠져 있다'는 것, 그 자체가 곧 사랑은 아니다.** 그것은 유전적인 연합의 형태라고 할 수 있다. 생육은 자연의 이치다. 그래서 사람들이 사랑에 빠지면 서로 매우 강력한 성적인 충동을 느낀다. 우리가 사랑에 빠졌을 때 그 감정 안에는 성이 대양을 이루고 있다. 강한 감정은 사랑에 빠지는 것의 특징이다. 실제로 감정이 이성에서 분화되어 있지 않다. 사랑에 빠졌을 때는 문자 그대로 제정신이 아니다. 이렇게 제정신이 아닌 상태는 엄마와 아이 사이의 최초의 공생관계를 부활시킨다. 당신이 아직도 이러한 생애 초기의 미분화 상태에 있다면 그 초기 상태에서 빼앗긴 모든 감정적 필요들을 이제는 채울 수 있을 것이라고 느낄 것이다. 그렇다면 잠시 자기 자신을 포기할 만한 가치가 있게 된다. 그리고 더 이상 둘 사이에 경계선은 없다. 이런 식으로 역기능은 계속 순환된다.

힘겨루기와 완성의 필요

일단 결혼을 하면 잠시 사라졌던 경계선이 되돌아온다. 샐리 햇필드가 빌 맥코이와 결혼을 했다. 이제 두 원가족 사이에 힘겨루기가 시작된다. 각 가족의 태도, 행동, 감정의 규칙이 완전히 의식으로 되돌아온다. 두 사람은 자기 자신의 가족 경계선을 가지고 있을 때 편안하게 느낀다. 두 개의 원가족 체계는 이제 주도권을 다투게 된다. '우리 가족이 하던 방법이 **옳다고 느낀다.**' '익숙한' 이라는 뜻의 'family-iar' 는 'family(가족)' 에서 나온 말이다. 힘겨루기가 시작되고 차이점들은 협상되어야만 한다. 사랑에 빠졌다고 하는 '선택적인 인식'에서 이제는 실제적인 차이점으로 초점이 옮겨가게 된다.

상대방이 당신과 어떤 식으로 다르든지 그것을 차이로 받아들일 수 있는 능력은 자신의 분화 수준에 달려 있다. 낮은 분화 수준을 가진 두 사람은 서로의 차이점들을 다룰 수가 없다. 두 사람 사이의 힘겨루기가 심화됨에 따라 그들은 **상대방이 결코 자신을 완성시켜 주지 못하다는 사실에 절망하게 된다.** 그리고 의식적으로든 무의식적으로든, 두 사람은 아이를 갖게 되면 그 아이가 자신을 완성시켜 줄 것이라고 믿기 시작한다. 이러한 믿음에서 자녀들의 역기능이 시작된다. 부모의 소외되고 분열된 자아라는 토양에서 태어나는 자녀가 건강하게 성장하기 위해 정말로 필요한 것들을 채울 수 있는 방법은 없다. 무엇보다도 아이에게는 자기 사랑과 사회적 관심을 보여 줄 본보기가 필요하다. 그런데 부모는 분열되어 있고 자기 수용을 못하기 때문에 자기를 보호하고 사랑하는 본보기가 되어 주지 못한다. 아이에게는 자기 사랑과 사회적 관심을 배울 수 있는 길이 없다. 그들은 부모의 허약하고 불완전한 자아에 오염되어 다양한 형태의 위조된 사랑을 배우게 될 것이다. 그들은 버림받음을 통해서 수치심을 갖게 되고, 그 수치심은 결국 그들의 부모가 그랬던 것처럼 내면화될 것이다.

아이가 의존의 욕구를 채우지 못하면 역기능적이 된다. 이것이 우리가 그려낼 수 있는 최악의 시나리오다. 여기에 신체적, 성적, 정서적 학대가 더해진다면 아이는 제대로 기능을 할 수 없게 되는 심각한 손상을 입게 된다.

부모가 아이를 잘못 다루고 학대하는 일은 대부분 부모 자신의 완성의 필요 때문에 생긴다. 그 부모의 부모 역시 결핍으로 인해 곁에 있어 주지 않았기에 자신의 필요를 결코 채울 수 없었던 부모 또한 자신의 완성을 필요로 한다.

자녀를 학대하는 부모는 자신 또한 부모에 의해 한때 잃어버렸던 힘을 되찾기 위해 몸부림을 치는 것이다. 역기능적인 부모는 버림받음에 대한 자신의 감정을 알 수 없도록 속임수를 당했다. 어린 아이였을 때 그들은 모욕, 조롱, 조종, 위협, 거절, 무시를 당하고, 인형이나 물건 취급을 받고, 성적으로 착취당하고, 잔인하게 얻어맞았다. 더욱 나쁜 것은 그들에게 한 번도 자신의 분노, 수치심, 상처를 표현하는 것이 허락되지 않았다는 것이다. 특히, 왜 부모가 그들을 그렇게 끔찍하게 다루었을까 하는 의아심의 상처가 있다.

상처의 기저에는 자신이 그런 대접을 받을 만큼 **나쁘다**는 마술적인 자아중심적 신념이 있다. 이제 부모가 된 아이 안에는 '나는 나쁘다.'는 그 신념이 살아남아 있다. 연결의 환상 속에서 부모를 이상화하고 있는 한, 아이는 계속해서 자신을 탓하며 수치심을 느낄 것이다. **어렸을 때 학대를 받은 부모는 자신들에게 무슨 일이 일어나고 있었는지조차 알 수가 없었다.** 학대 또한 자신들을 위해 필요했던 것으로 생각했기 때문이다. 매우 거칠게 학대를 당했을 때도 아이는 자신이 상처받은 만큼 부모도 상처를 받았다는 이야기를 들어야만 했다. 만일 그런 말이 효과가 없다면 또한 부모를 무조건 존경해야 한다는 가르침을 받았다. 아이로서 그들에게 근본적으로 가장 필요했던 것은 부모의 보호였다. 그러므로 버림받는다는 것은 죽음과 같은 것이었다. 그러므로 아이는 (a) 자기 보존을 위해서, (b) 마술적이고 미성숙한 형태의 사고 때문에, (c) **그들이 사실상 부모를 사랑**했기 때문에 순종하며 자신의 의식을 부인하게 되는 것이다. 아이로서 무슨 일이 일어났는지 알 수 없었다는 사실은 매우 중요한 점이다.

유해한 교육을 구성하는 자녀 양육 규칙은 부모가 자신을 실제로 어떻게 다루었는지 정확하게 기억하지 못하게 한다.

유해한 교육은 아이에게 자신의 의지와 생각을 포기하도록 요구한다. 오직 두려움의 감정만 허락이 되었는데 그것도 부모가 죄책감을 느낄 정도로 아이가 너무 움츠러들면 안 되었다. 자신의 의지, 생각, 감정이 없으면 아이는 자기 자신에 대한 감각을 쉽게 잃어버린다. 그들은 자기가 자기 자신이 아닐 때 가장 사랑스럽다고 배운다. 아이가 자란 후에도 자신의 부모에게서 학대를 받았다는 것을 이해하지 못하는 어른이 되는 것은 바로 이 '비자기화(deselfment)' 때문이다.

학대당한 아이가 어른이 되어도 유해한 교육이 학대적이라는 것을 이해하지 못하는 또 다른 이유는 다들 흔히 그렇게 아이를 다루었기 때문이다. 사람들은 여러 세대에 걸쳐 모든 사람이 그런 방식으로 자녀를 길렀기 때문에 유해한 교육이 틀림없이 옳다고 믿는다. 알프레드 노스 화이트헤드(Alfred North Whitehead)는 이것을 **'자연주의 오류'**라고 불렀다. 우리가 어떤 행동에 대해 단지 다른 사람들이 모두 그렇게 믿는다고 해서 그것이 '옳은 것'이라고 믿는다면 바로 자연주의 오류가 된다.

사람들이 어른이 되어서 부모가 했던 그대로 행동하는 것은 자신의 부모가 자신에게 옳게 행동했다는 것, 즉 **부모가 자신을 사랑하고 자신의 유익을 위해서 그렇게 했다는 것을 증명하려고 하는 것**이다.

앨리스 밀러는 우리가 자녀를 갖게 되면 그때 처음으로 자신이 생후 초기에 얼마나 취약했는지(그 취약성은 방어기제에 의하여 해리되고 부인되어 연결의 환상을 만들어 낸다)를 보게 된다고 하였다. 우리는 자신의 자녀를 통제하고 자신이 겪은 대로 아이도 겪도록 하면서 부모에게 빼앗겼던 힘과 위엄을 되찾고자 몸부림친다.

역기능에서 완전히 회복하려면 가족의 최면에서 벗어나야 한다. 이것이 **자아 분화**(Self-differentiation)다. 그 최면 속에 남아 있으면 우리는 기만과 부인 속에 남아 있게 되는 것이다. 이 점에 대해서는 제9장에서 망가진 의지를 회복하는 것에 관해 논의할 때 다시 언급하려 한다.

자기애의 박탈

아이들은 건강한 자기애의 욕구를 채워야 할 필요가 있다. 나르시스(Narcissus)는 호수에 비친 자신의 모습과 사랑에 빠지도록 저주받은 그리스의 신이다. 이 이야기는 거의 항상 나르시시즘이나 자기 사랑이 나쁘다는 식으로 해석이 된다. 그러나 이 이야기를 **자기 이미지**(self-image)와 **자기 의식**(self-consciousness)의 출현에 관한 상징적인 이야기로 볼 필요가 있다.

인간은 거울이 없으면 자기가 누구인지 알지 못했을 것이다. 거울은 언제나 우리의 참 모습을 비춰 주어야 한다. 우리에게 최초의 거울은 대부분 우리를 돌보았던 사람, 특히 생후 3년간 우리를 양육했던 사람이다. 우리를 돌보는 사람은 우리를 반영해 주고 칭찬해 주고 진지하게 대해 주어야 한다. 아이는 돌보는 사람의 얼굴에 반영된 것을 통해 자신의 본능적인 충동(구강욕, 배설 욕구, 성욕)과 공격적인 느낌을 볼 수 있어야 한다. 분명한 것은 돌보는 사람 안에 높은 수준의 안전감, 자신감, 완전성이 있어야 한다는 것이다. 밀러(Alice Miller)에 의하면, 그럴 경우 아이는 다음과 같이 될 수 있다.

① 공격적인 충동을 가질 수 있다. 그리고 그 공격성 때문에 부

모의 자신감이 흔들리지 않는다.

② 자율성과 자발성을 추구할 수 있다. 아이가 그렇게 하는 것이 부모에게 위협으로 경험되지 않기 때문이다.

③ 자신의 진짜 자기(자신의 실제의 감정, 필요, 지각, 생각, 상상)를 경험할 수 있다. 부모는 아이가 아직 도덕 이전의 단계에 있을 때 '~해야만 한다'고 강요하지 않기 때문이다.

④ 자신을 즐겁게 할 수 있고 부모를 즐겁게 하지 않아도 된다는 것을 배울 수 있다. 부모는 자신감이 있고 완전하기 때문이다.

⑤ 부모에게서 성공적으로 자신을 분리할 수 있다. 즉, 분화를 성취할 수 있다.

⑥ 부모를 활용하여 자신의 의존의 욕구를 채울 수 있다. 부모는 대체로 완전하며 결핍이 별로 없기 때문이다. 생후 초기에 아이는 한없이 많은 의존의 욕구를 가지고 있다. 처음 몇 년간은 아이에게 항상 부모의 시간, 관심, 지도가 필요하다.[2]

이것은 부모에게 너무 무리한 주문인 것이 분명하다. 왜냐하면 부모 자신이 그런 욕구가 있었던 때에 그 욕구를 제대로 채울 수 없었기 때문이다. **자신이 받지 않은 것을 자녀에게 줄 수는 없다.** 양육하는 사람 자신이 건강한 자기애를 빼앗겼다면 남은 평생 다른 대상을 통하여 그것을 되찾으려고 할 것이다.

자기애가 손상된 부모가 만족을 얻을 수 있는 가장 손쉬운 대상은

---

2 Alice Miller, *The Drama of the Gifted Child* (New York: Basic Books, 1981), 33-34.

자신의 자녀 혹은 자녀들이다. 자녀는 부모의 통제하에 있다. 자녀는 부모에게 복종할 것이다. 복종하지 않는 것은 죽음을 뜻하기 때문이다. 자녀는 부모를 결코 버리지 않을 것이며, 자신의 성과와 업적의 열매를 통해서 부모의 삶을 확장시켜 줄 수도 있다. 자녀는 부모의 잃어버린 자기애적 만족을 돌려 줄 수 있는 부모의 유일한 소유물이다.

그래서 아이는 부모의 의지의 도구가 된다. 이렇게 되면 아이의 진짜 자기는 버림받고 거짓 자기가 만들어진다. 거짓 자기는 진짜 자기에 의해서 고통받은 상처를 은폐하고 있다. "내가 나의 감정, 나의 필요, 나의 생각, 나의 소망을 가질 수 없다면 내 안에 무언가 잘못된 것이 있는 거야. 나는 인간으로서 무슨 흠이 있는 것이 틀림없어. 나는 부모의 시간과 관심을 받을 만한 가치가 없어. 나는 무가치해." 이것이 **내면화된 수치심**(internalized shame)이다. 가장 비극적인 것은 개인들이나 세대들이 반복 강박에 갇혀서 계속해서 잃어버린 낙원을 찾아 헤매는 악순환이 이어지고 있다는 것이다. 결국은 대체물들이 모두 착각이었다는 것을 발견하게 될 뿐이다. 명성, 지위, 새로운 섹스 파트너, 구원의 확신, 정당에서의 안전 보장 등을 강박적으로 추구해 보았자 그것이 잃어버렸던 당신의 어린 자신과의 깊은 내적 연결을 되돌려 줄 수는 없다. 잃어버린 자신은 내면의 문제지 외부의 문제가 아니다. 외부의 어떤 것도 잃어버렸던 것을 돌려 줄 수 없다. 당신의 잃어버린 어린아이는 영원히 잃어버린 것이다.

시인 오마 카이얌(Omar Khayyám)은 다음과 같이 썼다.

움직이는 손가락이 글을 쓴다. 다 쓰고 나서도 또 계속 써내려 간다. 당신의 경건함으로도, 당신의 재치로도 그 손을 유혹해 뒤로 돌리게 하여 단 반 줄조차도 지우게 할 수 없고, 당신의 그 모든 눈물로도 단 한 단어조차 씻어낼 수 없으리.[3]

하지만 당신의 눈물은 치유의 시작이 된다. **애도를 통해서만 우리는 완성되고 위로받을 수 있다.** 집을 떠나고 환상으로 연결된 유해한 교육에서 벗어나기 위해 애도해야 할 사람들이 많다.

여기서 핵심적인 것은 **역기능적인 부모가 그들 자신의 원초적인 고통을 자녀에게 재연하고 있다는 점이다.** 대부분의 학대자가 한때 희생자였다는 것을 이해하기란 매우 어렵다. 그러나 우리는 반드시 그것을 이해해야만 한다. 그렇지 않으면 조상의 죄는 계속 이어져 내려갈 것이다. 학대자 안에 있는 학대받은 아이는 상처받고 화가 나 있다. 부모에게 화를 내는 것은 금지되어 있다. 분노가 엄격하게 금지되어 있기 때문에 우리는 그것을 다른 사람에게 투사하거나, 자기 자신에게 쏟거나, '행동으로 표출'한다.

경계선

역기능적인 가족은 밀착을 만드는 경계선 혹은 담과 같은 경계

---

3 Omar Khayyám, *The Rubáiyat of Omar Khayyám*, trans. Edward Fitzgerald(New York: Doubleday, 1879), st. 71.

선을 가지고 있다. 밀착이란 다른 자아의 경계선을 침범하는 것을 나타내는 용어다. [그림 4-2]는 밀착관계의 그림이다. 보다시피 모든 경계선이 다른 경계선을 침범하고 있다. 이러한 가족 안에는 관계할 수 있는 온전한 사람이 하나도 없기 때문에 친밀감이 있을 수 없다. 단지 친밀한 척할 뿐이다. 거기에 존재하는 것은 가짜 친밀성이다. 밀착된 가족의 규칙은 암시적이고 혼란스럽다. 결코 직접적이고 구체적이지 않다. 아무도 단단한 자아감을 가지고 있지 못하다. 보웬은 밀착된 가족을 '분화되지 않은 자아 덩어리(undifferentiated ego mass)'라고 불렀다.

다른 극단에 있는 문제의 경계선은 담과 같은 경계선이다. [그림 4-3]에서 보는 것처럼 경계선이 담처럼 둘러져 있어서 상호관계나 친밀감이 있을 수 없다. 이 가족은 밖에서 보기에는 좋아 보인다. 그러나 안에서는 가족 구성원들이 진짜 자기와의 접촉을 잃어버리고 저마다 자기의 역할을 하고 있다. 각자는 연극을 하고 있으며 경계선이 엄격해도 여전히 가족체계에 의해서 통제를 받는다. 엄격한 경계선을 가진 가족의 구성원들은 대개 자발성이 결여되어 있다. 구성원들 간에 진짜 접촉은 거의 없으며, 임상적으로 묘사하자면 단절된 관계다. 담으로 싸여 있는 가족 구성원들은 외로움을 경험한다. 이러한 두 가지 형태의 가족은 모두 높은 불안을 갖고 있다.

역할들

밀착된 가족은 구성원들이 경직된 역할을 하고 있다. 그들의 역할은 가족 구성원들을 사랑하는 역할이거나 좋은 기독교인의 역할일 수 있다. 그러나 실제는 연기를 하고 있는 것이다. 아무도 자신의 감정, 필요 또는 원하는 것과 진실로 접촉하지 못한다. 모두 가장을 하고 있기 때문에 서로를 진실로 알지 못한다. 이러한 가족들은 마치 서로에게 영원한 타인인 이미지들을 모아 놓은 콜라주를 보는 것 같다. 거짓 자기들은 각각 내면의 핵심에 있는 비밀스러운 부적절감과 수치심을 감추고 있다. 그들은 경직되어 있으며 자신을 숨기려고 만들어 낸 행동의 폭도 좁다. 그들은 그러한 행동을 통하여 자신이 실제로 생각하고 느끼고 원하는 것을 서로에게 숨기고 있다.

수치심이 모든 가족을 지배한다. **경직된 역할들은 수치심이라는 핵심을 숨기는 방어기제다.** 모두가 숨어 있고 진짜 자기가 되는 것을 두려워한다. 이 수치심은 대를 이어 전해지며, 경직된 역할과 자아 방어기제를 통하여 영속된다. 수치심은 수치심을 낳는다. 수치심에서 경험한 자기 경멸은 부모와 그들의 양육 규칙들을 이상화함으로써 유지된다. 수치심은 대부분의 역기능적인 가족의 조직원리다.

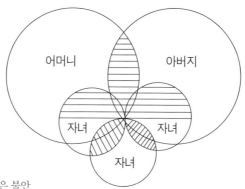

1. 만성적인 높은 불안
2. 융해된 경계선
3. 혼란스럽고 암시적인 규칙들
4. 체계는 경직되어 있고 정적임. 경직된 역할이 있음.
5. 미분화된 자아 덩어리
6. 가짜 친밀감

[그림 4-2] 밀착을 만드는 경계선을 가진 역기능 가족체계

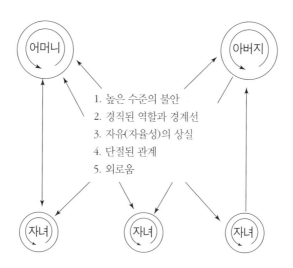

1. 높은 수준의 불안
2. 경직된 역할과 경계선
3. 자유(자율성)의 상실
4. 단절된 관계
5. 외로움

[그림 4-3] 담과 같은 경계선을 가진 역기능 가족체계

자아 경계선

앞의 [그림 4-2]와 [그림 4-3]은 가족 내의 경계선을 그린 것이다. 내적으로 불완전하다고 느끼는 것은 개인의 자아 경계선 문제다. 생각, 소망, 감정을 분화하는 능력을 가지고 있지 못한 것은 자아 경계선에 문제가 있는 것이다. 경계선 문제는 역기능적인 가족에서 친밀감의 진공 상태를 만든다. 이러한 전반적인 상태를 나는 '음양 장애(yin/yang disorder)'라고 부른다. 자아 경계선에 문제가 있는 사람은 미해결된 감정들 때문에 생각이 오염되어 있다. 이러한 미해결된 감정들은 마음을 오염시켜 선택의 자유를 가로막는다.

자유의 상실

선택을 가로막는 것을 나는 '망가진 의지(disabled will)'라고 부른다. 일단 의지가 망가지면 우리는 자유를 잃어버린다. 유독성 수치심이 만성적으로 역기능적인 가족 안의 모든 사람의 감정을 묶고 있기 때문에 모든 구성원들의 자유는 몹시 손상되어 있다. 이것이 아마도 역기능 가족의 최대의 재난일 것이다.

다음의 도형들([그림 4-4], [그림 4-5], [그림 4-6])을 통해서 감정이 억압되면 우리의 선택 능력이 어떻게 손상을 입게 되는지를 보여

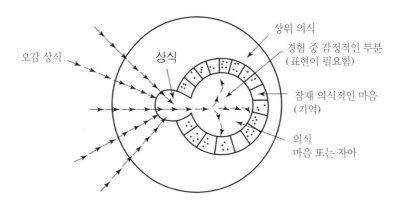

오감 상식

상식

상위 의식

경험 중 감정적인 부분
(표현이 필요함)

잠재 의식적인 마음
(기억)

의식
마음 또는 자아

[그림 4-4] 오염되지 않은 지능

주고자 한다. 이 도형들은 하비 잭킨스(Harvey Jackins)가 그의 책
『인간의 인간적인 면(The Human Side of Human Beings)』에서 차
단된 감정을 표현해 놓은 것이다. 잭킨스는 과거에 억압되었던 감
정을 다루는 방법을 개발하였는데 이를 '**재평가 상담**(reevaluation
counseling)'이라고 부른다. 내가 그의 기본적인 도형을 빌려오기
는 했지만 나의 목적에 맞게 조금 변형시켰다. 잭킨스는 억압된 감
정에 초점을 두었지만, 나는 어떻게 해서 **인간의 의지가 감정의 오
염으로 망가졌는지**에 관심이 있다. 또한 나는 잭킨스가 이 도형에서
묘사한 것을 넘어서는 더 높은 수준의 의식이 있다고 믿고 있다.

　도형들은 정교하지 않으며 과학적 표본으로 삼으려고 한 것은 아
니다. 다만 독자들에게 마음이 감정에 의해서 차단되었을 때 우리
의 의지에 어떤 일이 일어나는지 잠시 보여 주고자 하는 것뿐이다.

　사람의 의지는 지각, 판단, 상상, 추론의 눈을 필요로 한다. 이러

한 자원이 없으면 의지는 장님이 된다. 그래서 마음이 억압된 감정의 영향 아래 있을 때는 지각, 판단, 추론, 상상을 사용하지 못하게 된다.

뇌의 한 부분인 편도체는 억압된 감정에 의해서 특히 영향을 받는다. 편도체는 변연계(limbic brain, 감정의 뇌)의 한 부분이다. 이 뇌는 이성(reason)을 거쳐 가지 않는다. 우리는 생존을 위해서 미처 생각하지 않고 반응하는 능력을 가지고 있다. 우리의 뇌가 무언가 위험하다는 신호를 보내면 우리는 즉각적으로 싸우거나 도망을 간다.

아이를 버리는 것, 특히 외상적 형태의 학대는 극적으로 편도체에 찍혀 있게 된다. 그래서 후에 고통스러웠던 처음의 그 순간과 비슷한 일이 생길 때, 편도체는 유사성을 인식하고는 사고의 뇌가 무슨 일이 일어나고 있으며 우리의 반응의 결과는 무엇이 될지 생각하는 시간을 갖기도 전에 1/2초도 안 돼서 반응을 하게 한다.

외상적 사건은 적절한 감정의 표현을 통해서 애도 과정을 거칠 필요가 있다. 우리가 적절한 감정을 억압하면(우리의 생애 초기 인물이 표현을 금지함으로 인해), 그 감정들은 분노, 두려움, 슬픔의 갑작스러운 폭발과 같이 적절하지 않은 모습으로 분출이 된다. 우리는 또한 학대하는 사람만 파트너로 선택하는 일을 반복하는 등 비이성적인 행동을 할 수도 있다.

억압된 에너지가 배출되어야 마음이 효과적으로 기능을 할 수 있다. 감정이 억압되어 있으면 장애물이 얼어붙게 되어 이성의 효과적인 작용을 계속해서 가로막는다. 분노의 폭발이나 우울증이 있었던 사람들은 감정의 힘에 휩쓸리게 되면 사고하기가 얼마나 어려운지를 경험한다. [그림 4-4]는 오염되지 않은 상태에 있는 우리의 지능이 어떤 모양인지 보여 준다. 3조의 회로와 130억의 세포로 이루어진 컴퓨터 뇌는 우리의 삶에서 일어나는 어떤 새로운 경험에도 새롭고 창의적으로 반응할 수 있다.

우리가 오감을 통해 받아들인 정보는 의미가 부여되어 우리의 기억 창고에 저장된다. 새로운 정보가 들어오면 이미 알려진 정보와 비교가 되고, 그에 따라 저장이 되거나 새로운 조각의 기억으로 남는다. 미해결된 감정이 들어 있는 정보는 처리될 수 없다. 그래서 어떤 경험이 해결되지 않았을 때는 적당하게 저장될 수 없는 것이다. 미해결된 경험은 감정이 배출되지 않았거나 의미가 부여되지 않았기 때문에 생긴다. 감정에 의해 편파적이 된 마음은 기능을 제대로 할 수 없다.

아이가 무시나 학대 또는 밀착에 의해 버림받았을 때는 보통 다음의 세 가지 중 하나의 방법으로 처리한다.

① 버림받음을 설명하기 위해 신화를 만들어 낸다.
② 버림받음에 대한 이유로 아이가 이해할 수 없고 아이에게 수치심을 주는 내용을 말해 준다.
③ 버림받은 것 때문에 아이가 느끼는 감정, 즉 두려움, 상처(슬픔), 분노 등을 표현해서는 안 된다고 이야기해 준다.

이는 모두 **아이의 진짜 감정을 억압하기 위한** 것이다. 그런데 진짜 감정은 아이 내면의 자기의 핵심인 것이다.

실제로 일어나고 있는 일에서 관심을 분산시키기 위해 사건이나 행동에 대해 의미를 부여하는 것이 신화다. 아버지의 일 중독으로 인해 역기능적인 가족의 예를 들면, **실제로 자녀들을 정서적으로 버린** 일 중독 아버지에 대하여 아내/어머니가 "아버지는 너를 사랑하고 너에게 좋은 것들을 갖게 해 주고 싶어서 일을 너무나 열심히 하시는 거란다."라고 설명해 주는 것이다.

　두 번째 경우, 유해한 교육은 학대에 대하여 온갖 종류의 이유를 대고 있다. 예를 들어, "내가 널 사랑해서 그렇게 하는 거야." 또는 "너보다 내 마음이 더 아파."라고 말하는 것이다.

　세 번째 경우, 감정적으로 차단된 부모는 아이의 감정을 제대로 다루지 못한다. 어머니 자신의 슬픔이 아이의 울음으로 자극을 받게 되어 어머니는 스트레스를 받는다. 그래서 엄마는 아이가 울지 못하게 한다.

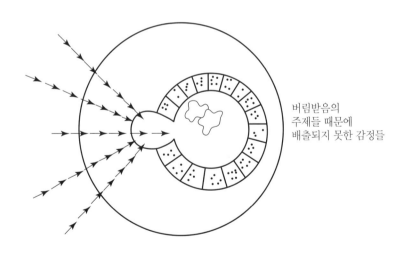

버림받음의
주제들 때문에
배출되지 못한 감정들

[그림 4-5] 차단된 에너지가 얼어붙은 자국

이 모든 경우에서 **감정들이 배출되지 못하기 때문에** 고통스러운 경험은 저장되지 못한다. 이에 따라 억압된 에너지가 얼어붙게 되는데 그 모양은 [그림 4-5]의 그림과 같다.

얼어붙은 에너지는 당신의 창조적인 지능 안에 계속 남아 있다. 이는 마치 녹음기의 시작 버튼과 같은 기능을 가지고 있다. 새로운 혹은 비슷한 어떤 경험이 일어나면 오래 전에 녹음되었던 것이 돌아가기 시작한다. 여기에서 우리는 조건 반사의 힘과 능력을 보게 된다. 파블로프의 개(Pavlov's dog)처럼 자극이 주어질 때마다 자동적으로 반응이 일어나는 것이다. 이것이 반작용 또는 재연의 원리다. 과거가 지능을 너무 오염시키는 바람에 새롭고 창조적인 반응이 불가능해진다. 차단된 감정이 이성의 추론과 판단을 인수받게 되고 그 결과는 누적된다.

어떤 식으로든 최초의 미해결된 스트레스와 유사한 새로운 경험을 대면하게 될 때 **우리는 강박적으로 옛 경험을 재연할 수밖에 없다. 우리는 강박적으로 행동한다. 전에 해 봤지만 결코 효과가 없었던 행동을 똑같이 반복한다.** 적절하지 못한 말을 하고 실제로 일어난 일과 전혀 상관없는 강렬한 감정을 느낀다.

배출되지 못한 감정

마치 언덕을 굴러 내려가는 눈덩이처럼, 우리는 일단 수치를 당하면 수치심 때문에 행동하게 되고 더 많은 수치심을 만들어 낸다. 비밀스러운 자기를 감추기 위해 일단 거짓 자기가 만들어지면, 수치심을 주는 새로운 사건들은 거짓 자아를 더욱더 공고하게 만든

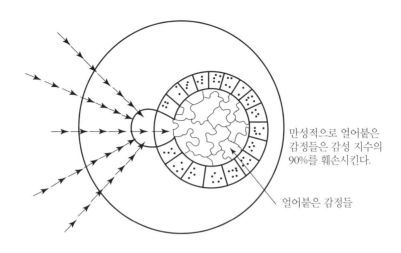

만성적으로 얼어붙은
감정들은 감성 지수의
90%를 훼손시킨다.

얼어붙은 감정들

[그림 4-6] 만성적으로 얼어붙은 감정

다. 분노와 슬픔을 가속화하는 새로운 학대가 하나씩 일어날 때마다 옛 버튼이 눌러지고 오래된 녹음기가 돌아가기 시작한다. 이것이 바로 **반사 행동**(reactive behavior) 또는 **과잉 반응**(overreaction)의 원리다. 오랜 세월에 걸쳐 감정을 억눌러 온 사람은 지능이 매우 많이 오염되고 축소되어 있다. 얼어붙은 자국은 만성적인 자국이 된다. 마치 시작 버튼이 눌러진 채 고정되어 있어서 녹음기가 계속 돌아가는 것과 같다. [그림 4-6]은 오염되지 않은 지능이 거의 남아 있지 않은 상태를 보여 준다.

망가진 의지

오염된 지능은 의사 결정 과정에 심각한 영향을 준다. 의지가 결정을 내리기 위해서는 지각, 지능, 상상력을 필요로 하기 때문이다. 사람의 의지가 '망가지게' 되는 것이다.

의지가 오염된 지능 때문에 장님이 되면, 선택을 하는 데 사용할 수 있는 자원이 하나도 없게 된다. 의지가 사용할 수 있는 자원은 오직 의지 자체뿐이다. 의지의 힘으로만 의지를 발동하고자 할 때 우리는 의지로 가득한, 즉 고집 센 사람이 된다. 레슬리 파버(Leslie Farber)가 『의지의 길(The Ways of the Will)』에서 지적한 대로 의지가 자기가 된다. 우리는 의지 자체를 위한 의지적 행동으로써 자신이 완전하고 완성되었다고 느낀다. 이것이 충동성의 원리다. 충동에 따라 행동하는 것은 단지 자신이 그렇게 할 수 있기 때문에 하려고 하는 것이다. 모든 의지적 행동에서 우리는 완전하다고 느낀다. 단지 의지를 발휘함으로써만 자신과 하나가 된 느낌을 갖는다.

우리가 의지의 힘으로 의지를 발동할 수만 있다면 굉장해질 것이다. 우리는 하나님처럼 될 수 있다. 자기 의지, 즉 아집이 제멋대로 날뛰고 있다. 파버가 잘 지적했듯이, 우리는 우리 자신의 의지에 중독된 것이다.

아이들은 본래 고집이 세고 자신을 대단하다고 느끼며 절대론자이기 마련이다. 발달 과정의 정서적 필요(특히, 감정을 확인하고 표현할 필요)를 채우지 못하게 되면, 어른이 되었을 때도 여전히 자신을 대단하다고 느끼는 사람이 된다.

만성적으로 역기능적인 가족의 아이들 대부분은 망가진 의지의 문제를 가지고 있다. 이 문제가 실제 삶에서 어떤 모습을 갖게 되는지 살펴보자.

① 충동적이다. 아무 이유 없이 행동한다.

② 잘 속는다.

③ 결정하는 데 어려움을 가지며 잘못된 결정을 한다. 특히, 신뢰의 문제에서 그러하다. (믿을 만한 사람은 믿지 못하고, 믿을 만하지 못한 사람을 믿는다.)

④ 통제될 수 없는 것을 통제하려고 한다. 예를 들어, 중독자는 자신의 중독을 조절할 수 있다고 믿고, 배우자는 중독자를 치료할 수 있다고 믿으며, 부모는 자녀들을 통제할 수 있다고 믿는다. 우리는 스스로가 자신의 감정을 통제할 수 있다고 믿는다.

⑤ 항상 완벽한 배우자, 연인, 자녀, 부모, 오르가즘 등 대단한 경험을 기대한다.

⑥ 충동적이고 강박적이다.

⑦ 모든 것을 양극으로 본다. 흑과 백, 좋다 혹은 나쁘다, 나의 편 혹은 나의 적, 나의 모든 것을 사랑하지 않으면 당신은 나를 사랑하지 않는 것 등등.

가족 역할

만성적으로 역기능적인 가족에서는 가족 구성원들이 선택적으로 자신의 여러 가지 감정들을 차단하고 경직된 역할을 수행한다. 역할에는 **영웅, 희생양, 잃어버린 아이** 등 많은 것들이 있다.

역할을 하는 것 자체가 나쁜 것은 아니다. 셰익스피어가 지적한 대로 우리는 모두 많은 역할들을 하며 산다. 그러나 만성적으로 역기능적인 가족체계에서는 다르다. 거기서는 역할을 스스로 선택하는 것이 아니며 유연하지 못하다. **역할들은 가족체계의 드러난 또는 은밀한 필요에 의해서 부득이하게 맡겨진다.** 역할들은 가족체계의 균형을 유지하는 기능을 한다. 아빠가 일 중독이어서 집에 있지 않으면, 가족체계가 균형을 위해서 결혼을 필요로 하기 때문에 자녀들 중 하나는 엄마의 **정서적 남편**이 될 것이다.

알코올 중독 가족에서는 가족체계에 명예가 필요하기 때문에 한 아이가 **영웅**이 될 것이다. 가족체계 안에 따뜻함이 없다면, 한 아이가 정서적으로 **돌보는 사람**이 되어 모든 사람에게 따뜻함과 사랑을 주게 될 것이다. 체계가 표현되지 않은 분노와 고통으로 인하여 황폐해졌다면, 한 아이가 **희생양**이 되어 모든 분노와 고통을 행동으로 표출할 것이다. 이 모든 경우에서 역할을 연기하는 사람은 가족체계의 균형을 유지하기 위해 고유한 자기 자신을 포기하게 된다. **만성적으로 역기능적인 가족에서는 개인이 체계의 균형을 유지하기 위해 존재한다.** 온 가족이 병들었다. 여기에서 역할들을 두꺼운 글씨체로 표현하여 강조한 것은 그것이 경직되어 있다는 것을 부각시키기 위해서다. 만성적인 스트레스가 해소되지 않기 때문에 개인은 약물 남용, 근친상간, 폭력, 일 중독, 섭식장애, 부모의 분노나 질병, 또는 그 밖에 무엇이든 강박적인 행동에서 오는 고통과 싸우며 살아간다.

경직된 역할과 통제

만성적인 역기능 가족의 균형을 유지하는 것과 관련하여 덧붙이자면 경직된 역할은 거짓 자기다. 수치심에 기초한 가족 구성원들은 가족이 경험하고 있는 고통에 대한 통제감을 갖기 위해 이 거짓 자기를 사용한다.

통제는 망가진 의지에 기인하며 수치심에 대한 주요 방어기제 중의 하나다. 수치심에 기초한 사람들은 자신들의 모든 관계를 통제하려 할 것이다. 수치심은 자신이 흠이 있고 무가치하다는 느낌이다. 수치심은 우리로 하여금 숨게 하고 비밀리에 살도록 한다. 수치심에 기초한 사람들은 무방비 상태가 되지 않도록 예비한다. 무방비 상태가 되는 순간 노출이 될 수 있고, 그것은 견디기 힘든 고통이 될 것이다. 수치심에 기초한 부모는 자녀를 통제한다. 수치심에 기초한 가족의 자녀들은 부모를 통제하기 위해 경직된 역할을 수행한다. 항상 도와주고 항상 **영웅, 반항아, 완벽한 아이, 희생양**이 되는 것은 당신을 통제하는 부모를 통제하는 방법이다. 이렇게 광적으로 통제하려는 것은 역기능적인 가족의 구성원들을 중독으로 몰아가는 또 하나의 방법이다. 중독은 통제를 벗어나기 위한 방법이다. 중독은 잠시 숨통을 터준다.

상호의존증

상호의존증은 역기능적 가족체계의 결과 중 핵심이 되는 것이다. 상호의존증에 관해서는 8장에서 좀 더 논의하겠다. 상호의존증은 자존감의 질병이다. 병리적으로 의존하게 된 사람은 더 이상 자기 자신의 감정, 필요, 소망을 가질 수 없다. 단지 가족의 고통에 반응하고 경직된 역할을 수행할 뿐이다. 자신의 역할이 요구하는 감정이 무엇이며 가지지 말아야 할 감정은 무엇인지를 배운다. 예를 들어, 나는 나의 가족체계의 **영웅**이었다. 영웅으로서 나는 용감하고 강해야만 했다. 나는 항상 우위를 차지하고 유능해야 하는 역할을 연기하는 법을 배웠다. 이 역할을 하면서 나는 두려움과 연약함을 포기해야만 했다. 그런데 두려움과 연약함은 나의 일부였기에 나는 내 자신의 일부를 포기한 것이었다. 나의 역할은 곧 나의 거짓 자기가 되었다. 마치 연극과 같이 나의 알코올 중독 가족의 대본에 있는 대로 나는 내게 맡겨진 역할을 연기했던 것이다.

이렇게 경직된 역할을 하는 것은 역기능적 가족만의 견딜 수 없는 상황에서 살아남기 위한 방법이다. 역할은 자아 방어기제와 같은 기능을 한다. 역할은 전 가족이 지닌 연결의 환상의 일부분이다. 우리는 행복한 가족이며 서로를 사랑한다. 각 구성원은 체제가 닫혀 있고 경직된 채로 유지되도록 하기 위해 각자의 역할을 한다. 각 구성원들은 가족 최면의 신화를 공유하고 있다. 각자는 무의식적으로 함께 어딘가에 초점을 맞추고, 함께 무언가를 부인하기로 합의한다. 부인은 가족체계의 '중대한 거짓말'이 된다. 각 구성원은 그 비밀을 폭로하면 견딜 수 없이 고통스러울 것이며 가족이 깨질 것이라고 믿는다.

부인

　근친상간 가족을 보면 부인(denial)의 흔적을 가장 생생하게 볼 수 있다. **공유된 비밀**과 **공유된 부인**은 근친상간의 가장 끔찍한 면이다. **부인**보다 더 정확하게 역기능적인 가족을 특징지을 수 있는 것은 아마도 없을 것이다. 부인은 구성원들이 모든 사실에도 불구하고 신화와 중대한 거짓말을 믿거나, 똑같은 행동이 다른 결과를 가져올 것이라고 계속 기대하도록 만든다. 아빠는 매일 밤 술에 취하는데도 아침에는 절대로 술을 마시지 않기 때문에 알코올 중독이 아니다. 만성적으로 역기능적인 가족은 또한 망상에 빠져 있다. 망상은 **진지한** 부인이다. 나의 한 내담자는 무지막지하게 폭력적인 자신의 아버지가 알코올 중독자가 아니라고 진심으로 믿었다. 왜냐하면 그가 사순절마다 술을 끊었기 때문이었다.

　이러한 망상과 부인 역시 우리의 거짓 자기 역할에 적용이 된다. 우리는 각자의 역할에 너무나 동일시 되어서 거짓말 탐지기에도 걸리지 않을 것이다. 우리의 진짜 자기는 무의식적인 가족 최면 속에서 너무나 오랫동안 파묻혀 있었기 때문에 우리는 **역할이 정말 자기 자신인 줄로 생각한다.** 나의 책 『사랑의 창조(Creating Love)』에서 나는 이것을 '**신비화**(mystification)'라고 불렀다.

문화적 경계선과 하위문화적 경계선

가족 경계선과 자아 경계선 외에 가족체계는 세 번째 경계선을 가지고 있다. 그것은 전체 가족의 주위를 두르고 있는데 보이지 않는 선으로 존재한다. 나는 이를 문화적 경계선 또는 하위문화적 경계선이라고 부른다. 국가나 종교에 속해 있는 것은 이러한 형태의 경계선 중 가장 강한 요소들이다. 이탈리아 사람, 그리스 사람, 아일랜드 사람 등은 그들 고유의 특별한 규칙들과 중대한 거짓말을 가지고 있다. 순복음주의, 가톨릭, 침례교, 모르몬교, 유대교 등도 마찬가지다. 이러한 하위문화 경계선은 정보가 가족에게 들어오고 나가는 것을 통제한다. 이 경계선은 또한 '다른 사람들', 즉 우리 부류 밖에 있는 이방인들에 대한 행동을 지배한다. 이러한 경계선 때문에 가족의 역기능이 더욱 심각해질 수 있다.

예를 들어, 엄격한 기독교 근본주의자였던 나의 한 내담자는 자신의 아버지와 근친상간을 하였다. 왜냐하면 아버지에게 불순종할 수가 없었기 때문이었다. 그녀의 종교적 해석은 부모에게 소유권이 있다는 유해한 교육의 신념을 지지해 주었던 것이다.

하위문화의 경계선은 또한 체계를 더욱 닫혀 있게 하는 중대한 역할을 할 수 있다. 이것은 지식과 정보를 통제한다. 역기능 가족에서 벗어날 수 있는 중요한 방법은 학대와 역기능에 대해 인식하는 것이다. 당신의 종교가 심리 서적을 세속적 휴머니즘이라고 하여 읽지 못하게 한다면 당신은 많은 종류의 학대와 가족 역기능에 대해 이해할 수 없을 것이다.

그렇게 해서 가족이 변화하려 할수록 더욱더 똑같은 상태로 남아 있게 된다. 이것이 만성적으로 역기능적인 가족체계의 특징이다. 그들은 체계 안의 순환적인 피드백 망을 형성하고 있는 옛 신념을 깰 수 있는 새로운 정보를 가지고 있지 않다. 부모는 거룩하며 무슨 일이 있어도 존경해야 한다고 한다면, 그들이 당신을 학대하고 있다는 가능성은 생각조차 못할 것이다.

규칙

유해한 교육의 규칙이 바로 역기능을 만들어 내는 드러난 규칙이다. 부모들은 이러한 잘못된 규칙 때문에 역기능적이 되었다. 그들은 이 규칙을 마음속에 지니고 있으며 그것으로 자신을 양육하고 있다. 의문을 제기해 보지도 않고 시대에 맞게 갱신할 생각도 못한 채, 그들은 이 규칙을 자신의 자녀들에게 전수하고 있다. 그래서 부모들은 자신도 모르게 바이러스의 매개체가 된다. 좀 더 진전된 중독의 단계에 있는 부모들도 있는데 그러면 문제는 더욱 심각해진다.

그동안 역기능 가족의 공통점들을 다루었다. 이를 요약하면 가족 안에서 무의식적으로 고통을 만들어 내는 일련의 은밀한 규칙들이 될 것이다. 그 규칙들을 정리하면 다음과 같다.

통제의 규칙

모든 상호관계, 감정, 개인적인 행동을 항상 통제하고 있어야 한다. 이것은 수치심에 기초한 역기능적인 모든 가족체계에서 아주 중요한 규칙이다. 감정을 통제하게 되면 자발성을 모두 잃어버린다. 통제는 구성원들에게 힘, 예측 가능, 안전의 느낌을 준다. 광적인 통제는 심각한 의지 장애의 한 모습이다. 광적인 통제로 인해 어려움을 가지고 있는 사람은 인생에서 근본적으로 불안정하고 예측할 수 없는 일처럼 사람의 의지로 어찌할 수 없는 것에도 의지를 사용하여 통제하려고 한다.

완벽주의의 규칙

항상 모든 일에 '옳아야' 한다. 가족체계가 대대로 보존해 온 모든 규범에 옳아야 한다는 규칙의 횡포가 있을 수 있다. 규범은 지적 성취나 도덕적 의로움의 성취, 또는 상류층 인사가 되고 부자가 되는 것에 관한 것일 수 있다. 완벽주의 규칙은 항상 정해진 도량법을 가지고 있다. 이 규칙에는 경쟁적인 면이 있으며 우위를 차지하고 다른 사람보다 나아야 한다고 강조한다. 이것이 가족 구성원들의 수치심을 덮어 준다.

실수를 두려워하고 피하는 것은 완벽주의 가족의 삶의 원리를 이루고 있다. 구성원들은 밖으로 드러나는 이미지에 따라서 산다. 그들은 이러한 자기 이미지를 실현하려고 하게 된다. 만약 당신이 이 규칙에 따라 살고 있다면, "내가 제대로 가고 있나?" "내가 괜찮게 하고 있는 걸까?" 하고 안으로 자기 검열을 하면서 상황 안에서의 자신의 행동을 관찰하느라 바쁠 것이다. 또한 자기의 인상을 잘 관리하는 데 마음을 쏟고 항상 자신을 외부의 규범에 비추어 평가하려고 할 것이다.

이 **규칙보다 사람을 절망으로 강하게 몰아가는 것은 없다.** 이상이란 마음속에서 생겨난 것이기 때문에 현실이기보다는 환상이다. 완벽주의적 이상은 실수를 허용하지 않기 때문에 수치를 모른다. 수치심은 인간의 건강한 감정으로써 우리가 한계가 있고 불완전하다는 것을 알게 해 준다. 수치심은 우리에게 실수 앞에서 웃게 만든다. 수치심은 우리에게 항상 피드백이 필요하고 공동체가 필요하다는 것을 말해 준다. 수치심은 우리가 하나님이 아니라는 것을 알게 해 준다. 그리고 수치심은 우리가 인간이라는 것을 알게 해 준다. 완벽주의적인 규칙을 따르는 것은 절망으로 이끈다. 인간은 본래 불완전하기 때문이다. 결국 완벽주의는 비인간적인 것이다.

비난의 규칙

비난은 수치심에 대한 또 하나의 방어적 은폐 방법이다. 비난하는 행동을 통해서 우리는 자신의 수치심을 감추거나 수치심을 다른 사람들에게 투사한다. 수치심에 기초한 사람들은 수치를 당하지 않을 때는 자신이 연약하다거나 부족하다는 것을 느끼지 못한다. 따라서 비난은 우리의 깊은 감정과 진짜 자기를 자동적으로 피하는 방법이 된다.

삶은 자연적이고 예측하기 어렵다. 그러므로 통제의 규칙은 깨질 수밖에 없다. 통제의 망상을 되찾기 위해 습관적으로 비난을 사용한다. 비난을 통해서 수치심을 심어 주는 과정이 계속해서 작동되는 것이다. 우리는 자신이 상처받거나 노출될 위험을 느낄 때 다른 사람들을 비난함으로써 그들에게 수치심을 심어 주게 된다.

다섯가지 자유를 부인하는 규칙

이 규칙은 완벽주의의 규칙에 뒤따라온다. "너는 네 마음대로 생각하거나 원하거나 상상하거나 무엇을 보거나 들으면 안 돼. 너는 완벽주의적 이상이 요구하는 대로 보고 듣고 느끼며 생각하고 상상하고 원해야만 해."

말하지 않기 규칙

가족의 지속적인 고통에 대한 감정, 생각, 경험에 대하여 공공연하게 이야기하지 말라. 이 규칙은 앞의 다섯가지 자유를 부인하는 규칙의 당연한 결과다. 표현을 금하는 것은 인간됨에 근본적인 상처를 입힌다. 인간은 상징을 사용하여 말하고 자신을 표현하는 상징의 동물이다. 우리는 상상력의 상징적인 기능을 통해서 새로운 인생과 새로운 영역을 개척한다. 가족 비밀은 이 규칙에 의해서 여러 세대에 걸쳐 유지되었을 것임이 틀림없다. 나는 나의 책『가족 비밀(Family Secrets)』에서 이 문제에 대하여 탐구했다.

듣지 않기 규칙

가족 구성원들은 자신을 방어하기에 급급한 나머지 다른 사람의 이야기를 듣지 않는다. 자기 이미지를 관리해야 하는 필요성 때문

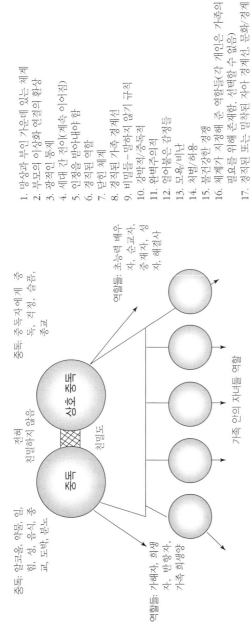

[그림 4-7] 역기능 가족체계의 프로필

1. 망상과 부인 가운데 있는 체계
2. 부모의 이상화 연결의 환상
3. 광적인 통제
4. 세대 간 전이(계속 이어짐)
5. 인정을 받아내야 함
6. 경직된 역할
7. 닫힌 체계
8. 경직되고 가족 경계선
9. 비밀들 - 말하지 않기 규칙
10. 강박적/중독적
11. 완벽주의
12. 엄격하고 암호 같은 감정들
13. 모욕/비난
14. 체벌/허용
15. 불건강한 경쟁
16. 체계가 지정해 준 역할들(각 개인은 가족의 역할을 위해 존재함. 선택할 수 없음)
17. 경직된 또는 밀착된 자아 경계선, 문화/정체성, 가족 내부 경계선
18. 망가진 의지 - 자유의 상실

중독: 알코올, 약물, 일, 힘, 섬, 음식, 종교, 도박, 분노

중독: 중독자에게 중독, 섬, 직장, 음식, 종교

전혀 친밀하지 않음

친밀도

역할들: 조능력 배우자, 순교자, 중재자, 성자, 해결사

역할들: 가해자, 희생모, 희생양(신체적 질병), 부적격자로 낙인 찍힌 자, 중독자, 가족의 상담자, 전체 희생양

가족 안의 자녀들 역할

에 다른 사람이 말하는 것을 듣기보다는 자신의 다음 반응을 생각해 두어야 한다.

미완성 규칙

문제를 해결하지 말라. 싸움과 불화를 계속 유지하라. 이 규칙은 두 가지 모습으로 나타날 수 있다. 하나는 실제적인 해결이 없는 만성적인 다툼과 갈등이고, 다른 하나는 밀착과 합의(불화하지 않기로 하는 합의)다. 가족은 갈등을 겪거나 합의에 이르기는 하지만 결코 접촉하지 않는다.

불신의 규칙

인간관계에서 신뢰를 기대하지 말라. **아무도 믿지 말라.** 그러면 절대로 실망하는 일이 없을 것이다. 우리의 부모들은 아이였을 때 자신들이 의존 욕구를 채우지 못했기 때문에, 이 채워지지 않은 욕구를 연결의 환상을 가지고 감추었다. 그런데 연결의 환상이란 자급자족하는 방법이었다. 독립적이고 냉담하거나 사람들을 필요로 하고 의존적인 것 중 한 가지 행동을 하면서 감정적인 단절감과 불완전함을 느낀다. 아무도 자신의 필요를 기능적인 방법으로 채우지 못한다.

[그림 4-7]은 역기능 가족의 프로필을 요약한 것이다. 이 도표는 5, 6, 7장에 나오는 역기능 가족의 실제 유형을 합쳐 놓은 것이다. 경직된 역할들은 자세히 열거하지 않고 간단하게 소개하였다. 독자들이 이 도표와 이어지는 세 장들을 자기 탐구를 위한 점검표로

사용하기를 권한다. 현대의 역기능 중 대부분은 **강박**이라는 용어
로 표현할 수 있다. 폭력, 성장애, 섭식장애, 감정 중독, 종교 중독
등은 인간의 삶을 파괴하는 질병이다. 이제 이 점을 살펴보도록 하
겠다.

요 약

이 장의 요점을 '**DYSFUNCTIONAL**(역기능적)'이라는 단어를 가지고 정
리해 보겠다.

Denial and Delusion(부인과 망상)
　역기능 가족은 자신들의 문제를 부인한다. 그래서 문제들이 결코 해
　결되지 않는다. 이러한 가족들은 또한 구성원들의 다섯 가지 자유를
　금지한다.

Yin/Yang Disorder(음양 장애)
　역기능 가족은 친밀감의 진공 상태에 있다. 친밀감의 진공 상태는
　역기능을 강화한다.

Shame-based(수치심)
　기능을 못하는 가족은 수치심에 기초하고 있다. 부모는 내면화된
　수치심을 가지고 있고 자녀에게 수치심을 모르는, 즉 파렴치한 행
　동을 한다. 자녀들은 종종 가족을 수치스럽게 느낀다.

Fixed, Frozen and Rigid Roles(고정되고 얼어붙은 경직된 역할들)
　체계로서의 가족의 필요에 따라 역할들이 만들어진다. 자녀들은 체
　계의 필요를 위하여 자기의 실체를 포기한다.

Undifferentiated Ego Mass(분화되지 않은 자아 덩어리)
　역기능 가족의 구성원들은 서로 밀착시키는 경계선을 가지고 있다.
　엄마가 두려워하면 자녀도 두려움을 갖는다. 구성원들은 서로 다른
　사람의 감정을 느낀다.

Needs Sacrificed to the System(체계에 희생되는 개인의 욕구)
역기능 가족의 구성원들은 자신의 개인적인 욕구를 채우지 못한다. 개인적인 욕구는 체계의 욕구에 의해서 밀려난다. 역기능 가족 안에는 거의 항상 약한 정도의 분노와 우울이 존재한다.

Confluence or Conflicted Communication(합의 또는 갈등의 대화)
역기능 가족의 대화는 공공연히 다투거나 불화하지 않기로 합의하는 것 중의 하나다. 진짜 접촉은 거의 없다.

Togetherness Polarity Dominates(개별성과 연결성의 양 극단 중 연결성의 지배)
개인의 차별성은 가족체계의 필요에 의해 희생된다. 역기능 가족 안에서 개인은 가족을 위해 존재한다. 역기능 가족을 떠나기는 어렵다.

Irrevocable Rules(변경되지 않는 규칙)
기능을 못하는 가족에서는 규칙들이 경직되어 있고 변하지 않는다. 유해한 교육이 이런 규칙을 세우도록 돕는다. 주요 규칙으로는 통제하기, 완벽주의, 비난, 다섯 가지 자유의 금지, 말하지 않기, 듣지 않기, 미완성 그리고 불신이 있다.

Open Secrets(공공연한 비밀)
공공연한 비밀은 가족을 얼어붙은 채로 유지시키는 중대한 거짓말의 일부다. "모두가 모르는 척하고 있는 그것을 모두 알고 있다."는 말은 바로 이 공공연한 비밀에 들어맞는 말이다.

Nonchanging Closed System(변하지 않는 닫힌 체계)
모든 사람들이 자신들을 통제하는 고통을 통제하기 위해 맡은 역할을 한다. 그러나 각자가 역할을 할수록 체계는 더욱더 그대로 유지된다. "바꾸려 할수록 그대로다."라는 프랑스 속담은 닫힌 가족체계의 딜레마를 잘 표현해 주고 있다.

Absolute and Grandiose Will(절대적이고 대단한 의지)
역기능 가족의 중대한 재앙은 구성원들이 망가진 의지를 가지고 있다는 것이다. 각 사람의 타고난 권리인 자유가 손상되었다. 통제 자체가 망가진 의지의 산물이다. 말하지 않기 규칙은 감정을 얼어붙게 하고, 얼어붙은 감정은 사람의 감정 지능을 오염시킨다. 의지의 힘으로 의지적이 되거나 자기 의지(아집)가 극단적으로 되면 만성적인 역기능 가족 안에서 혼란스럽고 예측 못할 행동을 낳는다.

Lack of Boundaries(경계선의 상실)

역기능 가족의 구성원은 가족체계를 유지하기 위한 방법으로써 자신의 자아 경계선을 포기한다. 자아 경계선을 포기하는 것은 자신의 정체성을 포기하는 것과 마찬가지다.

강박적인 가족

-중독 가족 안에서 당신의 자존감이 어떻게
손상되었는지 점검해 보기 위한 체크리스트

공공연한 비밀들.
그것들에 대해서 모두가 다 알고 있는데,
모두가 알고 있는 것을
아무도 모른다고 생각한다.

-R. D. 랭(R. D. Laing)

알코올 중독으로 고통스러운 17년을 보내고 나서 30년 전 나는 술을 끊었다. 내가 어렸을 때는 나 자신이 알코올 중독자가 되리라고는 꿈에도 생각지 못했다. 나는 아버지의 술 문제와 아버지에게서 버림받은 것 때문에 여러 날 밤을 혼자서 울었다. 밤에 두려움으로 떨며 침대에 누워서 앞으로 무슨 일이 일어날지 모르는 채 아버지가 집에 돌아오기만을 기다렸다. 나는 알코올 중독과 그것이 뜻하는 모든 것을 증오했다. 나는 매일매일 아버지의 술 문제에만 매달렸다. 내 나이 서른이 되었을 때, 결국 알코올 중독 치료를 위해 자진해서 오스틴 주립병원에 입원하게 되었다.

역설적으로 보이겠지만 알코올 중독 가정의 많은 자녀들이 알코올 중독자가 된다. 설령 본인이 알코올 중독자가 되지 않는다고 하더라도 종종 알코올 중독자나 강박적, 중독적 성격장애를 가진 사람과 결혼을 한다.

이러한 역설적인 유형을 볼 때 어떤 한 가지 원인보다는 '체계로서의 가족'이라는 개념에 초점을 맞추게 된다. 약 20년 전 알코올 중독 가족 출신의 사람들이 자신들의 삶에 공통점이 있다는 것을 깨닫기 시작했다. 그 공통점은 자기 자신들보다는 그들의 원가족과 더욱 관계되어 있다는 것이었다. 로버트 애커먼(Robert J. Ackerman), 클라우디아 블랙(Claudia Black), 샤론 웩세이더 크루즈(Sharon Wegscheider Cruse), 자넷 보이티즈(Janet G. Woititz) 그리고 웨인 크리츠버그(Wayne Kritsberg)의 주도하에 알코올 중독자 가정의 성인아이(ACoA: Adult Children of Alcoholics) 운동이 결성되었다. 이 성인아이 운동과 더불어 가족체계 개념이 큰 진전을 보게 되었다.

나는 나 자신이 알코올 중독에서 회복되던 처음 10년 동안은 성인아이의 현상에 대해서 전혀 몰랐다. 가족체계에 대해서 지식적으로 잠깐 접해 보았을 뿐이었다. 휴스톤의 팔머 성공회의 성인 대상 신학 수업 시간에 나는 버지니아 새티어와 제이 헤일리 그리고 R. D. 랭의 연구들을 통합시켜 보았던 적이 있다. 그러나 나 자신의 원가족과의 연관성은 전혀 보지 못했었다. 나는 나의 흥분 중독과 다른 사람을 기쁘게 하고 인정받고자 하는 문제, 지나친 책임감, 친밀감 문제, 극도로 강박적인 생활 스타일, 심한 자기 비판, 얼어붙은 감정, 끊임없는 착한 아이 행동, 강력한 통제의 필요 등의 원인을 나의 성격적인 문제로만 생각했었다. 나는 그런 것들이 **알코올 중독 가정에서 자란 성인들에게 나타나는 공통적인 특징**이라고는 단 한 번도 생각해 보지 못했었다.

비록 알코올 중독에서 회복되고 있기는 하였지만 나는 여전히 심하게 강박적이었고 이 강박성은 나의 삶에 문제를 일으키고 있었다. 나는 강박적으로 일하고 물건을 사며 담배를 피우고 음식을 먹었다. 이를 깨닫게 되고 나서야 여전히 중독적인 나의 성격을 다시 치료받기 시작했다.

약물 중독 치료와 특별히 ACoA 운동의 도움을 통해서 나는 불안과 고통을 극복하는 데 비효과적인 방법을 사용하고 있는 가족들 안에서 어떻게 강박성이 자리 잡게 되는지, 그리고 강박의 본질에 대해서 비로소 이해할 수 있게 되었다.

알코올 중독 가정의 성인아이들

알코올 중독 가족 안에서 자란 아이들에게 공통적인 특성이 있다는 사실을 통해 그 기저에 깔려 있는 장애의 구조가 드러났다. ACoA의 몇 가지 특성을 요약하자면 다음과 같다.

이 목록을 보면 알코올 중독 가정의 자녀들은 단지 알코올 중독자의 술 마시는 문제에만 영향을 받고 반응을 했던 것이 아니라는 것을 분명하게 알 수 있다. 그들은 **관계의 문제**, 즉 분노, 통제, 알코올 중독 부모의 정서적 부재에 대해서 반응했던 것이다. 이런 특성들은 알코올 중독 가정에서 일어나는 버림받음의 충격과 그 결과로 일어나는 수치심에 대한 반응으로 나타나게 된다.

알코올 중독자의 자녀들의 수치심은 무엇보다도 부모와의 관계가 깨어진 것에 그 원인이 있다. 특성의 목록에서 ACoA가 갖고 있는 대부분의 문제들은 관계의 문제라는 것을 알 수 있다. 이러한 특성들은 또한 **강박의 뿌리**를 이해할 수 있는 열쇠를 제공해 준다. 세계보건기구(WHO)의 정의에 의하면, 강박적/중독적 행동이란 '잠시 기분 전환을 시켜 줄 뿐, 결국 삶을 파괴하는 결과를 가져오는 경험과의 병리적 관계'다. 이 **병리적 관계**의 성향은 부모의 유기에 의한 수치심에 그 뿌리를 두고 있다. 이제 그 특성의 목록을 좀 더 자세히 살펴보겠다.

	예	아니요
• 중독적/강박적 행동 또는 중독자와의 결혼		
• 망상적 사고와 원가족에 대한 부인		
• 자신과 다른 사람들에 대한 무자비한 판단		
• 적절한 경계선의 결핍		
• 부적절한 행동의 용납		
• 계속적으로 인정을 구함		
• 친밀한 관계를 갖는 데 어려움을 가지고 있음		
• 자신을 옹호할 때 죄책감을 느낌		
• 진실을 말하는 것이 어렵지 않을 때도 거짓말을 함		
• 망가진 의지		
• 창조적이기보다는 반응적임		
• 잘못된 것에 대한 극단적 충성		
• 무감각		
• 통제할 수 없는 변화에 과잉 반응함		
• 다른 사람들과 다르게 느낌		
• 걱정이 많고 지나치게 경계함		
• 낮은 자기 가치감과 내면화된 수치심		
• 사랑과 동정의 혼동		
• 지나치게 엄격하고 심각하거나 그와 정반대임		
• 과제를 끝내는 데 어려움이 있음		
• 지나치게 의존적이고 버림받음에 대해 두려워함		
• 희생자 또는 가해자로서 살아감		
• 분노와 비난에 겁을 먹거나 지나치게 독립적임		
• 광적인 통제-지나친 통제의 필요를 갖고 있음		
• 극도의 책임감 또는 극도의 무책임		

5 강박적인 가족
•

중독적/강박적 행동 또는 중독자와의 결혼　적극적으로 강박적/중독적 행동 유형을 보여 왔거나 보이고 있다. 강박적/중독적 사람과 관계를 맺어 왔거나 맺고 있다.

망상적 사고와 원가족에 대한 부인　배우자 혹은 부모의 알코올 문제를 일부러 또는 진심으로 부인한다. 연결의 환상에 의해서 부모를 이상화한다. 부모 중 중독 문제가 없는 어머니나 아버지를 이상화한다. 알코올 중독의 배우자 혹은 부모와의 관계에서 자신과 자녀들이 갖게 되는 감정과 그로 인해 받는 영향을 최소화하거나 부인한다.

자신과 다른 사람들에 대한 무자비한 판단　자신을 끊임없이 비판한다. 자신이 하는 일은 충분하지가 않다. 자신의 자기 비판적인 판단을 다른 사람들에게 투사한다.

적절한 경계선의 결핍　배우자가 두통이 있는데 자신이 아스피린을 먹는다. 자신의 감정이 어디서 끝나고 다른 사람의 감정이 어디서 시작되는지를 알지 못한다. 모든 사람이 자신을 만지게 하거나 아무도 못 만지게 한다. 함께 있는 다른 사람과 똑같은 의견을 갖는다.

부적절한 행동의 용납　정상적인 것이 무엇인지 추측한다. 대인관계에서 전에 절대로 참지 않겠다고 말했던 것을 지금은 참고 있다. 자신의 학대받았던 어린 시절이 어느 정도 정상이었다고 믿는다.

계속적으로 인정을 구함   다른 사람들을 기쁘게 하려고 애쓰며 사람들이 자신을 좋아하도록 하기 위해 거의 무엇이든지 하려 든다. 중요한 관계에 있는 사람들에게는 자신이 그들에게 얼마나 중요한지 알기 위해 그들을 못 견디게 들볶는다.

친밀한 관계를 갖는 데 어려움을 가지고 있음   친밀감과 밀착, 그리고 참 만남과 부화뇌동을 혼동한다. 사랑하는 두 사람은 똑같은 것을 좋아해야 한다고 믿는다. 파괴적인 관계에 마음이 끌리지만 건강하고 안정감이 있고 잘 보살펴 주는 사람은 뿌리친다. 관계가 너무 가까워지기 시작하면 일부러 관계를 망쳐 버린다.

자신을 옹호할 때 죄책감을 느낌   자신을 옹호하여 자기 주장을 하거나 자신이 원하는 것을 요구할 때마다 죄책감을 느낀다. 자신의 가족은 그대로인데 자기만 회복되고 있는 것에 죄책감을 느낀다.

진실을 말하는 것이 어렵지 않을 때도 거짓말을 함   진실을 말하는 것이 쉬울 때도 별 이유 없이 거짓말을 하고 있는 자기 자신을 보게 된다. 아니면 반대로 문자 그대로의 진실에 집착한다.

망가진 의지   강박적이고 충동적이며 완고하고, 자신을 대단하다고 생각하며, 지나치게 극적이고 통제적이고, 의사 결정에 어려움을 갖는다. 통제될 수 없는 것을 통제하려 한다.

창조적이기보다는 반응적임   차례차례로 모든 것에 반응하는 삶을 산다. 적절하지 않은 말을 하고 실제 일어나고 있는 일과 상관없는 감정을 느낀다. 다른 사람의 행동에 대해 걱정하고 곰곰이 반추해 보는 데 너무 많은 시간을 보내어 정작 자신을 위해서는 쓸 시간이 없다.

잘못된 것에 대한 극단적 충성 잘못되었다는 증거가 명백한데도 그대로 충성한다. 아니면 반대로 어떤 것에도 충성하지 않는다.

무감각 심리적으로 무감각하다. 자신의 감정을 부인한다. 무엇을 느끼고 있는지 모르며, 알고 있어도 어떻게 감정을 표현해야 하는지 알지 못한다.

통제할 수 없는 변화에 과잉 반응함 과거에 저지른 실수와 같이 바꿀 수 없는 것에 대해서 계속 생각한다.

다른 사람들과 다르게 느낌 어딘가에 속해 있다는 느낌을 결코 갖지 못한다. 항상 자신을 의식한다. 정상적으로 보이는 사람들을 은밀하게 질투하며 부러워한다.

걱정이 많고 지나치게 경계함 항상 경계하고 있다. 심한 정도의 이름 모를 두려움과 재앙이 일어날지도 모른다는 생각을 가지고 있다. 불길한 일이 금방이라도 일어날 것 같은 느낌을 갖는다. 과민하고 쉽게 놀란다.

낮은 자기 가치감과 내면화된 수치심 자신 안에 결함이 있다고 느낀다. 돌보는 사람, 극단적으로 책임감이 많은 사람, 영웅, 스타,

여주인공, 완벽한 사람의 역할을 통해 결함을 감추려 한다. 완벽주의, 통제적, 권력 추구, 비판과 판단, 화를 잘 냄, 공공연한 경멸, 남의 뒷말을 하고 험담함 등의 모습을 보인다.

사랑과 동정의 혼동 연약한 사람에게 마음이 끌린다. 불쌍해 보이는 사람을 도우려고 무던 애를 쓴다. 자신이 조정할 수 있는 사람과 관계를 맺는다. 동정을 사랑이라고 혼동한다.

지나치게 엄격하고 심각하거나 그와 정반대임 침울하며 놀고 즐기는 일이 거의 없다. 인생은 순조롭게 흘러가는 것이 아니라 문제투성이다. 일을 완벽하게 하려 하고 지나치게 책임감이 강하다. 아니면 반대로 무책임하고 어떤 것도 심각하게 생각하지 않는다.

과제를 끝내는 데 어려움이 있음 무슨 행동을 시작하는 것이 어렵다. 그리고 한번 시작하면 멈추기가 힘들다. 학위를 받는 일 같은 중요한 일을 결코 끝마치지 못한다.

지나치게 의존적이고 버림받음에 대해 두려워함 자신의 삶에서 파괴적이고 심각하게 역기능적인 관계에 그냥 머물러 있는다. 무엇이라도 그만두기가 어렵다. 유망하지 않은 직장에도 그냥 다닌다. 소유욕이 강하고 의심이 많다. 배우자, 연인, 자녀, 친구와의 관계에 매달린다.

희생자 또는 가해자로서 살아감 신체적, 성적, 정서적 학대를 당해 왔다. 어디에 있든지 자신이 희생당하고 있는 것을 발견하며 희생자의 역할을 하며 산다. 자신이 희생자라는 것을 극적으로 묘사하느라 많은 정력을 소비한다. 희생자로서의 정체감을 가지고 있다.

분노와 비난에 겁을 먹거나 지나치게 독립적임 분노와 비판에 의해 조종을 당해 왔다. 다른 사람이 자신에게 화를 내거나 비난하지 않도록 하기 위해 무진 애를 쓰게 된다. 그들의 분노와 비판을 멈추게 하기 위해서 자기 자신의 필요를 포기하게 된다. 아니면 반대로 분노 중독자가 된다.

광적인 통제 통제하려는 욕구가 지나치게 많다. 도움을 줌으로써 통제한다. 통제할 수 없다고 느낄 때 깜짝 놀란다. 자신이 통제하기 어려운 사람이나 상황을 피한다.

극도의 책임감 또는 극도의 무책임 모든 일과 모든 사람에게 책임감을 갖는다. 도움을 요청하지 않는 경우에도 문제를 해결해 주려 한다. 아니면 반대로 전혀 책임감이 없고 다른 사람들이 자신을 책임져 주기를 바란다.

이러한 목록은 연구자들에게 사람이 알코올 중독 가족 안에서 사는 것만으로도 얼마나 역기능적이 되는지 볼 수 있도록 도와준다. 또한 이 목록은 강박적 행동의 원인을 알 수 있게 도와준다.

알코올 중독 가족은 강박적인 가족이다. 가족체계 안의 모든 사람들이 알코올 중독자가 술 마시는 문제에 대한 걱정과 불안으로 영향을 받는다. 누군가가 알코올 중독 가정에서 사는 것을 포로 수용소에서 사는 것으로 비유한 적이 있다. 그리고 이 포로 수용소에서 살아남은 사람처럼 ACoA들은 외상 후 스트레스 증상과 비슷한 증상을 가지고 있다. 사실상 누군가 전쟁이나 그 밖의 심각한 외상의 희생자들에게서 볼 수 있는 장애의 목록을 뽑아 본다면, 그 외상 후 증상들이 ACoA의 증상들과 거의 비슷하다는 것을 발견하게 될 것이다. 알코올 중독 가정에서 자란 자녀들을 어렸을 때 치료받게 하지 않으면, 이후에 그들의 삶에는 외상 후 스트레스의 특성들이 나타나게 될 것이다.

버림받음(유기)

알코올 중독자의 술 문제로 야기되는 만성적인 고통 때문에 가족 내의 각 사람들은 그에 적응할 수 있는 방법을 찾아야만 한다. 알코올 중독 가족의 구성원들은 어느 정도는 모두 경계심과 걱정이 많고 만성적으로 두려워한다. 그런 환경에서는 자기 자신의 필요를 채우기가 어렵다. 각자는 자존감을 잃어버린다.

이러한 만성적인 스트레스의 중요한 결과는 버림받음의 느낌이다. 알코올 중독 가족의 구성원들이 경험하는 버림받음에는 여러 가지 특성이 있을 수 있다. 첫째, 알코올 중독은 사람을 완전히 휘저어 놓는 중독이기 때문에 중독자의 시간을 모두 빼앗는다. 그래서 그는 자녀를 돌볼 시간이 없다. 알코올 중독 부부는 의도야 어찌 되었건 신체적으로 자녀들을 버린다. 그들은 또한 자녀의 기본적인 의존 욕구를 채워 주는 일을 소홀히 하게 된다. 이러한 방치는 유기의 두 번째 형태다. 아이를 위해 있어 줄 사람이 없다. 아이의 소중함을 확인해 주고 반영해 주는 얼굴도 없다. 또한 아이가 의지할 수 있는 사람이 없다. 아빠가 알코올 중독이면, 엄마는 아빠에게 중독이 되어 있다. 엄마는 병리적으로 아빠에게 의존되어 있다. 엄마 역시 중독이기 때문에 자녀와 함께 있어 줄 수 없다.

중독자로서 부모는 모두 필요가 많고 어느 정도는 수치심에 기초하고 있다. 그렇기 때문에 두 번째 형태의 유기가 일어난다. 자신의 필요가 많고 수치심에 기초한 사람들에게는 사랑을 주고 자기 사랑의 본을 보여 준다는 것이 너무나 어려운 일이기 때문이다. 정상적인 아이는 건강한 자기애적 욕구를 가지고 있는데, 알코올 중독 가족에서는 이를 채울 수 있는 방법이 전혀 없다. 그래서 아이는 자신의 내부로 향하게 되고, 부모와 연결되어 있다는 환상을 만들며, 방종의 습관과 기분을 전환시켜 주는 진통제와 같은 방법들을 찾게 된다.

세 번째 형태의 유기는 학대다. 알코올 중독 가족은 온갖 종류의 학대를 만들어 낸다. 술은 억제 기능을 낮추고 충동을 제어할 수 있는 저항기를 부수어 버리기 때문에 알코올 중독 가정에서는 신체적, 성적, 정서적 학대가 다반사가 된다. 조사에 의하면, ACoA들 중 2/3가 어렸을 때 신체 폭력을 당했다고 한다. 또한 근친상간을 한 아버지의 50%가 알코올 중독이라는 연구 결과도 있다.

알코올 중독 가족은 심하게 밀착되어 있다. 부부관계가 몹시 뒤엉켜 있기 때문에 자녀는 가족체계의 전체성과 균형을 위한 필요

뿐만 아니라 부모 모두에 대한 필요에 붙잡히게 된다. 진공 상태를 싫어하는 것이 인간의 본성이기에, 가족체계에 균형이 깨어지면 아이들은 균형을 잡으려는 노력을 하게 된다.

나의 가정에서는 아빠가 항상 집에 없었다. 내가 11세가 되었을 때 아빠는 여러 가지 실제적인 이유로 아예 집을 나가 버렸다. 나는 장남이었고 가족체계는 남편을 필요로 했다. 나는 엄마의 **정서적 남편**(대리 배우자)이 되었다. 엄마가 그렇게 하라고 결정을 내린 것은 아니었지만 체계가 그것을 요구했다. 체계가 아빠를 필요로해서 나는 또한 동생의 **어린 부모**가 되었다. 13세가 되었을 때 나는 동생에게 허가를 해 주는 일을 했다.

내가 상담을 맡았던 한 가정에서는 남편의 알코올 중독이 심해지자 맏딸이 **엄마의 희생양**이 되었다. 엄마는 그 딸을 임신했을 때 결혼을 했다. 사실상 그 딸이 바로 엄마와 아빠가 결혼한 이유였다. 아빠가 무책임한 알코올 중독자라는 것을 엄마가 알게 되었을 때 엄마는 어린 딸에게 분노를 퍼부었다.

이 가족의 셋째는 부모의 갈등이 절정에 달했을 때 태어났다. 실수로 임신이 된 것이었다. 그는 자궁 안에서 이미 버림받음을 느꼈다. 부모에게서 그가 받은 메시지는 "애야, 없어져 버려. 우리는 아이를 더 기를 수가 없어."였다.

알코올 중독 가정에서 훈련의 모델은 **자기 훈련이 되지 않은 훈**련이다. 유해한 교육의 규칙들은 훈련이라고 하는 많은 행동들을 정당화시켜 준다. 하지만 실제로 훈련이라고 할 수 있는 것은 거의 없다. 훈련은 부모 자신의 생활 때문에 갖는 짜증과 분노에 의해 종종 오염되어 있다. 대부분의 경우 훈련은 자녀와는 아무 상관이 없다. 다시 말해서 이 훈련은 자녀로 인한 것이 아니며, 자녀의 발전을 위한 것이 아니라는 말이다. 부모는 종종 벌을 주지만 일관성이 없다. 부모는 이러한 불일치의 본을 보여 준다.

이러한 사실들의 요점은 자녀에겐 적어도 15세가 되기까지는 부모가 함께 있어 주고 관심을 가져 주며 지도해 주어야 할 필요가 있는데 자녀들이 그것을 받지 못하고 있다는 것이다. 아이들은 버림받고 있다. 버림받음 때문에 강박이 생긴다. 아이들은 항상 부모를 필요로 한다. 그런 아이들의 필요들이 채워지지 못하기 때문에 그들은 마치 어른처럼 행동하고 어른처럼 말하면서 자란다. 그러나 그들 안에는 필요를 결코 채울 수 없었던 **굶주린 어린아이**가 있다. 그들은 마음속이 텅 비어 있다. 그래서 강박성이 생기는 것이다. 그들은 **점점 더 많은 사랑**, 관심, 칭찬, 술, 돈 등을 필요로 한다. 그런데 우리는 다시 어린아이가 될 수 없고, 그때로 돌아가 엄마와 아빠에게 우리를 돌보게 할 수 없다. 이제 **어린아이로서** 그러한 필요들을 채울 수는 없다. 그 필요들이 성인의 삶에 다시 나타날 때에야 우리는 비로소 그것들을 다룰 수 있다. 그러나 이제는 **어른으로서** 다룰 수 있을 뿐이다.

일반적인 강박 가족

나는 강박적인 가족의 원형으로서 알코올 중독 가족의 예를 사용하였다. 사실에 바탕을 둔 약물 중독 가족에 관한 연구는 다른 유형의 가족의 역기능적 구조도 밝혀 주었다. 알코올 중독과 알코올 중독 가족에 대한 연구를 통해 어떻게 다른 형태의 강박증이 가족 안에서 유사한 패턴의 역기능을 만들어 내는지 설명해 주는 새로운 모델이 나타났다.

패턴은 분명했다. 수치심에 기초한 강박적인 사람들은 결핍을 지닌 채 결혼을 하며, 그 가족 안에서 자라는 아이들은 버림받음에 의해서 수치심을 갖게 된다. 이러한 결혼을 통해서 희생을 당한 아이들은 똑같이 강박적이 되어 악순환이 계속된다.

유해한 교육과 그 교육이 주장하는 불평등한 주종관계는 중독자인 부모에 의해 양육받는 가족 안에서 더욱 강화된다. 그러나 **이 중독자들 또한 자신들의 원가족 안에서의 유해한 교육에 의해 무시당하고 자신들의 필요가 부인당했기 때문에 중독에 이르게 된 것이다.**

힘, 통제, 완벽주의, 비판, 모욕, 비난, 분노 등을 통하여 수치심은 다른 사람에게 전이된다. 연결의 환상이라는 자아 방어기제, 자신의 경직된 역할들 그리고 자신의 중독을 통해서 수치심을 감추고 있는 부모들은 수치를 모르는, 즉 파렴치한 사람이 된다. 부모들은 마치 자신이 모든 것을 아는 것처럼 행동한다. 자기 자신과 배우자와 자녀들을 비판하고 통제하고 저주하고 비난하고 벌을 주면서 자신이 마치 하나님인 것처럼 행동한다. 이러한 파렴치한 행동은 아이들에게 부모의 수치심을 짊어지게 만든다.

분노를 예로 들어 보자. 분노는 알코올 중독 가족 안에서 흔히 볼 수 있다. 또한 분노 자체에 중독되는 일도 흔하다. 분노에 중독된

05 강박적인 가족
•
191

부모는 알코올 중독 부모가 그러는 것만큼이나 가족을 역기능적으로 만든다. 분노는 위험에 노출되지 않도록 자신을 지키고 적극적으로 다른 사람을 가까이 오지 못하게 막아서 스스로를 보호하는 기능을 한다. 예를 들어, 아버지가 한바탕 술을 마시고 며칠 동안 일을 나가지 못했다. 그가 다시 출근을 하자 상사가 혼을 냈다. 그는 집으로 돌아오면서 자신의 행동에 대하여 찌르는 듯한 수치심을 느낀다. 그는 아들의 자전거가 앞뜰에 쓰러져 있는 것을 본다. 그는 자신의 유해한 교육의 권리를 사용하여 아들에게 화를 내기 시작한다. 이러한 자연 발생적인 행동은 아버지로 하여금 자신에 대해 좋은 느낌을 가질 수 있게 하고(아버지의 의무를 다함), 자기 자신의 수치심과의 접촉을 잃어버리게 한다. 즉, 아들은 수치를 당함으로써 아버지의 수치심을 떠맡게 된다. 분노는 아버지의 수치심을 감소시키기 위해서 아들에게 수치심을 느끼도록 하는 방어 전략이다.

알코올 중독 가정에서는 너무나 많은 수치심이 존재하기 때문에 상호 간에 계속해서 수치심을 전이하게 된다. 유해한 교육은 실제로 부모들의 수치심 상호 전이 전략을 지원해 준다. 힘, 통제, 비난, 비판, 완벽주의는 유해한 교육에 의해서 권장되고 정당화된다.

아이들은 연결의 환상을 통해서 부모를 이상화한다. 이렇게 이상화된 부모들은 손쉽게 자신의 분노, 상처, 외로움, 수치심을 자신의 자녀들에게 전달할 수 있다.

중독적 성향으로서의 강박

나는 강박이라는 단어와 중독이라는 단어를 거의 동의어처럼 사용하고 있다. 이것을 명확하게 할 필요가 있겠다.

강박은 중독보다 더 포괄적인 용어다. 강박의 뜻은 중독 성향(addictiveness)에 더 가깝다. 중독 성향이 있다는 것은 마음이 텅 비었다는 말이다. 우리는 기분 전환을 시켜 주는 행동을 통해 이를 채우려 하게 된다. 중독이라는 말은 술이나 니코틴 그리고 본래 중독성 물질이 들어 있는 다른 약물 등 주로 화학 물질에 한정해서 쓰여 왔다.

이러한 이해는 중독의 의미를 축소시킨다. 화학 물질 외에도 중독의 대상은 많다. 도박, 성관계, 일, 먹는 것과 굶는 것 같은 활동에도 얼마든지 중독이 된다. 모든 중독의 뿌리는 강박성이며, 강박성은 중독 성향으로 이해될 수 있다.

나는 술을 끊었을 때 **강박성**은 끊지 못하였다. 나의 강박성은 일이나 섭식 같은 다른 중독으로 나타났다. 이러한 차이를 구분하는 것은 중요하다. 우리가 이 차이를 이해하지 못한다면 문제의 뿌리에 이르지 못할 것이기 때문이다. 나는 나의 강박성을 다루기 전까지는 중독을 멈출 수 없었다. 강박성은 이미 설명한 여러 종류의 버림받음에 의해서 생긴다. 버림받음으로 빚어진 슬픔, 그 미해결된 슬픔을 치유하는 것이 **강박성을 치료하는 방법**이다. 이에 대해서는 10장에서 논의하겠다.

강박적/중독적 행동

나는 우리 인간의 가장 긴급한 문제는 강박적/중독적 행동에 집중되어 있다고 믿는다. 중독은 우리의 마음을 편협하게 만들고 우리의 의지를 못 쓰게 만든다. 더 이상 자신의 인생을 의식적으로 선택할 수가 없다.

중독이 단지 어두운 골목길의 마약 중독자나 싸움꾼이나 비틀거리는 술주정꾼에 관한 것이라고 믿는다면 분명 잘못된 생각이다. **중독은 우리 사회의 수많은 사람들의 삶에 손을 뻗치고 있다.**

내가 회장으로 일하던 팔머 약물남용 프로그램(Palmer Drug Abuse Program)을 통해 중독에 관해 매우 상투적인 개념을 발견할 수 있었다. 우리는 약물을 남용한 10대 아이들을 치료하면서 그들의 부모와 가족도 다루었다. 나는 내 주변에 있는 거의 대부분의 사람들에게서 일 중독, 종교 중독, 섭식장애, 상호의존적인 사람 중독, 자녀에게 중독된 부모, 흡연 중독, 분노 중독을 볼 수 있었다.

중독의 정의를 확장시키는 일이 중요하다. 사람들이 자신의 강박성, 즉 자신이 '기분 전환을 위해서 삶을 파괴하는 결과를 가져오는 경험과 관계'하고 있다는 것을 알게 된다면, 우리는 이러한 매우 **일반화된 현대의 위기**에 관심을 가진 사람들을 모아 단체를 만들 수도 있을 것이다.

중독이란 잠시 기분 전환을 시켜 줄 뿐 결국에는 삶을 파괴하는 결과를 가져오는 경험과의 병적인 관계다. 건강한 방법으로 관계하지 못하는 것은 수치심의 결과다. 수치심은 깨어진 관계에서 비롯된 것이기 때문이다. 일단 자신을 돌보아 주는 사람 또는 생존을 위한 대상과의 관계의 다리가 끊어지면, 아이는 자신에게는 누군가에게 의지할 수 있는 권리가 없다고 믿는다. 아이는 자기 자신과 다른 사람들에 대한 신뢰를 끊고 자신이 만든 연결의 환상과 자기 마음대로 하는 행동에 의지하기 시작한다. 이렇게 해서 병적인 관계를 맺게 된다.

병적이라는 말은 관계에 망상적인 면이 있다는 것을 암시한다. 망상과 부인은 강박적/중독적 행동의 본질이다. 부인을 통해 자신이 하고 있는 일이 자신이나 다른 사람들에게 정말 해롭다는 것을 부인한다. 망상을 통해 사실인데도 실제 일어나고 있는 일을 일어나지 않고 있다고 진심으로 믿는다. 로버트 파이어스톤(Robert Firestone)의 '사랑의 환상', 즉 연결의 환상은 망상과 부인의 한 형태다. 내가 생각하기에 모든 중독은 연결의 환상을 재연하는 것이다.

연결의 환상은 여러 가지 방법으로 재연된다: 사랑에 빠지는 것의 대단한 느낌, 훌륭하고 의롭다는 느낌의 황홀감, 성적 정복감과 오르가즘, 음식으로 **가득 채워진** 느낌, 단식으로 인한 의식의 변화 상태, 마술과 같은 돈이나 물건의 소유, 마약으로 인한 도취감 등 모든 강박적/중독적 행동을 통해서 **연결되어 있다는 환상**이 회복된다. 중독의 도취감 속에서 자신이 혼자가 아니라고 느낀다. 자신은 분리와 혼자라는 외로움을 극복했다고 믿는다. 망상과 부인은 공허감과 외로움의 아픔을 느끼는 것에서 오는 '정당한 고통'을 멀리 내쫓아 준다. 중독은 살아가는 동안 자신의 강박성의 영향을 최소화한다. 그리고 자신의 행동 때문에 일어나는 파괴적인 결과를 합리화한다.

강박적/중독적 행동은 배가 고프거나 목이 마르거나 성욕 때문이거나 일할 필요가 있어서가 아니라 기분전환을 위해서 하는 행동이다. 그런 행동은 우리의 감정을 처리하는 데 도움이 된다. 우리가 느끼는 감정이 바뀔 수 있도록 주의를 분산시키고 버림받음과 수치심에 의한 외로움과 공허감을 느끼지 않을 수 있도록 해 준다.

우리가 주의를 분산시키는 행동을 통해 기분 전환을 하고 있다는 것을 우리 문화권에서는 대부분 인식하지 못하고 있다. 우리는 열심히 일하고 경쟁해서 목적을 달성하는 것을 권장한다. 미국은 하나님을 경배하고 예배하는 나라다. 미국에서는 전 세계가 부러워하는 모든 오락과 스포츠를 즐긴다. 이 모든 활동들에도 중독이 될 수 있다. 이 모든 것들은 재미와 흥분 속에서 흥청거림으로써 실제 감정들에서 우리의 주의를 분산시킬 수 있는 방법들이다.

주의 분산에 관해서는 도박의 예를 들면 흥미로울 것이다. 도박을 하는 사람은 도박할 때 '행동을 하면 주의가 분산된다.'고 한다. 여러 가지 활동들은 우리의 주의를 분산시키고 기분을 바꾸어 줄 수 있다. 일 중독과 종교 중독은 미국에서 매우 심각한 중독이다.

정서 중독

감정에도 중독이 될 수 있다. 우리는 어떤 감정을 그보다 좀 덜 고통스러운 감정으로 대치한다. 남자들은 두려움을 분노로 바꾸라고 배웠다. 누구나 화가 나 있는 남자를 만나 본 적이 있을 것이다. 그런 남자들은 분노를 내면화해 왔다. 남자들은 전사(戰士)가 되어야 했다. 전사란 매우 강하고 모든 것을 잘할 수 있어야 한다. 조금이라도 부적절하면 남자로서 점수가 깎인다. 그래서 남자들은 부적절한 느낌을 두려워하여 분노로 그 감정을 감춘다. 분노는 강한 느낌을 주지만 부적절감은 약한 느낌을 준다.

어느 여름날 저녁에 내가 일을 마치고 집으로 돌아왔을 때, 아내가 에어컨이 고장났다고 하며 문 앞에서 나를 맞았다. 그때는 한여름이었고 견디기 어려울 정도로 무더웠다. 내 마음속에서 이런 목소리가 들려 왔다. "진짜 남자는 기계를 고칠 수 있어." 그런데 나는 전혀 기계를 고칠 줄 몰랐기 때문에 남자로서 부적절감을 느꼈다. 나는 우리 집 에어컨이 어디 있는지도 몰랐다. 그래서 나는 "여보, 정말 끔찍하군. 우리 우선 호텔로 가고 사람을 불러 고쳐 달라고 합시다." 하고 말하는 대신, "당신은 도대체 뭘 하고 있는 거야? 뭐 하나 제대로 하는 게 있어야지."라며 화를 냈다. 분노는 힘이 센 것처럼 느껴지고 부적절감은 겁쟁이 같다는 느낌을 준다. 이 예를 통해서 **분노가 어떻게 기분을 바꾸어 주는 작용을 하는지** 알 수 있을 것이다. 물론 기분을 바꾸려고 가끔씩 그렇게 하는 것이 중독자로 만드는 것은 아니다. 그러나 나는 상담을 통해 만성적으로 화를 내는 사람들을 만나 왔다. 그들의 분노는 삶을 파괴하는 결과를 가져오고 있었다.

이 밖에도 어떤 감정을 덜 고통스럽게 바꾸기 위해 사용되는 감정들이 많이 있다. **그것이 삶을 파괴하는 결과를 가져올 때**, 나는 그것을 중독이라고 부른다. 어떤 사람은 슬픔 중독일 수 있다. 독자들도 항상 슬픔에 잠긴 사람을 본 적이 있을 것이다. 그것도 어쩌면 중독일지 모른다.

약물, 행동, 감정들은 느껴지는 것을 느끼지 않도록 해 주는 강력한 방법이다. 버림받음이 강박의 중요한 원인이라는 것을 기억하고 있다면, 우리가 왜 기분을 바꾸고 싶어 하는지 이해할 수 있을 것이다. 버림을 받으면 우리는 거절당했다고 느끼고 외롭고 슬프고 화가 난다. 물론 수치심도 느낀다. 깊이 내면화된 수치심은 견디기 어려울 정도로 고통스럽다. 그래서 우리는 그 느낌을 바꾸고 싶어지는 것이다.

강박적인 사고

강박적이 되는 또 다른 방법들이 있다. 어떤 강박적인 생각의 패턴이 감정들을 분산시키고 차단시키는 훌륭한 방법이 될 수 있다. 지나친 걱정, 곰곰이 되새김, 세부 항목에의 집착, 일반화 그리고 추상적인 사고 모두는 우리의 감정을 차단시키는 방법들이다.

강박적인 사고의 패턴은 모든 강박에서 중요한 역할을 한다. 성중독에서의 사고 패턴을 러스팅(lusting, 색정 품기)이라고 부른다. 성 중독자는 의례화된 행동(상대를 찾아 배회함, 포르노그래피를 구함, 희생시킬 아이를 물색함)을 시작하기 전에 여러 시간 머릿속에서 색정을 품는다. 색정 자체가 중독 과정의 중독적인 부분이다.

모든 강박성에서 가장 결정적인 문제는 그것이 삶을 파괴한다는 점이다. 삶을 파괴한다고 하는 것은 강박적/중독적 행동이 역기능을 가져온다는 것을 의미한다. 모든 종류의 강박성은 자신이 가지고 있는 근본적인 인간의 능력을 사용하여 자신의 필요를 채우는 것을 방해한다. 강박이 모든 에너지를 끌어간다. 선택의 폭이 좁아지고 자유를 잃어버린다. 우리의 의지는 망가진다. 강박은 내면의 불모지 상태다. 우리는 자기 성찰이나 내면의 삶이 없이 전적으로 외면화되었다. 자신이 인간으로서 결함이 있고 불완전하다고 느낀다면 어떻게 내면의 삶을 가질 수 있겠는가? 우리 내면의 핵심인 수치심은 중독자가 내면으로 들어오지 못하도록 막고 있다. 진짜 자기는 가면을 쓴 거짓 자기의 뒤에 숨어 있다.

강박은 또한 오랜 시간에 걸쳐 고약해진 나쁜 습관에 관한 것일 수 있다. 철학자들은 습관이 제2의 천성이라고 한다. 좋은 습관은 미덕으로서 우리의 인간성에 능력을 더해 준다. 반면, 나쁜 습관은 악이며 우리의 삶을 통제하는 힘이 있어 우리를 차지해 버린다. 나쁜 습관은 약물, 설탕, 성과 같이 기분을 고양시켜 주는 유형의 '기분 전환하기'에서 매우 중요한 위치를 차지한다. 약품과 음식 역시 자체에 고유한 화학 작용이 있기 때문에 중독성이 있다.

내가 약물을 남용하는 10대들을 데리고 15년간 일하는 동안 문제가 **단지 약물 중독뿐**이라고 할 수 있는 아이는 단 한 명도 보지 못했다. 유통되고 있는 여러 가지 종류의 마약, 특히 코카인과 크랙을 사용하는 중독자들 중에 내면의 공허함을 가지고 있지 않은 아이는 하나도 없었다. 나 자신도 회복되는 데 30년이 걸렸던 것처럼, 약물 중독에서 회복되고 있는 사람들 중에 내가 '버림받음'으로 정의했던 문제를 갖고 있지 않은 경우는 없었다.

아마도 역기능 가정에서 자란 성인아이들에게는 자신들의 역기능 행동과 문제들을 그러한 문제를 만들어 낸 어린 시절의 버림받음의 경험과 연결시켜 주는 것이 무엇보다 중요할 것이다. 예를 들어, ACoA의 점검표를 보면 각 행동의 특성들은 '침범을 받은 것'에 대한 반응인 것을 알 수 있다. 버림받음이란 우리의 권리, 우리의 경계선 그리고 우리의 필요들이 침범을 당한 것이다.

침범당한 진짜 자기는 계속 숨어 있다. 왜냐하면 자신에게 일어난 일과 그 일에 대한 자신의 반응 사이의 연관성을 잃어버렸기 때문이다. 연결의 환상이 우리를 학대한 사람들을 이상화하기 때문에 우리는 자신의 신경증적, 역기능적 행동이 그들 때문이 아니라 자신 때문이라고 결론을 내릴 수밖에 없다.

그러나 일단 우리의 반응이 우리에게 일어났던 일들 때문이지 우리 자신이 본래 그렇게 생겼기 때문이 아니라는 것을 인식하게 되면 회복의 과정을 시작할 수 있다. 우리는 우리의 이상화된 부모에 대한 신화를 깨트려 버리고, **우리가 나쁘지 않고 결점이 있거나 불완전하지 않다**는 것을 알 수 있게 된다.

강박 가정의 네 가지 유형을 제시함으로써 이 장을 요약하려 한다. 각 유형의 가족은 내가 실지로 상담했던 사람들과 워크숍을 통해 함께 나누었던 사람들, 그리고 나 자신이 개인적으로 경험한 사람들의 사례를 모아 놓은 것이다. 다음에 나오는 모든 주요 인물들은 그들의 개인적인 자아 경계선을 보호하기 위해서 가명을 사용하였다. 이 프로필은 실제 살아가고 있는 가족체계 안에서 무슨 일이 일어나고 있는지를 보여 줄 것이다. 네 가지 유형의 강박적 가족은 약물 중독 가족, 섭식장애 가족, 종교 중독 가족 그리고 일 중독 가족이다. 6장부터는 성 중독, 신체 폭력, 정서적 폭력 그리고 상호의존증에 대해서 이야기하고자 한다.

약물 중독: 블루 씨 가족

제시는 이 가족의 아버지다. 그는 알코올 중독이다. 그는 자신의 어머니와 부적절한 연합을 이루었고 친아버지에게서 버림을 받았다. 그에게는 의붓아버지가 둘 있었다. 그들은 모두 알코올 중독자였다. 한 사람은 제시와 그의 어머니에게 신체적인 폭력을 가했다. 어머니는 유해한 교육 방침을 가지고 있었고, 제시의 분노와 성적인 감정을 금지하였다. 제시는 매우 수동적이면서 공격적이었다. 그는 진짜 남자라면 울지 않으며 두려워하지도 않는다고 배웠다. 16세에 제시는 제시카를 만나서 임신을 시켰고 그들은 결혼했다.

제시카는 어머니가 알코올 중독 가정의 성인아이고 근친상간의 희생자이며 질병에 중독되어 있었기 때문에(어머니는 평생을 거의 누워서 지냈다) 아버지와 부적절하게 연합하였다. 사실상 어머니가 계속 중독에 머물러 있도록 허용해 주고 살얼음판 위를 걷는 것같이 조심하면서, 어머니의 감정, 필요, 원하는 것에 일일이 반응해 주며 살아가고 있는 아버지는 제시카와 그녀의 일곱 자매들이 보기에는 **성자**였다. 제시카의 가족은 매우 존경스러워 보였다. 그들은 교회에도 착실하게 나갔다. 그들은 사람들에게 좋은 감정만 보여 주었다.

제시카와 제시는 세 자녀를 두었다. 그들이 결혼한 이유가 되었던 첫 아이 그웨니비어는 16세의 엄마에게서 태어났다. 그녀는 부모가 자신을 원하지 않는다는 것을 태어나기 전부터 느꼈다. 그녀는 극단적인 성취욕과 책임감을 가진 첫째였을 뿐 아니라 '**잃어버린 아이**'가 되었다. 그녀는 '**엄마의 희생양**'이었고, 그 갈등을 평생 느꼈다. 그녀는 일찍부터 일을 했고 중독자와 두 번 이혼했으며, 만성적인 우울과 고독 속에 살다가 회복 그룹을 찾게 되었다.

잭은 그웨니비어가 태어나고 나서 13개월 후에 태어났다. 잭은 두 세대 만에 처음 태어난 남자 아이였고, 두 세대에 걸쳐 남성을 증오하는 여자들의 무의식적인 분노를 받아야 하는 대상이 되었다. 그는 '**가족을 돌보는 사람**'이 되었다. 제시는 심한 알코올 중독으로 자녀들을 버렸다. 잭은 제시카와 부적절한 연합을 이루었고 '**대리 배우자**'의 역할을 했다.

잭 역시 지나치게 책임감이 강했으며 성취욕도 지나치게 많았다. 그는 할머니, 이모들, 엄마의 조력자가 됨으로써 돌보는 역할을 하였다. 그는 후에 자신이 알코올 중독자가 됨으로써 제시카의 **정서적 배우자**가 되고 가족을 돌보아야 했던 분노(숨겨져 있던)를 표출하였다. 그는 13세 때부터 몰래 술을 마셨으며, 15세에는 심각하게 중독이 되었고 의식이 끊기는 일도 많았다. 그런데도 잭은 '**영웅**'의 역할을 잘 해내어서 고등학교에서 반장을 하고 차석 졸업생으로 졸업식에서 고별사를 맡았다.

대학 1년을 마치고 잭은 독신 성직자가 되기로 결정했다. 이는 그의 부적절한 연결자의 역할과 영웅의 역할을 둘 다 보장해 주는 것이었다. 그러나 그는 심한 중독 때문에 그 길을 포기해야만 했다. 그는 단주모임(AA: Alcoholics Anonymous)의 도움으로 제정신을 차렸다. 그는 임신한 여자친구와 결혼함으로써 제시와 제시카의 결혼을 재연하였다. 그는 아이를 둘 낳고 7년을 아내와 친밀감 없이 살았다. 잭은 후에 알코올 중독자 가정의 성인아이(AcoA) 모임을 설립했고 현재까지 그 일을 하고 있다.

셋째아이 제이콥 역시 어쩌다 임신이 된 '**잃어버린 아이**'였다. 그는 제시와 제시카의 역기능이 극에 달했을 때 태어났다. 그래서 부부관계의 외로움과 슬픔을 짊어졌다. 제이콥은 '**보호받는 사람**' 이었다. 그웨니비어와 잭은 제이콥이 가족의 비극적 고통을 경험하지 않기를 바라면서 그의 '**작은 부모**'가 되었다. 사실상 제이콥은 완전히 버림받은 느낌 때문에 집을 나가서 행방이 묘연해져 그 버림받음을 재연하고 있다. 그 역시 제시와 제시카의 결혼을 재연하여 17세에 임신한 여자친구와 결혼했다. 그도 자기 부모처럼 성인아이와 결혼했으며 아이를 셋 두었는데, 그의 아버지가 그에게 했던 것처럼 후에 자신의 아이들을 버렸다. 그의 맏딸은 지나치게 책임감이 강하고, 여동생들에게 '작은 부모'가 되었으며, 나중에는 자기 '부모의 부모'가 되었다. 두 여동생은 심각한 약물 중독자가 되었다.

이 이야기는 알코올 중독이 가족의 모든 사람들의 삶에 어떻게 영향을 주는지 보여 주는 전형적인 사례다. 이 가족의 아이들은 제시의 알코올 중독과 제시카의 병리적 의존 모두에 이중적으로 중독되었다. 그들은 모두 자기 자신의 고유함과 개별성을 잃어버리고 밀착관계에 빠졌다. 그래서 가족 모두에게 치료가 필요했다.

한 조사에 의하면, 한 사람이 알코올 중독자이면 네 사람에게 영향을 끼친다고 한다. 알코올 중독 가족을 여러 세대에 걸쳐 살펴보면, 알코올 중독이 가족에게 얼마나 파괴적인 영향을 끼치는지를 알 수 있게 된다.

섭식장애: 오렌지 씨 가족

제이크 오렌지는 완전히 유해한 교육의 산 증인이다. 그는 권위주의적이고 완고하며 감정을 통제한다. 그는 또한 자기 주변 사람들의 감정도 통제하려고 한다. 제이크는 성취욕이 지나치게 강했고 몇백만 불을 벌어 놓았다.

제이크는 조넬과 결혼했다. 조넬의 어머니는 권위주의적이고 엄격했다. 조넬은 완벽한 여자였다. 그녀는 서던 칼리지를 졸업했는데 거기서 미스 서던 벨로 뽑혔다. 체중이 문제만 아니었다면 그녀는 몸매가 아주 뛰어났을 것이다. 비록 아주 뚱뚱하지는 않았지만 날씬해야 한다는 것 때문에 음식 섭취에 어려움이 있었다. 그녀는 살이 찌고 빠지는 것에 지나치게 사로잡혀 있어서 경미한 우울감을 회피할 수 없었는데, 사실 그 우울감은 **자신에게 향하는 분노**였다. 그녀는 한 번도 자신의 엄마에게 저항하지 못했던, 그리고 결혼한 지 두 달 되었을 때부터 그만두고 싶었던 결혼에 그냥 머물고 있는 자기 자신에게 화가 나 있었다.

조넬은 또한 제이크에게 중독되어 있었다. 그녀는 제이크가 얼마나 끔찍한지에 대해서 끊임없이 집착하였다. 그녀는 친구들에게 남편 이야기를 하면서 몇 시간씩 보냈다. 이에 그녀 자신은 자기의 감정과 접촉할 수 있는 시간이 없었다.

제이크와 조넬에게는 딸 둘, 아들 둘이 있었다. 딸들은 14세, 12세였고 아들들은 8세, 2세였다.

14세 된 프리실라는 거식증이었다. 그녀의 체중은 27킬로그램에서 38킬로그램 사이를 왔다갔다 했다. 그녀는 부인이 심했고 가족에게 문제가 있을 때는 최소화했다. 그녀의 거식증이 나타난 때는 엄마가 외도를 하다 아빠에게 발각되었을 때와 일치했다. 거식증은 2년 동안 계속되었다. 작은 딸은 학교에서 문제를 일으키기 시작하고 있었다. 8세 된 이 아이는 고립되어 있었고 운동을 안 했으며 뚱뚱했다. 제이크는 아이들 때문에 매우 우울했다. 그는 부모 노릇을 제대로 할 기회를 한 번 더 갖기 원했기 때문에 조넬에게 지금 두 살 된 아기를 억지로 낳게 했다.

프리실라는 **가족을 돌보는 사람**이다. 그녀는 부모 사이를 화합시키려고 애를 쓴다. 그녀는 엄마의 감춰진 분노를 지니고 있으며 그 **분노를 음식과 동일시**하고 있다. 프리실라는 그 분노를 두려워한다. 그러므로 자기가 음식을 먹으면 그 분노를 느껴야만 될 것이라고 믿고 있다. 굶고 토하면 기분이 좀 나아진다. 그녀는 자신이 경험했던 어린 시절의 엄격함과 심한 권위주의를 자신의 엄격한 자기 절제를 통해서 표출하고 있다. 프리실라는 온 가족과 더불어 아빠를 통제하고 있다. 그녀는 엄마와 아빠가 이혼하지 않도록 확실하게 해 놓았다.

아빠는 여전히 프리실라를 통제하려고 하지만 흔들리고 있고 그녀 때문에 깊은 좌절감에 빠져 있다. 이 가족은 전형적인 섭식장애 가족이다. 엄마의 체중 문제는 **표현되지 못한 분노**다. 그 분노는 자신의 어린 시절에 대한 상처와 슬픔을 감추고 있다. 그녀는 자신의 어머니처럼 통제하는 사람과 결혼함으로써 어린 시절을 재연하고 있다.

셋째는 어쩌다 임신이 된 **잃어버린 아이**다. 그는 부부생활의 외로움과 고독을 짊어졌다. 그는 40킬로그램이나 과체중인데도 마음의 허전함을 채우기 위해 먹는다. 이 가족은 도움을 필요로 하고 있다.

이제 밖에서 보기에는 좋아 보이는데 속에는 매우 은밀한 병리를 가지고 있는 강박 가족의 유형에 대한 이야기를 하려 한다. 알코올 중독과 섭식장애 가족에서는 병리가 좀 더 드러나 있고 분명하다. 즉, 가족이 나쁘게 보이고 문제에 빠져 있는 것이 명백하게 보인다. 자녀들은 체계의 균형을 유지하기 위해서 분명한 역할들을 한다.

그러나 이어지는 두 사례에는 부모들도 좋아 보이고 별로 크게 어려움이 있는 것 같지 않다. 그들의 행동은 사회적인 기준에 의거해서 받아들일 만하다. 가족의 병리는 은밀하게 숨겨져 있으며, 가족 구성원들은 그래서 더 혼란스럽고 미칠 것 같다.

그 중 한 사례에서는 엄마가 종교 중독이다. 거룩하게 보이고 거룩하게 행동하며 존경받는 자리에 있는 사람과는 싸우기가 힘들다. 다른 사례에서는 아빠가 매우 성공적인 사회 인사다. 그는 미국에서 가장 성공한 10인에 들 정도의 사람이다. 그러나 이 두 가족 모두 심각하게 역기능적이다.

아이들은 은밀한 가족체계 속에 갇혀 있다. 체계 안의 아이들의 역할 중 숨겨진 것을 드러내는 역할이 있었기 때문에 그 역할을 하는 아이들은 병리를 행동으로 표출하고 있다.

종교 중독: 퍼플 씨 가족

페빌리아 퍼플은 비프와 결혼하였다. 비프는 외판원인데, 그는 성 중독으로 바람을 많이 피웠다. 그는 전형적인 '남부 청년(good old boy)'이었다. 직장에서는 그럭저럭 잘해 나가고 있었지만, 사실 그는 매우 게으르고 내심 사기꾼 같아서 친하게 지낼 만한 사람이 못되었다.

비프는 군림하고 통제하려 하는 어머니 밑에서 자랐다. 어머니는 아버지와 일찌감치 이혼했는데 남편이 죽을 때까지 그를 헐뜯었다. 비프가 돈을 달라고 하거나 돈이 드는 일을 원할 때마다 그의 어머니는 돈을 줄 수 없었기 때문에 아버지를 비난하곤 했다. 그녀는 아들 앞에서 계속해서 아버지의 품위를 깎아내림으로써 아들을 **성적으로 학대**했다. 그녀는 남편을 '(머리가 아닌) 성기로 생각하는' 모든 남자들 부류에 집어넣었다. 비프는 무책임한 사람이 되었고, 항상 재미만 좇으며 엉망으로 살았다.

페빌리아는 비프의 **정서적인 어머니**였다. 그녀는 집을 먼지 하나 없이 깨끗하게 해 놓고 최고의 요리사가 되어 남편을 훌륭하게 섬겼다. 그녀는 끊임없이 바가지를 긁고 강의하고 성경을 인용하며 잔소리를 해댔고, 때로는 비프의 무책임함 때문에 신경질적이 되었다. 비프는 한 달에 세 번 주말에만 집에 오면서도 틈만 나면 집을 나가려고 했다. 페빌리아는 모든 사람, 모든 것을 자기의 손이 닿는 곳에 두어 통제하려고 했다. 그녀는 매우 종교적이었다. 그녀가 교회를 여러 번 바꿨던 이유는 그 교회가 충분히 성경적이지 않았기 때문이었다. 마침내 그녀는 하나님의 진정한 사자로 보이는 영적인 지도자를 발견했다. 그녀는 자신이 스스로 지명한 성경 권위자와 매일 성경을 공부하였다. 그 지도자는 어떤 교단에도 속해 있지 않았는데, 그가 교단은 마귀가 만든 것이라고 믿기 때문이었다. 그를 따르는 사람들은 그가 병 고치는 기적도 여러 번 행했노라고 주장한다.

페빌리아는 9세와 12세 된 두 딸 메리와 수 엘렌을 매일 성경 공부에 데리고 갔다. 12세 된 수 엘렌은 약물 중독인 16세 된 오빠 랄도에게 성적 학대를 받았다. 랄도는 6년 동안 동성애 치료를 받고 있었고, 지난 3년간 약물남용 프로그램에 참여하고 있었다. 그는 치료가 잘 안 되었고 학교도 그만두었다. 그 밑으로 4세 된 아들 빌리가 있었고, 또 19세 된 맏딸 매기가 있었다.

매기는 완벽한 딸로 대학 1학년에 다니고 있다. 그녀는 엄마처럼 거듭난 그리스도인은 아니지만 보수적이다. 주일학교 때부터 5년 동안 한 남자아이와 데이트를 했는데 키스도 한 번 안 했다. 매기는 전 과목 A학점에다가 고등학교를 수석으로 졸업했다. 그녀는 완벽하고자 노력했다.

막내 빌리는 분노를 폭발하는 경향이 있다. 그럴 때면 똑같이 화를 잘 내는 랄도가 빌리를 야단쳤다. 비프 역시 화를 잘 냈는데 수년 동안 랄도와 그야말로 주먹 싸움을 해 왔다. 비프는 랄도를 아주 싫어했으며 이를 숨기지 않았다.

페빌리아는 심리치료가 세속적인 휴머니즘이라는 것을 알게 되기까지 9년 동안 치료를 받았다. 그녀는 부부관계 때문에 상담을 받기 시작했는데, 3년 동안은 주로 남편 이야기만 했다. 그리고 몇 년 동안은 랄도를 어떻게든 치료해 보려고 애를 썼다. 그를 수용시설에 넣어 치료받게 하라는 권고를 받았지만 그녀는 아이에게 그렇게까지 할 수 없었다. 그녀는 랄도에게 돈도 주고 그를 변호해 주면서 묵인해 주었다. 랄도가 여동생을 성폭행했을 때도 가족들은 모두 쉬쉬 했다. 수 엘렌이 성병에 대한 강박적 행동으로 표출을 시작하기 전까지 그것은 가족의 비밀로 남아 있었다. 엘렌은 술

집이나 스트립쇼 하는 곳을 지나갈 때마다 성 병균이 자신을 더럽힐까봐 병적으로 흥분하였다.

이런 모든 일이 있었어도 페빌리아는 항상 웃고 다녔다. 그녀는 하나님께서 그런 불행을 자기에게 보내신 것에 감사하였고, 그런 어려움을 주신 것을 보니 하나님께서 그녀를 너무나 사랑하시는 것이 분명하다는 말을 거듭해서 들었다. 페빌리아는 항상 무엇이 옳은지 아는 것 같았다. 자녀들이 상처를 받으면 그녀는 성경 말씀을 인용하여 위로하고 도덕적인 권면을 하였다.

이 가족은 강박적 가족이다. 엄마는 기도를 하고 성경을 읽고 그 내용을 가르치거나 예배를 드림으로써 자신이 의롭다는 느낌을 경험할 때 갖게 되는 도취감에 중독되어 있다. 그녀는 이렇게 선하다는 느낌을 사용하여 자신이 얼마나 외롭고 실망스럽고 슬프고 화가 나는지 느끼지 않아도 되도록 주의를 분산시킨다. 그녀는 선하고 의로운 '**성자 엄마**'의 역할을 하고 있다. 아이들은 엄마를 성자라고 부른다. 엄마는 또한 심각하게 상호 의존되어 있는데, 대부분의 시간을 머릿속으로 걱정하며 보내기 때문에 자신의 외로움과 공허감을 느끼지 않아도 된다.

맏딸 매기는 '**완벽한 아이**'가 됨으로써 부모의 부부관계의 열기를 얼마간 식혀 주고 있다. 그녀는 로봇과 같이 항상 옳은 말만 한다. 그녀의 높은 성취는 가족의 자긍심의 원천이다.

약물 중독인 아들 랄도는 '**가족의 희생양**'이다. 그는 부모의 은밀한 분노를 행동으로 표출하고 있다. 또한 부모의 부부관계의 철저한 외로움과 소원함의 갈등을 식히는 일을 맡고 있다. 그는 아버지가 당한 미해결된 성적인 학대와 더불어 그의 비밀스러운 성 중독을 짊어지고 있으며, 그것을 행동으로 표출하여 여동생을 성폭행하였다. 랄도의 동성애는 자기가 실제로 아버지인 비프에게 버림받은 것뿐만 아니라, 아버지 자신이 그의 아버지에게 버림받음으로써 갖게 된 무의식적인 문제와도 관계가 있다. 비프는 남자의 보호와 양육이 필요하다. 또한 비프는 자신의 동성애 문제로 가족의 주의를 분산시키고 있다.

수 엘렌은 **'가족의 희생자'**다. 그녀는 셋째아이로서 매우 혼란스럽다. 그녀의 역할은 부모의 결혼을 돌보는 것이다. 그녀는 희생자가 되어 그 역할을 한다. 페빌리아와 비프가 가장 가까웠던 때는 그들이 함께 수 엘렌의 문제를 다루고 있을 때였다. 넷째아이인 메리는 **'잃어버린 아이'**다. 메리는 어쩌다 생긴 아이였다. 페빌리아는 피임을 하지 않았다. 페빌리아는 피임이 성경적이 아니라고 말한다. 메리는 완벽하려고 하며 아무도 괴롭히지 않으려고 한다. 메리는 혼자 많이 놀고 비프에게 **'착한 아이'**라는 소리를 듣는다. 페빌리아는 메리를 **'하나님의 선물'**이라고 부른다.

어린 빌리는 항상 체계의 분노를 지니고 있으며 그것을 행동으로 표출한다. 그는 운동 감각이 좋아서 아빠가 집에 있을 때는 아빠에게 특별한 관심을 받는다. 페빌리아는 가끔 정말 하나님이 자기를 특별히 사랑하시는지 의아해한다. 사실상 삶이 자신에게 주는 은혜와는 너무나 균형이 안 맞기 때문에 완전히 혼란스러워하고 있다. 그러나 이러한 의심에 대해서는 절대로 이야기하지 않는다.

그러나 이 가족은 밖에서 보기에는 좋아 보인다. 페빌리아는 주일에 온 가족이 함께 교회에 갈 수 있도록 모든 주의를 기울인다. 이 가족은 도움을 필요로 하고 있다.

일 중독: 화이트 씨 가족

미키와 마틸다 화이트는 그 도시의 가장 호화로운 지역에 산다. 그들은 백만장자이다. 둘 다 이전에 결혼한 적이 있다. 둘 사이에 낳은 아이가 둘이 있고, 각자 이전의 결혼에서 얻은 아이가 하나씩 있다.

미키는 큰 제조회사의 사장이다. 그 회사는 미키의 할아버지가 세웠는데, 할아버지는 89세 된 그 날도 '하루 종일 열심히 일하고 나서' 돌아가셨다. "그는 평생 동안 하루도 빠짐없이 일했다."라는 말은 이 가족 사이에서 자주 인용되는 말이었다.

미키는 그 말이 지겨웠지만 화이트 엔터프라이즈사에 대해서 대중 앞에서 이야기할 때는 자신도 그것을 인용하는 것을 좋아했다. 미키의 아버지는 아직 살아 있으며 그 역시 매일 출근한다. 할아버지와 아버지는 모두 바람둥이였고, 그러한 본을 미키에게 보여 주었다. 미키에게는 다섯 형제가 있다. 그 중 셋은 회사에서 함께 일한다. 막내동생은 알코올 중독으로 완전히 폐인이 되었고, 둘째는 종교광이다. 미키는 자신의 아버지와 할아버지 때문만이 아니라 여러 가지 압박 때문에 이 일을 시작했다. 처음에는 정말 정상적으로 9시부터 5시까지 일하고 때때로 토요일에 쉬었다. 그러다가 해가 갈수록 점점 더 오래 일하게 되었다. 9시부터 5시까지가 5시부터 9시까지로 바뀌었다. 그리고 토요일은 고객들과 함께 즐기는 날이 되었다. 미키는 가족을 사랑한다고 말은 하지만, 일요일은 사실 그를 겁나게 하는 날이다.

미키가 이전의 결혼에서 낳은 딸은 경계선 성격장애자로 진단이 내려졌다. 그녀는 가장 비싼 정신병원의 치료를 받았다. 최근에 그녀는 정신을 활성화하는 약물치료를 받고 있다.

미키의 전 아내는 미키가 딴 여자들과 자고 다닌다고 끊임없이 비난하며 '미쳐 날뛰는' 여자였다. 그녀는 아이를 과잉 보호했으며, 미키에 대항하여 **자기 편을 들도록 아이를 이용**하였다. 아이는 엄마와 아빠 사이의 가장 격렬한 감정 싸움을 목격하였다. 미키는 이혼한 기간 동안, 그리고 딸과 함께 상담을 받는 동안 일에 더욱 몰두했다.

마틸다는 전혀 달랐다. 그녀는 완벽한 숙녀로 키워졌다. 그녀는 동부의 명문 학교를 우등으로 졸업했다. 그녀는 여러 병원에서 자원봉사를 했으며, 청년연맹의 회장을 지내기도 했다. 그녀는 자신의 10대 아들들과 딸에게 계속해서 남편에 대해서 변호해 주었다. 13세, 12세, 10세 된 아이들은 아빠를 사랑하고 아빠와 함께 있기를 좋아한다. 그런데 문제는 아빠가 늘 있어야 할 자리에 없었다는 것이다. 아빠는 함께 낚시를 가자거나 골프를 치자고 해 놓고 약속을 지키지 않았다. 아이들은 아빠가 자신들을 위해서 열심히 일하고 있다는 얘기를 듣기 때문에 화를 낼 수도 없었다. 엄마는 아빠가 열심히 일했기 때문에 가질 수 있었던 모든 장난감들과 값비싼 물건들을 계속해서 손가락으로 가리켰다. 아이들은 엄마가 그렇게 말할 때마다 죄책감을 느꼈다.

큰아들은 운동선수고 **스타**다. 아빠는 몇 번 시간을 내어 그의 경기를 구경하러 왔다. 작은아들은 어색해하고 경쟁적이지 않으며 운동을 좋아하지 않는다. 두 아이 모두 공부를 못한다.

미키는 아이들은 강하게 훈련시켜야 한다고 믿고 있다. 그는 종종 10대 아이들의 약물 중독 문제는 열심히 일하게 하고 신체 훈련을 호되게 시키면 해결될 것이라고 말한다.

미키는 자기 확신이 있는 것처럼 보이고 때로는 거만해 보이기까지 한다. 그러나 속으로는 수치심이 많다. 미키는 운동도 잘 못하고 공부도 잘하지 못했다. 미키가 한 번은 자기를 가리켜 아버지 돈이 없이는 아무것도 할 능력이 없다고 비웃었던 한 친구를 때린 적이 있었다. 미키는 자기 혼자만의 힘으로는 뭘 제대로 할 수 없을 거라는 생각에 항상 두려워해 왔다. 미키의 아버지는 미키를 신체적으로 학대했다. 미키는 어렸을 때 말로 모욕을 당하기도 했다.

미키와 마틸다는 결혼 후 15년 동안 대부분 성적으로 문제가 있었다. 둘 다 상대방을 향한 욕구가 없었다. 그러나 이 일에 관해서는 아무 얘기도 하지 않았다. 마틸다는 모든 면에서 완벽한 아내다. 그녀는 훌륭한 안주인이고 풍성한 환대로 손님들을 사로잡는다.

그녀의 딸 수제트는 13세로 자신의 치료자에게 자신이 9년간 강박적으로 자위를 했다는 것을 시인했다. 수제트는 또한 강박적으로 씻는 증상이 있었는데, 학교 가기 전과 갔다 와서는 꼭 씻는 일을 의식처럼 했다.

미키는 교회에서 평신도 중에 가장 유명했다. 그와 가족들은 수년 동안 매주 일요일마다 교회에 갔다. 그들은 겉으로는 완벽한 가족처럼 보였다. 최근에는 큰아들이 교회에 가지 않겠다고 해서 이제 일요일은 전쟁터가 되어 가고 있다.

미키는 집에 있을 때도 항상 바쁘다. 늘 뭔가 일을 한다. 근본적으로 그는 자기가 하는 일이 바로 자기라고 믿고 있다. 그의 아내는 상호의존증이 심하다. 그녀는 절대로 자기 자신을 지칭하지 않는다. 그녀는 걱정하고, 아이들을 여기저기 차로 데려다 주고, 가정부를 가르치고, 자원봉사를 하고, 파티를 계획하는 일로 항상 바쁘다. 그녀는 아이들이 두 가지 긍정적인 감정인 기쁨과 사업가가 되려는 결단 외에 다른 감정을 느끼는 것을 금지하고 있다.

큰아들이 운동을 잘하는 것 외에는 아이들 모두 학업의 성취 정도가 수준 이하다. 큰 아들은 **'가족의 스타'**다. 그도 아빠처럼 활동을 하고 있을 때만 자신이 괜찮다고 느낀다.

작은아들은 **'아빠의 희생양'**인 동시에 **'잃어버린 아이'**다. 미키는 다시는 그에게 화를 내지 않겠다고 맹세하지만 자꾸만 화를 내게 된다. 미키의 딸은 이 혼합된 가족체계 전체의 **'희생양'**이다. 아이들은 모두 미키를 우상화하고 있다. 그러나 각자는 아빠가 시간을 내어 줄 만한 가치가 없는 자기 자신에 대해서 수치감을 느끼고 있다.

미키는 심각한 일 중독자다. 마틸다는 그를 계속해서 변호하여 그가 계속 일 중독자로 남을 수 있도록 만든다. 온 가족이 강박적이며 치료가 필요하다.

말하지 않기와 감정을 표현하지 않기 규칙이 이 가족들을 지배하고 있다. 문제들은 부인되고 최소화되기 때문에 해결될 수가 없다. 아이들은 감정을 억누르도록 강요받기 때문에 자신의 생생한 자존감과의 접촉을 잃어버린다. 그들은 자신의 실체와의 접촉을 잃어버리고 있다. 자신의 감정을 부인하게 되면 무감각과 억제의 상태가 된다. 기능성은 활기와 자율성을 필요로 한다. 이 가족들은 정서적으로 죽었다. 그들은 더 이상 자신들의 수치심을 느끼지 않는다. 그들은 수치심을 **내면화**한 것이다.

부모에게 버림을 받게 되면 우리는 부모의 사랑을 찾는 일을 계속한다. 프로이트는 이것을 '반복 강박(Repetition Compulsion)'이라고 불렀다. 반복 강박은 다른 어떤 것보다 중독의 '희망 없음'을 분명히 보여 준다. 반복 강박은 근원적인 고통 때문에 지속적으로 하게 되는 행동으로서, 연결을 발견하고 소외와 외로움을 극복하려는 헛된 시도다. 새로운 사이클을 시작할 때마다 그것이 부모에게 원했던 친밀감과 사랑의 연결(이는 자기 수용의 근원이 된다)과 성장을 약속해 주는 것 같지만, 결국은 매번 상실의 고통과 슬픔으로 인해서 더욱더 깊은 외로움과 우울로 끝나고 만다. 수치심이 한 겹 한 겹 새롭게 덮일 때마다 거대하고 망상적인 거짓 자기는 더욱 강화된다. 매번 반복 강박의 사이클이 재연될 때마다 희망이 없다는 느낌과 아무 소용이 없다는 느낌이 절망을 낳게 된다.

이 장에서 다룬 내용의 요점을 'COMPULSIVE(강박적)' 라는 단어를 사용하여 요약해 보겠다.

Children of Alcoholics Are Guideposts for Understanding the Compulsive Family(알코올 중독자의 자녀들은 강박적인 가족을 이해하는 지침이다)
   알코올 중독 가족의 성인아이들이 공통적으로 가지고 있는 특성은 가족체계적 접근에 대한 가장 중요한 근거를 제공해 주었다. 또한 ACoA(알코올 중독 가족의 성인아이)는 역기능 가족에서 강박이 어떻게 생기는지 이해할 수 있도록 도와준다.

Out of Control and Controlling(통제 불능과 통제)
   강박적인 가족의 신기한 역설 중의 하나는 가족 구성원들이 자신의 강박성을 통제하지 못하는 동안 가족체계는 통제에 의해서 지배된다는 것이다. 통제에 의한 지배는 한 구성원(예컨대, 아빠의 음주)이나 엄격한 통제의 규칙에서 비롯될 수 있다.

Major Responses to Alcoholism(알코올 중독에 대한 주요 반응들)
   이 장의 점검 목록은 알코올 중독 가족에서 자란 성인들이 보이는 가장 일반적인 특성을 보여 준다. 이런 특성들은 알코올 중독자와 동반 알코올 중독자의 행동이 자아의 경계를 침범한 것에 대한 자연스러운 반응이다.

Pathological Relationships(병리적인 관계)
   강박적/중독적 행동은 잠시 기분 전환을 시켜 주지만 삶을 파괴하는 결과를 가져오는 경험과의 병리적인 관계다. 이러한 병리적인 관계는 생후 초기 관계에서 버림받은 경험에 그 뿌리가 있다. 강박성은 가족 안의 버림받음에 의해서 생긴다.

Unmet Dependency Needs(채워지지 않은 의존의 욕구)
   버림받음은 우리의 기본적인 의존의 욕구를 채우기 위해 의지할 사람이 주위에 아무도 없는 환경을 만든다. 그러므로 우리는 우리 안에 만족을 모르는 어린아이가 살고 있는 가운데 자란다. 어린아이로서 우리는 생후 15년 동안 부모를 필요로 한다. 그러나 이제 우리가 다시 돌아가 실제로 어린아이가 될 수는 없기 때문에 우리의 필요는 채워질 수가 없다.

Loss of Vitality and Spontaneity(활력과 자발성을 잃어버림)

우리는 자기 자신의 감정, 필요, 원하는 것을 포기할 수밖에 없게 될 때 거짓 자기를 발달시키게 된다. 거짓 자기는 가면이고 가짜다. 우리가 자신이 아닌 다른 사람으로 살면 활력과 자발성을 잃어버린다. 그렇게 되면 우리가 살아 있다고 느낄 수 있는 유일한 방법은 강박적/중독적 행동을 하는 것뿐이다.

Shame-based and Shameless Caretakers(수치심에 기초한, 수치를 모르는 양육자)

강박적인 가족은 수치심에 기초한 사람들에 의해서 만들어진다. 수치심은 강박적/중독적 행동의 연료다. 수치심에 기초한 사람들은 수치를 모르는, 즉 파렴치한 행동을 함으로써 수치심에 대해 방어한다. 그들은 통제, 윗사람으로서의 힘, 완벽주의, 비판, 경멸, 분노와 같이 수치심을 은폐하는 행동을 사용한다.

Idealization of Caretakers and the Fantasy Bond(돌보는 사람의 이상화와 연결의 환상)

수치를 모르는 양육자는 자신의 수치심을 자신이 돌보는 아이들에게 전이시킨다. 양육자가 가지고 있는 우월자로서의 힘과 통제와 더불어 아이의 자아중심적인 사고 때문에, 아이는 자신을 돌보는 사람의 수치심을 떠맡는다. 아이들은 자연스럽게 부모를 이상화하게 되고(연결의 환상을 만듦), 수치심에 기초한 양육자의 수치를 모르는 은폐를 위한 연약한 제물이 된다.

Violation of Self(침범당한 자기)

아이가 일단 양육자의 수치를 떠맡게 되면, 자기 자신 안에 흠이 있고 불완전한 것처럼 느끼게 된다. 흠 있고 불완전한 사람은 방어를 위한 거짓 자기를 발달시킬 수밖에 없다.

Expanded Notion of Compulsive/Addictive Behavior with Examples(강박적/중독적 행동의 확장된 개념 사례 제시)

이 장에서 나는 강박적/중독적 행동의 일반적인 개념을 확장시켰다. 중독은 보통 약물에 국한되어 있지만, 나는 강박적/중독적 장애의 포괄적인 정의에 따라 감정, 사고, 성 중독뿐 아니라 활동(일, 도박, 유흥, 소비)에 대해서도 중독을 포함시켰다. 그리고 강박적 가족의 네 가지 사례(약물 중독, 섭식장애, 종교 중독, 일 중독)를 살펴보았다.

학대받은 사람들

- 성적 학대 또는 신체적 학대 가족 안에서
당신의 자존감이 어떻게 손상되었는지
점검해 보기 위한 체크리스트

학대받은 아이들은 고통 속에서 혼자 있다.
가족뿐 아니라 자신 안에서도 혼자다.
그들은 누구와도 고통을 나눌 수가 없다.
그들은 자신의 영혼 안에서조차
마음껏 울 수 있는 장소를 만들 수 없다.

－앨리스 밀러(Alice Miller)

그는 내 오빠였어요. 오빠는 내 앞에서 옷을 벗고 나더러 만지라고 하곤 했어요. 나는 항상 오빠 때문에 마음 졸였어요. 나는 될 수 있는 대로 밖에 나가 있고 집에 안 들어오려고 했지요. 마치 사냥을 당하는 것 같았어요. 나 자신이 마치 동물처럼 느껴졌어요. 나는 결국 포기하고 말았지요. 오빠가 무얼 하든 하고 싶은 대로 하게 내버려 뒀어요. 나 자신이 더럽혀지고 오염된 느낌이었지요. 일생 동안 매일 매일 자살하려는 생각을 했어요. 난 다른 사람들과 함께 있을 수가 없었어요. 사람들이 왜 재미있어 하는지, 왜 웃는지, 왜 학교에 가고 싶어 하는지 알 수가 없더군요. 난 그냥 사라져 버리려고 들판을 헤매 다니곤 했지요. 그냥 '없어져 버리고' 싶었어요.

　　이것은 46세 여성인 캐시가 한 말이다. 그녀는 이 이야기를 난생 처음 털어놓았다. 10년 전에 13세 된 그녀의 아들이 죽었을 때 그녀가 내게 와서 상담을 받은 적이 있었다. 아들은 자동차 충돌 사고로 죽었다. 그리고 그녀의 두 번째 남편이 언어 폭력으로 겁을 주었을 때 다시 와서 상담을 받았다. 캐시는 평생 우울했다. 첫 번째 결혼에서는 신체적인 학대를 당했고, 두 번째 결혼에서는 심리적인 학대의 희생자였다. 그녀는 상처를 지니고 있었고 근친상간 희생자의 전형적인 모습을 보여 주었다.

　　웹스터 사전은 근친상간을 '법이나 관습에 의해서 결혼이 금지된 관계 범위 내에 있는 가까운 사람들 사이의 성행위 또는 성교'라고 정의하고 있다.

　　나는 수잔 포워드(Susan Forward)의 말에 동의하는데, 그녀는 근친상간의 정의를 확장시켜서 다음과 같은 사람들을 포함해야 한다고 하였다.

> 의붓부모, 의붓형제, 이복 형제자매를 포함하여 자신이 가까운 관계
> 에 있다고 인식하고 있는 사람들, 그리고 동거하는 연인이라도 그가 부
> 모의 역할을 하고 있다고 추정되는 경우.[1]

나는 근친상간 안에 공공연한 또는 은밀한 정서적 형태의 성학
대가 포함된다고 생각한다. 나는 성추행(molestation)과 근친상간
(incest)을 구별한다. 성추행은 낯선 사람에 의한 성적인 학대 행위
다. 성추행의 결과 또한 마찬가지로 해롭다.

근친상간은 보통 그 어떤 다른 형태의 학대보다 더 큰 수치심을
심어 준다. 근친상간에는 보호자라고 생각했던 사람의 배신이라는
점이 추가된다. 아이들이 근친상간을 당한 경우 자기 잘못이라고
믿는 경우가 많다. 아이들은 대체로 부모가 나쁜 사람이라고 생각
하지 않는다. 아빠가 나쁠 리는 없는데, 만약 아이가 싫고 나쁜 느
낌을 갖게 된다면 그 나쁜 사람은 아이여야만 하는 것이다.

아이들은 또한 부모의 최악의 상태를 **내면화**한다. 이 말은 부모
가 아이의 생존에 가장 위협적인 행동을 했을 때를 아이가 가장 생
생하게 기록해 놓는다는 뜻이다. 화가 나고 술에 취해서 절제할 수
없이 난폭한 아빠는 말로 꾸짖는 엄마보다 아이의 생존에 훨씬 더
위협적이다. 아이는 살아남기 위해 위협에 적응하며 그것을 내면

---

1 Susan Forward, *Betrayal of Innocence: Incest and Its Devastation* (New York: Penguin Books, 1979), 3-4.

화한다. 아이가 생존하기 위해서는 부모가 필요하기 때문이다.

근친상간은 버림받은 아이의 비극을 가장 강력한 방법으로 더욱 극적으로 만든다. 근친상간은 폭력의 한 형태다. 즉, 아이의 성을 침범하는 것이다. 이는 사람의 존재 자체를 침범하는 것에 해당한다. 왜냐하면 성은 우리가 소유하고 있는 것 정도가 아니라 우리의 존재 자체이기 때문이다.

근친상간의 드라마는 순진한 아이의 천진난만한 신뢰라는 무대에서 상연된다. 아이가 자연스럽게 가지고 있는 존경심과 다른 사람을 기쁘게 해 주고자 하는 마음에 의해서 진행된다. 그리고 다시는 회복되지 못할 만큼 찢어지고 상처받은 아이의 영혼을 대가로 얻은 부모의 이상화라는 대목에서 그 대단원에 이른다. 모든 인간 사회에서 근친상간의 금기가 발견되는 것은 전혀 놀랄 일이 아니다.

해리

근친상간은 버림받음의 극적인 형태로서 극적인 결과를 가져온다. 주요 결과 중 하나는 희생시키는 행동과 희생당한 것에 대한 반응 사이의 단절이다. 침해가 너무 깊기 때문에 방어 역시 매우 깊다. 나는 이것을 '**즉각적인 마비**(instant numbing)'라고 부른다. 이에 해당하는 전문적인 용어는 '**해리**(解離, dissociation)'다. 폭력이 너무 견디기 어렵기 때문에 희생자가 자신의 몸을 떠나는 것이

해리다. 근친상간이 계속되면 희생자는 종종 무슨 일이 일어났는지 기억을 못하게 되는 경우가 있다. 그렇기 때문에 근친상간은 다루기가 매우 어렵다. 근친상간에서 살아남은 사람은 무슨 일이 일어났는지 의식적으로는 기억하지 못할 수도 있다. 이것이 또한 가해자를 기소하기 어려운 이유다. 겁에 질린 아이가 증인석에서 어른인 변호사에 의해 추궁을 받는 것은 엄청나게 불리한 일이다.

다행히 희생자의 몸은 무슨 일이 일어났는지 그 **느낌**을 가지고 있다. 때때로 이러한 '몸의 기억'이 치료 작업을 도와줄 수 있다. 일어난 일에 대한 사후 보고 과정에서 보면 기억과 느낌이 잘 연결되지 않는 경우가 있다. 기억이 느낌에서 분리되었기 때문에, 그리고 느낌이 너무 강렬하기 때문에 희생자는 삶을 실제가 아닌 허구처럼 경험한다. 희생자는 자신이 미쳤다고 느낀다. 자신이 뭔가 잘못되었다고 느낀다. 종종 자신이 당한 일에서 단절되어 버리고 만다.

사람이 폭행을 당하게 되면, 그 반응으로 맨 처음 느끼게 되는 것은 심한 두려움과 공포다. 희생자는 위협과 두려움에서 도망치고 싶어진다. 그러나 아무 힘이 없고 어떻게 할 수가 없다. 상황이 견디기 어려울수록 해리의 필요성이 더 커진다. 몸은 그 공포를 기억하고 도장처럼 찍어 놓는다. 피해자가 자신이 당한 일을 기억에서 해리시키게 되면 가해자를(특히, 가해자가 부모나 친척인 경우) 비인간화하게 된다. 후에 그들은 반복해서 악몽을 꾸거나 수면장애를 겪게 될 수 있다. 지워졌던 기억이 한순간에 돌아오는 경험을 하기도 한다. 아니면 실제로 정신 이상이 아닌데도 자신이 미쳤다고 느낄 수도 있다.

외상의 강도가 점점 더 커지게 되면 인격이 분열되어 이중 또는 다중 인격이 되기도 한다. 피해자는 기억과 단절되었기 때문에 이러한 증상도 자기 때문이라고 느낀다. 방어기제에 의해서 외상의 사건과 자신의 감정을 분리시켰기 때문이다. 사실상 이러한 방어기제는 폭력에 대한 **자연스러운 반응**이다.[2]

치유를 위해서는 성학대의 희생자가 자신의 기억으로 돌아갈 수 있도록 하기 위해서 일어난 일에 대한 사후 보고 작업을 해야만 한다. 중요한 것은 희생자가 학대를 당했을 때의 구체적이고 상세한 오감의 경험과 가능한 한 많이 접촉하도록 하는 것이다. 이렇게 하면 희생자가 실제 자신에게 일어났던 일과 다시 연결이 될 수 있다. 이러한 방법으로 그들은 자신의 감정의 반응과 성학대 사건 자체를 연결지을 수 있게 된다. 그리고 이제 자신이 그렇게 느끼고 행동했던 것은 **자신에게 일어난 일 때문이지 자기 자신 때문이 아니었다는 것**을 인식할 수 있게 된다.

유해한 교육은 일반적으로 근친상간과 성학대의 비극에 일조하고 있다. 유해한 교육은 자녀를 일종의 소유물로 여기게 함으로써 은밀하게 모든 종류의 학대를 허가해 주고 있는 것이라고 나는 믿는다. 불평등을 정당화하는 것은 소유의 개념이다. 어린아이가 어떤 경우라도 부모에게 순종하고 부모를 존경해야만 한다고 하면,

---

2 이 부분에 나오는 정보들 중에는 성학대에 관한 전문가인 레니 프레데릭슨 (Renee Frederickson)의 강의에서 가져온 것이 많다. 그녀의 책 『억압된 기억 (Repressed Memories)』(New York: Simon & Schuster, 1992)을 참고하기 바란다.

부모는 자녀들의 몸을 자기 마음대로 할 수 있는 권리를 암묵적으로 갖게 되는 것이다.

나는 정확히 바로 이러한 것들을 근거로 학대를 당한 두 내담자를 알고 있다. 한 여성은 14세에 아버지에 의해 욕실에 끌려갔다. 아버지는 그녀에게 그녀가 아직 처녀인지 확인해 볼 수 있도록 다리를 벌리라고 했다. 그녀는 아버지가 매우 신앙심이 깊었다고 주장했고, 그 일은 아버지로서의 의무를 다하려고 했을 뿐이었다고 말했다. 다른 한 사람은 11세에 사지를 벌린 채 침대에 묶였다. 어머니는 아버지가 지켜보는 가운데 딸의 질의 발진을 살펴보았다. 아버지였기 때문에 그는 거기 있을 권리가 있었다.

나는 가부장적인 많은 부모들이 성학대를 끔찍한 일로 생각하고 있고, 그와 같은 일을 허용하지 않으려 한다는 것을 굳게 믿는다. 그러나 부모가 자녀를 소유하고 있다는 신념은 더욱 위험한 환경을 만들고 있다.

1984년 12월 라이프 잡지에 실린 셰릴 맥콜(Cheryl McCall)의 기사는 다음과 같은 말로 시작한다. "현재 미국에는 성학대를 당한 여성이 약 3,400만이나 된다."

우리는 보통 성학대를 공포 영화나 소설에 나오는 학대로 생각하고 있기 때문에 이 숫자에 대해 충격을 받게 된다. 공포 영화나 소설에서의 성학대는 항상 성교를 의미하기 때문이다. 대부분의 사람들은 성교가 없었다면 성학대가 아니라고 생각한다. 그러나 이것이 옳지 않다는 여론이 점점 확산되고 있다. 많은 사람들이 가해자와 실제로 성교를 하지 않았어도 성학대의 상처를 가지고

성폭력을 당한 사람들의 일반적인 심리적, 행동적 반응의 특성들

	예	아니요
• 나이에 어울리지 않는 행동, 나이에 맞지 않는 지식		
• 부인, 망상, 해리, 대치된 감정, 비인간화, 심리적 마비		
• 비현실감		
• 외로움, 소외감, 틀어박히기		
• 공포, 과도한 두려움, 공포증, 불안, 과도한 경계심		
• 강박 장애, 중독		
• 적의, 성적인 분노, 수동적/공격적 행동		
• 내면화된 수치심		
• 희생자로서 살아감		
• 비행, 범죄 행동, 매춘		
• 학대의 재연		
• 고용과 직장 문제		
• 말하지 않기 규칙－비밀을 지킴		
• 가해자 위치		
• 감정의 신체화(정신신체적 장애)		
• 분열된 인격(다중 인격)		
• 섭식장애		
• 정체성 혼란		
• 만성적인 우울		
• 공격적이고 유혹적인 행동		
• 성 정체감과 기능성 상실		
• 침범당한 성 경계선		
• 친밀감 문제		
• 자신과 타인의 성적 대상화		
• 사랑과 성의 혼동		
• 섹스 파트너에게 지나치게 의존하고 매달림		
• 악몽과 수면장애		
• 세대 간 연합과 역할 혼란		
• 유년기 아이의 증상들		

있다.

남성의 성학대에 대해서는 거의 보고된 것이 없다. 남성 12명 중 1명꼴로 사춘기가 끝나갈 즈음에 성학대를 받는다는 것이 가끔 인용되고 있다. 나의 견해로는 성학대를 보다 넓은 의미에서 살펴본다면 그 숫자는 훨씬 더 커질 것이다.

다음은 성폭력을 당한 사람들의 일반적인 심리적, 행동적 반응의 특성을 모아 놓은 점검 목록이다. **이 중 한 가지만으로는 성폭력을 의심할 수 없으며, 성폭력을 당했다고 보려면 여러 가지가 함께 나타나야 한다.** 그러므로 이 목록을 통해 자기를 분석하려면 매우 신중해야 한다. 근친상간은 외상의 경험으로서 다른 외상성 폭력의 결과와 같은 증상을 가져온다. 누군가가 근친상간을 당했다고 성급하게 결론을 내리는 것은 아주 위험하다.

나이에 어울리지 않는 행동, 나이에 맞지 않는 지식 어린아이의 경우 성교하는 동작을 한다든가, 성기처럼 생긴 물건을 사람이나 물건에 집어넣으려고 한다든가, 어른의 성기를 자주 만지거나 만지려고 한다든가, 동물이나 장난감을 가지고 성행위 흉내를 내는 행동을 보일 수 있다. 여자 아이의 경우 자신의 질 속에 물건을 집어넣는 행동을 보일 수 있다. 좀 더 큰 아이들이 보이는 행동으로는 일찍부터 무분별하게 성관계를 갖는 것, 일찍부터 자위 행위를 하는 것, 일찍부터 성을 팔거나 사는 것, 고등학생으로서 품행이 좋지 않은 바람둥이가 되는 것 등이 있다. 어른이 되어서는 결혼 생활 안팎에서의 성적 역기능으로 나타날 수 있다. 결혼생활에서 나타나는 '성 욕구 장애'도 때로는 근친상간의 정서적 증상일 수 있다.

부인, 망상, 해리, 대치된 감정, 비인간화, 심리적 마비 이는 모두 자아 방어기제다. 해리는 몸 밖으로 나가는 종류의 방어기제다. 희생자는 마음으로 그리고 상상을 통해 어딘가 다른 곳으로 간다. 이것이 기억상실의 주요 원인이다. 감정은 종종 다른 감정으로 대치된다. 혹은 경험의 대치도 일어나는데, 어린아이의 경우 복도에서 괴물을 보기 시작하거나 환영을 보게 될 수도 있다. 어린아이는 부모나 친척이 연루되었을 경우 종종 근친상간의 가해자를 비인간화한다. 부인과 망상은 아이가 자신을 나쁘다고 믿고, 가족이나 부모를 이상화하는 것의 결과다. 이상화가 일어나지 않더라도 아이는 여전히 자기가 나쁘다고 느낀다.

비현실감 희생자는 현재의 경험이 현실이 아니라고 느낀다. 말하자면 정상적인 현실을 이해하지 못하며, 사람들이 흥미를 느끼는 일에 왜 흥미를 느끼는지 이해하기 어렵다. 희생자는 삶의 흥미를 잃어버린다.

외로움, 소외감, 틀어박히기 신체적으로 움츠린다. 자신이 안 보이게 되기를 원한다. 그래서 유혹적으로 행동하지 않는다면 눈에 띄지 않는 것이 보통이다. 사물에서 도망가는 경향이 있다. 집과 학교, 갈등과 문제에서 도망가려 할 수도 있다. 삶 자체에서 도망가고 싶어 하고 자주 자살을 생각한다.

공포, 과도한 두려움, 공포증, 불안, 과도한 경계심　폭행을 당했을 때 나타나는 주요 결과는 심한 두려움이다. 일단 성폭행을 당하고 아무것도 할 수 없다는 무력감을 경험하게 되면, 외상적이고 만성적으로 스트레스를 받게 된다. 이러한 이름 모를 공포는 한 가지 또는 여러 가지 공포증으로 나타날 수 있다.

강박장애, 중독　주요 중독으로는 상호의존, 약물(알코올) 중독, 섭식장애, 성 중독이 있다.

적의, 성적인 분노, 수동적/공격적 행동　희생자가 후에 가해자가 되는지, 다시 희생자가 되는지에 따라 분노의 패턴이 다르다. 가해자가 되면 공격적이고 분노가 가득하며, 희생자가 되면 수동적/공격적이다. 희생자가 되는 사람은 보통 관계가 깨어질 때 분노를 경험한다.

내면화된 수치심　희생자는 수치심을 내면화하며, 자신이 더럽혀지고 흠이 있고 인간으로서 불완전하다고 느낀다. 그리고 약물 중독, 흡연, 과식 등의 자기 파괴적인 행동을 한다. 이 모든 행동들은 만성적인 자살 행동이다.

희생자로서 살아감　희생자는 믿을 만하지 못한 사람을 믿어서 결국 다시 희생자가 된다. 다른 희생자에게 매력을 느끼고 사랑과 동정을 혼동한다. 희생자가 됨으로써 자기 정체성을 만든다.

비행, 범죄 행동, 매춘　어린 시절에는 불을 지른다든가, 기물을 부수거나, 구타를 하고, 도둑질을 하는 등의 공격적이고 파괴적인 행동을 한다. 후에는 비행이나 법을 어기는 행동을 하게 된다. 연구에 의하면, 윤락 여성들 중 85%가 어렸을 때 성학대를 당했다. 또한 여성 약물중독자들 중 성학대를 당한 사람의 비율이 매우 높다고 한다.

학대의 재연 희생자는 자신이 당한 대로 다른 사람을 학대하거나 어른이 된 후 사람들과의 관계에서 같은 학대를 또다시 당하기도 한다. 사람들과 관계를 맺거나 결혼생활 또는 연애를 할 때 반복해서 양 극단 중 가해자나 희생자가 되어 끝나는 것은 성학대를 당했기 때문일 수 있다.

고용과 직장 문제 성학대의 희생자는 직장을 자주 옮기며, 일을 할 때 이랬다저랬다 하는 습관이 있다. 그들은 자신의 효율성과 능력을 잃어버린 것처럼 보인다. 이런 모습은 학교에 들어가면서 시작되기 때문에 보통 그들의 학업 성취는 수준 이하다.

말하지 않기 규칙-비밀을 지킴 비밀지키기는 성학대 사건과 그것에 대한 희생자의 반응 사이에 단절이 있는 경우 나타나는 중요한 현상이다. 많은 사람들이 무슨 일이 일어났는지 아무에게도 절대 이야기하지 않는다. 혹시 이야기한다 해도 가족을 유지하기 위해서 비밀을 지켜야 한다는 말이나 그 일은 단지 상상이었을 것이라는 말을 듣게 된다. 말하지 않기 규칙 때문에 희생자는 자신이 당한 일에 대한 감정을 표현하지 못하게 되고, 그럼으로써 그 학대의 경험을 잘 다루고 넘어가지 못하게 된다. (나는 이 문제를 나의 책 『가족 비밀』에서 좀 더 자세히 다루었다.)

가해자 위치 희생자는 어쩔 수 없다는 무력감을 떨쳐 버리기 위해서 스스로를 종종 가해자와 동일시한다. 희생자는 가해자와 연합하며 문자 그대로 거의 가해자가 된다. 그리고 자신이 가해자의 행동을 다른 사람에게 재연한다.

감정의 신체화(정신신체적 장애) 감정은 표현될 수 없기 때문에 종종 신체화된다. 희생자는 몸이 아프게 되어 이제 마음 놓고 실제의 나쁜 감정을 느낄 수 있게 된다. 처음 학대를 받은 것과 관련된 몸의 같은 부분이 계속 아플 수 있다(질 안의 발진이나 통증, 목의 통증, 항문 또는 장의 기능장애, 상부 호흡기 천식, 만성적인 가슴 통증, 허리 통증).

분열된 인격(다중인격) 희생자가 정상적인 사회 역할을 하고 있다면, 집에 있을 때나 혼자 있을 때는 매우 다르게 행동할 수 있다. 혼자 있거나 집에 있을 때의 자기는 어렸을 때 일어났던 일을 재연한다. 그러나 이제 안전하게 그렇게 할 수 있는 이유는 그 대상이 두려운 부모나 친척이 아니라 희생자의 아내나 연인이나 자녀이기 때문이다. 만일 공포 영화에 나오는 종류의 일을 당했다면 희생자는 다중인격을 발달시킬 수 있다.

섭식장애 나는 이것을 강박성에 대해 논의할 때 이미 다루었다. 유전적이 아닌 비만은 성학대의 희생자가 자신을 보호하는 일반적인 방법이다. 뚱뚱해지면 성적 관심을 받지 않는다고 여겨지기 때문에 그런 식으로 자신을 보호하려 한다. 뚱뚱해지는 것은 고립되는 것이다. 뚱뚱한 사람은 자기 주위에 울타리를 치는 것과 같다. 희생자는 종종 학대를 받은 부위에 무게를 더하기도 한다. 축 처진 뱃살은 성기를 가려 줄 수 있다.

정체성 혼란 희생자는 자신이 다른 사람과 다르다고 느낀다. 자신을 마치 흠이 있는 상품처럼 느낀다. 또한 실제로는 정신병이 아닌데도 자신이 미쳤다고 생각한다.

만성적인 우울 희생자는 외상 후 스트레스 장애로 고통을 받을 수 있다. 폭행은 충격을 준다. 배신은 더욱더 큰 충격이 된다. 만성적인 슬픔과 비통의 느낌이 계속된다.

공격적이고 유혹적인 행동 성학대의 희생자는 자신이 호감을 살 수 있는 유일한 방법은 성적으로 되는 것이라고 느낀다. 그래서 그들은 다른 사람을 통제하기 위한 도구로 성을 사용하게 된다. 유혹하는 행동은 가해자를 통제하고 극복한다는 상징적인 의미를 갖는다. 성 희생자와 가해자는 믿을 수 없을 정도로 정확하게 서로를 찾아낸다.

성 정체감과 기능성 상실 이는 단지 성적이 됨으로써 정체성을 갖는 희생자와는 정반대 경우다. 성은 우리 존재의 핵심이기 때문에 성학대는 우리의 정체성의 핵심에 타격을 입힌다. 폭행의 일반적인 결과는 성 기능의 장애다. 희생자는 후에 성교 불능, 불감증,

성 욕구 장애를 경험할 수 있고, 성행위 도중 순간적으로 학대의 경험을 떠올릴 수도 있다. 희생자는 성적으로 기능하기 위해서 가학적, 피학적 환상을 필요로 할 수 있다.

침범당한 성 경계선 성학대는 희생자의 존재의 핵심, 즉 그의 신체적, 정서적, 영적 경계선을 침범하는 것이다. 희생자는 문 손잡이를 밖에 두게 되었고, 들어오려고 하는 사람을 거의 통제할 수 없게 되었다. 침범당한 경계선은 마치 국경과 법이 없는 국가와 같다. 성 경계선 침범에 대한 반응은 아무하고나 성관계를 갖거나 아무하고도 갖지 않는(담을 침) 것 중의 하나가 된다.

친밀감 문제 배신감과 만성적인 충격은 감정적인 마비를 가져온다. 가까워지는 것에 대한 두려움은 배신과 고통에 대한 두려움이다. 성학대에서 살아남은 사람에게는 이 두려움이 결혼생활과 다른 여러 가지 인간관계를 가질 때 반복해서 찾아온다. 희생자들은 종종 진실된 사랑, 애정, 친밀감에서는 멀리 도망치고, 학대하고 거부하는 사람에게 이끌린다. 희생자들은 다른 사람을 볼 때 신뢰할 만한 사람인지를 평가하는 능력이 손상되어 있다. 희생자들은 가족 폭력의 그물에 걸려 있고, 종종 그런 종류의 밀착관계를 추구한다. 그들은 오래된 연결의 환상에 따라 내가 좀 더 많이 주고 더 열심히 노력하며, 성적으로도 더 많이 주면, 아마 그가 나를 정말로 사랑하겠지라고 생각하고 있을 수 있다. 그들은 종종 가해자 타입의 배우자와의 관계나 그와 유사한 관계 속에서 이 같은 딜레마를 재연한다.

자신과 타인의 성적 대상화 학대를 당하게 되면 자기 자신 속으로 철수를 한다. 자신 안이나 자기 탐닉의 습관 또는 진통제 안으로 철수하는 것은 우호관계, 상호관계를 맺는 것과는 정반대가 되는 것이다. 희생자는 일단 이용을 당하게 되면 대상이 된다. 아이에게 돌보아 줄 부모가 아무도 없으면 아이는 자기 자신을 대상화한다. 손가락을 빨고 일찍부터 자위를 하는 것은 자기 탐닉이자 자기를 대상화하는 습관이다. 일단 사람이 자기 자신을 대상화하게 되면 그것을 밖으로 다른 사람에게 투사하는 경향이 있다. 성적 대상화는 성학대의 결과다. 우리의 모든 사회는 전적으로 성적 대상화를 지지하고 있다. 포르노그래피는 극단적인 대상화다. 이는 인간성을 희생시켜 생식기를 찬양하고 있다.

사랑과 성의 혼동 성학대의 희생자는 종종 사랑과 성을 혼동한다. 그들은 성적으로 호감을 줄 수 있어야만 사랑스러울 수 있다고 믿는다. 또한 그들은 자신이 최고의 섹스 파트너가 되어야만 하며, 그렇지 않으면 버림받고 거절당할 것이라고 믿는다.

섹스 파트너에게 지나치게 의존하고 매달림 버림받음과 수치심은 부모와 자녀 간의 상호관계의 다리를 무너뜨리기 때문에, 성학대를 당한 아이는 의지할 수 있는 사람이 아무도 없게 된다. 자연적인 발달 과정의 의존의 욕구가 무시된다. 그래서 그들은 자신 안에 과도하게 많은 욕구를 가지고 자라게 된다. 매달리는 것은 버림받음을 피하기 위한 방어 전략이다.

악몽과 수면장애 희생자는 종종 밤에 자신의 침대에서 자다가 폭행을 당한다. 밤에 대한 공포, 반복되는 악몽, 과도하게 잠자는 것, 잠자기를 두려워하는 것 등은 모두 성학대의 결과일 수 있다.

세대 간 연합과 역할 혼란 아이들은 가족체계의 균형을 위한 필요에 걸려들어서 희생된다. 엄마와 아빠의 관계가 성적으로나 정서적으로 황폐한 경우에는 아빠가 딸을 자신의 '**작은 공주**'로 만들 수 있다. 아빠는 후에 그 딸을 대상으로 성적인 환상을 갖게 되기도 한다. 비록 실제로 행동하지는 않는다 할지라도 아이는 그 은밀한 환상의 영향을 받게 된다. 딸은 아빠의 **정서적인 배우자**가 되고, 아빠의 정서적 필요나 그의 애정처럼 보이는 성욕을 돌보게 된다. 엄마도 아들에게 똑같이 할 수 있다. 부모는 또한 자신과 같은 성의 자녀를 **대리 배우자**로 만들기도 한다.

유년기 아이의 증상들 어렸을 때의 성학대는 나이와 어울리지 않는 행동이나 지식과 더불어 여러 가지 다른 현상을 초래하기도 한다. 이러한 현상으로는 다음과 같은 것들이 있다. 왜 그런지 모르게 몸에 멍이 들어 있다. 이미 훈련이 끝났는데 다시 대소변을 가리지 못하게 되는 식으로 퇴행을 보인다. 연령 퇴행의 모습을 드러낸다. 그럴 나이가 아닌데 배설물을 가지고 놀거나 그것으로 더럽힌다. 장이나 질에 염증이나 통증이 있다. 질을 검사하려고 할 때 비명을 지르는 등 외상적인 반응을 보인다. 늦게까지 잠자리에 오줌을 싼다. 나이 들어서까지 엄지손가락을 빤다. 기분의 변화가 극심하다. 공격적이다. 갑작스럽고 이유 없는 행동을 한다. 자해나 자살에 관해 생각하거나 그에 대한 이야기를 한다. 살이나 딱지를 피가 날 때까지 잡아뜯는다. 자기 자신을 때린다. 자기 몸을 칼로 벤다. 자기 뺨을 때린다. 속옷을 두 벌 이상 입거나 갈아입기를 거부한다. 목의 통증, 위의 통증, 숨막힘, 천식, 상부 호흡기 이상 등 만성적인 통증을 호소한다.

이상의 점검 목록으로는 결코 충분하지가 않다. 그러나 당신이 성학대를 받은 것 같기는 한데 기억이 없다면, 당신이 성학대 가족 내에서 자란 성인아이인지 확인할 수 있도록 이 점검표가 도와줄 수 있을 것이다. 자신의 성학대의 경험에 접근할 때는 매우 조심해야 한다. 당신이 성학대의 기억을 찾아내도록 누군가에 의해 설득을 받고 있다고 느껴진다면 자신의 경험을 신뢰하기 바란다.

최근에는 치료자가 자신에게 자신이 성학대의 피해자라고 믿게 했다고 주장하는 사람들이 많이 나오고 있다. 그들은 치료자의 암시 때문에 거짓 기억을 불러오게 되었다고 주장한다. 어떤 사람들은 '거짓 기억 신드롬'이 있다고 믿고 있다. 나는 이러한 주장들을 판단할 수 있는 능력을 가지고 있지는 못하지만 거짓 기억으로 유도하는 것이 가능하다는 것은 믿는다. 외상적 학대의 형식으로 버림받음의 고통을 경험한 사람들은 종종 다른 사람의 암시를 마치 복종해야 할 명령으로 받아들이기도 한다.

당신에게 성학대의 기억이 없다면 결론을 내리기에 앞서 다음의 지침을 따르기 바란다.

① 점검 목록에 있는 것 중에서 여러 개(5, 6개)의 증상을 확인한다.

② 전문가(자격증과 명성을 지닌)를 찾아가서 당신이 근친상간을 당했는지 여부에 대한 전문적인 의견을 듣는다.

③ 가능하면 당신이 학대를 당했다는 생각을 확실하게 지지해 줄 수 있는 적어도 한 사람의 증인이나 몇 가지 사실들을 찾아낸다.

④ 당신이 성학대의 생존자라는 믿음을 가지고 6개월을 살면서, 이 믿음이 당신의 가족 문제에 대한 해답을 주는지, 또한 당신의 현재의 삶과 과거의 행동에 대해서 이해할 수 있도록 해 주는지 살펴본다.

무엇보다도 당신이 학대에 의한 외상 후 스트레스 장애를 완전히 다루게 되기까지는 가해자와 직접 대면하지 않기를 바란다. 치료자나 친구들의 지지 없이 어떤 종류의 직접 대면도 해서는 안 된다. 성학대의 혐의를 가지고 있는 어떤 사람과 직접 대면을 한다는 것은 법적인 문제도 걸려 있으므로 충동적으로 해서는 안 된다.

우리는 일반적으로 성학대에 대해서 너무 아는 바가 없다. 신문이나 긴급 전화 그리고 아동 보호소를 통해서 드러나게 되는 공포 소설식의 성학대는 100명 중 한 명꼴이라고 한다. 이 정도도 끔찍하지 않은가! 100명 중 한 명꼴로 심각한 질병을 보유하고 있다면 모든 사람에게 예방 접종을 하는 것이 마땅하다.

성학대는 온 가족을 포함하는 일이다. 위켄버그에 있는 메도우즈 치료 연구소(Meadows Treatment Facility)의 피아 멜로디(Pia

Mellody)는 상호의존과 어린이 학대 전문가로서 성학대를 다음과 같이 분류하고 있다. [3]

신체적 성학대

성적인 느낌을 가지고 손을 대어 만지는 것이 포함된다. 성적으로 학대하는 행동으로는 성적인 포옹 또는 키스, 모든 종류의 성적인 접촉 또는 애무, 구강 또는 항문 성교, 희생자의 성기 애무나 희생자에게 가해자의 성기를 애무하게 함 그리고 성교가 있다.

공공연한 성학대

노출증과 관음증이 해당된다. 집 밖이나 집 안에서 있을 수 있다. 부모는 종종 노출증과 관음증을 통해서 자녀들을 성적으로 학대한다. 집 안의 노출증과 관음증의 기준은 **부모가 성적으로 자극을 받고 있는지 아닌지**에 달려 있다. 때로는 부모가 자신의 성욕과 단절되어 있어서 자신이 얼마나 성적인지 인식하지 못하면서 그렇게 할 수도 있다. 그러나 이에 대해서 아이는 거의 항상 역겨운 느낌을 갖는다.

한 내담자는 자기가 목욕탕에서 나올 때 아버지가 자기 팬티 속을 곁눈질하곤 했다는 이야기를 했다. 또 집 안에 사생활이 없었으며 화장실은 더 심했다고 말하는 내담자들도 있었다. 8, 9세가 될 때까지 엄마가 자신의 성기 부위를 씻겨 주었다고 말하는 남자 내

---

3 이 분류법은 피아 멜로디(Pia Melody)의 녹음된 강의 자료에서 가져왔다. 피아 멜로디는 성학대의 범위와 결과에 대한 이해를 확장시키는 일을 한 선구자다.

담자들도 12명이나 되었다.

아이들이 부모의 주변에서 성적인 느낌을 갖게 될 수는 있지만, 부모가 그 원인이 아니라면 그것은 성학대가 아니다. 성학대는 **부모에게 달려 있는 문제**다. 부모가 혼자서 성적인 생각이나 느낌을 잠깐씩 갖게 되는 것을 성학대라고 할 수 없다. 부모가 의식적이건 무의식적이건 **자신의 성적인 자극을 위해서 아이를 이용하는 것**이 바로 성학대인 것이다.

은밀한 성학대

언어 적절하지 못한 성적인 이야기가 해당된다. 예를 들어, 아빠나 주변의 중요한 남자 인물이 여자에게 '창녀'나 '암컷', 또는 그렇게 여성의 성과 관련된 이름으로 부른다든가, 엄마나 주변의 중요한 여자 인물이 남자를 성적인 방법으로 비난한다든가 하는 것이다. 부모가 자녀에게 성적인 생리 현상에 관해서 캐묻거나, 데이트에 대해서 하나하나 자세하게 물어보는 것 등을 통해 자녀의 성에 관하여 모든 것을 세세하게 알려고 하는 것도 이에 속한다.

은밀한 성학대에는 성에 대하여 적절한 정보를 주지 않는 것도 포함된다. 많은 여성 내담자들이 처음 생리를 시작했을 때 무슨 일인지 몰랐다고 말하였다. 심지어 3명의 내담자는 그들이 20세가 될 때까지도 자신의 질이 열려 있었는지를 몰랐다고 했다.

엄마와 아빠가 아직 나이가 어린 자녀들 앞에서 성적인 이야기를 하는 것도 은밀한 성학대다. 엄마와 아빠가 아이 몸의 성적인 부분에 대하여 성적인 언급을 하는 것도 마찬가지다. 내가 만났던 내담자들 중에는 엄마가 자신의 성기의 크기에 대하여 농담하는 것 때문에 충격을 받았던 두 명의 남성이 있었다. 또한 아버지와 의붓아버지가 자신의 가슴과 엉덩이 크기에 대해 놀렸던 경험이 있는 여성들도 있었다.

경계선 침범 부모의 성행위를 목격한 아이들이 해당된다. 부모가 문을 닫거나 잠가 두지 않는다면, 아이들은 자주 성행위 도중에 방 안으로 걸어 들어올 수 있다. 또한 아이들에게 사생활을 허락해 주지 않는 것, 즉 그들이 화장실에 있을 때 함부로 들어가거나 아이들에게 문을 잠그도록 가르쳐 주지 않거나 자기 방문을 잠그는 것을 허락해 주지 않는 것도 이에 포함된다. 부모들은 신체 노출에 있어서 적절한 본을 보여 주어야 한다. 즉, 아이들이 어느 정도 자란 후에는 부모가 옷을 적절하게 입고 있어야 한다.

아이들은 성적 호기심을 가지고 있다. 약 3세부터 또는 3세에서 6세까지의 아이들은 부모의 몸을 눈여겨 보기 시작한다. 아이들은 종종 나체에 사로잡히기도 한다. 엄마와 아빠는 어린 자녀 앞에서 옷을 벗고 다니는 것을 삼갈 필요가 있다. 엄마가 성적으로 자극을 받아서 하는 행동이 아니라면 옷을 벗고 있는 것이 성학대는 아니다. 다만 역기능적인 행동을 하고 있는 것이다. 그런 엄마는 적절한 성적인 경계선을 세워 놓지 못하고 있는 것이다.

아이가 어릴 때 관장을 하는 것도 성적 역기능으로 이끌 수 있다는 점에서 학대가 될 수 있다. 관장은 신체 경계선을 침범하는 것일 수 있다.

정서적 성학대

정서적 성학대는 세대 간의 연합의 결과다. 나는 아이들이 가족 체계의 은밀한 필요를 떠맡게 되는 형태의 밀착에 대해서 이미 설명한 바 있다. 역기능적인 결혼에서 부부가 자녀들 중 하나와 부적절하게 연합하게 되는 것은 아주 흔한 일이다. **부모는 사실상 자신의 정서적인 필요를 채우기 위해 자녀를 이용한다.** 이러한 관계는 쉽게 성적이고, 낭만적이 될 수 있다. 딸은 아빠의 '**작은 공주**'가 되고 아들은 엄마의 '**작은 남자**'가 되기도 한다. 두 경우 모두 아이는 학대를 받고 있는 것이다. 부모가 아이의 필요를 희생시켜서 자신의 필요를 채우려 하고 있기 때문이다. 아이에게 필요한 것은 부모지, 배우자가 아니다.

피아 멜로디는 정서적인 성학대를 다음과 같이 정의한다. 즉, '**아빠 또는 엄마가 자신의 배우자와 맺고 있는 관계보다 자녀와 더 중요한 관계를 맺고 있을 때**', 거기에는 정서적 성학대가 존재하고 있는 것이다.

때때로 부모 모두가 정서적으로 한 자녀에게 연합이 되기도 한다. 아이는 부모 모두의 감정을 돌보아 주려고 한다. 내가 아는 한 여성 내담자는 자기 아버지가 한밤중에 자기를 데리고 가서 건넛방의 침대 속으로 함께 들어가곤 했다는 이야기를 했다. 아버지의 주된 목적은 아내가 잠자리를 거절한 것에 대해 벌을 주고자 하는 것이었다. 그녀는 성적 정체성 혼란으로 큰 고통을 겪어 왔다.

세대 간 연합은 같은 성의 부모와 자녀 간에도 일어난다. 우리의 문화에서 가장 흔한 형태는 엄마와 딸 사이의 연합이다. 엄마는 종종 성적인 분노를 갖는다. 즉, 남자를 두려워하고 증오한다. 그렇게 되면 엄마는 자신의 정서적인 필요를 채우는 데 딸을 이용하게 되어 딸의 남성에 대한 감정을 오염시킨다. 엄마가 딸에게 신체적으로도 성학대를 한 사례를 나는 여럿 알고 있다.

이것은 **부모가 자녀의 필요를 위해 있어 주는가, 자녀가 부모의 필요를 위해 있어 주는가**의 문제다. 아이들은 자신의 발달 단계에 따라 적절한 방법으로 스스로 성적이 되어 가는 능력을 가지고 있다. 이에 반해 **어른이 아이를 이용하여 성적이 되려고 한다면 그럴 때마다 성학대가 일어나게 되는 것이다.**

성학대는 손위 형제자매에 의해서 일어날 수도 있다. 성적인 학대를 당했던 한 아이가 다른 아이에게 똑같은 성학대를 하는 경우를 제외하고는, 일반적으로 나이가 같은 아이들 사이의 성행위는 성학대라고 하지 않는다. 보통 서너 살 이상 나이가 많은 아이의 손에 의해 성적인 행동을 경험했을 때를 성학대라고 본다.

성적 가해자

이제 성적 가해자의 프로필을 살펴보겠다. 근친상간의 가해자는 어린아이를 보면 성적으로 흥분하게 되며, 아이를 희생시켜서 자신의 만족을 얻는 것에 대하여 표면적으로는 아무런 잘못이 없다고 생각한다. 물론 모든 경우에 그런 것은 아니다. 하지만 대개 **가해자들은 어린아이에게는 아무런 권리가 없다고 생각한다.** 가해자들 대부분은 과거에 희생당한 경험이 있다. 그들 중 반은 성학대를 당했고, 나머지 반은 다른 방식으로 학대를 받았다. 다른 방식의 학대에는 신체적 학대가 가장 많다. 비록 모든 성 중독자가 소아 성애자인 것은 아니지만, 가해자들은 거의 다 성 중독자다. 그들은 대부분 정서적으로 발달 지체 상태에 있고, 어른들의 세계에서는 부적절한 느낌을 갖는다. 그들은 존경과 애정과 성을 얻고자 아이들에게 향하게 된다. 가해자들은 종종 알코올 중독자이거나 약물 중독자다. 이러한 중독자들은 충동의 조절이 어려우며, 특히 성적인 충동을 잘 조절하지 못한다. 성적 가해자들 대부분은 같은 성의 부모와의 관계가 좋지 않으며, 자신이 남성 또는 여성이라는 것에 대해서 매우 빈약한 이미지를 가지고 있다.

아동 성학대자는 배우자나 동료 그리고 가장 친한 친구들에게서 숨어 비밀스러운 삶을 산다. 시애틀의 치료자인 루시 벌리너(Lucy Berliner)는 셰릴 맥콜(Cheryl McCall)의 글을 인용하여 다음과 같이 말했다. "우리들 대부분은 우리가 알고 있는 사람들 중에서 바로 그런 사람을 찾아내기 전까지는 어린이 성추행자가 흉측하게 생겼을 거라고 생각한다." 하지만 그들은 우리 클럽의 회원일 수도 있고 교회의 장로일 수도 있다. 사실상 성 가해자들은 어울리지 않게도 겉으로는 종교인인 경우가 많다.

근친상간 가족체계

성학대 가해자로는 남자가 훨씬 더 많다. 알려진 4백만 가해자들 가운데 여자는 5%에 불과하다. 성 중독자 중에도 남자의 수가 지배적이다. 여자들은 성 중독자와 병리적 상호의존 관계에 있는 경우가 더 많다. 근친상간 가족이 이와 같다. 아버지가 자녀를 희생자로 만들고 있을 때, 상호의존적인 어머니는 공모하는 역할을 할 수 있다. **다른 강박적인 가족과 마찬가지로 근친상간 가족 안에는 중독자가 있고, 동반 중독되었거나 병리적 상호의존 관계에 있는 배우자가 있다.** 배우자는 능동적으로 또는 수동적으로 학대를 허용해 준다.

능동적 공모는 배우자도 학대에 실제로 참여하거나 알면서도 그 일이 일어나도록 허용하는 경우를 말한다.

수동적 공모는 배우자가 중독이나 학대에 의해서 가해자에게 지나치게 연합되어 있기 때문에 무슨 일이 일어나고 있는지 알지 못하는 경우를 말한다.

근친상간 가족 내에서는 가족 구성원들이 심각하게 병리적이기 때문에 어떤 형태로든 도움이 필요하다. 가족 안에서 직접 성학대를 당하지 않은 사람이라 할지라도 여전히 가족체계의 은밀한 비밀을 짊어지고 있다. 아이들은 가족체계 안에서 은밀한 것을 드러나게 하는 역할을 한다. 그들은 가족의 무의식과 비밀을 행동으로 표출한다. 이러한 표출 행동은 심지어 다음 세대에 가서도 일어날 수 있다. 나의 두 명의 내담자들은 과거 세대에 아무에게도 말하지 못했던 가족의 성적인 비밀을 짊어지고 있었다.

그 중 한 사람인 로드가는 엄격한 종교적인 가족 출신이다. 그의 아버지는 권위주의자였고 통제적이었다. 로드가는 아홉 자녀 중 여섯째였다. 둘째와 여섯째는 종종 어머니와 연합이 된다. 연합이 된다는 것은 어머니의 의식적, 무의식적 정서 문제를 떠맡는다는 뜻이다. 로드가의 어머니는 근친상간의 희생자였는데, 그녀는 이 문제를 해결해 보려고도 하지 않았다. 어머니는 한 번도 그 일에 대해 사후 보고 작업을 하지 않았다. 그래서 로드가는 어머니와의 연합을 통해서 어머니의 해결되지 않은 성적 비밀을 짊어지게 되었다. 그는 어린이를 성추행하는 꿈과 그러한 환상을 실제로 보게 되는 것 때문에 놀라서 나를 찾아왔다.

로드가는 심리학자 패트릭 칸스(Patrick Carnes)가 그의 저서 『그림자 밖으로: 성 중독의 이해(Out of the Shadows: Under-standing Sexual Addiction)』에서 1단계 성 중독자라고 분류한 단계에 있었다. 1단계에는 바람피우기, 강박적인 자위 행위, 강박적인 자위 행위를 수반하거나 수반하지 않은 포르노그래피, 성 상대를 물색하러 다니기, 매춘이 포함된다. 칸스는 관음증, 노출증, 음란성 행동, 음란 전화를 2단계 성 중독으로, 그리고 강간, 근친상간, 성추행을 3단계 성 중독으로 보았다.

각 단계의 구분은 문화적으로 제재를 받는 행동과 관련하여 성적 행동의 위험도가 점점 높아지는 것을 나타낸다. 2단계와 3단계는 항상 희생자를 만들며 법에 의해 처벌을 받는다. 3단계는 희생자에게 가장 심한 고통을 주는 것으로 법적인 처벌도 가장 무겁다.

나의 내담자는 바람둥이였다. 그는 성추행의 환상 때문에 몹시 괴로워했다. 그는 자신이 성 중독인지 아닌지를 인식조차 하지 못하고 있었고, 1단계 성 중독을 남자라면 으레 그런 것쯤으로 생각하고 있었다. 나는 그가 자기 어머니의 미해결된 근친상간의 문제를 짊어지고 있었다고 확신한다. 그것이 바로 그의 성추행의 환상 밑에 깔려 있었던 것이다. 그는 또한 종교 중독의 가족에 의해서 만들어진 내면화된 수치심을 행동으로 표출하고 있었다. **내면화된 수치심**이야말로 그의 성 중독의 핵심이었다.

또 다른 내담자 오필리아도 마찬가지로 연합의 문제를 가지고 있었다. 그도 자기 어머니의 무의식적이며 미해결된 근친상간의 주제를 짊어지고 있었다. 어머니는 성적으로 완전히 자신을 차단 시킴으로써 성적 공포심을 해결하였다. 그녀는 엄격하고 경건한 가톨릭 신자였다. 그녀는 40년 동안 성을 멀리 하였으며, 신앙에만 헌신하여 데이트도 재혼도 하지 않았다. 그녀는 자신의 세 아들들과 부적절하게 연합되어 있었다. 그런데 그녀의 아들들은 모두 성 중독자였고 어머니의 성적인 분노를 짊어지고 있었다. 모두가 그녀의 억압된 성에 의해 영향을 받아서 반대 방향으로 가게 되었던 것이다. 그녀는 종종 아들들 앞에서 옷을 벗고 있었다. 그녀는 자신이 무슨 일을 하고 있으며 그것이 아들들의 성생활에 어떤 영향을 미칠지를 전혀 의식하지 못한 채 무의식적으로 그렇게 행동하였다.

근친상간 가족은 미국 문화권에서 흔히 볼 수 있다. 가해자/공모적 희생자라는 근친상간 가족체계를 통해서 성학대는 계속 이어지고 있다. 가해자는 한때 아무런 힘이 없었기 때문에 자신의 가해자와 연합되었었던 희생자였다. 그들은 계속해서 학대를 자손들에게 재연한다. 그들은 자신을 학대했던 부모에게 하고 싶었던 행동을 자녀들에게 되풀이한다. 연결의 환상은 아이에게 부모를 이상화하게 하며, 자신을 나쁘게 느끼고 수치심을 갖게 한다. 이렇게 악순환은 계속된다.

신체 폭력의 성인아이

나는 허브를 잊지 못할 것이다. 그는 내가 만난 사람들 중 가장 인상적인 사람들 중 하나였다. 잘생겼고 정말 똑똑했다. 그는 큰 재산을 모을 수 있는 기회를 거의 다 잡았다가 놓친 적이 여러 번 있었다. 그는 모든 일을 어떻게 해야 하는지 잘 알고 있었지만 단 하나, 거래를 마무리짓는 일을 못했다. 그는 항상 '거의 성공할 뻔' 하곤 했다. 결혼도 여러 번 했는데, 나는 그의 아내들 중 둘을 만나 보았다. 그들은 내가 기대했던 여자들이 아니었다. 둘 다 아주 형편없고 남자를 증오했다. 그들이 증오하는 남자들 중엔 나 역시 포함된다는 것을 상담 도중 느낄 수 있었다.

허브는 ACoA였다. 많은 ACoA가 그렇듯이 그도 어렸을 때 신체적인 학대를 당했다. 추정에 의하면, ACoA의 2/3가 신체적 폭력의 희생자다. 내가 허브에게 처음으로 그의 어린 시절에 대해 물었을 때, 그는 아빠가 자신과 동생을 몹시 때렸다고 했다. 그리고는 이내 "하지만 우린 맞을 짓을 했어요."라고 덧붙였다.

여러 회기가 지난 후에야 나는 그 살인적인 폭행에 대해 더 상세히 들을 수 있었다. 그의 아버지는 허브의 머리를 변기에 담그기도 하고 얼굴을 여러 차례 후려갈기곤 했다. 그것도 성에 차지 않았던

지 아버지는 허브의 머리를 변기에 갖다 붙이기 전에 소변을 보기까지 했다. 그렇게 '맞을 만했던' 그의 잘못은 대개 점심 먹을 돈으로 사탕을 샀다거나, 침대 정돈을 하지 않았다거나, 가정부에게 말대꾸를 했다는 것들이었다.

많은 연구자들은 신체적 폭력이 가장 일반적인 형태의 학대라고 믿고 있다. **유해한 교육은 체벌이 자녀가 부모를 존경하고 복종하도록 만드는 유용한 방법이라고 가르친다.** 오래 전부터 아이들과 여성에 대한 폭력은 전통이었고 널리 퍼져 있었다.

학대의 여러 형태들 중 신체 폭력은 가장 구속력이 있다. 희생자는 공포심, 즉 생명의 위협 때문에 학대자에게 연합하게 된다. 가해자들은 보통 다른 종류의 학대자들보다도 발달 지체가 더 심하다. 대개 충동의 조절은 2세경부터 배우게 된다. 그러므로 폭행 가족의 배우자와 자녀는 행동이 매우 미성숙한 어른의 통치 밑에 있게 되는 것이다.

신체적 폭력을 행사하는 부모는 다음과 같은 특징을 가지고 있다. 즉, 소외됨, 빈약한 자아상, 다른 사람의 감정에 대한 민감성의 결여, 보통 자기 자신을 신체적으로 학대함, 기본적인 보살핌을 받지 못했음, 사랑과 위로의 필요를 채우지 못했음, 문제와 문제의 영향을 부인함, 조언을 받을 수 있는 사람이 주위에 아무도 없다고 느꼈음, 아이들에게 갖는 전적으로 비현실적인 기대, 아이들이 자신의 위로와 돌봄의 필요를 채워 줄 것이라는 기대, 아이들이 자신의 필요를 채워 주지 못하는 경우 거절당했다고 해석하고 분노와 좌절의 반응을 보임, 아이를 제 나이보다 훨씬 더 나이 많은 아이로 취급함 등이 있다. 그리고 흥미로운 점은 친부모의 경우 엄마 가해자가 아빠 가해자보다 5% 많다는 것이다.

신체학대가 어느 정도 행해지고 있는지에 대해 알 수 있는 좋은 자료가 별로 없다. 자료들은 보통 실제로 보고된 것뿐이다. 따라서 의사의 진료를 받지 않은 사례, 의사의 진료를 받았는데 학대로 판명이 나지 않은 사례, 학대로 판명이 났지만 보고가 되지 않은 사례는 자료에서 제외된다. 보통 한 사례가 보고될 때마다 보고되지 않는 사례가 200건은 될 것이라고 추정된다.

아이들에 대한 신체학대는 긴 역사를 가지고 있다. R. I. 라이트 (R. I. Light)는 1973년 11월호 『하버드 교육 평론지(Harvard Educational Review)』에 실린 자신의 글에서 식민지 시대의 미국에서는 아버지가 자기 자녀에 대해 전적인 권리를 가지고 있었다고 주장했다. 아이들의 고집을 꺾기 위해서 화를 내는 것보다 아이들을 때리는 것이 더 일반적이었다.

우리가 많이 인용하는 '구두 속에 살던 할머니'에 대한 자장가는 매질이 일반적인 것으로 받아들여졌다는 것을 증명해 준다. '빵 없는 죽과 건전한 매질로 하루 일과를 마치는 것이 얼마나 좋은가.' 나는 어렸을 때 이 자장가가 무슨 뜻인지 몰랐다.

부모의 자녀에 대한 소유권과 아이들은 고집이 세며 그 고집을 꺾어야 한다는 믿음이 부모가 아이들을 때리는 근본적인 논리였다.

성경 또한 종종 이러한 행동을 옹호하는 데 인용되었다. 성경에서 이야기하는 회초리는 본래 양치기의 막대기를 의미했다. 이 막대기는 끝에 돌이나 쇠를 매달아서 이리를 쫓아내고 겁 많은 양을 잘 인도해서 힘든 시냇물을 건너게 하는 데 쓰였던 90cm 정도의 참나무 가지였다. 양치기의 막대기는 후에 모세의 권위를 나타내는 지팡이가 된다. 그 지팡이는 하나님의 임재를 상징했으며, 백성들을 부드럽게 바른 길로 인도하는 데 종종 사용되었다. 아이들을 때리라는 얘기가 성경 전체에 걸쳐 나오는 것은 아니다. 몇 군데 나오는 구절들이 유해한 교육의 전체를 구성하게 된 것이다. 게다가 성경이 쓰인 때는 완전히 비민주적인 시대였다.

신체학대는 많은 역기능적 가족의 규범이다. 신체학대로는 다음과 같은 것들이 있다. 즉, 실제로 때리는 것, 허리띠나 회초리 등 자신을 괴롭힐 무기를 가져오게 하는 것, 주먹질, 찰싹 때리기, 얼굴을 후려갈기기, 홱 잡아당기기, 목 조르기, 잡아 흔들기, 발로 차기, 꼬집기, 간지럼을 태워 괴롭히기, 폭력 또는 버림에 대한 협박, 감옥에 넣겠다거나 경찰을 부르겠다는 협박 등이 있다. 어머니나 다른 형제자매에게 가해지는 폭행의 목격 등이 있다.

여기서 마지막의 학대는 **아내가 매를 맞는 가정**에서 일어나게 되는 중요한 문제다. 엄마가 매맞는 것을 목격하게 하는 것은 아이를 때리는 것과 마찬가지다. 폭력을 목격한 아이는 폭력의 희생자인 것이다.

1988년에 나는 내가 사는 휴스턴의 시장이 주최한 매맞는 여성들에 관한 회의에서 강연을 한 적이 있다. 당시 나의 고향인 휴스턴에서는 4명 중 1명꼴로 매맞는 여성이 있었다. 전문가들이 계속해서 매맞는 여성들의 사례에 대하여 기록하고 있는데, 이러한 사례들은 놀라운 비율로 계속 증가하고 있다.

폭력에의 연합

사람이 폭력에 연합된다는 것은 이해할 수 없고 모순처럼 보인다. 신체 폭력의 외상이 너무 심하기 때문에 희생자는 다시는 폭력 근처에 얼씬도 하지 않으리라 생각하겠지만 사실상 그 정반대가 진실에 가깝다. 매를 맞고 모욕을 당하는 것이 너무나 수치스럽기 때문에 희생자의 자기 가치감은 줄어들게 된다. 희생자가 많이 맞을수록 그의 자기 가치감은 점점 더 줄어든다. 희생자가 자신을 점점 더 인간으로서 비천하고 흠이 있다고 생각하게 될수록 그의 선택의 폭은 줄어든다. 그렇게 그들은 폭력에 연합이 된다.

학습된 무력감

학습된 무력감 이론은 폭력에 연합이 되는 모순을 설명해 줄 수 있다. 이 이론은 마틴 셀리그만(Martin Seligman)에 의해서 주창되었다. 그의 가설은 개가 확실한 의도에 의해 부정 강화를 받게 되면, 자신의 자발적인 행동이 자신에게 일어나는 일에 대해서 아무런 영향도 미치지 못한다는 것을 배우게 된다는 것이다. 같은 자극이 계속되면 개의 반응하고자 하는 동기는 점점 줄어들게 된다.

이 가설을 지지하기 위하여 개, 고양이, 새, 쥐, 생쥐, 물고기, 영장류 그리고 인간을 대상으로 여러 가지 실험이 실시되었다. 어떤 동물들은 좀 더 빨리 무기력하게 되었고, 더 여러 가지 상황에서 무기력하게 되었다. 어떤 동물들은 한 상황에서만 무기력하게 된 반면, 다른 동물들은 그것을 일반화해서 그 밖의 모든 상황에서도 무기력하게 되었다.

셀리그만의 연구는 가장 좋은 실례가 된다. 그의 연구팀은 개를 우리에 가두어 놓고 무작위로 다양한 간격을 두어 전기 충격을 주었다. 개는 곧 자기가 어떻게 반응하더라도 그 충격을 제어할 수 없다는 것을 배운다. 개는 처음에는 도망을 치려고 여러 가지 행동을 시도한다. 그러나 그 어떤 행동도 충격을 멈추게 하지 못하자, 아무런 자발적인 행동도 하려고 하지 않게 되고 복종적이 된다. 후에 연구자들은 과정을 바꾸어 개에게 다른 우리로 건너가도록 가르쳐서 도망갈 수 있게 하려고 하였다. 그러나 개는 여전히 수동적으로 무력하게 그대로 남아 있었다. 문을 열어 놓고 나갈 수 있는 길을 보여 주는데도, 개는 우리를 떠나려고 하지 않았고 전기 충격을 피하려고도 하지 않았다.

그 실험을 개가 어릴 때 할수록 이른바 **학습된 무력감**의 영향을 극복하는 데 시간이 더 많이 걸린다.

한 번은 플로리다 신문에 '학습된 무력감'에 대해서 도표로 보여 주는 기사가 실렸다. 그 기사에 의하면, 플로리다 시의 떠돌이들에게 고급 호텔 방 100실을 이용할 수 있도록 제안했으나 단 네 사람만이 그 제안을 받아들였다.

신체 폭력을 당하는 여자들과 아이들에게 이 이론을 적용해 보면, 왜 그들이 스스로를 무기력하게 여기게 되는지 이해하는 데 도움이 된다. 아이들은 나중에도 똑같은 종류의 관계를 갖게 되고, 아내들은 매를 맞는 관계를 벗어나려는 시도조차 하지 않는다.

매맞는 사람이 스스로를 무기력하다고 믿는 것이야말로 이런 현상이 일어나게 되는 가장 중요한 요인이다. 매맞는 자녀나 아내는 부정적인 신념체계라는 부정적인 사고의 틀에 의해서 제한을 받는다. 그들은 진심으로 상황이 절망적이라고 믿는다. 그렇기 때문에 그들은 매맞는 관계에서 벗어나려는 시도를 하지 않는다.

사실 아이들은 그들이 믿고 있는 것만큼 무력하지만은 않다. 여자들도 자신들이 무력하다고 믿지만 사실은 그렇지 않다. 신체 폭력에 희생된 아이들은 무력감을 일반화하는 경향이 있다. 그들은 다른 어려운 상황에서도 무력감을 느낀다. 그런 아이들은 '외면화하는 사람'이 된다. 그들은 자신의 삶 가운데서 일어나는 대부분의 사건들이 자기가 통제할 수 없는 외부의 요인에 의해서 생겨난다고 믿는다.

엄마가 매를 맞는 가족 안에서는 종종 아이가 신체적인 학대를 당한다. 엄마가 매를 맞는 것을 목격한 어린 딸은 자신도 매맞는 것을 피할 수 없을 거라고 믿으면서 자란다. 딸은 엄마를 보면서 여자들은 남자들의 강압에서 벗어날 수 없다고 믿게 된다.

어린 아들은 엄마의 억압된 분노의 희생자가 되어 엄마에게 매를 맞기도 한다. 또한 아빠의 폭력을 목격하면서 남성 우월주의를 믿게 되고, 남성 우월주의적인 틀에 박힌 가족의 모습을 당연한 것으로 믿으며 자랄 수 있다. 남자 아이들은 폭력 가해자와 자신을 동일시하며, 자신도 가해자가 되는 일이 여자 아이들보다 더 많다. **가해자와 연합하는 것**은 무력감을 극복하는 방법이다. 가해자와 연합하게 되는 사람은 그야말로 자기 자신의 실체를 잃어버리고 가해자가 된다. 그러한 방법으로 자신이 살아남을 수 있다고 느끼는 것이다. 대부분의 가해자는 한때 가해자와 연합하게 된 희생자였다. 폭력 남편과 폭력 부모는 한때 무력한 희생자였을 수 있다.

나는 영화 〈람보〉를 보면서 나 자신의 강한 반응에 매료되었다. 틀림없이 다른 많은 사람들도 그 영화에 매료되었을 것이다. 영화에서 람보는 불의하고 폭력적인 권위의 인물들, 즉 보안관과 그의 일당에게 쫓기고 있었다. 람보는 결국은 그들을 모두 죽이고 그들과 맞닥뜨렸던 도시를 온통 쑥대밭으로 만든다. 람보에 대한 가혹한 학대는 학대받고 복수를 꿈꾸는 우리 안의 어린아이를 자극했던 것이다. 법 테두리 안에 살고 있는 어른인 나는 람보의 대량 학살을 끔찍해하지만, 내 안의 어린아이는 그에게 환호하였다.

경계선과 학대

성적으로나 신체적으로 학대하는 가족은 유해한 교육의 규칙들에 의해서 통치된다. 가족 프로필은 가족을 둘러싸고 있는 강하고 경직된 경계선을 보여 준다. 경계선은 완벽주의적이고 엄격한 규칙을 따라야 한다는 신념과 더불어 강한 종교적 신념에 의해서 만들어진다. 그렇게 해서 온 가족이 외면화하는 경계선의 역동을 지향하게 된다. 가족들은 모든 일이 외부에서 비롯되며 자신은 어떻게 할 수 없다고 믿게 되어 주어진 규칙을 따르게 된다. 상처와 고통은 가족 비밀로 지켜진다. 아이는 어른에게 복종해야 한다는 규칙 때문에 말하는 것이 금지되어 있다. 체계가 경직되어 있고 위계 질서에 의해 지배되기 때문에 가족 안으로 새로운 정보가 들어올 수 없다. 종교적인 규칙은 가족의 종교(보통 근본주의 또는 매우 권위적인 종교) 외부에 있는 것들은 그것이 무엇이든 모두 세속적인 휴머니즘이라고 부른다. 심리학이라면 의심의 눈으로 바라본다. 그러므로 새롭게 허용하고 지침을 제공해 주는 자료 자체가 거부된다.

신체 폭력은 성학대 다음으로 수치심의 수준에 영향을 미친다. 종종 찰싹 때리고 홱 밀치고 꼬집는 등의 행동을 공개적으로 하기도 한다. 공공 장소나 다른 형제 앞이나 나이가 좀 더 많은 아이들 앞에서 이런 일이 일어난다. 수치심은 다른 사람에게 보일 준비가 안 된 상태에서 다른 사람들 앞에 노출되었다는 감정이다. 수치심은 미처 준비되지 않은 상태의 자신을 바라보고 있는 다른 사람의 시선에 관계된 감정이다. 수치심은 팬티를 내리고 벌거벗은 모습을 드러내게 되는 것과도 관련이 있다. 아이들은 볼기를 맞기 위해 팬티가 벗겨지는 일이 많다.

수치심은 그 밖에도 사람을 무력하게 만드는 여러 가지 결과들을 초래한다. 자신에게 흠이 있다는 느낌은 행동을 시작하려고 하는 동기를 약화시킨다. 사람이 자신의 삶을 조절하는 데 아무것도 할 수 없다고 믿게 되면, 무엇을 배우거나 문제를 해결할 수 있는 능력이 매우 약해진다. 그러므로 선택할 수 있는 반응의 폭이 수치심 때문에 몹시 좁아지게 되는 것이다. 의지가 망가지고 여러 가지 대안들을 보지 못하게 된다. 그래서 만성적이고 깊은 우울이 자리를 잡는다.

다음의 점검 목록을 살펴보기 바란다. 신체적으로나 성적으로 폭력적인 가족에서 자란 성인아이의 증상들은 전쟁 희생자나 집단 수용소의 희생자들처럼 오랫동안 스트레스를 받았던 사람들의 증상과 동일하다. 이 목록을 사용하여 신체 폭력 가족 안에서 당신의 진

신체 폭력 가족 안에서 당신의 진정한 자존감이 어떻게 손상되는지 점검해 보기

	예	아니요
학대를 정상으로 느낌		
망상과 부인		
비현실감		
일을 시작하거나 문제를 해결할 수 있는 능력의 상실		
신뢰감 문제		
범죄 행동		
적대감과 내면화된 분노		
강렬한 질투심과 소유욕		
외로움, 소외감, 단절감		
해리되고 비인간화됨		
경직		
섭식장애		
무감각하고 냉담함		
자신과 타인의 대상화		
인성의 발달이 고착됨		
매춘과 성적 분노		
지나친 경계심과 통제 상실의 두려움		
부모의 인정을 갈망함		
수치심		
실제 또는 상상의 질병		
상호의존증		
표출 행동		
경계선 상실		
희생자 역할		
부모에 대한 격앙된 분노		
가해자 위치		
경도의 만성적인 우울		
외면화하기		
악몽과 꿈의 억압		
강박/중독 행동		
극단적인 분열		

정한 자존감이 어떻게 손상되었는지의 여부를 점검해 보기 바란다.

학대를 정상으로 느낌 학대를 받는 상황 속에서 계속 살고 있을 수 있다. 다른 대안이 없으며 자신의 운명이라고 생각한다. 한 여성 내담자는 세 명의 알코올 중독자와 결혼했다. 그녀는 남자가 술을 마시고 난폭하게 구는 것을 정상으로 생각했었노라고 말했다.

망상과 부인 부모를 이상화한다. 그들의 체벌을 축소해서 생각한다. 신체적 학대를 당하고 있는 현재의 관계에서 벗어날 수 있으리라는 생각을 한 번도 해 본 적이 없다. 여전히 자신이 좀 더 완전해지거나 가해자를 기쁘게 해 주면 신체적 학대를 받지 않게 되리라고 생각한다.

비현실감 종종 자신의 주변에서 일어나고 있는 일이나 사건들이 현실이 아닌 것처럼 느낀다. 사람들이 어떤 일에 왜 그렇게 흥미를 느끼는지 이해할 수가 없다. 어떤 일에도 별로 흥미를 느끼지 않는다.

일을 시작하거나 문제를 해결할 수 있는 능력의 상실 무슨 일을 시작하기가 어렵다. 사고의 과정을 마무리하는 데 어려움을 느낀다. 다른 대안을 발견할 수가 없다. 매우 혼란스럽다.

신뢰감 문제 아무도 믿지 않는다. 설령 위험을 무릅쓰고 누군가를 믿게 된다면 잘못 판단한 것이기 쉽다. 자신의 지각, 감정, 생각을 믿지 않는다. 정말로 믿을 만한 사람에게는 마음이 끌리지 않는다.

범죄 행동 법적인 문제로 어려움을 갖는다. 비행 청소년이었으며 몰래 물건을 훔쳤거나 훔치고 있다. 걸리지만 않는다면 속이고 도둑질하는 것이 나쁠 것이 없다고 느낀다. 범죄자다.

적대감과 내면화된 분노 몹시 화가 나 있다. 자신의 불쾌한 기분을 다른 사람에게 쏟거나, 다른 사람의 분노에 두려움을 느끼고 그에 의해 조종을 당한다. 수동적/공격적이다. 사람들을 모두 채찍으로 때려 주고 싶다.

강렬한 질투심과 소유욕 배우자와 자녀를 통제한다. 소유욕이 강하고 질투심이 많다. 그들이 조금이라도 자신에게 관심을 덜 기울이면 기분이 상한다.

외로움, 소외감, 단절감 잊혀진 사람 같다. 다른 사람들과 다르다고 느낀다. 어디에도 소속되지 않은 느낌이다. 실제로 정신병이 아닌데도 자신이 미쳤다고 생각한다.

해리되고 비인간화됨 자신의 몸에 대한 통제력을 가지고 있지 않다. 자신의 몸과 분리되어 있다. 언제 자신이 피곤하고 배가 고프고 성욕을 느끼는지 모른다. 냉담하고 초연하다.

경직 고정적이고 엄격한 규칙을 따라 움직인다. 몸이 경직되어 있고 감정도 별로 없다. 유연하지 못하다.

섭식장애 언제 배가 고픈지 알지 못한다. 잔뜩 채우려고 먹는다. 가득 찬 느낌을 갖기 위해 먹는 것이다. 분노를 억누르고 그것을 감추기 위해 먹는다.

무감각하고 냉담함 무감각하다. 자신의 감정을 부인한다. 냉담하고 무관심하며 기운이 없다.

자신과 타인의 대상화 다른 사람들을 사람이 아닌 이용할 수 있는 대상으로 경험한다. 그리고 자기 자신도 대상으로 취급한다. 자기 자신에게 탐닉한다. 일찍부터 만성적으로 자위 행위를 한다. 성적 파트너를 대상화한다.

인성의 발달이 고착됨 정서적으로 어린아이이다. 결핍된 것이 굉장히 많다. 충동을 조절하는 데 어려움이 있다. 애정과 사랑의 욕구를 아무리 채워도 채울 수가 없다. 신체학대가 일어났던 그 나이에 고착되어 버렸다.

매춘과 성적 분노 매춘부였거나 현재 매춘부다. 부모가 자신을 조종하고 신체적으로 이용했다. 이성에 대한 공공연한 또는 은밀한 경멸감을 가지고 있다.

지나친 경계심과 통제 상실의 두려움 항상 공격에 대비하고 있으며 과민하고 잘 놀란다. 갑자기 두려움과 공포가 밀려온다. 통제력을 잃어버릴까 봐 두렵다.

부모의 인정을 갈망함 아직도 부모의 인정과 사랑을 추구하고 있다. 그들을 기쁘게 할 것이라고 생각하는 일을 하지만 반복해서 실망만 하게 될 뿐이다.

수치심 인간으로서 부적절하고 흠이 있다고 느낀다. 어린 시절 당한 일에 대해서 자신이 그런 일을 당할 짓을 했다고 느낀다. 자신이 나쁘다고 생각하고 그 모든 나쁜 일을 당한 것이 마땅하다고 생각한다. 자기 파괴적이어서 어떤 때는 자기 몸을 불구로 만들려고 했던 적도 있다.

실제 또는 상상의 질병 오랫동안 많이 아팠다. 자주 병원에 가지만 여기저기 몸이 아픈 것에 대해서 어떠한 신체적인 원인을 찾을 수 없다는 의사의 말을 듣게 된다. 두통, 위통, 요통이 자주 있으며 사고도 자주 일어난다.

상호의존증 자신의 실체에 대한 감각이 별로 없다. 자신이 무엇을 느끼고 원하고 필요로 하는지 알지 못한다. 의사 결정을 하는 데 어려움이 있다. 다른 사람의 행동을 통제하려는 욕구가 매우 많다.

표출 행동 폭력적인 행동을 저지른다. 자신이 당한 대로 자녀들이나 다른 사람들에게 행한다. 가해자로서 또는 희생자로서 어렸을 때 당했던 일을 재연한다.

경계선 상실 매우 부적절한 신체적 경계선을 가지고 있다. 아무나 자신을 만지게 하거나, 반대로 아무도 만지지 못하도록 벽을 만든다. 원하지도 않으면서 성관계를 하고 원하지 않는 사람과도 성관계를 한다. 아니면 절대로 성관계를 갖지 않는다. 파트너로 하여금 자신을 신체적으로 학대하도록 허용한다.

희생자 역할 계속해서 결국 희생자가 되고 만다. 희생자가 되지 않을 수 없다고 느낀다.

부모에 대한 격앙된 분노 자신의 부모를 증오한다. 부모를 원망하며 그들이 자신에게 한 잘못에 집착한다. 몇 년 동안 얼굴도 안 본다. 부모를 학대하고 있다.

가해자 위치 사람들이 당신을 가해자라고 부른다. 배우자나 자녀를 때린다. 다른 사람의 권리를 침범한다. 법을 위반하고도 양심의 가책을 느끼지 않는다. 주변 사람들에게 화를 낸다. 공감하거나 동감할 수 있는 능력이 결여되어 있다.

경도의 만성적인 우울 평생 우울했다. 가끔 자살하고 싶다는 생각을 한다. 자신에게 삶의 방향을 바꿀 수 있는 힘이 없다고 믿는다.

외면화하기 삶에서 일어나는 대부분의 사건들이 외부에서 비롯되며, 자신이 어떻게 할 수 없다고 믿는다. 인생 자체가 해결될 수 없는 문제다.

악몽과 꿈의 억압 반복적으로 악몽을 꾸거나 전혀 꿈을 꾸지 않는다. 스크린에 어떤 장면이 순간적으로 나타났다가 사라지는 것처럼 때때로 어떤 기억의 영상들이 떠오른다. 이 기억의 영상들이 실제로 일어난 일인지 아닌지 결코 알 수 없다.

강박/중독 행동 중독자다. 강박적이고 충동적이다.

극단적인 분열 자신 안에 적어도 두 개의 인격이 있는 것을 경험한다. 밖에서의 당신과 집 안에서의 당신이 다르다. 아무도 당신이 그렇게 다르다는 것을 믿지 못한다. 여러 개의 인격을 가지고 있으며 자신의 정체성에 대해 혼란을 느낀다.

당신은 폭력에 대한 이러한 반응들이 뭔가 중복되어 있다는 것을 눈치챘을 것이다. 폭력을 당하는 것은 외상의 경험이다. 위에 나열한 증상들은 바로 외상 후 스트레스 장애의 증상들이다. 이러한 증상들은 희생자가 경험한 외상적인 학대의 종류에 따라서, 학대가 행해진 기간에 따라서, 그리고 진심으로 돌보아 준 사람이 있었는지 없었는지에 따라서 그 심각도가 달라진다.

성적, 신체적 폭력은 유기의 한 형태로서 매우 파괴적이다. 아이는 혼자 남겨진다. 아이는 자신의 부모 또는 돌보는 사람의 파렴치한 행위의 희생자다. 아이는 이용당하고 남용당한 것이다.

 요약

이 장에서 논의한 요점을 'PERSECUTED(학대받은)' 라는 단어를 사용하여 요약해 보겠다.

Physical Violation(신체 폭력－우리의 몸은 우리 존재의 근본이다)
  신체적, 성적 학대는 인간 존재의 근본을 침범하는 일이다. 우리의 신체 이미지는 가장 근본적인 경계선이다. 우리의 몸이 침범을 당하면 자기의 핵심이 상처를 받는다.

Extent of Incest and Sexual Abuse(근친상간과 성학대의 범위)
  성폭력의 일반적인 개념은 '공포 소설'류의 것으로만 알려져 있으며, 여러 가지 다른 형태의 성학대가 있다는 것을 알고 있는 사람들이 별로 없다. 이 장에서 우리는 성폭력의 네 가지 유형을 살펴보았다. 즉, 신체적 성학대, 공공연한 성학대(관음증, 노출증), 은밀한 성학대(언어, 경계선 침범) 그리고 정서적 성학대(세대 간의 연합)다.

Responds to Physical and Sexual Violence as Normal Behavior(신체적, 성적 폭력에 대한 정상적인 반응)

신체적, 성적 학대는 매우 외상적인 것이기 때문에 외상에서의 해리가 강하게 일어난다. 희생자는 폭력의 사건과 그에 대한 자신의 반응 사이의 연결을 잃어버린다. 희생자는 자신이 폭력에 대한 반응으로 하고 있는 행동을 본래 자신의 행동이라고 생각한다. 그리고 자신의 행동을 신경증적이고 미친 행동이라고 여기며 저주한다. 사실상 그것은 폭력에 대한 정상적인 반응이다. 학습된 무력감과 폭력에 연합하는 것은 이러한 분리 때문이다.

Setup for Physical and Sexual Violation as Normal Behavior (신체적, 성적 폭력을 정상 행동으로 보게 된 배경)

유해한 교육은 부모와 자녀 사이를 주종관계의 소유 개념으로 보도록 만들었다. 소유권에 대한 신념은 암묵적으로 신체적, 성적 학대의 가능성을 열어 놓았다.

Entire Family System Involved in Incest and Physical Violence(근친상간과 신체적 폭력에 연루된 전체 가족체계)

가해자의 배우자는 공모자의 역할을 하는 경우가 많다. 의식적으로 또는 무의식적으로 자녀를 희생자로 만드는 행동을 묵인하는 것이다. 가족의 모든 구성원들이 학대로 인하여 심각하게 영향을 받는다.

Checklists(점검 목록)

성적, 신체적 폭력에 대한 점검 목록은 희생자들이 자신이 당한 폭력과 그에 대한 자신의 자연스러운 반응을 연결할 수 있는 길을 제공해 준다. 희생자들은 목록에 나오는 반응 행동들을 점검해 보면서 자신에게 무슨 일이 일어났는지 발견할 수 있을 것이다.

Universality of Physical Abuse(신체 폭력의 보편성)

이 장에서 나는 여성과 아이들에 대한 폭력이 고대에서 시작되어 널리 퍼진 전통이라는 것을 지적하였다. 여성 운동의 성과에도 불구하고 여성 폭력은 아직도 광범위하게 계속되고 있다.

Typical Offenders(전형적인 가해자)

성적, 신체적 가해자의 일반적인 특성은 다음과 같다. 즉, 빈약한 자아상, 공감 능력의 결여, 수치심에 기초함, 자신이 희생자였던 경우가 많음, 아이들에게 거는 비현실적인 기대, 망상과 부인, 소외, 강박적 등이다.

Ego Defenses(자아 방어기제)

해리와 자아 방어기제에 대해 특별히 강조하였다. 이러한 방어기제는 희생자가 학대를 당했을 때 자신의 몸을 떠나도록 한다. 희생자는 감정을 차단시키고 신체적으로 무감각하게 되는 법을 배운다. 이는 희생자에게 강박적/중독적 행동을 하도록 만든다.

Denial-Keeping the Secret(부인-비밀 지키기)

신체적, 성적 학대의 희생자들에게 가장 큰 문제는 자신의 두려움, 상처, 분노를 표현할 수 없다는 것이다. 근친상간의 희생자들은 정말로 궁지에 몰려 꼼짝 못하게 된다. 그들이 말을 한다면 가족을 잃게 될 것이다. 신체적 학대의 희생자가 자신의 상처와 분노를 표현한다면 더 많은 학대를 받게 된다.

'나쁜' 아이

-정서적 학대 가족 안에서 당신의 자존감이
어떻게 손상되었는지 점검해 보기 위한 체크리스트

비판을 받고 자란 아이는
저주하는 법을 배우고,
미움을 받고 자란 아이는
싸우는 법을 배우며,
수치를 당하고 자란 아이는
수치스럽게 사는 법을 배운다.

-도로시 로 놀트(Dorothy Law Nolte)

모든 아이들이 가장 필요로 하는 것은 유아와 아동기 때 완전한 환경의 지지를 받다가 점점 성숙해서 자립을 하게 되는 것이다.

아이들은 성장하기 위해서 부모를 통해 좋은 모델, 관심, 시간, 가르침을 필요로 한다. 그리고 아이들은 자기가 느끼는 감정을 지지해 줄 사람이 필요하다.

또한 아이들은 여러 가지 방법으로 부모 자신들이 배우고 성장할 기회를 제공해 준다. 아이들이 각자 자신의 발달 단계를 거치는 동안, 부모들은 아이의 발달 단계와 관련하여 자신의 발달 과정에서 결여되었던 것들과 만나게 된다. 부모들에게 자녀의 유아기는 자신이 어떻게 유아기의 필요들을 채울 수 있었는지를 알게 해 주는 기회다. 아이들은 부모들에게 자기들도 한때는 풍성한 감성의 삶이 있었고 앞으로 다시 그렇게 할 수 있으리라는 것을 볼 수 있는 기회를 제공해 준다.

앨리스 밀러는 그녀의 저서 『당신 자신을 위하여: 자녀 양육에 숨겨진 잔인성과 폭력의 뿌리들(For Your Own Good: Hidden Cruelties in Child Rearing)』에서 다음과 같이 썼다.

아이들은 부모의 많은 정서적, 신체적 지지를 필요로 한다. 이 지지에는 다음과 같은 것들이 포함되어 있어야 한다.

① 아이에 대한 존중
② 아이의 필요에 대한 존중
③ **아이가 자신의 감정을 느낄 수 있도록 허용해 줌**(강조는 필자에 의한 것임)

④ 아이의 행동에서 기꺼이 배우고자 하는 마음

    a. 아이 개인의 본성

    b. 부모 자신 안에 있는 어린아이

    c. 정서생활의 본질. 이는 어른보다 아이들에게서 더욱 분명하게 관찰된다. 왜냐하면 아이는 어른보다 자신의 감정을 훨씬 강렬하고…… 위장 없이 경험하기 때문이다.[1]

이렇게 아이들에게 배우는 대신, 유해한 교육은 우리에게 아이들을 틀에 넣고 동물처럼 훈련시키도록 가르쳤다. 그리고 우리에게 아이들의 활기, 자발성, 감정 표현을 부수어 버리도록 요구하였다.

분노, 성, 감정의 에너지

우리는 순간마다 감정을 가지고 있다. 우리에게 감정만 있는 것은 아니지만, 감정은 우리를 있는 그대로의 삶과 생생하게 연결시켜 준다. 우리의 감정은 우리의 기본적인 힘들 중의 하나다. 감정은 마치 자동차의 연료 계기판과 같이 우리의 기본적인 욕구들이 채워지고 있는지를 계속 점검해 준다. 우리의 행복과 만족감의 정도는 우리의 기본적인 욕구들이 얼마만큼 채워지는가에 달려 있다. 우리가 감정에서 단절되면, 우리의 욕구가 무엇이며 그 욕구를

---

[1] Alice Miller, *For Your Own Good*, 100.

돌보아야 하는지 아닌지를 알 수 있는 방법이 없다. 우리의 감정을 부인하는 것은 우리의 활기찬 생명의 에너지를 부인하는 것이다.

나는 당신이 어떻게 해서 자존감을 잃어버려 왔는지 알 수 있도록 점검 목록들을 제공하고 있다. 이번에 제시하려는 목록은 모든 사람들에게 적용될 수 있을 것이다. 내 생각에 이 세상에 완벽한 부모는 없으므로 완벽한 어린 시절을 보낸 사람은 하나도 없기 때문이다. 정서 발달의 문제에서 유해한 교육은 분명한 입장을 가지고 있다. 그것은 강한 감정은 해로운 것이며 나약한 사람이나 느끼는 것이라는 것이다. 또한 강한 감정은 이성을 흐리게 하므로 반드시 억제되어야 한다는 것, 그리고 특별히 위험한 두 가지 감정은 분노와 성적인 느낌이다.

하지만 분노는 우리 힘의 핵심에 있는 에너지로서 꼭 필요한 것이다. 분노의 에너지가 없다면 우리는 무감각하고 다른 사람을 기쁘게 하려고만 하며 현관의 신발 털개처럼 될 것이다.

분노는 **감정**인데 종종 때리고 소리지르고 저주를 퍼붓는 **행동**과 혼동이 된다. 후자는 판단에 의해서 나오게 되는 행동이다. 그것들은 감정이 아니다. 분노의 감정은 사람을 보호하고 보존해 준다.

한편, 성적인 감정은 인류를 보존하고 번성하게 해 준다. 만약에 성적인 감정과 그에 따른 성숙하고 나이에 맞는 행동이 없다면 인류는 100년 이내에 멸종될 것이다.

감정은 움직이는 에너지(e-motion)다. 감정이 표현되지 않는다면 그 에너지는 억압된다. 에너지는 어디론가 가고 움직여야 한다. 감정의 에너지는 우리를 **움직이게** 한다. 우리는 소중한 것을 잃었을 때 눈물을 향하여 움직여진다(즉, 눈물을 흘리게 된다). 수치심을 느낄 때는 행동을 향하여 움직여진다(즉, 행동을 취하게 된다). 우리의 필요가 채워졌을 때는 기쁨을 향하여 움직여진다(즉, 기뻐하게 된다).

우리의 감정은 에너지의 형태를 가지고 있기 때문에 어떤 감정을 느끼기를 중단하려면 역 에너지를 일으켜야 한다. 근육의 긴장, 얕은 호흡, 벌받는 환상, 버림받음의 환상, 비판적인 혼잣말이 그런 것들이다. 이러한 긴장, 혼잣말, 얕은 호흡은 우리를 심리적으로 마비시키는 방법이다. 이렇게 여러 해가 지나가면 우리는 그야말로 더 이상 우리의 감정을 느낄 수 없게 된다. 심리적인 무감각은 중독이 태어나는 토양이다. 중독은 우리가 살아 있다는 것을 느낄 수 있는 방법이다.

알코올 중독 시절에 나는 맨정신일 때보다 술을 마셨을 때 훨씬 더 내가 제정신이고 살아 있다는 느낌이 들었다. 알코올이 근육을 이완시켜 주었기 때문에 나는 나의 감정을 느낄 수 있었다. 나는 기분이 아주 좋았다. 도취감, 황홀감은 우리가 종종 기능을 아주 잘하고 있을 때 느끼는 감정이다. 나는 술을 마셨을 때 살아 있는 것을 느꼈고, 맨정신일 때는 무감각하고 죽은 것처럼 느꼈다.

감정을 억압하는 것은 위기에 처해 있는 현대 문화의 가장 일반적인 증상인 듯하다. 중독과 가정 폭력에 관련된 오늘날의 문제는 그 뿌리가 감정생활의 부인과 억압에 있다. 이러한 감정의 억압은 어느 정도는 학교, 교회 그리고 법체계의 책임이기도 하다.

점성적 발달

인간의 발달은 점성적으로 일어난다. 이는 한 단계는 그 이전 단계 위에 세워진다는 뜻이다. 발달을 위해 준비가 되는 때가 있다. 때가 되면 근육이 발달하고 걷고 말을 한다. 약 18개월이 되면 아이들은 "싫어, 내가 할 거야."라고 말하기 시작한다. 3세 반 정도 되면 "왜?"라고 묻기 시작한다. 그리고 15세가 되면 사춘기가 되고 집을 떠나기 시작한다. 각 단계마다 위기를 겪는다. 각 위기는 성장의 기회일 뿐 아니라, 가장 상처받기 쉬운 시기이기도 하다.

적절한 때 적절한 연쇄 과정에 따라 발달 과업이 성취되지 않으면, 우리는 그 나이에 맞는 발달적인 힘을 갖지 못한 채 계속 나아가게 된다. 자아는 각 단계에 따른 발달의 위기를 적절히 해결한 결과로 힘을 얻게 된다. 위기가 해결이 되고 필요가 채워지면 자아는 힘을 가지고 자란다. 그러나 발달 과업이 성취되지 않으면 자아는 다음 발달 과업을 위해서 필요한 구조를 획득하지 못하게 된다. 이에 자아는 약해지게 되며, 필요가 전혀 채워지지 않을 경우 결국 무너지게 된다.

[그림 7-1]은 자아의 구조를 세 가지 모습으로 보여 준다. 이러한 자아의 구조는 이전에 나왔던 자아 경계선과 같은 것이다. 아이가 청소년기로 들어가기 위해서는 튼튼한 자아 경계선을 발달시킬 필요가 있다. 우리가 어린아이였을 때 정말로 어린아이일 수 있다면, 그제야 청소년기로 들어갈 수 있는 기반을 갖게 되며 계속 자

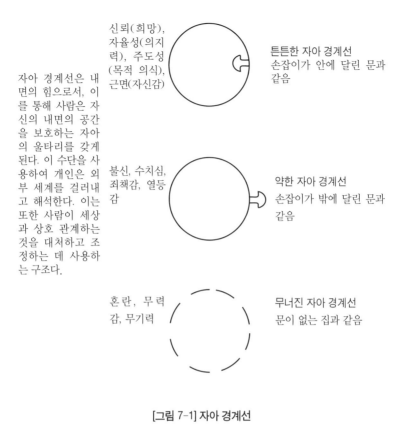

자아 경계선은 내면의 힘으로서, 이를 통해 사람은 자신의 내면의 공간을 보호하는 자아의 울타리를 갖게 된다. 이 수단을 사용하여 개인은 외부 세계를 걸러내고 해석한다. 이는 또한 사람이 세상과 상호 관계하는 것을 대처하고 조정하는 데 사용하는 구조다.

신뢰(희망), 자율성(의지력), 주도성(목적 의식), 근면(자신감)

튼튼한 자아 경계선 손잡이가 안에 달린 문과 같음

불신, 수치심, 죄책감, 열등감

약한 자아 경계선 손잡이가 밖에 달린 문과 같음

혼란, 무력감, 무기력

무너진 자아 경계선 문이 없는 집과 같음

[그림 7-1] 자아 경계선

라서 어른이 되는 것이다. 반대로 **우리가 어린아이였을 때 어린아이가 될 수 없었다면 우리는 성인아이가 된다.** 튼튼한 자아 경계선은 집 주인에 의해서만 안에서 열릴 수 있는 문과 같다. 약한 경계선은 자물쇠가 없어서 밖에서도 열 수 있는 문과 같다. 무너진 자아 경계선은 문이 하나도 없는 집과 같다.

어른이 아이를 정서적으로 학대하게 되면 아이가 보고 생각하고 느끼는 것을 어른 마음대로 하게 된다. 그럴 경우 아이의 발달 과업이 이루어지지 않은 채 남게 되며, 약한 자아와 약하거나 무너진 자아 경계선이 만들어진다.

정서적인 학대는 심리적인 구타다. 심리적인 구타는 모든 형태의 학대를 포함하고 있다. 희생자가 신체적 또는 성적 학대를 받게 되면 심리적으로도 구타당하지 않을 수 없기 때문이다. 정서 폭력은 모든 종류의 학대와 관련이 있으며, 이로 인하여 발달 단계에 따른 의존의 욕구가 무시당하게 된다.

반영, 모방, 긍정

아이가 아주 어렸을 때는 따뜻하고 애정 어린 사람이 곁에 있어 주면서, 자신을 거울처럼 비춰 주고 자신의 소리를 흉내내어 주며 자신을 긍정해 주는 것을 필요로 한다. 아이는 생후 15개월 동안 이 기간은(공생애 단계라고 불린다) 자기를 비춰 주고 받아들여 주는 눈이 필요하다. 돌보아 주는 사람의 눈 속에 있는 것이 무엇이든 아이의 정체성의 핵심이며 토대가 된다.

앨리스 밀러는 유아 내부의 감각이 아이의 자기의 핵심을 형성한다고 주장했다. 아이가 최초로 감지하는 것은 아이에 대한 엄마의 감정이다. 아이는 아직 말을 모르기 때문에 모든 것이 느낌에 달려 있다. 자기에 대한 이러한 초기의 느낌들이 핵심이 되어 그것을 통해 아이의 자존감이 형성된다. 아이의 이러한 초기 욕구를 '**건강한 자기애적 욕구**(Healthy Narcissistic Need)'라고 부른다. 부모가 자신의 자기애적 욕구를 한 번도 채우지 못했다면 **자녀들을** 자기애적 만족을 채우기 위한 대상으로 **이용**하게 될 것이다. 이러한 경우 아이는 자신이 생존하기 위해서 부모의 정서적 필요를 돌보아야만 한다는 것을 아주 어렸을 때부터 직관적으로 알게 된다.

그웨넬라는 자신이 태어나기 1년 반 전에 죽은 오빠에 대한 엄마의 슬픔을 돌보기 위해 태어났다. 그녀는 자기가 웃고 행복한 척하는 것이 엄마를 행복하게 한다는 것을 배웠다. 그웨넬라는 미소를 지으며 행복해하는 모습으로 상담에 나타났지만 그것은 완전히 거짓이었다. 그녀는 지난 18년 동안 코카인 중독에 빠진 남편을 돌보며 끔찍한 결혼생활을 해 왔다. 그녀의 두 아이는 모두 마약에 빠져 문제를 일으키고 있었다. 그녀는 미소짓고 있던 '햇빛 같은 작은 성모 마리아'의 가면을 벗게 되자 대성통곡을 하였다.

신체 접촉, 따뜻함, 스트로크, 소속, 애착

아이를 돌보는 사람이 자신의 감정을 막고 있고 자신의 자발성과 따뜻함에서 차단되어 있다면, 아이는 필요한 신체 접촉을 가질 수 없게 된다. 아이는 만져 주어야만 따뜻한 접촉의 느낌을 형성할 수 있다. 몇몇 심리학적 모델에서는 신체적 접촉을 '스트로크(Stroke)'라고 부르기도 한다. 우리는 따뜻한 접촉을 통해서 신뢰할 수 있고 의지할 수 있는 누군가가 바깥 세상에 있다는 것을 알 수 있다. 그래서 자신의 의존의 욕구들을 채울 수 있을 것이라는 희망을 갖게 된다. 우리가 감정이 살아 있는 사람의 손길과 따뜻함을 느낄 수 있다면 신뢰감을 가지고 인생을 시작할 수 있다. 우리는 세상이 친근하고 따뜻하다고 믿게 된다. 그리고 우리의 욕구들을 채워 주기 위해 곁에 있어 주는 사람을 의지하게 된다. 돌보는 사람이 정서적으로 우리와 함께 있어 주지 않는다면 차가움을 느끼게 되고 세상을 믿지 못하게 된다. 그래서 계속 나아가기 위해서는 연결의 환상을 만들어 낼 수밖에 없게 된다.

신체적인 접촉을 해 주지 않으면 어린 유아는 실제로 죽을 수도 있다. 우리가 성장함에 따라 신체적 스트로크와 더불어 정서적 스트로크도 필요로 하게 된다. 정서적 스트로크는 관심을 보여 주고, 높이 평가해 주고, 가치를 인정해 주고, 발달의 성취에 대해 성원을 보내는 것을 말한다.

우리가 건강한 방법으로 주어지는 이러한 스트로크를 받지 못한다면 그것을 얻기 위해서 무슨 짓이라도 하려고 들 것이다. 스트로크는 우리의 **기본적인** 필요다. 우리의 몸이 음식을 필요로 하는 것처럼, 우리의 심리에서 스트로크는 필수적이다. 아이들이 건강한 방법으로 스트로크를 얻지 못하게 되면, 건강하지 않은 방법으로 그것을 얻으려고 하게 될 것이다. 그러한 아이를 따로 **추려내어** 나쁜 아이라고, 문젯거리라고, 가족의 실패작이라고 한다면 그것은 잘못된 것이다.

자기됨, 자기 존중, 자기 수용, 자기실현

우리는 특별한 사람으로서 소중히 여김을 받아야 한다. 우리를 돌보는 사람과 상호관계를 하면서 그의 눈에서 우리 자신을 전체적으로 볼 수 있어야 한다. 우리의 모든 감정들, 필요들, 충동들이 우리를 돌보는 사람을 통해 메아리쳐 우리에게 돌아와야만 우리 자신에 대한 감각을 가질 수 있고 내면의 통합이 일어난다. 만약 우리의 어떤 부분은 받아들여지고(깔깔거리고 킥킥 웃을 때) 어떤 부분은 거절을 당한다면(짜증내고 큰 소리로 울 때), 거절받은 부분은 쪼개져 나간다. 우리가 자신 안에서 그러한 부분들을 느낄 때마다 우리 안의 내면화된 부모의 눈과 목소리가 그것들을 거절하게 된다. 이렇게 거절당한 자신의 부분들(주로 성적 느낌, 분노, 공격성)은 지하에 숨어 작동을 한다. 그것은 우리의 의식 밖에서 계속해서 자라며 자체의 생명력과 힘을 갖게 된다.

예를 들어, 분노가 예고도 없이 폭발할 수 있다. 사람들은 종종 "오늘 내게 무슨 일이 일어난 건지 모르겠어." 또는 "오늘 내가 제정신이 아니야." 하고 말한다. 이는 자제심과 통제력을 잃었다는 뜻이다. 슬픔과 두려움의 경우도 마찬가지다.

어렸을 때 나는 화내는 것이 금지되었다. 화를 내는 것은 지옥으로 떨어지는 7대 죄악 중 하나였다. 가톨릭 수녀 한 분이 지나가다가 폐병 환자의 엑스레이를 보고 우리가 죄를 지으면 우리의 영혼이 저렇게 된다고 (물론 좋은 의도를 가지고) 말해 주었다. 그때 나는 다시는 화를 내지 않기로 스스로 맹세하였다. 나는 강제로 **착한 아이**가 되어야 했다. 나는 길 아래쪽에 살던 생쥐 같은 놈과 늘 비교(수치심을 주는 하나의 방법)를 당했다. "왜 너는 그 애처럼 못하니?"라는 말을 들어야 했다. 그 아이는 실제로는 차고에 불을 질렀지만 어른들 사이에서는 **성자**였다.

또한 나는 다른 남자 아이들과 마찬가지로 "사내대장부는 울지 않는다.""겁내지 마라. 아무것도 겁낼 것이 없어."라는 말을 들으며 자랐다.

마음이 즐거울 때도 나는 너무 오랫동안 즐거워하면 안 되었다. 왜냐하면 라틴 아메리카에는 굶주린 아이들이 있었기 때문이었다. 만약 당신이 즐거워할 수도, 화를 낼 수도, 슬퍼할 수도, 두려워할 수도 없다면 당신은 문을 닫아야만 할 것이다. 당신의 진짜 자기는 문이 닫히고 거짓 자기가 만들어진다. 거짓 자기는 부모의 필요와 체계의 균형을 위한 은밀한 필요를 돌보게 된다.

아이는 자기 자신의 감정들을 경험할 수 있도록 허락될 때 적절한 발달 과정을 통해 개별화될 수 있다. 그러나 부모의 감정을 돌보는 데 아이가 이용된다면, 아이는 자기 자신의 감정과의 접촉을 잃어버리고 자신의 감정을 증명하기 위해 다른 사람들에게 의지하게 될 것이다.

자율성, 차이, 공간, 분리

아이들은 다른 사람과 달라야 할 필요를 가지고 있다. 그들에게는 신체적인 공간에 대한 필요가 있다. 사실상 신체적인 공간에 대한 필요는 신체적 경계선의 기초다. 내 아이들은 어떤 일을 할 때, 내가 그들에게 본을 보이거나 시키는 대로 한 적이 절대로 없었다. 그들은 자기 나름대로의 방법으로 하였다. 그래서 때로는 좌절감을 느꼈지만 하나님과 자연의 이치가 본래 그렇게 만들어 놓은 것이다.

개인은 고유하고 독특하며 어느 누구와도 비교될 수 없다. 개인은 개별화, 자율성, 차별성이라는 기본적인 필요를 가지고 있다. 이러한 필요는 생후 15개월 정도에 나타난다. 이것이 분리로 향하는 긴 여정의 시작이다. 엄마와 하나 되었던 공생애 단계를 지나고 나서 우리는 분리를 시작한다.

견고한 자신이 되기 시작할 때 두드러지게 나타나는 두 가지 무서운 말이 있다. 이 단계에서 아이들은 자기 이름이 '하지 마.' 인줄 안다. 그리고 아이들은 '싫어.' 라고 말하기 시작한다. 이 말은 좋은 말이다. 이때 자연의 이치와 하나님이 만드신 대로 아이들이 '싫다' 고 말할 수 있도록 허용해 준다면 지금처럼 이렇게 성추행을 당하는 아이들이 많지 않을 것이고, 10대 아이들에게 '싫어.' 라고 말하도록 가르치기 위해서 전국적인 캠페인을 벌이지 않아도 될 것이다.

어린이 성추행자는 사냥감을 쫓는 사냥꾼과 같다. 어린이 성추행으로 유죄 판결을 받은 한 사람은 놀이터에서 노는 아이들 중에 가장 결핍이 많고 가장 순종적인 아이들을 찾아내는 법을 잘 알고 있었다고 말했다.

자율성의 단계에서 나타날 수 있는 가장 큰 위험은 수치심이다. 아이는 수치심과 의심을 배울 필요가 있다. 이것들은 중요한 한계를 정해 준다. 수치심은 우리가 유한하다는 것을 알게 해 주는 감정이다. 수치심은 우리가 실수를 하게 될 것이고 실수를 해도 괜찮다고 말해 준다. 그리고 우리는 전능하지 않으며 도움이 필요하다는 것을 알게 해 준다. 수치심은 어린아이의 전능하고자 하는 의지력을 완화시킨다. 그러나 지나치게 수치를 당하게 되면 아이는 오히려 자신의 의지를 행사하려 하게 되고, 자신을 거스르는 주위 환경을 조종하려 하게 된다. 심리학자 에릭슨은 『아동기와 사회

(Childhood and Society)」에서 다음과 같이 쓰고 있다.

> 그는 지나치게 자신을 통제하려고 할 것이다. 그의 양심은 너무 조숙하게 발달할 것이다. 어떤 상황을 통제하려 할 때 의도적인 반복을 통해서 상황을 테스트 해 보려고 하는 것이 아니라 자기 자신의 반복적인 행동 패턴에 집착하게 될 것이다. …… 그는 완고하고 세심하게 통제함으로써 힘을 얻는 법을 배우며 …… 이런 공허한 성공은 유아적인 것으로서 강박적 신경증을 만들게 된다. 또한 이것이 근원이 되어 장차 정신보다는 조문(條文)으로써 지배하고자 시도하게 될 것이다.[2]

이 단계의 부모들은 지나치게 통제적이고 완벽주의자가 될 위험성이 있다. 부모가 완벽주의자이면 대를 이어 순환되는 패턴이 생기게 된다. 강박적이고 통제적인 부모는 아이에게 수치심을 심어 준다. 그리고 그 아이는 자라서 강박적이고 통제하려 하며 미성숙한 내면의 아이를 가진 어른이 된다.

수치심은 모든 종류의 버림받음에서 기인한다. 실제의 신체적인 유기도 수치심을 심어 준다. 내가 어렸을 때 아버지는 결코 나와 함께 있어 주지 않았다. 나는 나 자신을 아버지가 시간을 내 줄 만한 가치가 없는 사람이라고 느꼈다. 지금까지 우리는 신체적, 성적 학대가 어떻게 해서 수치심을 심어 주었는지 살펴보았다. 모든 형태의 심리적 학대도 수치심을 준다. 즉, 소리지르는 것, 꼬리표 붙여 부르는 것, 욕, 비판, 판단, 놀림, 모욕, 비교, 경멸 등의 모든 것들이 수치심의 원천이다. 수치심에 기초한 부모는 수치심의 본보

---

2 Erik Erikson, *Childhood and Society*, 252.

기다. **수치심에 기초한 부모가 어떻게 자녀에게 자신을 사랑하는 법을 가르칠 수 있겠는가?**

수치심의 가장 파괴적인 면은 수치심이 감정으로 있다가 어떤 과정에 의해서 존재의 상태, 즉 **정체성**이 되어 간다는 것이다. (이 과정에 대한 자세한 설명은 나의 책 『당신을 묶고 있는 수치심의 치유(Healing the Shame That Binds You)』를 보기 바란다.) 우리의 감정들, 필요들, 충동들이 수치를 당할 때 수치심이라는 감정은 정체성이 된다. 어떻게 우리의 감정이 수치를 당하는지에 대해서는 앞에서 논의하였다. 분노는 중대한 죄라고 배웠기 때문에 나는 화가 날 때마다 창피했다. 그렇게 나의 분노는 수치심에 묶이게 되었다. 이 말은 내가 화가 날 때마다 수치심을 느끼게 되었다는 뜻이다. 그리고 두려움, 슬픔, 즐거움도 마찬가지였다.

내가 자라난 체계에서 수치심 없이 느낄 수 있는 유일한 감정은 죄책감이었다. 죄책감은 중요한 감정이다. 건강한 가족체계에서는 **죄책감**이 양심을 형성한다. 죄책감은 가족 구성원들에게 스스로 책임을 지게 한다. 죄책감은 발달 과정상 수치심보다 늦게 발달한다. 이는 내면화된 규칙들을 전제로 하고 있다. 죄책감은 개인적인 가치관을 위반했을 때 느끼는 후회의 감정이다. 그리고 수치심은 자기 자신에 대한 부적절감이다. 죄책감은 행동의 감독자며, 수치심은 자기 존재의 감독자다.

죄책감이 유독하다면 그것은 상호의존증의 가면이다. 유독성 죄책감은 역기능적인 밀착된 가족체계 안에서 일어난다. 그러한 체계 안에서는 개인이 닫힌 체계의 균형을 유지하기 위하여 경직된 역할을 하며, 체계에 충성을 바쳐 거짓 자기 역할을 수행하기 위해서 자신의 독특함을 포기한다. 사실상 역기능 가족에서는 체계를 떠나고, 경직된 역할을 포기하고, 개별화하고, 분화하고, 독특해지고, 다른 사람과 달라지려고 하는 어떠한 시도도 분노와 거절을 만나게 된다. 만성적인 역기능 가족 안에 있는 사람은 독특한 자기 자신이 되려고 시도할 때 죄책감을 느낀다. 이와 같은 신경증적인 죄책감은 역기능 체계의 증상이라는 것을 알아야 한다.

역기능 가족 안의 개인들은 가족을 위해 존재한다. 가족이 개인을 위해 존재하는 것이 아니다.

내면화된 수치심은 또한 당신의 충동들이 수치를 당하는 것에서 비롯된다. 호기심 많은 세 살짜리 아이는 자신의 신체의 각 부분을 발견하기 시작한다. 우리는 다음과 같은 시나리오를 상상해 볼 수 있을 것이다.

어느 날 어린 파쿠아는 자기 코를 발견하였다. 그가 '코'라고 하자 엄마는 몹시 기뻐하였다. 엄마는 할머니를 불러서 파쿠아에게 다시 한번 해 보라고 한다. 그는 자랑스럽게 대답하고 스트로크를 많이 받는다. 그 다음에 그는 귀를 발견했고 똑같은 반응을 보았다. 팔꿈치, 손가락, 배꼽……다 마찬가지였다. 그러던 어느 주일날, 모든 가족이 거실에 있는데(아마도 심방을 오신 목사님까지 있는 자리에서) 그는 자신의 생식기를 발견하였다. 어린 마음에 그는 '코라고 했을 때 모두 좋아했으니까 이번에는 더 좋아하겠지.' 하고 생각한다. 그러나 그렇지 않았다. 어린 파쿠아가 방에서 그렇게 빨리 쫓겨나기는 처음이었다. 엄마 얼굴에서 그렇게 심한 불쾌감을 본적이 없었다. (똥을 침실 벽에 묻혔을 때도 그 정도는 아니었다.) 그는 알아차렸다. '이 가족 안에서는 생식기란 없는 거야.' 그 순간부터 그의 성적인 느낌과 충동은 수치스러운 것이 되었다. 그의 성 (sexuality)은 비밀스럽게 숨겨져 있어야만 했다. 그것은 절대로 개방적이고 자발적이고 생생한 가족생활의 일부가 될 수 없는 것이었다. 매스터즈(Masters)와 존슨(Johnson)은 결혼한 부부 중 68%가 성적으로 기능부전이라는 것을 발견했다. 우리는 왜 그럴까 의아해한다. 20년 동안 성을 완전히 비밀리에 감추고 있는(또는 아무것도 아닌 것처럼 무시하는) 가족에서 살던 사람들이 어떻게 결혼해서 개방적이고 생생한 성생활을 갖기를 기대할 수 있겠는가? 많은 사람들은 부도덕한 관계에서만 성적으로 흥분한다. 합법적이고 정당한 관계에서는 흥분이 사라져 버린다. 이 얼마나 비극인가! 아마도 인간의 충동 중 가장 수치스럽게 여겨지는 것이 **성욕**일 것이다.

어린아이들은 또한 자신의 공격적인 충동으로 인해 수치를 당한다. 아이들이 법석을 떨면 저지를 당한다. 아이들이 탐구하고 배우려 하는 호기심과 욕구를 가지고 있을 때도 저지를 당한다. 용변 훈련을 할 때 배설하고자 하는 욕구마저 종종 수치를 당하게 되면, 아이들은 화장실에서 물을 틀어 놓아 아무도 용변을 보고 있다는 것을 알지 못하도록 (내가 그랬던 것처럼) 하려고 들 것이다. 만약에 내가 대중 앞에서 갑자기 대변을 보고 싶어지면 어쩔 것인가. 맙소사! 그것은 정말 엄청난 재앙이다. 일단 **충동들이 수치스러운 것이 되면**, 자연스러운 욕구와 충동을 느낄 때마다 수치심도 함께 느끼게 된다.

다른 모든 욕구들도 마찬가지다. 곁에 당신을 만져 줄 사람이 아무도 없는데 당신이 누군가 가까이 있어서 자신을 만져 주기를 원하는 것을 부끄럽게 생각하고 있다면, 당신은 신체 접촉의 필요를 느낄 때 수치심을 느낄 것이다. 많은 남자들이 누군가 자신을 안아 주고 만져 주기를 원하는 자기 자신에 대해서 부끄럽게 생각하고 있다. 그들은 자신이 어떤 욕구를 갖고 있다는 것에 대해 수치를 느끼기 때문에, 그러한 욕구가 올라오면 그 욕구를 다른 사람에게 투사하거나 전환하는 방어기제를 사용한다. 사내 대장부는 아무것도 필요한 것이 없어야 하기 때문이다.

많은 남자들이 누군가 가까이 있어 주고 만져 주기를 원하는 욕구를 성욕으로 전환시킨다. 그들은 **애정의 욕구를 성적인 것**으로 만든다. 그들은 직장에서 집으로 돌아왔을 때 누군가 가까이 있어 주고 따뜻하게 해 주기를 원한다. 그럴 때 그들은 성욕을 느낀다고 말한다. 여자들은 성욕을 느끼는 것을 부끄럽게 여긴다. 그들은 자신의 **성적인 욕구를 애정의 욕구**로 바꾼다. 그들은 가까이 있고 껴안으면서 성적인 느낌을 갖기 시작한다. 그럴 때면 그들은 수치심을 느끼고 감정을 단절시킨다. 모든 욕구가 수치스러운 것이 된다. 만일 어떤 사람이 진정한 자기 자신이 될 수 없고 누구도 정말로 그 사람을 위해서 곁에 있어 주지 않는다면, 그 사람이 가지고 있는 모든 감정, 필요, 욕구들은 잘못된 것이 되어 버린다.

즐거움, 고통, 자극

아이들에게는 즐거움과 재미가 필요하다. 그들은 나이에 맞는 도전을 통하여 자극을 받을 필요가 있다. 또한 **아이들은 마땅히 겪어야 할 고통을 경험할 필요가 있다.** 지나치게 허용적이고 지나치게 부드러운 부모들은 아이가 살면서 겪어야 하는 적절한 양의 고통을 경험할 기회를 주지 않음으로써 아이를 버리고 학대한다. 고통은 성장을 가져다 주며 지혜를 마음에 새겨 준다. 시인 칼릴 지브란(Kahlil Gibran)은 "슬픔이 당신의 존재를 더 깊이 파내려갈수록 그 안에 더 많은 즐거움을 저장할 수 있다."라고 하였다. 학대는 아이를 성장과 용기와 지혜의 근원에서 분리시킨다.

동전의 양면과 같이 지나치게 완벽주의적이거나 지나치게 가혹한 부모는 자녀들에게서 아이의 권리인 재미, 웃음, 자발성을 빼앗는다. 엄격하고 권위주의적이며 종종 엄숙한 종교적인 부모는 생기 있고 자연스럽게 일어나는 이러한 감정들을 가로막는다. 그런 가족 안에서 자란 아이들은 어린 시절의 즐거움을 빼앗겨 버리게 된다.

의지할 수 있음, 예측할 수 있음

아이들은 의지할 수 있는 부모를 필요로 한다. 그들이 자신의 한계를 시험해 보는 동안 부모는 곁에 있어 주고 지지해 주어야 한다. 자신의 한계를 시험해 보는 일은 정체성 형성을 위해 반드시 필요한 것이다. 그렇게 하려면 아이는 매우 건강하고 튼튼한 사람의 등에 기대어 앞으로 나아갈 수 있어야 한다.

예를 들어, 두 살 된 아이가 세상 탐구와 자율성을 위해 모험을 시작할 때는 돌보아 주는 사람이 거기 있어 주어야 한다. 아이는 "내가 할 거야."라고 말하겠지만, 엄마가 방을 나가면 아이는 엄마를 뒤따라가서 엄마가 보이는 곳에서 하던 일을 계속할 것이다. 아이는 자신의 경계선과 자기 정체성을 찾되, 안전한 한계 안에서 할 수 있어야 한다. 청소년 시기를 지나는 동안에도 마찬가지다. 청소년은 새로운 실험을 하게 되지만, 매우 튼튼한 정체성을 가진 엄마와 아빠가 10대인 그의 곁에 있어 주는 것을 필요로 한다. 만약 아빠가 자신의 결핍 때문에 아빠가 해 주는 모든 것에 대해서 아들이 얼마나 감사하는지 표현해 주기만을 원하고 있다면, 아들은 아빠의 욕구를 돌보느라 **자신의 정체성 형성을 중단**해야만 할 것이다.

의존의 욕구는 예측 가능과 의미에 대한 욕구다. 아이는 부모가 예측 가능한 태도로 자신을 위해 곁에 있어 주는 것을 필요로 한다. 만성적으로 역기능적인 가족의 아이들은 다음에 무슨 일이 일어날지 전혀 예측할 수가 없다. 아빠는 술에 취하거나 술 때문에 집에 안 들어올 수 있다. 엄마는 신경질적이 되거나 신체화 증상을 일으킬 수 있다. 아이들은 살얼음판을 걷는 것 같을 것이다. 아이들은 그 다음에 무슨 일이 일어날지를 전혀 알 수가 없다. 분노 중독인 아빠는 전혀 예측할 수 없을 때 분노를 터뜨린다.

성인아이인 부모들은 종종 자신의 대체물로서 자녀를 이용한다. 아이는 어른으로서의 부모의 욕구와 아이로서의 부모의 욕구를 동시에 돌보는 대상이 될 수 있다. 그런데 종종 이 욕구들은 서로 모순된다.

이러한 분위기에서는 아이들이 자기 자신의 감정, 필요, 욕구를 돌볼 수 있는 시간이 없다. 아이들은 매우 경계심이 많아진다. 가족 안에서 다음에는 무슨 일이 일어날지를 계속해서 경계하고 살펴야만 한다.

나쁜 아이들이란 없다. 아이들은 본래 소중하고 독특하고 그 누구와도 비교할 수 없는 존재로 태어난다. 우리는 모든 아이들이 좋은 어린 시절을 보낼 수 있는 권리를 가질 수 있도록 아이들을 보호해 주기 위해 싸워야만 한다.

나는 모든 사람이 항상 선하고 순수하게 남아 있을 거라고 믿지는 않는다. 나는 우주 안에 악이 존재하는 것이 분명한 사실이라고 믿는다. 사람들은 악해질 수 있다. 그러나 건강한 정서환경 가운데서 자랄 수 있는 아이들이 더 많아진다면 세상의 악은 훨씬 더 줄어들 것이다.

아이들은 생애 초기에 그들 위에 놓인 도덕의 잣대 때문에 혼란스럽다. 우리는 때로 두 살짜리 아이에게 '착하게' 굴었는지 '나쁘게' 굴었는지를 물어보곤 한다. 우리는 그들이 우리 마음에 들면 착한 아이라고 하고, 마음에 들지 않으면 나쁜 아이라고 한다. 이러한 구별은 부모의 투사일 수 있다. 이는 교육이 가지고 있는 도덕의 전제 조건에서 나온다.

하버드 대학교의 심리학자인 로렌스 콜버그(Lawrence Kohlberg)는 어린아이의 도덕성 발달에 대해 많은 연구를 하였다. 그의 연구는 50년 동안 어린아이들의 인지 작용을 연구한 장 피아제(Jean Piaget)의 기념비적인 업적 위에 세워졌다. 피아제는 인지 발달의 단계에 관한 연구 자료들을 보여 주는 12권의 책과 100편 이상의 논문을 썼다. 콜버그의 자료들은 다음과 같은 것을 제시해 준다.

태어나서 7세까지의 아이들은 도덕 이전의 상태다. 자기가 원하고 좋아하는 것은 옳은 것이다. 아이들이 7세가 되면 논리적으로 생각할 수는 있으나, 그 논리는 구체적이고 문자적인 것에 한정되어 있다. 적절한 도전을 주면 아이들은 자기가 원하고 좋아하는 것이 옳다는 생각에서 떠나 일종의 구체적인 호혜성(서로의 등을 긁어 주는 것과 같이 서로에게 돌아오는 이익을 생각함)의 수준에 이르게 된다. 청소년기가 되어서야 이타적인 생각을 할 수 있게 된다. 그러나 청소년기의 도덕감은 다른 사람들의 동조 여부에 의해 지배를 받는다. 그 이후에 가서야 옳은 일은 본질적인 가치가 있다는 것을 생각할 수 있는 능력이 생긴다. 이러한 도덕적인 사고의 수준에 이르러서야 비로소 옳은 것이 옳기 때문에 옳은 일을 하게 된다. 즉, 자신이 고수하고 있는 원칙과 신념 때문에 옳은 일을 하게 된다. 이러한 생각의 수준에 이르려면 25년은 걸린다. 콜버그에 의하면, 이 수준에 결코 도달하지 못하는 어른들이 많다.[3]

옳은 본을 보이며 반사회적 행동에 대해서 확고하게 대처하는 행동을 보여 주는 부모가 때리고 벌주는 부모보다 아이들에게 훨씬 더 안정된 도덕적 토대를 제공해 준다. 생후 초기 7년 동안 아이들에게 '나쁜 아이'라는 꼬리표를 붙여 주는 것은 아이의 자기 가치감을 손상시킨다. 아이들을 나쁘다고 하고 그들이 나쁘기 때문에 때리고 벌을 주는 것은 수치감을 가져온다. 수치심에 기초한

---

3 콜버그의 단계에 대한 설명은 다음을 참고하기 바란다. Lawrence Kohlberg, *Essays on Moral Development*(San Francisco: Harper and Row, 1981), vol. 1.; Thoma, Lickona, *Educating for Characters*(New York: Bantam Books, 1991), 243.

사람들은 자신이 인간으로서 흠이 있고 불완전하다는 느낌을 가지고 있다. 사람들을 비도덕적으로 만드는 것이 있다면 그것이 바로 **수치심**일 것이다.

체크리스트 ··

정서적 학대 가족 안에서 당신의 자존감이 어떻게 손상되었는지 점검해 보기

	예	아니요
• 버림받음에 대한 두려움		
• 부인과 망상		
• 미분화된 감정		
• 외로움과 소외		
• 강박적 사고		
• 강박적/중독적 행동		
• 높은 수준의 불안		
• 친밀감 문제		
• 애정과 에너지의 상실		
• 수치심에 묶인 충동들과 필요들		
• 분노/죄책감의 순환		
• 수치심에 묶인 감정		
• 감정 표현을 말하지 않기 규칙		
• 지나친 통제		
• 거짓 자기		
• 공허감과 자기애 박탈		
• 조종과 게임		
• 지나친 자기 방임과 지나친 순종		
• 공포와 괴롭힘		
• 만족을 모르는 내면아이		
• 지나친 완벽주의, 엄격함, 권위주의		
• 결핍과 욕구		
• 신체학대와 성학대		

• 정서적 대처 능력과 대화 기술	
• 정서적 경계선의 침범	
• 내면화된 분노, 슬픔, 공포, 즐거움, 수치심, 죄책감	
• 가해자/희생자 모호성	
• 내면의 자기일치의 상실	
• 다른 사람의 감정 돌보기	
• '현재' 공포증	
• 나쁜 본을 통해 타락한 성품	
• 감정의 억제(극적인 분출이 있을 수도 없을 수도 있다)	

다음에 나오는 정서적 폭력 가족의 성인아이들을 위한 점검 목록을 살펴보라. 그리고 이 목록을 사용하여 정서적 학대 가족 안에서 당신의 자존감이 어떻게 손상되었는지 점검해 보기 바란다.

버림받음에 대한 두려움 분리를 힘들어 한다. 어떤 사람과 계속해서 관계하는 것이 더 이상 건강한 행동이 아닌데도 그 관계를 끊지 못하고 그냥 머물러 있다. 무엇을 축적해 두고 그것이 사람이든 물건이든 놓아버리지를 못한다.

부인과 망상 원가족과 연결의 환상으로 묶여 있다. 부모가 제대로 부모 역할을 하지 못했을 거라는 생각을 부인하고 부모를 옹호한다. 부모를 기쁘게 하려고 애쓰며 그들의 사랑을 받으려고 매달린다. 그러나 아무리 애써도 항상 충분하지 않다.

미분화된 감정 자신이 무엇을 느끼는지 모른다. 감정을 표현할 줄 모른다. 화가 날 때 울고, 두려울 때 화를 낸다. 감정을 신체화한다. 몸이 이상하게 많이 아프다. 다른 사람들을 통해 감정을 느낀다.

외로움과 소외 단절되어 있으며 때로 어떤 상황이 현실이 아닌 것처럼 느껴질 때가 있다. 외롭고 전혀 소속감을 느낄 수 없다.

강박적 사고 다른 사람들이 지루해할 정도로 자세하게 설명을 한다. 너무 많이 일반화하며 중동 분쟁, 정부, 인플레이션 등 당신이 어떻게 할 수 없는 일에도 집착을 한다. 작은 일에 집착하고 과도하게 생각하며 걱정한다. 너무 많은 생각을 하면서(지적 추구, 설명, 분석) 문제가 생기면 행동을 취하기보다는 검토만 한다. 자신의 문제에 관해 항상 골똘히 생각하며, 자기가 왜 그런지 알려고 애쓴다.

강박적/중독적 행동 감정을 바꾸기 위해서 도취감을 갖게 해 주는 종류의 물질을 사용한다. 자신의 감정에서 주의를 분산시킬 수 있는 활동을 한다.

높은 수준의 불안 만성적으로 불안을 느낀다. 무엇이 두려운지 확실하지도 않으면서 최악의 경우를 상상한다. 재앙을 예상한다.

친밀감 문제 누군가와 가깝게 느끼기 시작하면 일부러 그 관계를 망쳐 버린다. 무감각한 사람에게 끌린다. 누군가와 가까워질 수 있게 되면 곧 흥미를 잃는다. 하지만 일단 관계가 깊어지면 그 관계에 매달린다.

애정과 에너지의 상실 사람들은 당신이 차갑고 기계적이라고 생각한다. 일치가 되지 않는다. 즉, 말로는 행복하고 흥분되고 화가 난다고 이야기하지만, 전혀 행복하고 흥분되고 화가 난 것처럼 보이지 않는다. 무감각하다.

수치심에 묶인 충동들과 필요들 성욕을 느끼거나, 배가 고프거나, 신체 접촉을 원하거나, 그 밖에 다른 기본적인 욕구를 느낄 때 수치심을 느낀다.

분노/죄책감의 순환 원가족이나 현재의 가족을 위해 해야만 하는 의무들 때문에 분개한다. 그렇지만 그 의무를 다하지 못하면 죄책감을 느낀다. 의무를 다하느라 자기가 하고 싶은 것을 하지 못하기 때문에 화가 난다. 그러면서 자신을 위해서 별도의 행동을 할 때마다 죄책감을 느낀다.

수치심에 묶인 감정 감정을 느끼는 것을 수치스럽게 여긴다.

감정 표현을 안함, 말하지 않기 규칙 아무도 감정을 표현하지 않는 가족 안에서 자랐다. 다른 사람의 마음을 읽어야만 했다. 부모가 한 번도 그렇게 말하지 않더라도 그들이 당신을 사랑한다는 것을 알고 있어야 했다. 가족의 다른 구성원들이 화가 났거나 상처받았거나 슬프거나 두려워할 때 그것을 알고 있어야 했다. 자신의 감정을 표현하거나 거기에 대해서 말하는 것은 금지되었다.

지나친 통제 주위의 모든 사람, 모든 일들을 통제하려고 한다. 다른 사람의 행동을 통제하려고 한다. 통제될 수 없는 것을 통제하려고 한다. 자신의 감정을 통제하려고 하며 그렇게 하지 못할 경우 수치심을 느낀다.

거짓 자기 ~하는 척을 많이 한다. 자신이 다른 사람들에게 어떻게 보일 것이라고 믿고 있는 이미지에 의해서 자신의 행동을 평가하되, 그 행동이 다른 사람에게 어떻게 보이는지에 의해서 평가한다. 가면을 쓰고 있고 경직된 역할을 하며 자신의 감정을 숨긴다. 상처받았거나 슬플 때도 괜찮다고 말한다. 화가 났어도 화나지 않았다고 말한다.

공허감과 자기애 박탈 공허감을 느낀다. 만족을 얻기 위해 이런저런 경험을 찾아다닌다. 그러나 아무리 많이 찾아다녀도, 또 아무리 많이 찾아냈어도 결코 만족감을 느낄 수 없다.

조종과 게임 사람들과 게임을 하는 데 에너지를 사용한다. 자신의 필요를 솔직하고 직접적으로 채우려 하지 않고 조종을 통해 채우려 한다.

지나친 자기 방임과 지나친 순종 응석을 부리고 제멋대로 행동한다. 사람들이 자신의 욕구를 채워 주지 않는다고 끊임없이 짜증을 낸다. 요구가 많고 참을성이 없으며, 다른 사람들이 당신의 욕구를 돌보아 주기를 기대한다. 삶에서 잘못된 모든 것을 다른 사람의 탓으로 돌린다. 일어난 일에 대해 책임을 느끼지 않는다.

공포와 괴롭힘 거의 항상 겁을 먹고 있다. 쉽게 놀라며 흔들린다. 쉽게 공포를 느낀다. 자기 비판으로 스스로를 괴롭힌다. 자기 자신을 깎아내린다.

만족을 모르는 내면아이 어른처럼 보이고 어른처럼 걷고 어른처럼 말하지만 사실 어린아이처럼 느낀다.

지나친 완벽주의, 엄격함, 권위주의 끊임없이 모든 일을 '제대로' 하려고 애쓴다. 계속해서 자기 자신을 감시한다. 비판적이고 판단적이다.

결핍과 욕구 욕구가 많고 다른 사람들이 자신의 욕구를 채워 주기를 바란다. 욕구를 채우기 위해 결혼했다. 자신의 욕구는 결코 채워지지 않는다. 또는 자신이 무엇을 원하는지 모른다.

신체학대와 성학대 (6장에 구체적으로 설명되어 있음)

정서적 대처 능력과 대화 기술 강한 감정에 의해 압도된다. 강한 감정을 느끼고 있는 사람과 함께 있으면 놀라게 된다. 자신이 느끼는 감정을 다른 사람과 소통할 수 없고, 다른 사람이 느끼는 감정을 분명하게 알 수 없다.

정서적 경계선의 침범 자신이 어디에서 끝나고 다른 사람이 어디에서 시작하는지 알지 못한다. 친구나 배우자 또는 자녀들이 어떤 감정을 느끼면 자신도 똑같이 느낀다. 다른 사람이 느끼는 것을 실제로 느끼기 시작하기 때문에 공감할 수 있는 능력은 없다. 분노를 대하면 겁을 먹는다. 두려움, 슬픔, 분노에 의해 조종을 당한다.

내면화된 분노, 슬픔, 공포, 즐거움, 수치심, 죄책감　화가 난 사람이지만 화를 느끼지 못한다. 슬픈 사람이지만 슬픔을 느끼지 못한다. 감정을 내면화한다는 것은 그것이 더 이상 감정처럼 올라갔다 내려갔다 하지 않고, 녹음기의 시작 버튼이 고장 나서 계속 눌려 있는 것처럼 기능을 한다는 뜻이다. 감정이 얼어붙어 있고 계속 그대로 있는 상태다. 수치심을 내면화하면 모든 감정들이 수치심에 묶이게 된다.

가해자/희생자 모호성　관계를 맺을 때 희생자가 되기도 하고 가해자가 되기도 한다.

내면의 자기 일치의 상실　자신의 몇몇 감정들에서 소외되어 있다. 그 감정들은 때때로 제멋대로 작동한다. 예를 들어, 갑자기 분노를 터뜨리고는 "내가 왜 이러는지 모르겠네."라고 말하게 된다. 슬픔, 두려움, 성적인 느낌도 마찬가지다.

다른 사람의 감정 돌보기　다른 사람들의 감정을 느끼며 계속해서 다른 사람의 기분을 좋게 만들어 주려는 행동을 한다. 그들이 화가 나 있으면 그 기분을 풀어 주려는 행동으로 바꾼다. 그들이 슬퍼하면 그 슬픔을 몰아내기 위한 행동을 한다.

'현재' 공포증　과거에 대해 후회하며 되돌아가 고치고 싶어 한다. 미래에 대해 환상을 만들고 "때가 되면 나아질 거야."라고 말한다. 과거나 미래에 살지 결코 '현재'에 살지 않는다. 추억이나 상상은 현재의 감정을 피하기 위한 방법이다.

나쁜 본을 통해 타락한 성품 아무도 믿지 않는다. 편집증적인 예상을 하며 산다. 가능한 한 모든 것을 취해야만 한다고 느낀다. 흑인, 백인, 아시아인, 유럽인 등을 증오한다. 할 수 있을 때마다 사람들에게 상처를 입히고 모욕을 준다.

감정의 억제(극적인 분출이 있을 수도 없을 수도 있다) 신체적으로 무감각하며 감정을 느끼지도 표현하지도 않는다. 심리적으로 무감각하며 극적인 분출을 통해 감정을 표현한다. 후자와 같은 방법으로 재빨리 감정을 넘겨 버린다.

 요약

이 장의 요점은 '**BAD CHILD**(나쁜 아이)'라는 단어를 통해서 요약될 수 있다.

Basic Dependency Need(기본적인 의존 욕구들)
　모든 어린아이들은 의지할 수 있는 사람을 필요로 한다. 즉, 그들은 반영해 주고 모방해 주며, 신체 접촉을 해 주며, 느낌을 지지해 주며, 진지하게 받아들여 주며, 자극과 도전을 주는 사람을 필요로 한다.

Attention, Direction, Time and Good Modeling(관심, 지도, 시간, 좋은 본보기)
　어린아이들은 자신들에게 시간, 관심, 지도 그리고 좋은 본보기를 제공해 줄 사람을 필요로 한다. 부모들이 자기 자신의 욕구를 채울 수 있어야 자녀에게도 그렇게 할 수 있다.

Dependency Needs Neglected(무시된 의존 욕구)
　아이의 의존 욕구가 적절한 때 적절한 연쇄 과정에 따라 채워지지 않으면 그 발달 단계의 에너지가 막히게 된다. 이렇게 막힌 에너지는 정서 발달을 저지시킨다. 그런 아이는 자라서 충족되지 않은 내면아이를 가진 어른이 된다.

Checklist for Emotional Violence(정서 폭력의 점검 목록)
정서적 폭력과 무시로 인해 흔히 나타나게 되는 반응들을 열거하였다. 이 목록은 정서 폭력의 희생자들이 자신의 행동이 자기 자신 때문이 아니라 자신이 당했던 폭력 때문인 것을 알 수 있도록 도와주기 위한 것이다.

House and Doorknob(집과 문 손잡이)
문의 안쪽에 손잡이가 있는 집은 적절한 경계선을 가진 사람을 나타낸다. 손잡이가 바깥에 달린 집은 나쁜 경계선을 가진 사람을 나타낸다. 문이 없는 집은 경계선이 전혀 없는 사람을 나타낸다. ([그림 7-1] 참조)

Internalized Shame(내면화된 수치심)
수치심은 다음의 세 가지 방법에 의해서 감정의 상태에서 존재의 특성의 상태로 옮겨간다. 즉, ① 수치심에 기초한 본보기에 의해서, ② 수치를 당함으로써(방치와 학대), ③ 감정과 충동을 수치스럽게 여기게 됨으로써 가능하다.

Loss of Affect(정서의 상실)
감정이 지지를 받지 못하게 되면 우리 자신의 자기 감각에서 떨어져 나가게 된다. 우리는 우리 자신의 옆자리에 있게 된다. 세상에 대처하는 방향으로 쓰여야 할 에너지는 금지된 감정을 계속 감시해야 하는 내면의 전쟁 가운데서 상실되어 버린다.

Developmental Psychology(발달심리)
에릭슨(Erikson)과 콜버그(Kohlberg)의 연구는 정서와 도덕의 발달이 어떻게 이루어지는지를 보여 준다.

만성적인 가족 역기능의 가장 보편적인 결과: 상호의존증

8

당신 자신의 행동만큼
진귀한 것은 없다

-헨리 소로(Henry Thoreau)

자기 자신을 희생시키면서까지
사랑을 받아야 할 필요는 없다.
… 일생 동안 만나는 모든 사람들 중에서
당신을 떠나지 않을 사람은
오직 당신뿐이다.

-조 쿠더트(Jo Coudert)

상호의존증은 자기를 발달시키는 과정의 질병(dis-ease, 불편함)으로서 여러 가지 정도의 비자기화를 초래한다. 여기서 질병은 의학적인 상태를 말하는 것이 아니라 **자기 자신과의 관계에서 편안함을 잃어버렸다**는 뜻이다. 즉, 마음이 허전하고 자기 자신과 사이가 좋지 않다는 말이다. 유해한 교육의 규칙들을 살펴볼 때, 이러한 규칙에 의해서 양육을 받은 사람이 자기됨을 성취한다면 이는 유례 없는 업적이 될 것이 분명하다. 다시 말해서 이러한 규칙에도 불구하고 자기됨을 성취한다는 것은 매우 어렵다는 것이다.

맹목적인 순종은 사람들에게 자기 자신의 생각과 의지를 포기할 것을 요구한다. 이것은 또한 두려움 외의 모든 감정을 억압할 것을 요구한다. 과거의 군주정치는 백성들의 분노를 억눌렀다. 왜냐하면 분노는 혁명을 낳았기 때문이었다. '공포에 의한 통치'는 백성들을 제자리에 눌러 놓았다. 이것은 백성을 통제하고 복종하게 하는 방법이었다. 그런데 자기 자신의 생각과 의지가 없다면, 그리고 분노와 자기를 보호하고자 하는 힘이 없다면 우리는 견고한 자존감을 발달시킬 수가 없다.

전제군주제가 낳은 상호의존증은 한때는 안전과 생존을 보장 받을 수 있는 **삶의 방식**이었다. 그러나 종합적 사고와 개성, 개인의 힘을 강조하는 성숙한 민주주의의 새로운 세계에서는, 한때 생존을 위한 정상적인 적응 방식이었던 것이 이제는 질병이 되어 버렸다.

상호의존증은 어린아이와 같은 의존 욕구에 의해서 오염된 성인의 특성이라고 할 수 있다. 거의 모든 사람들이 상호의존증의 많은 특성들을 지니고 있는 이유는, 전제군주적인 규칙들(유해한 교육)이 만들어 낸 환경 가운데서 그들이 아이였을 때 발달 단계상의 **의존의 욕구를 채우지 못했기 때문**이다.

아이들이 적절한 양육을 받으면 발달 단계상의 의존 욕구들이 어느 정도 채워진다. 완벽할 수야 없겠지만 그들이 어느 정도의 자율성을 가진 성인으로서 성장해 갈 수 있도록 해 줄 수는 있다. 하지만 이 의존의 욕구들이 채워지지 않는다면 아이는 아이 때의 '결핍'을 지닌 채로 어른이 되는 것이다. 이것이 '성인아이'라는 단어가 가지고 있는 일반적인 의미다.

상호의존적인 사람들은 경미한 것에서 심각한 것에 이르기까지의 발달 단계상의 결핍을 지니고 있는 성인들이다. 성인아이는 이러한 발달상의 손상으로 인해 자기도 모르게 연령 퇴행의 경험을 하게 된다. 이러한 퇴행은 주로 중요한 대상과의 관계에서 나타난다.

35세에 결혼했을 때, 나는 나 자신에 대해서 만족스러운 느낌을 가지고 있었다. 1년 반 정도는 술을 마시지 않았고 일도 열심히 했다. 결혼했을 당시에 나는 도미니칸 칼리지에서 고급 철학을, 그리고 라이스 대학에서 종교심리를 가르치고 있었다. 그러나 결혼 초기에 나는 자주 뿌루퉁해지고 종종 격노하는 나 자신을 발견하였다.

뿌루퉁해지고 격노하는 것은 **어린아이 같은 행동**이었는데, 내 경우는 어린 시절로 돌아가는 연령 퇴행 행동이었다. 어렸을 때 우리 가족 안에서는 화를 내면 벌을 받았고 욕구는 이기적인 것으로 여겨졌기 때문에 나는 뿌루퉁해지거나 격노하는 법을 배웠다. 어린

아이 때는 어른이 그들의 감정에 이름을 붙여 주고 그 감정을 기능적으로 표현하는 본을 보여 주어야 한다. 아이들은 또한 자신의 근본적인 욕구에 대해 긍정을 받아야 한다. 아이들에게 자신의 욕구를 분명하게 인식하고 그것을 채울 수 있는 방법을 보여 주는 것이 부모가 해야 할 일이다. 그런데 나는 분노의 감정을 인식하고 표현하는 법을 배운 적이 없었다. 그래서 나는 분노를 억압했는데 **억압된 것은 사라진 것이 아니었다.** 수년 후에 그 분노는 원시적인 격노의 형태로 분출되었다.

스트레스에 대한 반응

우리 인간들은 스트레스에 대항해서 자신을 방어할 수 있도록 해 주는 고유의 장치를 가지고 있다. 우리를 위협하는 힘든 상황에 처하게 되면 우리는 여러 가지 방법으로 적응을 한다. 위협 앞에서 우리의 몸은 대항하여 싸우거나 도망칠 준비를 한다. 심장 박동은 빨라지고, 근육은 수축되며, 혈액은 필요하지 않은 부분에서 회수되고, 내장과 방광의 근육은 더 많은 이동을 위해 수축되거나 이완되며, 혈액은 상체의 근육과 다리로 보내진다. 이렇게 해서 비상 경계 태세가 된다.

이러한 준비 상태는 **생존**을 위해 계획된 자연의 이치다. 만성적으로 역기능적인 가족에서는 평상시에도 이러한 상태가 계속된다. 위협이 실제가 되어 앞서 언급한 유기(버림받음)의 형태로 일어나게 되면, 사람은 그것에 대한 반응으로 생존을 위한 **행동**을 하게 된다. 그러한 행동에는 부인, 단절, 억압, 철수(도망가는 반응), 재연하는 행동(싸우는 반응)이 포함된다. 생존을 위한 이러한 행동들이 내가 제시한 목록들 가운데 열거되어 있다.

생존을 위한 행동

스트레스 요인이 멈추었을 때도(아빠의 화내는 행동, 술 마시기, 일하기, 난폭한 행동), 가족 구성원들은 여전히 스트레스의 영향을 받고 있다. 만성적으로 역기능적인 가족에서는 스트레스가 수년 동안, 심지어 대를 이어 지속되기도 한다. 스트레스의 정도는 그 강도 면에서 경미한 것(만성적인 두려움)부터 심각한 것(외상적 사건)까지 이른다. 만성적으로 역기능적인 가족의 아이들은 생존하기 위해 어떤 행동 패턴을 발달시키게 된다. 이러한 행동이 바로 생존 행동이다. 이것은 폭력에 대한 실제 반응이다. 아이들이 역기능 가족 안에서 자라는 동안 생존 행동은 스트레스를 주는 근본 요인이 사라진 후에도 지속된다. **이러한 생존 행동들은 가족 구성원들이 살아남기 위해서 생애 초기에 사용하던 행동 패턴이기 때문에 점차 정상적인 것으로 느껴지게 된다.** 그러나 어른이 되면 그것은 불필요할 뿐만 아니라 사실상 건강하지 못한 행동이 된다. 한때는 보호해 주던 것이 이제는 파괴적이 된다.

심리학자 로버트 파이어스톤은 이러한 방어기제를 폐렴을 일으키는 신체 방어 반응에 비유하였다. 폐에 감염이 일어나면 체내 면역계에 의하여 염증을 매개하는 여러 가지 물질이 분비되어 염증 반응을 일으키게 된다. 그런데 그 정도가 지나쳐 폐가 손상을 입게 된다는 것이다. 이와 유사하게 힘 없는 어린아이가 학대에서 자신을 보호하기 위해 만든 자아 방어기제가 어른이 된 후에는 최초의 외상 사건보다도 더 큰 문제를 일으키게 된다. **자아 방어기제는 문자 그대로 상호의존증의 핵심이다.**

그러나 생존 행동은 포기하기 어렵다. 그것은 우리를 잘 섬겨 주던 오랜 친구다. **우리는 결국 살아남았다.** 그러나 자기 자신을 희생하는 대가를 지불하고 어떤 힘을 발달시킴으로써 살아남은 것이다. 우리는 돌보는 사람, 스타, 영웅, 잃어버린 아이, 완벽한 아이, 문제아, 반항아, 희생양, 대리 배우자, 부모의 부모, 작은 부모 등이 됨으로써 사람들을 조종하는 법을 배웠다. 어릴 때부터 이러한 역할을 하면서 점점 더 외부에 있는 것들을 의지하게 되었고 자기 자신을 방치하는 지점까지 오게 되었다. 부모를 돌보거나 가족체계의 필요를 돌보기 위해서 자기 자신의 실체를 포기하게 되었다. 한마디로 진짜 자기를 버림으로써 살아남은 것이다. 우리는 없어짐으로써 살아남았다. 우리는 끔찍한 수치심의 고통을 감추기 위해 그러한 방어기제들을 배웠던 것이다.

결국 생존 행동들로 인해 우리는 무력한 영적 파산자로 남게 되었다. 상호의존증은 우리를 계속해서 위협하던 어려움들을 통제하기 위해 배워 온 일련의 생존 행동이다.

티멘 서맥 박사(Dr. Timmen Cermak)의 저서 『상호의존증의 진단과 치료(Diagnosing and Treating Co-dependence)』에 의하면, 상호의존증은 DSM-IV에 나오는 성격장애의 여러 유형들을 합쳐 놓은 것 같은 증상으로 충분하고도 분명한 진단을 내릴 수 있다. 이 말은 상호의존증이 정서장애라고 명명될 수 있을 정도로 그 자체로서 임상적인 중요성을 가지고 있다는 뜻이다.

나는 또한 '**외부화**(otheration)'라는 용어를 가지고 상호의존증을 묘사하기를 좋아한다. 이 말은 스페인의 실존주의자 오르테가 이 가세트(Ortega y Gasset)가 인간의 본질을 묘사하기 위해서 인간의 삶과 동물의 삶을 대조하는 데 사용했던 것이다. 그는 동물은 끊임없이 외부에 대해 경계하며 사는 데 반하여 사람은 자기 자신 안에서 산다고 하였다. 동물의 삶은 외부에 의해 지배를 받는다. 그들은 외부의 위협에 대해 경계를 늦추지 않는다. 동물은 자기 생명이 위험에 처하게 될 것을 항상 대비해야만 한다. 그들은 항상 살금살금 걸으며 먹이를 찾아다녀야만 한다. 만일 그들이 경계 태세를 멈추게 된다면 곧 죽게 될 것이다. 동물의 삶은 '외부화(alteration)'의 삶이다. '외부화'라는 말은 상호의존증을 잘 설명해 준다.

상호의존이라는 명칭이 붙여진 데는 흥미로운 이야기가 있다. 본래 상호의존증은 알코올 중독 가족에 관한 연구에 국한되어 쓰이던 말이다. 이 말은 처음에는 알코올 중독자의 배우자를 지칭하는 데 사용되었다. 그러나 중독의 정의가 확장되어 활동, 감정, 사고 등 여러 가지를 포함하게 되자, 모든 유형의 역기능적 가족 안에 똑같은 상호의존 구조가 나타난다는 것을 관찰자들은 깨닫게 되었다. 상호의존증은 만성적인 가족 역기능의 영향으로 나타나는 가장 일반적인 현상이다. 가족 안에서 오랫동안 스트레스가 지속되면 구성원들 중 아무도 자기 자신의 필요에 신경을 쓸 수 없게 되기 때문이다. 가족의 각 구성원들은 어려운 상황을 통제하기 위하여 적응을 하게 된다. 그렇게 각자는 스트레스 요인에 병리적으로 의존하게 되고 각자는 외부의 지배를 받게 된다. 외부의 지배를 받게 되면 가족 구성원들은 자기 자신의 감정이나 욕구에 초점을 맞추지 못한다. 내면의 신호에 주의를 기울이지 못하게 되면 자신이 무엇을 필요로 하며 무엇을 느끼는지 알 수가 없다.

내가 담당하던 TV 시리즈에서 나는 이 주제를 다루며 전 사회로 논의를 확장시켰다. 성숙한 민주주의에 대한 새로운 인식을 통하여 우리는 유해한 교육의 규칙들이 자연적으로 상호의존적인 가족을 만들게 되는 것을 알게 되었다. 또한 사회가 전제군주적인 가족을 본받게 되면 그 자체가 역기능적인 가족체계가 된다.

사회는 닫힌 체제가 될 수 있다. 가족에 관하여 앞서 살펴본 것과 같이, 사회가 닫힌 체제가 되면 개인에게 역할(성역할 같은)과 행동들을 명령하고 개인들은 그 중에서 선택을 하게 된다. 닫힌 체제로서의 사회는 어떤 특정한 행동과 과정을 요구하며 개인이 그것을 채우도록 한다. 우리 사회는 상호의존증을 부추기고 있다. 우리의 문화는 상호의존증의 여러 가지 특성들을 대부분 정상적인 것으로 본다. 사회학자들은 '합의된 실체'를 형성하는 과정을 분명하게 밝히고 있다. 그들은 우리가 어떻게 해서 사회적인 합의에 의하여 '정상'이라고 하는 것을 규정하게 되는지 보여 주었다.

예를 들어, 베트남 전쟁 중에는 전쟁을 끝내려면 하노이에 수소

폭탄을 투하해야 한다는 얘기를 듣게 되는 것이 정상이었다고 에리히 프롬(Erich Fromm)은 지적했다. 만약에 같은 사람이 공기 오염을 해결하기 위해 공장들을 다 없애야 한다는 제안을 한다면 모두가 그를 미쳤다고 할 것이다. 그러나 이 두 가지 제안은 사실상 똑같은 것이다.

사회적 퇴행

보웬 이론에는 사회적 퇴행의 개념이 포함되어 있다. 이 개념은 사회의 정서 문제가 가족의 정서 문제와 비슷하다는 것을 보여 준다. 유해한 교육을 누가 맨 처음 가르쳤는지, 그것이 가족인지 사회인지 나는 모르겠다. 어쨌든 우리의 사회는 **상호의존증의 특징들**을 많이 보여 주고 있다. 이제부터 이에 관해서 논의하고자 한다.

결혼의 개념

나는 라스베가스에서 한 남자가 25센트짜리 슬롯머신을 하고 있는 것을 지켜본 적이 있다. 순종적이고 조용한 그의 아내는 그 옆에 서 있었다. 그는 가끔씩 자기 주머니에다 손을 넣어 한 움큼씩 동전을 꺼내서 선심 쓰듯 아내에게 주었다. 내가 자신을 지켜보고 있다는 것을 알아차렸을 때, 그는 자기소개를 하고 나서 자기의 '더 좋은 반쪽'을 만나 보겠는지 물었다. 나는 그가 자신의 아내를 자신의 더 좋은 반쪽이라고 믿고 있다는 것을 믿기 어려웠다.

두 개의 반쪽이 모여 완전한 결혼을 만든다는 개념은 매우 역기능적인 개념이다. 불완전한 두 사람은 건강한 관계를 맺을 수 없다. 건강한 관계를 맺으려면 온전한 두 사람이 서로 관계를 맺기로 **선택**을 해야 하며, **서로가 상대방이 없어도 살 수 있다**는 것을 알아야만 한다. 이와 반대되는 관계는 밀착과 뒤엉킴의 관계로서 이 같은 관계에 있는 두 사람은 상대방이 없이는 살 수 없다고 믿고 있다. 우리는 어렸을 때부터 이렇게 뗄래야 뗄 수 없는 관계가 진정한 사랑이라고 배웠다. 특히, 여자들은 진정한 사랑을 찾아 일생을 바치는 것이 자신의 운명이라고 배워 왔다. 그러나 **이런 식의 진정한 사랑이란 사실은 관계 중독인 경우가 많다.** 밀착이 친밀감을 대신하는 것이다. 두 사람은 상대방이 없이는 살 수 없다고 믿는다. 이러한 관계는 둘 중 한 사람이 성장을 하거나 변화하게 되면 위험에 처하게 된다.

대중음악 역시 두 개의 반쪽이 완전한 하나를 만든다는 개념을 강화시켰다. 이러한 노래들은 고통을 미화하고 자신의 행복과 완성이 다른 사람에게 달려 있다는 생각을 부추겼다. 이러한 종류의 노래들 중에는 '당신의 남자 곁에 서세요(Stand By Your Man)' '그녀는 나의 삶의 햇빛(She's the Sunshine of My Day)' '주님, 이 여자가 지금의 나의 모든 것을 가능케 만들었어요!(Lord, She Took Me In and Made Me Everything I Am Today)' '남자가 못되게 굴어도 그 남자를 사랑하는 여자(Good Hearted Woman)' '자신이 초라하게 느껴질수록 숭고해지는 것(Last Blues Song)' 등이 있다. 이 밖에도 얼마든지 있다. 우리는 이러한 노래들과 함께 자랐다. 우리가 정체감을 형성해 가는 때인 청소년기에 이런 노래들을 너무 많이 들었다.

음악은 우리 두뇌의 비언어적인 무의식의 부분에 막대한 영향을 준다. 사랑과 관계에 관심이 집중될 나이에 우리의 무의식 안에는 누군가의 사랑을 받지 못하면 우리는 아무것도 아니라든가, 사랑하는 사람이 없으면 우리는 살 수가 없다는 신념이 자리 잡았다.

결혼관계는 가족의 기초며 건축자다. 수백만의 성인아이가 자신의 어린 시절을 강탈당했다는 것은 하나도 놀랄 일이 아니다. 그들은 친밀감의 진공 상태인 가족체계의 그물에 걸려 있었던 것이다.

사랑의 개념

결혼에 대한 우리의 개념은 사랑의 개념을 결정한다. 우리의 문화에서 사랑이라고 여기는 것은 종종 중독의 모습을 띄고 있다. (이에 관해 나의 저서 『사랑의 창조(Creating Love)』에서 좀 더 논의하였다.) 많은 종교인들이 설교를 통해서 수동적이며 의존적인 사랑을 가르치고 있다. 그들은 가장 고귀한 사랑의 행동은 **'자기 희생'**이라고 가르친다. 가장 숭고한 사랑은 자기 자신의 신체적, 정서적, 지적 필요를 제쳐놓고 다른 사람들을 돌보는 것이라고 말한다. 그들은 선에 도달할 수 있는 중요한 두 가지 방법이 오랜 고통과 순교라고 가르친다. 그리고 실제로 선한 **존재**가 되는 것보다는 선하게 행하는 것과 의롭게 행하는 것이 더욱 중요하다고 가르친다. 사랑의 행동을 하는 것이 사랑의 존재가 되는 것보다 더욱 중요하다는 것이다.

사람들을 돕고 다른 사람을 위해서 자기 자신을 포기하는 것은 도덕적으로 우월하게 되는 방법이 될 수 있다. 다른 사람을 돕는 사람은 항상 자신을 돕고 있는 것이다. 사람들을 돌보는 것은 자신 안에 힘을 느낄 수 있는 방법이다. 돕는 일을 하는 순간에 우리는 공허감과 무력감을 극복할 수 있다. 자신이 선하고 의롭다는 느낌은 도취감이다. 의롭다는 느낌은 우리의 기분을 전환시켜 주는 강력한 방법이다. 나는 개인적으로 이러한 경험을 가지고 있다.

나는 수년간 가톨릭 신부가 되기 위하여 신학교에 있었다. 나는 로만 칼라와 검은 사제복을 입고 있었고 선함과 의로움에 대하여 가르쳤다. 나는 상담자였고 영적 조언자였다. 그때 했던 모든 일들을 깎아내리려고 하는 것은 결코 아니다. 그때로서는 그것이 나의 최선이었다.

그러나 나는 **사람들을 돕고 돌보는 것이 자기 만족을 위한 교묘한 위장이 될 수 있다**는 것을 깨닫는 순간 큰 충격을 받았다. 설교를 하고 사람들을 돕고 있을 때 수치심에 기초한 나의 내면의 자기는 마치 내가 정말로 괜찮은 사람인 것처럼 느낄 수 있었던 것이다. 나는 마침내 그것이 가짜 사랑이라는 것을 인식하게 되었다.

사랑에 빠지는 것은 아마도 그 어떤 것보다 더 중독적이라고 할 수 있겠다. 그러나 '사랑에 빠지는 것' 자체가 곧 '사랑'은 아니다. 그것은 생물학적인 연합의 상태다. 우리가 사랑에 빠졌을 때는 우리의 경계선이 무너지고 굉장한 기분의 변화가 일어난다.

스콧 펙은 우리 문화 가운데 있는 여러 가지 형태의 가짜 사랑에 대하여 탁월한 견해를 피력하였다. 그의 저서 『아직도 가야 할 길』은 이 문제에 관하여 깨달음을 주는, 그리고 많은 사람들을 놀라게 하는 이야기를 하고 있다. 펙에 의하면, 사랑이란 일종의 일이다. 사랑은 위탁을 뜻하며, 게으름을 극복하는 것을 뜻하며, 노출과 거절의 위험을 무릅쓰는 용기를 가지고 두려움을 극복하는 것을 뜻한다. 그러므로 사랑은 감정이 아니라 의지와 결단의 행위다. 모든 진정한 사랑은 자기 사랑에서 시작한다. 사랑의 노력과 훈련은 진정한 자기 가치감에서 흘러나온다. 우리는 다른 사람을 가치 있게 여기기에 앞서 자기 자신을 가치 있게 여기는 법을 배워야만 한다.

이성주의-재미, 감정, 자율성의 부인

내가 자라면서 경험한 가족, 학교, 교회에서는 재미와 감정, 자율성을 통제하라고 가르쳤다. 내가 다니던 학교에서는 말을 해서는 안 되며, 줄을 똑바로 서고, 질문을 너무 많이 하지 말며, 많은 양의 자료들을 다 외우고, 다시는 사용할 일이 없는 지식(입체기하학, 수년간의 라틴어 공부, 문장 도해)을 배우도록 가르쳤다. 흥분을 하고 시끄럽게 굴고 즐거워하고 기운이 넘치는 것은 야단을 맞아야 하는 나쁜 행동이었다. 내가 어쩌다 몸이 아파서(특히, 집에 있을 때) 말이 없고 침울하고 고분고분하고 가만히 있으면 칭찬을 받았고 착하다는 말을 들었다. 아무 말 없이 재빨리 순종을 해야만 착하고 예의 바른 아이가 되었다.

학교와 교회는 여전히 매우 이성적이다. 이성과 논리는 바람직한 것이고, 감정은 나약하고 의심스러운 것이다. 우리는 우리 두뇌의 오른쪽 반은 교육을 시키지 않는다. 우리의 우뇌는 직관, 음악, 창조성, 전체적 사고에 관련된 활동을 한다. 우리의 논리는 아직도 흑백 논리와 판단을 그 특징으로 하고 있다. 만약 당신이 한 가지를 믿는다면, 그 사실에 의해 반대되는 것은 거부해야만 한다. 통합은 있을 수 없다. 회색 지대는 없다.

이성주의는 150년 동안 공격을 받아왔다. 철학자 칸트, 화이트헤드 그리고 모든 실존주의자들은 그 밖의 다른 많은 사람들과 더불어 다음과 같은 강한 주장을 펼쳐 왔다. 즉, 느낌에 대한 생각(시), 직관, 창조성은 무시한 채 논리와 좌뇌의 선형적 사고(linear thinking)를 선호하는 이성주의적인 편견은 한 극단에만 너무 치우친 것이고 균형을 깨는 일이라는 것이다.

실존주의는 우뇌의 사고와 인간 존재의 현상학에 근거한 교정적인 전체성 모델을 제공하였다. 아인슈타인과 하이젠베르크 등은 뉴턴의 기계적인 우주가 지나치게 단순화된 생각에서 나온 것임을 드러내 보여 주었다.

부정직과 위장

유해한 교육은 형식적인 **순종**을 장려한다. 감사하지 않으면서도 감사한 척해야 한다. 사랑하지 않으면서도 사랑하는 척해야 한다. 우리는 어렸을 때 가족들의 '중대한 거짓말'을 받아들이도록 가르침을 받았다. 우리는 실제로 일어나고 있는 일을 못 본 척해야 했다. 마치 아무 일도 일어나지 않은 것처럼 가장해야 했다. 자신이 원하는 것을 요구하고 자신이 생각하고 느끼는 것을 말하는 대신 역할을 연기하며 가식으로 살아야 했다.

우리는 예의 바르고 공손해야 한다고 배운다. 그리고 이러한 행동(대부분 거짓인)을 하는 것이 진실을 말하는 것보다 낫다고 배운다. 무엇보다도 우리가 느끼고 있는 것들을 느끼지 않는 척해야 한다고 배운다. 교회, 학교, 정치는 부정직을 마구 가르치고 있다. 우리는 진실이 아닌 것을 말하며 자신의 감정과 다르게 위장할 것을 권장한다. 그래서 우리는 슬플 때 미소를 짓고, 비통함을 다룰 때 신경질적으로 소리 높여 웃으며, 재미도 없는 농담에 깔깔거리고, 예의상 사람들에게 말을 건넨다.

따뜻하게 환영하는 척하며 거짓말하는 정치인들은 국가 지도자들에 대한 대다수 국민의 신뢰를 근본적으로 무너뜨렸다. 대통령, 정치인들, 종교적 지도자들은 종종 성 중독이나 아드레날린 중독에 무릎을 꿇고 있다. 그러한 중독이 아니더라도 그들은 종종 다른 종류의 중독이나 섭식장애의 본을 보이고 있다. 이는 전반적으로 보기 좋은 모습이 못된다.

나는 상호의존증이 오늘날 우리의 문제라고 믿고 있다. **모든 중독의 뿌리는 상호의존증**이다. 우리가 우리 자신에 대한 견고한 자존감을 잃어버렸기 때문에 상호의존적이 되었다.

중독 성향으로서의 상호의존증

술을 끊었을 때 나는 여전히 문제에 부딪히게 되었다. 버논 존슨

(Vernon Johnson)은 이 문제를 알코올 중독(alcoholism)의 이즘(ism)이라고 불렀다. 나는 **여전히 강박적인 기질**을 가지고 있었다. 나는 알코올 중독 문제로 12단계를 밟았지만 상호의존증은 다루지 않았다. 결국 나는 곧바로 다른 중독에 빠지게 되었다. 나는 담배를 피웠고 하루에 12잔의 커피를 마셨다. 그리고 흥분과 재미를 주는 **'성급하고 바쁨'**에 중독이 되어서 일하고 돈을 벌었다. 단 것을 과도하게 먹으며 다이어트를 하느라 애를 먹었다. 우리의 외부로 드러난 문제는 중독이지만, 이는 불편함(dis-ease)의 질병(disease)이라고 나는 믿는다. 이 불편함의 질병이 곧 상호의존증 또는 중독 성향이다.

심리학자 칼 메닝거(Carl Menninger)는 알코올 중독을 '몸에 불이 붙자 불을 끄려고 바다에 뛰어들었는데 결국 물에 빠져 죽게 된 사람'으로 묘사하였다. 알코올은 외로움과 고통을 다루기 위해 사용하는 물질이다. 그것은 마치 열과 같다. 열은 신체이상의 증상으로 열이 화씨 107°(섭씨 약 41.7°)에 이르면 사람을 죽이게 된다. 알코올 중독자가 수치심과 외로움을 치료하기 위해서 사용하는 알코올은 그 자체가 사람을 죽일 수 있다. 그런 의미에서 알코올은 불편함의 질병이다.

알코올과 다른 화학 물질 남용(약물과 음식)의 경우는 그러한 물질의 사용을 끊어야만 그 밑에 숨어 있는 장애, 즉 중독 성향 또는 상호의존증에 다가갈 수 있다. 상호의존증은 모든 물질 중독 밑에 잠재되어 있는 불편함이다.

활동에 중독된 경우는 상호의존증을 식별하기가 좀 쉽다. 심각하게 상호의존적인 사람들은 내면화된 수치심과 강한 자기 비하감을 가지고 있다. 상호의존적인 사람들은 다른 사람들을 돌봄으로써 자신이 꼭 필요한 사람이 되고자 한다. 그들은 사랑을 받을 수 있고 가치가 주어지는 일이라면 무엇이든지 기꺼이 한다. 상호의존적인 사람들은 종종 다른 사람을 돌보는 직업이나 돈을 많이 버는 직업을 선택하고, 일 중독이 되거나 완전히 소진될 때까지 몸을 던져 일한다.

영적 파산으로서의 상호의존증

상호의존증은 중독의 핵심이다. 이는 불편한 형태의 삶이다. 일단 사람이 자기의 정체성이 자신의 밖에 있는 물질이나 활동 또는 다른 사람에게 있다고 믿게 되면, 그 사람은 **새로운 신을 발견하고 자신의 영혼을 팔아 노예가 되었다**고 할 수 있다.

누군가 상호의존증을 '신들의 전투'라고 불렀다. 상호의존증이 심해질수록 그 사람 안에는 내면의 삶이 없어진다. **상호의존증은 근본적으로 영적인 문제다. 이것은 영적인 파산이다.**

이제까지 검토해 본 모든 가족 안의 구성원들은 견고한 자기됨이 결여되어 있고 모두가 어느 정도는 상호의존적이다. 그동안 살펴본 것처럼 정서적으로 역기능적인 가족은 구조적인 유사점들을 가지고 있다. 그 유사점들은 다음과 같다.

① 지배적인 역기능 때문에 위협을 느끼게 된 가족 구성원들은 그

위협에 반응을 하게 된다. 위협에 적응하는 행동으로 인해 체계는 얼어붙고 경직된 패턴을 가지게 되며 닫힌 체계가 된다.

② 얼어붙은 패턴은 각 구성원이 하나 또는 그 이상의 고정된 역할을 감당함으로써 유지된다.

③ 높은 수준의 불안과 혼란이 있다.

④ 가족 구성원들은 수치심에 기초하고 있는데, 이 수치심은 만성적인 역기능적 가족 안에 있는 중요한 특성이다.

⑤ 가족들의 대처 전략이 적절하지 못하기 때문에 체계가 변화하려 할수록 점점 더 그대로 남아 있게 된다. 어머니가 아버지의 음주 문제를 감추어 준다. 아버지가 취해서 일하러 가지 못하면 어머니가 전화를 걸어 준다. 어머니는 아이들에게도 똑같이 하라고 가르친다. 아버지가 제대로 기능을 못하는 문제를 해결하려고 온 가족이 지나치게 기능을 한다.

⑥ 만성적으로 역기능적인 가족은 여러 가지로 변형된 유해한 교육의 규칙에 의해서 유지된다. 만성적인 역기능 가족의 구성원들은 자기 **자신의 실체**를 잃어버린다. 각자는 자신의 감정, 필요, 욕구를 만나지 못한다. 그리고 체계에 충성하기 위하여 가짜 자기를 유지하며 자신만의 독특함을 포기한다.

역기능 가족의 성인아이들

다음에 나오는 점검 목록을 통하여 당신 자신에게 어떤 특성이 있는지 살펴보기 바란다. 만약 이 중에 **여러 개**의 특성을 가지고 있다면 당신은 상호의존적이며, 가족의 역기능을 가지고 있을 수 있다. 이 목록은 지금까지 논의한 모든 것의 요약이라고 할 수 있겠다.

체크리스트 ⋯⋯⋯⋯⋯⋯⋯⋯⋯⋯⋯⋯⋯⋯⋯⋯⋯⋯⋯⋯

역기능 가족의 성인아이들의 특성을 점검해 보기

	예	아니요
• 버림받음의 주제들		
• 망상과 부인		
• 미분화된 자아 덩어리		
• 외로움과 소외		
• 사고장애		
• 광적인 통제		
• 지나친 경계심(높은 수준의 불안)		
• 내면화된 수치심		
• 경계선의 결여		
• 망가진 의지		
• 민감한 반응과 재연		
• 동일 결과성		
• 무감각		
• 가해자 또는 가해자가 아닌 가해자		
• 고착된 성격		
• 단절된 반응		
• 부모의 따뜻함과 인정을 갈망함		
• 비밀(어두움)		
• 그릇된 의사소통		
• 과소 개입		
• 발달 상 의존 욕구의 무시		
• 강박적/중독적 행동		

- 최면 가족 주문
- 친밀감의 문제
- 과잉 개입(외부화)
- 자기애 박탈
- 희생자
- 문제해결 방법의 결여(학습 부족)
- 거짓 자기-혼란된 정체성
- 활동을 통한 우울 회피
- 계산적, 판단적, 완벽주의적
- 불신
- 잃어버린 자신의 실체-손상된 혹은 약한 경계선
- 부풀려진 자기상
- 감정의 억제(극적인 분출이 있을 수도 없을 수도 있다)
- 영적 파산

버림받음의 주제들 부모 중 한 사람이나 부모 모두에게 신체적으로 버림을 받았다. 부모가 함께 있었다 하더라도 정서적으로는 함께 해 주지 않았다. 가족 중 누군가에 의해서 신체적, 성적, 정서적 침범을 당했다. 발달상의 의존 욕구가 무시되었다. 부모의 결핍이나 가족체계의 필요에 걸려들었다. 결코 건강하다고 할 수 없는 관계 가운데 머물러 있다.

망상과 부인 괜찮지 않은 상황임을 말해 주는 사실에도 불구하고 모든 것이 괜찮다고 믿는다. 진행되고 있는 역기능에 대해서 의식을 못하고 있거나 잊고 있다.

미분화된 자아 덩어리 가족체계 안의 다른 사람들의 감정, 욕구, 비밀을 지니고 있다.

외로움과 소외 항상 또는 대부분 외로움을 느끼고 있다. 소외되어 있고 다른 사람과 다르다고 느낀다.

사고장애 자신의 고통스러운 감정을 회피하기 위하여 일반화하거나 세부 사항에 집착한다. 걱정을 많이 하고 곰곰이 생각하며 생각에 사로잡힌다. 감정을 회피하기 위하여 머릿속에 머물러 있는다. 행동을 취하기보다는 문제에 대하여 골똘히 생각한다.

광적인 통제 자기 자신과 다른 모든 사람들을 통제하려고 한다. 통제할 수 없을 때 매우 불안하다. 사람들과 상황을 통제하려는 자신의 의도를 '도움을 주려고 한다'는 것으로 위장한다.

지나친 경계심(높은 수준의 불안) 항상 경계하며 산다. 쉽게 놀라고 쉽게 공포를 느낀다.

내면화된 수치심 인간으로서 흠이 있는 느낌이다. 부적절함을 느끼며 역할이나 중독의 뒤에, 또는 통제, 비난, 비판, 완벽주의, 멸시, 힘과 분노 등의 성격적 특성 뒤에 숨어 있다.

경계선의 결여 신체적, 정서적, 지적, 영적으로 자신이 어디서 끝나고 다른 사람이 어디서 시작하는지 모른다. 자기가 진정 어떤 사람인지 모른다.

망가진 의지 고집이 세다. 다른 사람들을 통제하려고 한다. 당신은 대단한 사람이다. 당신에게는 전부 아니면 전무다.

민감한 반응과 재연 쉽게 반응한다. 일어나고 있는 일과 관계없는 것들을 느낀다. 어떤 일에 대해서 필요 이상으로 강하게 느낀다. 어떤 패턴을 계속해서 반복하고 있는 자기 자신을 보게 된다.

동일 결과성 어디서부터 시작하든지 당신의 삶은 늘 같은 자리에서 끝이 나는 것 같다.

무감각 감정을 느끼지 않으며 자신이 무엇을 느끼는지 모른다. 자신이 느끼는 것을 표현할 줄 모른다.

가해자 또는 가해자가 아닌 가해자 실제로 가해자다. 또는 가해자가 아니지만 사실 때때로 가해자의 역할을 한다.

고착된 성격 당신의 성격은 발달 초기 단계에 붙잡혀 있다. 어른이지만 감정 연령이 매우 어리다. 어른처럼 보이지만 아주 어린아이같이 느끼며 뭔가 매우 부족한 느낌이다. 사람이 붐비는 해변의 구조 요원같이 느끼지만 사실은 수영을 할 줄 모른다.

단절된 반응 어린 시절의 고통스러운 사건에 대한 기억이 없다. 분열된 인격의 소유자며 자아감이 상실되어 있다. 2년 동안 같이 지낸 사람들의 이름도 기억 못한다. 자신의 몸이나 감정과 접촉이 없다.

부모의 따뜻함과 인정을 갈망함 부모의 사랑과 관심을 다른 관계에서 얻으려고 한다. 여전히 부모의 인정을 얻으려고 노력하며 '완전한 관계'를 갈망한다. 너무 심하게 다른 사람들의 인정을 구한다. 감정이 별로 없는(당신의 부모들처럼) 배우자를 찾아내서 그가 당신을 사랑하게끔 만들려고 노력한다. 자신의 파트너를 돌보고 돕기 위해서 거의 무슨 일이든지 하려고 한다. 양육이 필요한 사람을 찾아내서 그들을 돌보아 준다.

비밀(어두움) 원가족에서 비롯된 어두운 비밀을 지니고 있다. 자신의 가족 안에서 얼마나 나쁜 일이 일어났는지 아무에게도 이야기하지 않으며, 자기 자신의 삶에 대해서도 많은 비밀을 가지고 있다. 성적인 비밀을 가지고 있고 이를 아무에게도 이야기하지 않는다.

그릇된 의사소통 모든 관계에서 의사소통하는 데 어려움을 겪어 왔다. 당신의 파트너는 당신이 무슨 말을 하는지 모르겠다는 말을 자주 한다. 다른 사람들과 이야기할 때 혼란스럽게 느낀다. 사람들에게 말할 때 아무리 좋은 의도를 가지고 온건하고 분명하게 이야기하고자 하더라도 항상 똑같이 갈등과 혼란으로 끝난다.

과소 개입 삶의 가장자리에 서 있으며 자신도 참여자가 되고 싶다고 생각한다. 관계, 대화, 활동을 어떻게 시작해야 하는지 알지 못한다. 뒤로 물러나 있으며 사람들과 교제하는 위험을 무릅쓰기보다는 차라리 혼자 있으면서 외로움의 고통을 견디려고 한다.

발달상 의존 욕구의 무시 결코 만족스러워 하지 않는 것 같다. 아무리 기대를 걸어 봐도 그것이 끝나버리고 나면 곧 불안해지고 채워지지 않은 느낌이 든다. 어린아이와 같고 어린아이처럼 느낄 때가 많다. 사람들이 당신에 대하여 정말로 아름다운 이야기를 하면 눈물을 흘린다. 어디에도 소속되지 않은 것 같은 느낌이 든다. 미숙하며 책임지기를 거부한다. 농땡이 치고 어린아이처럼 행동한다.

강박적/중독적 행동 심한 강박적/중독적 행동을 과거에 했거나 현재 하고 있다.

최면 가족 주문 여전히 가족 최면에 걸려 있다. 연결의 환상을 가지고 있고 여전히 부모를 이상화한다. 그동안 가족체계 안에서 해 왔던 역할을 여전히 하고 있다. 당신의 원가족은 실제로 아무것도 변한 것이 없다. 똑같은 대화, 똑같은 다툼, 똑같은 잡담을 하고 있다.

친밀감의 문제 관계를 하는 데 어려움이 있다. 두 번 이상 결혼을 했다. 어렸을 때 날 돌보아 주었던 사람과 똑같은 감정 패턴을 가지고 있는 사람을 파트너로 선택한다. 반사회적이고 유혹적인 파트너에게 끌린다. 친절하고 안정감이 있고 믿을 만하며 당신에게 관심이 있는 파트너는 멀리한다. '좋은' 남자/여자들에게 지루함을 느낀다. 너무 가까워지기 시작하면 관계를 끝내 버린다. 사이가 가까운 것과 시키는 대로 하는 것, 그리고 친밀감과 융해를 혼동하고 있다.

과잉 개입 (외부화) 결핍이 있는 사람들에게 끌린다. 사랑과 동정을 혼동하고 있다. 문제를 가지고 있는 사람에게 끌린다. 자신이 그 문제를 고쳐줄 수 있을 것이라고 생각한다. 혼란스럽고 모호하며 정서적으로 고통스러운 사람이나 상황에 끌린다. 죽어 가고 있으며 눈 앞에 비춰지는 다른 사람의 인생을 보고 있다.

자기애 박탈 마음속에 공허감을 느낀다. 이를 보상하고자 화학 물질, 음식, 명성, 돈, 소유, 영웅적 행위, 성, 권력, 폭력, 수동-의존적 사람들, 어린아이 등 자신이 중요하고 가치 있는 사람이라고 느낄 수 있게 해 주는 것에 중독된다. 끊임없이 다른 사람에게서 칭찬을 추구한다. 다른 사람들을 감동시키고 그들에게 인정받는 일에 에너지를 쏟는다.

희생자 어렸을 때 신체적, 정서적, 성적 학대를 당했다. 희생자였으며 삶의 대부분 그 역할을 했다. 이제 아무것도 변할 수 없을 것 같은 절망감을 느낀다. 정체감은 희생자라는 데 있다. 사람들에게 자신이 어떻게 희생을 당했는지 자세히 설명함으로써 깊은 인상을 주고자 한다. 과거에 학대를 당했고 지금은 가해자가 되었다. 자신을 학대했던 부모 또는 돌보아 주었던 사람과 자신을 동일시하여 그 사람이 했던 그대로 행동한다.

문제해결 방법의 결여(학습 부족) 온전히 기능을 하며 살기 위해서 필요한 일들을 어떻게 해야 하는지 배운 적이 없다. 효과적이지 못한 문제해결 방법을 계속해서 사용한다. 자신의 상처를 돌보는 방법을 배웠는데, 그 방법이 사실상 상처를 지속시키고 있다. 정상적인 것이 무엇인지를 제대로 알지 못한다. 인내심의 한계가 매우 비정상적이다.

거짓 자기−혼란된 정체성 자기 가치가 부모의 성공 또는 실패에 달려 있다. 사람들과 관계를 맺지 않을 때는 마음이 공허하다. 파트너를 행복하게 해 주어야 한다는 책임감을 느낀다. 자신의 정체감을 갖기 위해 다른 사람들을 돌본다. 가면을 쓰고 계산을 하고 조종하고 게임을 한다. 경직된 가족의 역할 또는 성역할을 연기한다. 파트너가 배가 아프다고 할 때 정작 약을 먹는 사람은 당신이다.

활동을 통한 우울 회피 불안정한 관계를 해결하는 일에 열심히 뛰어든다. 활동을 많이 하고 생각을 많이 할수록 우울한 감정을 피할 수 있다. 도박, 일, 성행위 등의 활동에 중독되어 있다.

계산적, 판단적, 완벽주의적 자기 자신과 다른 사람들에 대해서 비현실적인 기대를 가지고 있다. 경직되어 있고 유연하지 못하다. 자기 자신과 다른 사람들에 대하여 경직되어 있고 비판적이다. 그렇게 사는 것이 상처를 주는데도 자신의 태도와 행동을 고수한다.

불신 자기 자신을 포함하여 아무도 믿지 않는다. 자신의 감정, 지각, 판단의 확실성을 의심한다.

잃어버린 자신의 실체−손상된 혹은 약한 경계선 관계 가운데 일어난 모든 일에 대하여 50% 이상 책임감과 죄책감을 느끼며 자신을 탓한다. 자신의 감정과 필요보다 다른 사람의 감정과 필요를 먼저 안다. 관계의 현상 유지에 작은 변화라도 생기면 위협으로 느낀다. 다른 사람들이 어떤 일을 하고 그들의 행동에 대해 책임을 지는 것이 당황스럽다. 버림받음의 위협을 무릅쓰는 것보다 철수해

버리고 참여하기를 거절한다.

부풀려진 자기 상   자신의 진정한 정체감보다는 이상적인 자기 이미지에 따라 산다. 자신에 대해 거대하고 과장된 생각을 가지고 있다.

감정의 억제(극적인 분출이 있을 수도 없을 수도 있다)   감정을 통제한다. 오랫동안 억눌러 왔던 감정을 극적으로 분출한다. 부적절하게 감정을 폭발시킨다. 자신의 감정을 인식하게 되면 이내 그 모든 감정에 대해서 말을 아주 많이 한다. 그렇게 하면 그 감정을 오랫동안 느끼고 있지 않아도 된다.

영적 파산   완전히 외부 지향적으로 살고 있다. 자신의 가치와 행복이 자신의 외부에 달려 있다고 믿고 있다. 자신의 '내면의 삶'에 대한 지각이 없다.

상호의존증 다루기

상호의존증을 다루기 위해서는 상호의존적인 행동으로 인해 초래된 **무기력감**과 어쩔 수 없다는 **통제불능감**을 경험해야만 한다. 다음의 12가지 특징에 관한 〈표 8-1〉을 정기적으로 사용하게 되면 당신은 점점 자신의 삶에서 무기력감과 통제불능감을 경험하게 될 것이다.

각 특징과 그에 관련된 행동들을 읽으면서 당신 자신의 삶을 되돌아보고, 자신이 그런 행동들을 하고 있는 것은 아닌지 점검해 보기 바란다. 만약 그렇게 하고 있다면 구체적인 예를 찾아 그러한 행동 때문에 **자신이 잃어버리고 있는 것은 무엇인지** 적어 보기 바란다.

자세하게 적으면서 그에 관련된 **감정**의 연결을 시도해 보라. '자세하게 하면 실패하지 않는다.'는 것이 치료의 슬로건이다. 감정은 당신이 변화하도록 움직이는 것이다. 상호의존적 행동으로 인한 고통을 느끼게 되면, 그 고통의 감정이 당신을 움직여 문제를 다루는 작업을 하게 할 것이다. 이 표에 나오는 행동들 중에서 당신에게 관련된 것들이 많을수록 당신은 상호의존증의 불편함으로 인해 더 많은 고통을 당하고 있다고 볼 수 있다.

[표 8-1] 무력감과 통제불능감으로 인도하는 상호의존증의 12가지 주요 특징

특징	행동	예	아니요
1. 자기의 핵심이 수치심에 근거함 무가치하고 흠이 있고 온전치 못하다는 느낌을 갖는다.	a. 완벽하려고 하며 모든 사람을 통제하려고 한다. 또는 통제를 벗어난 형편없는 삶을 산다. b. 감정과 욕구를 통제하며 아무에게도 의지하지 않는다. 그 이유는 경계가 허술하게 되면 들킬 수 있고, 그러면 자신의 부족함이 드러날 수 있기 때문이다. c. 다른 사람들을 기쁘게 하려고 한다(친절한 남자 또는 사랑스러운 여자). 또는 까다롭고 고약하다(화를 내고 모욕을 준다).		
2. 외부화 외부에 있는 사람들과 상황에 지나치게 반응하는 반면, 내면의 신호에는 잘 반응하지 못한다.	a. 당신의 가치는 오직 다른 사람들이 당신을 인정해 주는 것에 달려 있다. 모든 에너지를 사용하여 '인상 관리'를 한다. 지나		

	치게 책임감을 느끼며 다른 사람들의 필요를 돌본다. b. 결핍이 있는 사람들을 찾아내고 절대로 그들을 떠나지 않는다. 또는 열정적이고 흥분을 잘하며 그렇게 살고 있는 사람들을 찾아내어, 그들에게서 아무 열정이 없고 무감각한 자신의 삶에 흥분을 얻어 온다. c. 행복은 당신의 외부에 있다. 다른 사람들의 생각과 소망과 당신에 대한 기대에 따라 행복여부가 결정된다.		
3. 부인, 망상, 방어적 당신의 고통과 문제들 그리고 문제들이 당신과 다른 사람들에게 주는 영향을 부인하거나 축소시킨다.	a. 과식을 하거나 몸이 아프거나 만성적으로 우울하면서도 자신에게 그런 일이 없다고 말한다. b. 자신의 문제에 대하여 어떻게 할 수 없다는 무력감과 절망감을 느낀다. c. 사실과 상관없이 자신이 믿고 싶은 대로 믿는다. 다른 사람들의 피드백을 받지 않으려고 사람들에게서 떨어져 있는다.		
4. 극단(양극화) 정상적인 것이 무엇인지 잘 모른다. 자신을 대단하다고 생각할 수 있다. 당신은 보통 사람이 아니다(특별/거만). 또는 인간 이하의 아무것도 아닌 존재다(가망 없는 너절한 사람).	a. 아무나 믿거나 아무도 안 믿는다. 적절한 기준선이 없다. b. 전부 아니면 전무다. 시작하기가 어렵다. 그러나 일단 시작하면 멈출 수가 없다. 당신은 지나치게 다정하거나 학대적이다. 지나치게 책임감이 많거나 무책임하다. c. 자기 마음이 없다. 또는 경직되어 있고 비판적이며 의견이 많고 판단적이다.		
5. 초기 단계, 진행 단계, 침투 단계 참기 어려운 행동을 점점 더 참을 수 있다. 어떤 사람이나 물질에 점점 더 중독되어 가고 있다. 자기 자신을 잃어 가고 있다고 느낀다.	a. 절대로 하지 않겠다던 일을 한다. b. 학대받고 있는 관계를 맺고 있으며, 도움도 없이 오랫동안 견디고 있다. c. 자기 자신의 가치를 해치고 있다. 자신이 맺고 있는 관계가 건		

특징	행동	예	아니요
	강하지 못하기 때문에 몸이 아프고 우울하거나 자살하고 싶어 한다.		
6. 정서적 억압 무감각하다. 느끼고 있는 것을 표현할 줄 모른다. 또는 분노를 폭발하거나 자주 울거나 갑작스럽게 공포감을 느끼는 등 극적인 분출이 일어난다.	a. 분노에 대한 두려움이 당신의 말과 행동을 지배한다. b. 행복하거나 화가 나거나 두렵거나 슬플 때 창피하게 느낀다. c. 주변 사람들에게 화를 내거나 무섭게 군다.		
7. 사고장애 항상 머릿속에만 있는 것 같다. 인생은 해결해야만 하는 문제투성이다. 늘 해결책을 생각한다.	a. 분명한 입장을 취할 수 없다. 문제에 대하여 곰곰이 생각하고 논의하지만 행동을 취하지는 않는다. b. 걱정이 많다. 자신이 어떻게 할 수 없는 일도 걱정한다. c. 다른 사람들이나 자신의 말 중에서 세부 사항과 자질구레한 것들에 집착한다.		
8. 망가진 의지 고집스럽다. '자기 의지의 반란'. 대단한 자기 또는 냉담함	a. 의지로 어찌할 수 없는 것에 의지를 사용하려고 한다. b. 모든 상황과 사람을 통제하려고 한다. c. 결정하는 데 어려움이 있다.		
9. 밀착된 경계선 무슨 수를 써서라도 관계를 맺고자 한다. 자신과 다른 사람 사이에 선을 그을 줄 모른다. 또는 고립되어 있고 모든 관계를 회피한다.	a. 언제 피곤한지, 언제 배가 고픈지, 언제 섹스를 원하는지 알지 못한다. b. 자기 자신을 포기하고 다른 사람들의 기대에 부응해서 산다. c. 다른 사람들이 당신의 욕구, 감정, 소망을 알아 주기를 기대한다.		
10. 자기애 박탈 무엇을 해도 만족스럽지 않다. 아무것도 충분하지가 않다(특히, 칭찬, 칭송, 주목 받기).	a. 자녀를 이용하여 당신에게 칭찬과 사랑을 주게 한다. b. 자신의 가치감을 느끼기 위해서 돈, 재산, 사회적 명성을 필요로 한다. c. 당신을 숭배하는 불쌍한 사람들과 관계를 맺으며, 그들이 당신		

특 징	행 동	예	아니요
	을 떠날 수 없으리라고 느낀다.		
11. 의사소통의 문제 관계하는 데 계속 문제가 있다. 아무도 당신을 이해해 주거나 당신에게 필요한 것을 채워 주지 않는 것 같다. 다른 사람들의 언어 또는 비언어적 신호 때문에 혼란스럽다.	a. 말을 너무 많이 하거나 전혀 하지 않는다. 자기가 뜻한 대로 말하지 않거나, 말한 것을 뜻하지 않거나, 뜻하는 바가 무엇인지 모른다. b. 자신의 말은 중요하지 않다고 믿으면서 항상 사과한다. 요점을 파악하는 데 시간이 오래 걸린다. c. 간접적으로 말한다. 당신은 "난방 온도를 좀 올려 주세요."라고 말하지 않고 "여기는 좀 춥네요."라고 말한다. 자신이 원하는 것을 부탁하는 일이 거의 없다.		
12. 공허감 당신은 마치 옆에 서서 자신의 삶이 지나가는 것을 지켜보고 있는 것처럼 느낀다. 사람들이나 주변의 사건들과 연결되는 느낌을 거의 가질 수 없다.	a. 자주 우울해 하며 삶이 무의미하다고 느낀다. 자신을 희생자처럼 느끼고 자신이 왜 그렇게 사는지 화가 난다. b. 자신의 삶을 바꿀 수 없다는 무력감을 느낀다. 오랫동안 혼자 있는 것을 좋아하지 않는다. c. 대부분 연기를 하고 있다. 그래서 다른 사람들과 진정으로 연결되어 있다고 결코 느낄 수가 없다.		

이 장의 요점은 '**MOST COMMON DIS-EASE**(가장 보편적인 불편함)'를 사용하여 요약해 볼 수 있을 것이다.

Major Family Problem-Co-dependence(중요한 가족 문제-상호의 존증)

가족 문제 중 가장 보편적인 것이 상호의존증이다. 가족체계 안에 서는 전체가 부분의 합 보다 크다. 그러므로 가족이 역기능적이면 모든 가족 구성원들은 그 역기능을 어느 정도 나누어 갖게 된다. 그 들은 병리적 상호의존자들이다.

Otheration(외부화)

상호의존증의 핵심이 되는 문제를 설명하기 위하여 '외부화'라는 용어를 사용하였다. 역기능 가족의 모든 구성원들은 주된 스트레스 요인에 반응하면서 산다. 그 어려움은 가족 구성원들의 생존에 위 협이 되기 때문에 항상 조심하고 경계해야만 한다. 그래서 그들은 자신의 내면으로 들어가 자기 자신의 감정, 필요, 욕구를 돌볼 수 있는 시간이 없다.

Survival Behaviors as Symptoms of Abandonment(버림받음의 증 상으로서의 생존 행동)

상호의존증은 생존을 위해 해야만 했던 일련의 정상적인 행동들이 다. 상호의존증은 당신이 겪었던 버림받음의 증상이다.

Typical Structure in Any Dysfunctional Family(역기능 가족의 전 형적인 구조)

모든 역기능 가족 안에서 볼 수 있는 구조가 있다. 그러한 가족의 성인아이들은 유사한 행동 특징들을 보인다.

Cultural Phenomenon(문화적인 현상)

오늘날의 문화는 상호의존증을 정상으로 규정한다. 사회 전체가 유 해한 교육 위에 세워졌고 여러 가지 면에서 역기능 가족처럼 움직인다.

Outer-directed(외부 지향)

오늘날의 사회는 자기실현이 아니라 순응과 자기 이미지 실현이라는 말로 묘사될 수 있다. 『외로운 군중(The Lonely Crowd)』이나 『조직 인간(The Organization Man)』 같은 책들은 이 주제에 관하여 매우 잘 설명해 주고 있다.

Marriage as Co-dependence(상호의존으로서의 결혼)

이상적인 결혼이라고 하는 것은 사실은 상호의존적인 관계다. $(1/2 \times 1/2 = 1/4)$

Manipulative Lifestyle(조종하는 생활 스타일)

조종, 가식(거짓말), 게임하기는 사회적으로 용인되는 정도가 아니라 오히려 권장된다.

Other-directed(타인 지향)

현대 사회생활에서는 다른 사람들을 기쁘게 하고 착하게 구는 것을 최고로 여긴다. 이기심이 없는 행동이 이기심 없는 사람보다 더욱 중요하다.

Normal = Neurotic(정상 = 신경증)

한때는(전제군주시대) 정상으로 여겨지던 것이 이제는(성숙한 민주주의 시대) 신경증적인 것이 되었다. 우리가 사회 규범으로 받아들이고 있는 것들 중에는 삶을 부인하며 창조적이지 못한 것이 많다는 사실이 이제 너무나 분명해졌다.

Deselfment(비자기화)

상호의존증의 핵심은 견고한 자기됨의 결여 또는 비자기화라고 할 수 있다. 나는 이것을 '나이에 따른 발달 단계에서 자아의 힘을 성취하는 데 실패한 것에 따른 자기 발달의 불편함(dis-ease of self development)으로서, 성인이 되어 인간관계를 할 때 역기능적인 친밀감으로 나타나는 것'이라고 정의하기를 좋아한다.

Incest Families as Identified Patient(근친상간 가족은 사회의 지명된 환자)

최근에 드러난 근친상간과 성학대의 높은 발생률은 근친상간 가족이 성 중독에 빠져 있고 성적으로 파렴치한 사회 안의 지명된 환자라는 것을 보여 주고 있다.

Step One(1단계)

상호의존증을 다루기 위해 당신이 첫 단계로 사용할 수 있는 자료를 제시하였다.

Emotional Numbness(마비된 감정)

우리가 감정을 마비시키면 중독이 될 준비를 하는 것이다. 어떤 중독은 우리를 계속 무감각한 상태에 있으면서 수치심과 외로움을 느낄 수 없게끔 해 준다. 어떤 중독은 우리의 주의를 분산시킨다. 도박, 성, 일은 흥분을 통해 주의를 분산시켜 주는 중독이다.

Apathetic Relationships(냉담한 관계)

낮은 자존감 때문에 우리는 평범하고 흥분이 없는 상태에 안주하게 된다. 냉담한 관계는 예측이 가능하고 안전하다.

Spiritual Bankruptcy(영적 파산)

영적인 삶은 내면의 삶이다. 수치심에 기초한 사람들은 테리 켈로그(Terry Kellogg)가 말한 것처럼 '인간 존재'보다 '인간 행동'이 되어 버린다. 병리적 상호의존 관계 안에 있으면 우리는 내면의 삶과의 접촉을 잃어버린다. 우리는 사람, 활동, 물질로 모든 삶을 채우며 외부에서 산다. 상호의존증은 '신들의 전투'라고 불려 왔다.

Emotions Subjugated to Logic(논리에 종속된 감정)

유해한 교육을 하는 가정에서는 "그렇게 감정적이 되면 안 돼."라는 말을 흔히 한다. 감정은 나약한 것으로서 이성에 의하여 다스려져야 한다고 여겨진다. 이성적이고 지적이 되면 감정을 감추게 된다.

당신의 망가진 의지를
회복할 수 있도록
안내하는 지도

9

-제1기: 새로운 가족 찾기

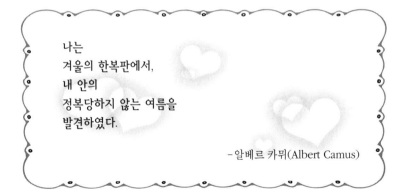

나는
겨울의 한복판에서,
내 안의
정복당하지 않는 여름을
발견하였다.

- 알베르 카뮈(Albert Camus)

우리가 진정한 우리 자신이 되려면 **성장**을 해야만 하는 생의 어떤 지점이 있다. 자연스럽게 이러한 전환이 시작되는 시기가 사춘기다. 사춘기의 특징은 에릭 에릭슨이 말한 것처럼 정체감의 위기다. 우리 모두는 '나는 누구인가?'라는 질문에 답변을 해야 한다. 사춘기는 우리를 집에서 이끌어 내어 자신만의 가치를 찾고 자신만의 운명을 창조하도록 한다.

집을 떠난다는 것은 신체적 떠남과 정서적 떠남을 모두 포함한다. 집을 떠난다는 것은 자기 자신이 되는 것을 의미한다. 가장 기능적인 가족이라 할지라도 집을 떠나는 것은 고통스럽고 힘겨운 작업이다. 부모에게 작별을 고하고 자기 자신의 가치를 선택하는 일은 길고 고된 과정의 일부분이다.

손상된 자존감을 가지고 있고 성인아이라고 할 수 있는 사람들은 사춘기를 잘 겪고 지나가지 못했다. 어떤 사람들은 사춘기 이전의 시기들도 온전하게 겪고 지나가지 못했을 수 있다.

많은 사람들이 건강한 수치심에 의해 잘 균형 잡힌 자율성을 기르지 못했다. 우리는 수치심을 내면화했기에 적절한 한계의 틀을 정해 주는 감정인 수치심을 만나지 못하게 되었다. 수치심이 일단 내면화되면 우리는 더 이상 우리의 의지가 건강하게 기능을 할 수 있도록 **한계**를 점검해 주는 도구로서의 수치심을 사용할 수 없게 된다. 그리고 수치심이 없으면 우리는 **파렴치하고 자기가 대단한 줄 아는 사람**이 된다.

성인아이들이 성장을 하고 정체감을 찾도록 하기 위해서는 자신이 대단하다는 망상과 통제하고자 하는 욕구를 **포기**해야만 한다.

우리의 의지는 길을 잃어버렸다. 우리는 의지로 가득 차 있다. 우리는 이렇게 의지로 가득 찬 가운데 진정한 선택의 자유를 잃어버렸다. 우리는 무엇이든 절대화하고 고집을 부리는(의지로 가득한) 어린아이를 포기하고 자발적인(의지를 자유롭게 사용하는) 어른이 되어야 한다. 자발적인 어른은 유한함과 인간의 가능성의 한계 범위 안에서 삶을 살아간다. 이에 반해 성인아이는 극단적으로 대단한 삶을 살며, 절망감(대단한 자신의 한 증상) 또는 신이 된 것 같은 느낌을 갖는다.

  알코올 중독자로서 나는 종종 나 자신이 특별하다고 느꼈고 어떤 때는 비범하다고까지 느꼈다. 나 자신이 이 세상에서 가장 민감한 사람이라고 믿었던 적도 있다. 나는 내 자신이 다른 사람들은 결코 모르는 인간의 고통을 겪고 있기 때문에 술을 마시는 것이라고 스스로에게 말했다. 그러고 나서 술이 깨면 내가 아는 사람들 중에 내 자신이 가장 쓸모없는 인간 같았다. 나는 자신이 비천하며 벌레 같다고 느꼈다. 나는 무가치했다. 거만할 정도로 비범하다는 것과 벌레 같을 정도로 무가치하다는 이 양 극단이 바로 대단한 자신의 모습이었다. 회복되는 과정에서 나는 내가 '비범한 벌레'였다는 것을 깨달았다. 상호의존자들에게서 절망감은 자신이 대단하다는 감정으로 나타날 수 있다. 그들의 절망감은 "나는 사람들 중에서 너무나 특별하기 때문에 **회복이 절대 불가능해.**"라고 선포한다. 정말로 절망적인 사람은 냉담함과 절망감 속에 얼어붙어 있으며, 아무 말도 하지 않고 아무 일도 하지 않는다.

  자신을 대단하게 생각하는 태도는 모든 중독자들이 경험하는 절제와 재발의 사이클을 설명해 준다. 나는 12년 동안 사순절마다 술을 끊었다. 다이어트를 100번쯤은 했고 체중을 2,265kg이나 감량했다. 담배를 피웠을 때는 하루에 여섯 개비로 줄여서 한두 달 동안 이를 지켰다. 이러한 절제의 국면은 모든 중독의 하나의 과정이다. 이것은 단지 망상에 불과하며 중독을 통제할 수 있다는 대단한 자기 자신에 대한 믿음을 만족시켜 주는 것이다.

망가진 의지의 회복

상호의존증에서 회복하는 첫 번째 단계는 우리의 망가진 의지를 회복시키는 것이다. 그렇게 하려면 그동안 우리가 통제하려고 했던 삶의 여러 가지 것들을 통제하려는 시도를 멈추어야 한다. 나는 독자들에게 상호의존증을 위한 첫 단계를 적어 보고 그 자세한 사항에 주의를 기울이도록 권했다. 상호의존증에 관한 구체적이고 세부적인 행동 사항을 적어 보는 것이 자신의 삶에 대해 무력감과 스스로를 관리할 수 없다는 통제불능감을 갖도록 도와주기 때문이다.

자신의 삶에 대한 무력감과 통제불능감이 없다면 우리는 여전히 자신이 대단하다는 망상에 빠져 남편의 알코올 중독, 자녀들의 성적, 부모의 학대, 음주, 일, 음식, 담배 등을 **통제할 수 있다**고 계속해서 믿게 된다. 성인아이들이 성장하고자 한다면 제일 처음 해야 할 결단은 순복하는 것이다.

해리 티바웃 박사(Dr. Harry Tiebout)는 AA의 창시자인 빌 W.(Bill W.)의 치료자였는데, '순응(compliance)'과 '순복(surrender)'을 구분해 주어 중독을 부인하는 것을 어떻게 깨어 버릴 수 있는지 우리가 이해하는 데 큰 공헌을 하였다.

순응은 죄책감에서 나온다. 내가 신학교에 있었던 마지막 해에 나는 절망감 때문에 정신과 의사를 찾아갔다. 나는 그에게 내가 알코올 중독인 것 같아 도움이 필요하다고 말했다. 그는 나와 어머니의 관계에 대해서 함께 이야기하며 많은 시간을 보냈다. 이 기간 동안 그는 나에게 수면제와 안정제를 처방해 주었다. 나는 기분이 훨씬 좋아지기 시작했다. 술도 **줄였다**. 나는 그 의사와의 면담을 즐겼고 인생에 대하여 안도감을 느꼈다. 석 달이 다 되어 갈 무렵 치료를 종결하였다. 그러나 곧 다시 음주가 점점 심해졌고, 1년 반 후에는 알코올 중독 치료를 위해 오스틴 주립병원에 입원하게 되었다. 1965년 12월 11일, 마침내 나는 순복하였다.

순복은 수치심을 받아들이는 데서 나온다. 중독자에게 순복이란 중독이 시작된 이후로 처음 해 보는 진정한 자유의 행위다. 나도 그랬다.

티바웃 박사는 죄책감을 인정하는데도 부인과 망상이 지속될 수 있다는 것을 이해할 수 있는 통찰력이 있었다. 죄책감은 심지어 진짜 문제에서 당신의 주의를 분산시키는 방법이 되기도 한다. 예를 들어, 흡연가나 과식자가 중독으로 인해 자신의 건강을 위태롭게 만든 것에 대하여 자기 자신을 저주하는 말을 하는 것을 흔히 듣게 된다. 그것에 대하여 이야기를 한다는 것은 담배나 과식을 중단하는 데 틀림없이 도움이 된다. 나는 알코올 중독이었을 때 술을 마시면서 했던 일들에 대해서 자주 죄책감을 느꼈다. 이러한 해로운 결과들을 인정하는 것은 내가 술 마시는 것을 통제할 수 없다는 것을 인정하는 것보다 더 쉽다. 나는 죄책감을 느낌으로써 내 스스로가 내 인생을 통제할 수 없고 어찌할 수 없다는 사실을 부인할 수 있었다. 죄책감은 부인을 계속할 수 있는 좋은 방법이었다. 경솔한 치료자들은 중독자의 순응과 죄책감에 속아넘어가는 일이 많다.

수치심에 기초한 사람들은 벌을 받으려 하고, 심지어 적극적으로 벌받기를 원하는 경향이 있다. 나는 12단계 그룹에 들어가기 전에 두 사람의 치료자를 찾아갔다. 그들은 내가 정직하며 위탁되어 있다고 칭찬하였다. 그들은 내가 술 때문에 내 인생에 어떤 일이 일어나고 있는지 잘 알고 있으며 책임을 지려 한다고 말했다. 그들은 둘 다 정신과 의사였고, 내게 약을 처방해 주었다. 나는 죄책감을 느끼며 그 대가를 치르려고 하는 것을 통해 내가 가장 두려워하던 것, 즉 술을 끊는 것을 더욱더 부인할 수 있었다. 술을 끊게 되면 나의 음주 문제와 나의 인생에 관해서 내가 정말로 갖고 있었던 그 나쁜 감정을 느껴야만 했기 때문이었다. 나는 나의 수치심을 느껴야만 했던 것이다.

강박적/중독적 수치심의 사이클에서 벗어날 수 있는 유일한 방법은 **수치심을 껴안는 것**이다. 수치심을 껴안는다는 것은 수치심을 실제로 느끼는 것을 의미한다. 우리는 수치심이 우리에게 정해 주는 한계들을 느낀다. 우리는 우리 스스로 자신의 문제들을 통제할 수 없으며 도움이 필요하다는 것을 인정한다. 이것이 바로 순복이다.

망가진 의지의 문제는 부인의 문제며, 부인이 결국 초래하게 되는 고통의 문제다. 대부분의 사람들이 자신의 인생에 대해서 무언가 손을 쓰려고 하는 때는 고통이 매우 심해진 지점에 왔을 때다. 수치심에 기초한 나의 자기가 더 깊이 숨고 있을 때, 나의 거짓 자기는 그 만큼 강도가 더 심해졌다. 수치심을 숨기려던 중독 때문에 나는 내가 가장하고 있는 그 사람(사제복 뒤에 숨은) 또는 내가 되고자 했던 그 사람이 사실은 나 자신이 아니라는 것을 알게 되는 고통을 만성적으로 겪게 되었다. 나는 문자 그대로 나의 옆자리에 있었다. 톨스토이는 "사람은 종종 자기 자신이 아닌 것처럼 행동한다."라고 말했다. 동물은 비동물화될 수 없다. 호랑이는 비호랑이화되지 않는다. 그러나 인간은 비인간화될 수 있다. 상호의존증의 외부화는 곧 **비인간화**다.

나의 경우 불편함(상호의존증)은 그것을 밑에 숨기고 있는 알코올 중독을 다루기 전에는 손을 댈 수 없었다. 이때가 결정적인 순간이었다. 물질 중독이 현재 진행중인 사람은 누구나 상호의존증(질병 중의 질병)을 다루기 전에 중독된 물질을 끊어야만 한다. 알코올 중독은 술을 마시기 때문에 생긴다. 알코올 중독은 제1차 질병이다. 이 말은 알코올 중독을 제일 먼저 다루어야 한다는 말이다. 다른 약물이나 화학 물질도 마찬가지다.

음식, 성, 일 그리고 사람 중독의 경우에는 좀 다르다. 우리는 먹고 마시고 성관계를 하고 일을 하거나 사람들과 교제하는 것을 완전히 끊을 수는 없다. 이를 완전히 금한다면 개인과 인류의 멸망을 가져올 것이다. 중독을 회복하는 데는 중독의 종류에 따라서 각각 독특한 부분이 있지만 몇 가지 공통점들이 있다. 그 중 하나는 단단해진 의지를 순복시키는 일이다.

정체성의 형성

상호의존자인 사람이든 그렇지 않은 사람이든 **모두 자기 회복, 자기 노출, 자기 발견의 과정을 거쳐야만 한다.** 기능을 잘하는 가족에서 성장하는 은총을 받은 사람들은 자기 정체성 형성의 과정을 거쳐야만 하게 되어 있다. 역기능에 의해 방해를 받지 않는 경우, 자연스러운 인생의 주기를 따를 때 이 과정은 40년이 걸린다. 소크라테스는 "검토되지 않은 인생은 살 만한 가치가 없다."라고 말했다. 예수회의 시인 제라드 맨리 홉킨스(Gerard Manley Hopkins)는 "내가 행하는 일이 곧 나다. 그것을 위해 내가 왔다."라고 말했다.

성인아이의 경우에도 이 여정은 기능적 가족 출신의 사람의 여정과 질적으로는 조금도 다를 것이 없다. 우리는 조금 더 늦게 시작하는 것뿐이다.

온전함을 향한 여정은 '환상에서 깨어나는 것'과 '애통하는 것'으로 이루어져 있다. 층층이 쌓인 우리의 방어기제가 차례차례 무너져야만 한다. 불교 지도자들은 깨달음이란 환상에서 떠나는 것이라고 말한다.

우리는 망상을 깨트려 버려야 한다. [그림 9-1]은 방어기제가 겹겹이 쌓인 층을 시각적으로 볼 수 있게 해 준다. 제1기의 회복 과정은 바깥층을 자세하게 보여 준다. 바깥층에 있는 자아 방어기제는 방종한 습관들, 고통을 마비시켜 주는 것(중독) 그리고 수치심을 방

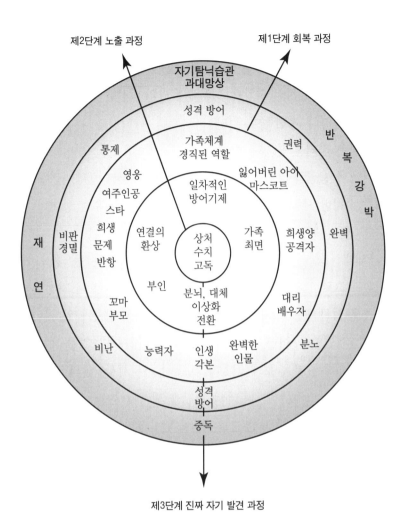

제2단계 노출 과정   제1단계 회복 과정

자기탐닉습관
과대망상

성격 방어

반
복
강
박

통제

가족체계
경직된 역할

권력

영웅
여주인공
스타

잃어버린 아이
마스코트

일차적인
방어기제

재
연

비판
경멸

희생
문제
반항

연결의
환상

상처
수치
고독

가족
최면

희생양
공격자

완벽

부인

분뇌, 대체
이상화
전환

대리
배우자

꼬마
부모

비난

능력자

인생
각본

완벽한
인물

분노

성격
방어

중독

제3단계 진짜 자기 발견 과정

[그림 9–1] 핵심에 있는 수치심을 숨기기 위한 방어기제의 층

어하기 위한 성격적인 전략으로 이루어진다. 제1기에서는 강박적/
중독적 행동들과 우리의 광적인 통제를 다룬다.

이 여정을 시작하는 방법에는 여러 가지가 있는데, 그 중 새로운 인식으로 시작하는 경우가 가장 많다. 수치심은 우리를 너무나 꼭꼭 숨어 있게 만들기 때문에, 우리는 방어기제에 대부분의 에너지를 사용한다. 감정의 억압으로 인해 우리의 마음은 좁아지고 우리의 인식은 매우 제한적이 되었다.

인식은 강의를 듣거나 책을 읽는 도중에 올 수도 있다. 친구가 우리에게 자신의 경험을 이야기할 때 오기도 한다. 텔레비전 시리즈를 시청한 사람들이 그동안 나에게 보낸 편지가 수천 통이나 된다. 그래서 내가 이 책을 서둘러 쓰게 된 것이다.

5세대 가족 지도를 맨 처음 그렸을 때 나는 새로운 인식을 갖게 되었고 그로 인해 위로를 받았다. 생전 처음으로 나는 나 자신이나 가족 구성원 중 어느 한 사람보다 훨씬 더 큰 무언가가 있다는 것을 알 수 있었다. **여러 세대를 이어 내려오는 상처와 고통을 내가 짊어지고 있다는 것**을 보게 되었다. 이것이 가족체계이론의 장점 중 하나다. 즉, 그것은 인과관계와 비난을 제거해 준다. 모든 사람에게 책임이 있지만, **어느 누구도 비난을 받아서는 안 된다.** 가계도를 사용하여 당신의 가족체계를 탐구해 보고 싶다면 나의 책『가족 비밀』을 보기 바란다.

가족체계이론은 내 자신이 변화해야 한다는 도전을 주었다. 또한 내가 가족 안에서 나의 **역할을 그만둔다면 체계가 변할 것**이라는 것을 가르쳐 주었다. 사실상 가족체계적인 사고는 책임을 각 개인의 어깨 위에 공평하게 나누어 준다.

방어의 벽을 무너뜨리는 또 다른 방법은 '**개입**'이라고 부르는 직면의 과정을 통해서다. 우리는 문자 그대로 다른 사람의 방어기제들 가운데 개입하고 직면할 수 있다. 그러나 직면을 하려면 주의 깊게 계획하고 배려하는 마음으로 해야 한다.

개입을 고려할 때는 우리 자신의 동기를 살펴보는 것이 중요하다. 우리는 자기 자신에게 "내가 이 사람을 돕기 위해서 이 일을 하는 것인가? 내가 정말로 그를 위하여 기꺼이 그와 함께 있어 주려고 하는 것인가?"라는 질문을 해 보아야 한다. 중독자들과 일하던 몇몇 선구자들이 개입 방법들을 개발해 놓은 것이 있는데, 그것들이 매우 성공적인 것으로 증명되었다. 만약 당신이 역기능적인 가족 안에 살고 있고 체계 안의 일차 중독자를 직면하려 한다면, 그렇게 하기 전에 전문가의 조언을 청하기를 진심으로 권하는 바다. 즉, 어떻게 개입해야 하는지 잘 알고 있는 사람을 찾아가 보기 바란다.

우리의 수치심의 방어기제들을 무너뜨리는 가장 강력한 방법은 **실제로 그 고통을 겪는 것**이다. 고통은 우리가 논쟁을 해서 이길 수 없는 선생님이다. 우리의 방어기제는 고통을 덮기 위해 존재한다. 그 목적은 고통받기를 피하려는 것이다. 그런데 우리가 그렇게 **피하고자 하는 고통보다 더 큰 고통을 경험하기 시작하면 방어벽은 무너져 내린다.** 우리는 내면의 깊은 곳에 있는 고통을 피하려고 하는 방어기제들을 더 이상 통제할 수가 없게 된다.

12단계 프로그램에는 오래된 슬로건이 있다. 그것은 "고통이 없으면 얻는 것이 아무것도 없다."이다. 나도 내 인생에 대해서 무언가를 해야겠다고 **모험을 기꺼이 무릅쓰기** 전에 고통이 필요했다. 당신이 만일 상호의존증을 위한 첫 단계 작업(8장)을 해 본 이후에 무력감을 경험했다면 이제는 기꺼이 행동을 감행하려 할 것이다.

우리의 문제들에 관해서 이야기하고 우리 가족의 역기능에 대해서 자세히 찾아보는 일은 행동을 취하는 것과는 사뭇 다르다. 행동을 취한다고 하는 것은 통제하려는 태도를 이미 내려놓았으며, 다른 사람의 말을 기꺼이 들을 것이며, 내 방식만이 아니라 **그들의 방식대로 하겠다**는 것을 의미한다.

순복하기 전에 나는 1년 동안 알코올 중독 문제를 장난치듯이 다루었다. 나는 다른 알코올 중독자들이 하는 방법대로 하지 않아도 될 것이라고 믿었고 좀 더 쉬운 방법을 찾으려고 했다. 마침내 나는 극도로 고통스러운 지점까지 다다랐다. 그래서 자진해서 오스틴 주립 병원에 입원했으나 거기 있는 것을 좋아하지 않았다. 그곳에서의 경험을 난 결코 잊지 못할 것이다. 나는 6일 만에 거기서 풀려 나와 12단계 프로그램으로 보내졌다.

술을 끊으려고 시도하던 초기에는 12단계 프로그램이 내게는 너무나 단순한 것처럼 느껴졌다. 나는 신학과 철학 학위를 가지고 있었고, 대학에서 그 두 과목을 가르치기도 했다. 나는 12단계 모임에서 만난 대부분의 사람들의 문제보다 내 문제가 훨씬 더 복잡하다고 느꼈다. 내가 술을 마시는 것은 매우 깊고 민감한 영혼의 증상이라고 느꼈다. 물론 이 모두가 너무나 한심한 얘기다. 지식인들은 가장 대단한 부정을 만들어 낸다.

내가 다시 12단계 프로그램으로 돌아갔을 때, 그곳에는 감사하게도 지식인들이 몇 명 있었다. 그 중 한 사람은 나에게 특별히 중요했다. 그의 이름은 프랜이었다. 만일 그가 없었다면 내가 어떻게 되었을지 모르겠다. 그는 나를 위한 하나님의 은혜의 도구였다.

주립병원을 떠나 12단계 그룹으로 돌아간 것은 내 인생에서 가장 중요한 경험이었다. 그곳에는 따뜻함, 친절함 그리고 굉장한 인내심이 있었고, 확고함과 정확한 정직성에 의해서 조절되고 있었다. 거기서도 나의 영웅 역할, 위대한 성취자의 역할이 계속해서 드러났다. 나는 종종 자신을 잘 통제하고 두드러져 보이려고 애쓰곤 했다. 나는 **가장 뛰어난** 알코올 중독 회복자가 되어야만 했다. 나는 12단계를 완벽하게 해내야만 했다.

나의 순복과 회복

나는 통제와 완벽주의가 나의 인생을 휘청거리게 만들었다는 것을 조용히 배워 가고 있었다. 나는 나의 무력감을 인정하고 순복해야만 했다. 나는 내가 진짜로 가지고 있었던 나쁜 감정을 느껴야만 했다. 술과 알약의 사용은 나에게 깊은 수치심과 외로움을 느끼지 않도록 해 주었다. 나의 통제와 착한 아이 행동은 두려움과 슬픔에서 나를 멀리 떼어 놓아 주었다. 이제 나는 두 개의 가면을 모두 잃어버려 가고 있었고 **수치심이 뚫고 나오기 시작했다.** 수년 동안 나는 수치심에 중독되어 있었다. 절대로 불시에 습격을 당하지 않기 위해서 나는 늘 경계하며 살았다. 사제가 되려고 공부하는 동안 나는 로만 컬러와 검은 사제복 뒤에 숨어 있었다. 난 너무나 오랫동안 내 옆에 그냥 있었고, 내 자신이 얼마나 외롭고 공허한지를 몰랐다. **숨었던 곳에서 나온다는 것**은 두려운 일이었지만, 그룹의 사랑과 따뜻함이 그것을 견뎌낼 수 있도록 도와주었다. 사실 내가 정말로 믿을 수 없었던 것은 내가 나의 **가장 진실한 감정들을 나눌수록 더욱더 그룹에 의해서 받아들여질 수 있었다는 것**이었다. **그냥 내 자신이 된다는 것**이 사실은 쉬운 것이라는 것을 발견하게 되었다. 사실 통제를 하고 나의 역할을 연기하는 것이야말로 정말 힘이 드는 일이었다. 이것이 회복의 첫 단계였다.

나의 새로운 가족

그룹은 나의 새로운 가족이었다. 나는 이 가족에 입적했다. 나는 그룹이 나를 반영해 주고 받아들여 주는 것을 경험하였다. 그룹은 공통의 문제를 나누는 친구들로 이루어진 조직망이었다. 그곳에는 사회적인 평등과 상호 간의 존중이 있었다. 모임에 갈 때마다 나는 점점 더 기분이 좋아졌다. 왜 그런지 이해할 수 없었다. 실제로 일어난 일은 아무것도 없었다. 우리가 했던 일은 그저 우리의 경험을 나누고 12단계를 하나씩 이야기하는 것뿐이었다.

이제 나는 그때 그곳에서 무슨 일이 일어났는지를 안다. 나는 그때 새로운 가족을 발견한 것이다. **이 가족 안에서는 규칙이 달랐다.** 실수를 하는 것은 괜찮은 정도가 아니라 회원이 되기 위한 필수 사항이었다. 모든 사람이 똑같이 취약했다. 리더도 없었다. 그룹은 상호 간의 존중과 사회적 평등과 엄한 정직성에 기반을 두고 있었다. 사람들은 자신의 감정에 대해서 솔직하게 이야기했다.

나는 나의 업적이나 성취 때문이 아니라 **그냥 나 자신으로서 받아들여졌다.** 이것이 나의 자존감 회복을 도와주었다. 나는 모임에 갈 때마다 숨어 있었던 곳에서 차츰 나오게 되었고 **수치심이 줄어**

들었다. 나 자신에 대하여 정직하게(조금씩 더 정직해질 수 있었다) 이야기할 때마다 나는 옛 가족의 규칙을 깨트렸다. **나는 진짜가 되기 시작한 것이다.**

나는 성인아이들이 새로운 가족을 찾아 입적해야 한다고 믿고 있다. 우리의 상호의존성은 깨어진 관계 때문에 생겼다. 이것은 사회적 역기능의 산물이다. 그러므로 우리는 치료를 위해서 사회적 맥락이 필요하다.

새로운 가족은 12단계 그룹, 또는 ACoA, 상호의존 그룹, 치료 그룹, 수치심을 심어 주지 않는 교회 그룹, 수치심을 느끼지 않고 솔직해질 수 있는 치료자나 좋은 친구가 될 수 있다. 수치심 중독을 벗어나는 유일한 방법은 그 유독성 수치심을 껴안는 것이다. 유독성 수치심은 어두움과 소외를 사랑하기 때문에 우리는 그것을 빛 가운데로 드러내야만 한다.

자존감의 회복

오직 정직, 진실, 나눔과 반영을 통해서만 우리는 자존감을 회복할 수 있다. 나의 수치심은 내가 흠이 있고 온전하지 못하며 받아들여질 수 없다고 말했다. 중독의 고통이 마침내 나에게 억지로 자신을 드러내도록 몰아붙였다. 그러나 자신을 드러냈을 때 나는 내가 받아들여지고 사랑받는 것을 발견했다. 나는 자존감을 회복하였다. **나는 내 자신을 받아들이기 시작했다.** 내가 자신을 받아들였을 때, 나의 감정들 또한 받아들이게 되었다. 신뢰가 더해 감에 따라 나는 점점 더 숨었던 곳에서 나올 수 있었다. 나는 말하지 않기 규칙을 깨트리고 나의 비밀들을 나누었다. 나는 기꺼이 취약하게 되었고, 나의 삶의 상태에 대해서 기꺼이 무서워하거나 어색해하거나 당황해했다. 내가 그러한 감정들을 느끼고 표현했을 때, 3조의 회로를 가진 나의 컴퓨터가 점점 더 기능을 잘하기 시작했다. 우리 그룹은 그것을 '**저당 잡혔던 두뇌 되찾기**'라고 불렀다. 그것은 사실이었다. 감정을 표현한 후에는 좀 더 분명한 통찰력이 생겼다. 나는 자신의 판단과 지각을 믿기 시작했다. 마침내 나는 결정을 내리기 시작했다. **나는 한 번에 하루씩 살기로 결정했다.**

나는 또한 나 자신의 가치관을 회복하기 시작했다. 알코올 중독자로서 사제가 되려고 공부하던 시절에 난 이중적인 삶을 살았었다. 하나의 자기는 매일 기도하고 묵상을 하는 젊은 신학생이었고, 다른 하나의 자기는 알약과 위스키를 방에 숨겨 두고 다른 사람들이 잠든 늦은 밤에 그 화학 물질들을 사용하였다. 이중생활이 나를 붙잡고 있었다. 나는 분열된 것을 느꼈었다. 나는 내 자신 같지 않은 삶을 살았었다. 내가 별로 가치를 두지 않는 일을 하고 있었다. 강박적/중독적 행동을 포기하고 회복 프로그램을 시작하게 되면, 우리는 자신의 가치관을 분명하게 하는 일을 시작할 수 있다.

회복의 첫 단계

그렇다 해도 회복의 초기 단계는 고통스럽다. 고통을 대체할 수 있는 것은 아무것도 없다. 당신이 정직해짐에 따라 그렇게 오랫동안, 그렇게 일을 나쁘게 망쳐 놓은 자기 자신에 대해 종종 분노와 적대감이 올라온다. 만일 당신이 도취감을 주는 화학 물질에 중독되어 있었다면 실제로 몸에 금단 현상이 일어난다. 다른 중독에도 정서적인 금단 현상이 있다. 중독 자체에도 집착과 몰입이 되는 것이기 때문에 그것을 잃어버린 것에 대한 비통함이 있다. 일, 음식, 종교, 성 중독 같은 경우에는 일하고 먹고 예배를 드리는 일을 중단할 수도 없고 성적으로 금욕생활을 할 수도 없기 때문에 어느 정도까지 안전한지에 대하여 혼란을 느낀다. 이것은 어려운 질문으로서 시간과 시련과 실수를 필요로 한다. 당신에게는 엄청난 인내심이 필요한데, 이때 후원자가 있으면 많은 도움이 된다. 후원자는 당신이 현재 겪고 있는 과정을 바로 직전에 거친 사람으로서 성공적으로 프로그램을 하고 있으며, 당신이 바라는 삶의 질을 본보기로 보여 줄 수 있는 사람이어야 한다.

이 모든 일에는 시간이 걸린다. 회복은 과정이지 한 번으로 끝나는 사건이 아니다. 중독자가 아닌 사람들의 경우, 성장은 과정이며 한 번으로 끝나는 사건이 아니다. 우리가 이렇게 엉망이 된 것도 하룻밤 새에 일어난 일이 아니므로 문제의 행동을 고치는 데는 에너지가 많이 든다. **우리는 한 번에 하루씩 사는 법을 배워야 한다.**

한 번에 하루씩 사는 것은 절대적이고 거대한 의지를 상대적으로 만드는 방법이다. 나는 지난 30년 동안 한 번에 하루씩 술을 끊었다. 영원히 끊은 적은 없다. 엄밀하게 말해서 영원히 끊을 수는 없기 때문이다. 영원히 끊는다는 것은 대단한 사람이 되는 것이다. 이 모든 일에서 역설적인 것은 **내가 나의 한계를 기꺼이 받아들이게 되었을 때 나의 삶에 대하여 내가 정말로 통제력을 갖게 되었다**는 것이다. 한 번에 하루씩 사는 것은 우리의 고집스러움과 대결하는 훈런이다. 고통 가운데 머물러 있고 혼란해하면서 회복이 긴 과정이라는 사실을 받아들이는 우리의 새로운 자발적인 의지는 과거의 대단한 자신의 고집스러움을 변화시키는 데 크게 효과가 있다. 한 번에 하루씩 사는 것은 무언가를 통제하려는 시도를 기꺼이 포기하는 것을 의미한다. 그것은 굉장한 구원의 체험(하나님이 찾아오셔서 모든 것을 한꺼번에 치유해 주시는)을 더 이상 기대하지 않는다는 것을 의미하기도 한다.

모든 성인아이의 상호의존 문제에서 가장 병든 부분은 의지다. 나는 수년 동안 내가 진실로 원하기만 하면 언제든지 술을 끊을 수 있으리라고 생각했다. 내가 실제로 술을 끊었던 때를 그 증거로 삼았다. 내가 끊을 수 있었던 것은 사실이었다. 다만 **끊은 상태로** 머무를 수 없었을 뿐이었다.

우리 모든 성인아이들은 자신의 의지와의 관계가 왜곡되어 있다. 우리는 고집을 부리며 다른 사람의 감정, 우리의 관계, 우리 자신의 감정 등 온갖 것을 다 통제할 수 있다고 믿는다. 나의 자기 의지, 즉 아집이 제멋대로 날뛴다.

우리의 의지가 의지 자체만을 발동시키게 되면, 의지는 현실과의 모든 접촉을 잃어버리게 된다. 의지는 장님이 된다. 나는 순전히 의지력으로 인생의 문제들을 해결할 수 없게 되었을 때 절망했다. 전부 아니면 전무였다.

내가 나의 새로운 가족에게 배운 것은 인생에는 내가 **통제할 수 없는** 일들이 많이 있다는 것이었다.

처음에 그곳에서 가르쳐 준 기도가 있다. "하나님, 바꿀 수 없는 것들은 받아들일 수 있는 평온을, 바꿀 수 있는 것들은 바꿀 수 있는 용기를, 그리고 그 차이를 구별할 수 있는 지혜를 주옵소서." 이 기도는 자발성과 고집스러움 사이의 차이를 분명하게 보여 준다. 자발적인 사람은 제한된 자유와 인간의 유한성을 받아들인다. 사실상 자발성은 건강한 수치심에 뿌리를 두고 있다. 건강한 수치심은 초월자가 있다는 것을 전제로 한다. 나는 나의 의지를 초월자(나는 그를 하나님이라고 부른다)에게 넘겨 드림으로써 나의 의지력을 되돌려 받았다.

12단계 프로그램

강박적/중독적 행동을 멈추도록 돕는 데 12단계 프로그램을 능가할 만한 것은 없다. 이 12단계에 대해서 간략하게 소개하려 한다. 처음 세 단계는 다음과 같은 말로 되어 있다.

① 우리는 우리의 **중독적/강박적 행동이 무엇이었든** 그에 대해서 무력했으며 스스로 삶을 관리할 수 없게 되었다는 것을 깨닫고 시인했다.
② 우리는 우리 자신보다 위대하신 힘이 우리를 건전한 본 정신으로 돌아오게 해 줄 수 있다는 것을 믿게 되었다.
③ 우리가 이해하게 된 그 하나님의 보살피심에 우리의 의지와 생명을 완전히 맡기기로 결정했다.

이 단계에서는 한계를 분명하게 받아들이도록 해 준다. 중독을 다루는 유일한 방법은 순복이라고 단언한다. 중독을 통제하고자 하는 모든 시도는 중독자의 삶을 통제할 수 없는 지경이 되게 만든다. 그 다음으로 이 단계에서는 내면화된 수치심에 의하여 빚어지는 영적 파산에 대하여 이야기한다.

내면화된 수치심은 절대론적인 성격을 띤다. 만약에 내가 잘못 그 자체라면, 내가 만일 인간으로서 흠이 있고 온전하지 못하다면 그것은 **절대로 고쳐질 수 없다.** 이러한 절망감은 자신이 대단하다는 것과 같은 것이다. 자신이 대단하다는 것은 바로 수치심에 의해서 만들어진다. 수치심은 모든 감정들을 가두어 버려서 이성과 판단을 흐리게 만든다. 그래서 결국 남은 것은 장님이 된 의지력뿐이다. 의지로 의지적이 되려고 하는 것은 **하나님처럼 되는 것**이다. 따라서 이 단계에서는 우리의 이러한 우상 숭배와 영적인 공허에 대해서 언급하기 위하여 곧바로 우리보다도 위대한 힘인 하나님을 부르는 것이다. 그러나 12단계가 하나님에 대한 개념에 대해서 어느 누구라도 통제하려(마치 그럴 수도 있는 것처럼) 들지 않는다는 것은 분명하다.

잃음으로써 얻기

1단계에서 3단계는 우리의 수치심과 취약성을 끌어안을 수 있는 기회를 제공한다. 수치심을 끌어안음으로써 우리는 숨어 있었던 곳에서 나올 수 있고 수치심을 통제하려는 시도를 포기하게 된다. 역설적인 것은 우리가 **잃어야만 얻을 수 있다는 것**이다. 12단계에서는 인간관계의 다리를 회복시켜 준다. 수치심에 기초한 사람은 누구도 믿지 않는다('내 아버지도 믿을 수 없는데 내가 누굴 믿을 수 있겠어?')는 것을 알고 있기 때문에 12단계는 우리에게 인간보다 큰 어떤 대상을 신뢰하라고 요청한다.

4, 5, 6, 7단계는 **수치심에서 죄책감으로 옮겨가는 과정**의 시작이다. 이 단계들은 다음과 같은 말로 되어 있다.

④ 두려움 없이 우리의 도덕적 생활을 철저하게 검토했다.

⑤ 우리가 잘못했던 점을 하나님과 나 자신 그리고 다른 사람에게 솔직하고 정확하게 시인했다.

⑥ 우리의 이러한 성격상의 모든 결함을 하나님께서 제거해 주시도록 우리는 준비를 철저히 했다.

⑦ 겸손한 마음으로 하나님께서 우리의 약점들을 없애 주시기를 간청했다.

수치심을 부둥켜안음으로써 우리는 자신의 수치심을 볼 수 있게 된다. 또한 우리는 두려움 없이 자신의 도덕적(부도덕적이 아니라) 생활을 검토할 수 있다. 정직하고 당당하게 자기 자신을 대면할 수 있다.

이 단계를 밟으면서 나는 나의 성격적 결함이 나의 수치심을 다른 사람들에게 전이시키기 위해 사용했던 전략이었다는 것을 깨닫게 되었다. 나의 완벽성을 예로 들자면, 그것은 수치심을 느끼지 않으려는 굉장한 방법이었다. 내가 실수를 절대로 하지 않는다면 취약해질 리가 없었던 것이다. 그리고 나는 스스로가 특별하다고 느끼고 있었기 때문에 내 주위에 있는 사람들은 보통 나보다 한 단계 밑에 있다고 여겼다.

나의 **분노**도 사람들을 멀리 하는 또 하나의 방법이었다. 화가 나 있는 동안에는 기분이 바뀌어서 수치심을 느끼지 않아도 되었다. 모든 성격 결함의 밑에는 노출될 것에 대한 두려움이 있었다. 그리고 그 두려움은 나의 수치심에서 흘러나온 것이었다.

5단계에서 자신과 하나님과 다른 사람에게 **시인**하는 것은 숨어 있던 곳에서 나오는 방법이다. 수치심은 비밀과 어두움을 사랑한다. 그러나 빛 가운데로 나오는 것만이 수치심을 극복할 수 있는 길이다. 6, 7단계는 자발적이 되는 것에 초점을 맞추고 있다. 나는 전적으로 **자발적**이 되었다. 나는 취약한 상태에 있으면서 **도움과 용서**를 구했다. 도움을 구하는 것은 수치심에 기초한 사람들이 할 수 있는 일이 아니다. **수치심은 다른 사람에게 의지할 권리가 없으므로 다른 사람에게 도움을 구할 권리가 없다고 믿는다.**

8단계와 9단계는 행동의 단계다. 이 단계는 우리를 건강한 죄책감으로 인도해 간다. 건강한 죄책감이란 도덕적인 수치심이며, 도덕적인 수치심이란 우리의 양심을 보호해 주고 배상의 필요를 일깨워 주는 감정이다.

⑧ 우리가 그동안 해를 끼쳤던 모든 사람들의 명단을 만들어서 기꺼이 배상할 용의를 갖게 되었다.

⑨ 어느 누구에게도 해가 되지 않는 한 할 수 있는 데까지 그 사람에게 직접 배상했다.

수치심을 상대화하기

내면화된 수치심은 고칠 수 없다고 한다. 그러므로 수치심을 외면화해야만 한다. 즉, 그 절대적인 주장을 상대화해야 한다는 말이다.

1단계에서 7단계까지 정확하게 그 작업을 하였다. 수치심이 외면화되고 상대화되자, 나는 내가 한 인간으로서 결함이 있다는 결론을 내리는 것이 아니라 내가 한 행동에 대해서 **수치심을 느낄** 수 있게 되었다. 이제 수치심의 감정은 내가 한 행동에 대하여 무언가 하도록 나를 움직였다. 수치심은 죄책감을 깨웠고, 죄책감은 양심을 깨웠다. 그래서 나는 내가 끼친 손해를 보상하는 행동을 취할 수 있게 되었다. **실수**를 저질렀을 때 죄책감을 느꼈고, 내가 할 수 있는 한 잘못을 바로잡을 수 있게 되었다. 1단계에서 9단계까지는 나를 위엄 있는 모습으로 회복시켜 주었다. 나는 이제 양심을 가지고 책임질 수 있는 사람이 되었던 것이다.

10단계는 '계속해서 자신을 반성하여 잘못이 있을 때마다 즉시 **시인했다.**'이다.

이제부터는 지속적인 유지의 단계다. 이 단계는 우리에게 수치심이라는 건강한 감정과 접촉하는 상태에 **계속 머물러 있도록** 요청한다. 그 감정은 우리는 한계가 있고 유한하며 인간일 뿐이라고 말해 준다. 우리는 실수를 할 것이며, 그것을 인정하는 것이 건강한 것이라고 말해 준다. 건강한 수치심을 회복하게 되면 우리가 사람이라는 것과 한계가 있다는 것을 받아들이게 된다. 우리는 하나님

역할을 멈출 수 있다. 이에 따라 우리의 의지는 회복된다.

11단계와 12단계는 11장에서 논의하고자 한다. 내가 생각하기에 이 단계들은 초기 회복 단계에서는 그리 중요한 부분은 아닌 것 같다.

내 자신의 온전함을 향한 여행의 경험을 다른 사람들에게 강요할 생각은 없다. **진정한 자기를 찾아가는 길**은 어느 누구도 말해 줄 수가 없다. 사람들의 여정은 밖에서 볼 때 각각 다르게 보일 것이다. 독자들 중에는 12단계나 회복 프로그램에 참석해 본 경험이 없는 분들도 많이 있을 것이다. 그러나 가장 기능적인 사람이라 할지라도 자신의 어린 시절을 점검해 보고 현재에 맞게 갱신하고, 정서적으로 원가족을 떠나며, 인간이라면 누구나 겪는 **삶의 상처들을 애통해하는 작업**을 할 필요가 있다. 자신의 견고한 자존감을 성취하기 위해서는 어떤 형태로든 이러한 여행을 해야만 한다.

강박적/중독적 문제들을 가지고 있는 사람들을 위해서 내가 요약해 놓은 단계들은 이론에 더 가깝다. 실제로 해 보면 그렇게 분명하고 깔끔하게 맞아떨어지지는 않는다. 사람마다 때와 단계와 들어가는 문이 다 다르기 때문이다.

그렇다 하더라도 순서에 따른 회복의 단계들을 제공하는 것은 여전히 가치 있는 일이라고 생각한다. 자아에 대한 작업을 건너뛰어서 제3기로 바로 가서 더 높은 수준의 의식을 다루는 사람들도 여럿 보았다. 영적인 치유를 경험했다고 하며 이 장에서 기술한 수치심을 다루는 고통스러운 작업은 전혀 하지 않는 사람들도 보았다. 그러나 그런 사람들은 한동안은 그 영성을 유지하다가도 후에 다시 강박적/중독적 삶으로 돌아가게 되곤 했다. 그리고 영적 중독이 되어 버리는 것을 본 적도 있다.

나도 그러한 영적 중독을 거쳐 왔다고 생각한다. 나는 21세의 나이에 수도원에 있었다. 매일 아침 묵상하고 기도하고(한 번에 6시간 기도한 적도 있다.) 금식했다. 그리고 9년 반 동안 독신으로서 금욕 생활을 했다. 내가 그때 그러한 영성이 요구하는 영적 훈련을 위한 준비가 전혀 되어 있지 않았다는 것이 그 경험에 대한 나의 평가다 (하나님께서 나의 9년 반의 금욕생활을 기록해 놓으셨기를 바랄 뿐이다.).

우리가 경계선을 내어 놓을 준비가 되려면 먼저 튼튼한 자아 경계선을 세워야만 한다(제3기 작업, 11장에서 논의할 것임). 성적, 신체적, 정서적 폭력에 의해 버림받은 성인아이들은 더 높은 수준의 의식으로 날아오를 준비가 되기 전에 자신의 자아 경계선을 보수하는 작업을 할 필요가 있다. 제1기에서는 아직 자아 경계선을 보수하지 못했다. 이를 위해서는 더 많은 작업을 해야 한다.

제1기의 문제점

제1기 작업에 중독이 될 수도 있다. 알코올과 약물을 끊고 나서 종교나 종교 지도자, 심지어 12단계 프로그램 자체에 중독이 되어 버린 사람들도 있었다. 이런 일이 일어나는 것은 제1기 회복이 변화의 첫 시작이기 때문이다. 첫 번째 시작되는 변화는 주어진 지침에 따른 행동의 변화다. 제1기에서는 사람들이 아직 **의존적**이며 그룹에 의존을 하고 있다. 그들은 아직 견고한 자존감을 성취하지 못했다. 그들은 아직 **어린 시절의 상처를 애도해 보지 못했다.** 그들은 술을 입에도 안 대고 절제하고는 있지만 여전히 강박적이다. 그래서 알코올이 아닌 다른 행동을 강박적으로 하고 있다. 12단계 프로그램은 이러한 행동 표출을 가리켜 '마른 주정'이라고 부른다.

결론적으로, 제1기는 우리에게 좀 더 나은 균형 감각(음/양)을 가질 수 있도록 이끈다. 인생은 더 이상 전부 또는 전무가 아니다. 봉우리는 낮아지고 골짜기는 이전처럼 깊지 않다.

 요약

이 장은 'STAGE I RECOVERY(회복의 제1기)'를 사용하여 요약해 보겠다.

Surrender to Pain(고통에의 순복)
순복이란 강박적/중독적 행동을 통제하려는 나의 시도를 포기하겠다는 뜻이다. 나는 기꺼이 다른 사람들이 나를 돕게 하고 그들의 방식대로 하도록 할 것이다. 나는 회복을 위해서 기꺼이 모든 일을 할 것이다.

Trust Others with Your Secrets(다른 사람들을 믿고 비밀 드러내기)
도움을 구할 때 당신은 기꺼이 자기 자신을 알코올중독자, 상호의존증자, 약물중독자, 성 중독자 등의 이름으로 부른다. 당신은 도움을 요청할 만큼 충분히 사람들을 신뢰한다. 이름을 붙여 부르는 것은 매우 중요하다. 병명이 없으면 치료할 수 없다. 12단계 프로그램에 다음과 같은 슬로건이 있다. "우리는 어둠 속의 비밀만큼 병들었다."

Affiliation Needs(새로운 가족의 필요)
당신이 회복 그룹에 참여하게 되면 소외에서 벗어나게 된다. 당신은 기꺼이 사람들로 하여금 당신을 돌보게 한다. 당신은 새로운 반영, 따뜻함, 신뢰를 받는다. 당신은 자신이 그룹을 의지할 수 있다는 것을 믿기 시작한다.

Group Support(그룹의 지지)

당신은 이제 새로운 가족에 속하였다. 거기에는 온전함을 향한 당신의 여정을 위한 좋은 본보기들이 있다. 당신은 중독의 특성을 배우고 인식을 키워 간다. 당신은 어떻게 길을 걸어가야 할지 본을 보여 줄 당신의 후원자를 고를 수 있다.

Experience Powerlessness and Unmanageability(무력감과 통제불능감의 경험)

당신은 고통으로 인해 무력감과 통제불능감을 경험한다. 점점 더 당신의 '저당 잡힌 두뇌'를 되찾을수록 점점 더 무력함을 보게 된다.

1st Order Change(변화의 첫 시작)

제1기는 변화의 첫 시작이다. 당신은 아직 가족체계를 다루는 작업을 하지 않았다. 변화의 첫 시작은 주어진 지침의 범위 내의 행동 변화다. 더 이상 표출 행위를 하지는 않지만 집단에 매우 의지하고 있다. 당신은 아직 당신 자신의 사람이 아니다. 당신은 회복에 중독이 되지 않도록 조심해야 한다. 영적인 프로그램에 들어가고 종교 지도자를 신으로 만드는 사람들도 있다. 그들은 술과 약물을 끊기는 했지만 종교 지도자에게 다시 중독되었다. 중독 물질을 절제할 수는 있지만 여전히 강박적인 사람도 있다. 단주 모임에서는 이것이 '마른 주정'으로 알려져 있다. 회복의 과정에 있는 사람들은 회복 자체에 중독이 되는 경우가 많다. 그 이유는 두 번째 변화 작업을 아직 거치지 않았기 때문이다.

Relativize the Absolute Will(절대적 의지의 상대화)

당신은 한 번에 하루씩 산다. 당신은 만족을 지연시키는 법을 배운다. 당신은 바꿀 수 없는 것은 받아들이고, 바꿀 수 있는 것은 바꾸며, 그 차이를 구별하는 법을 배운다. 당신은 한계를 받아들인다.

Experience Emotions(감정의 경험)

당신은 더 이상 감정이 마비되어 있지 않다. 당신은 자신의 감정을 경험하기 시작한다. 당신은 처음으로 감정을 경험하는 10대 아이들처럼 어색함을 느낀다. 또한 좋았던 시절을 기억하며 슬퍼한다. 당신은 수치심과 당황스러움을 느낀다. 당신은 통제를 잃어버린 것을 슬퍼하며, 과거가 그렇지 않았기를 소원하면서 종종 낭비된 것처럼 보이는 과거에 대해서 슬퍼한다. 이러한 감정들을 경험해야만 치유가 일어난다. 느끼지 않는 것을 치유할 수는 없다.

Collapse of Grandiosity(자신의 대단함이 무너짐)

당신은 자신의 강박적/중독적 행동을 통제할 수 있을 것이라고 생각하는 부인(denial)을 포기하였다. 당신은 허황된 기대를 내려놓았다. 그리고 좀 더 현실적이 되었고, 자신과 다른 사람들에 대한 좀 더 현실적인 기대를 갖게 되었다. 당신은 어떤 상황에 대해 좀 더 많이 웃을 수 있다. 그렇다고 대단히 극적이거나 심각한 것은 아니다.

Oneness with Self(자신과 하나됨)

그룹 사람들의 눈을 통해 자신이 받아들여질 만한 존재임을 보게 된다. 실제로 당신은 자신을 받아들이기 시작한다. 당신은 자신의 삶에 대한 책임감을 받아들이며, 행복이 자신에게 달려 있다는 것을 안다. 당신은 자신의 감정, 지각, 욕구를 신뢰하기 시작한다.

Values Restored(가치관의 회복)

수치심의 혼란과 고통의 감정 속에서도 당신은 자신이 깨끗하다고 느낀다. 당신은 오랫동안 분열되어 살았다. 자신의 가치관과 반대로 살았다. 이제 당신은 자신의 가치관을 분명하게 하고 있고, 그에 의해 사는 것에 대해서 만족스럽게 느낀다.

Externalizing Shame(수치심의 외면화)

당신은 숨어 있던 곳에서 나왔다. 당신은 자기실현과 회복을 위한 프로그램에 자신을 위탁하였다. 당신은 기꺼이 스스로 취약하게 되며 도움을 구한다. 그러나 자신의 수치심을 수용하기 때문에 자신이 그렇게 나쁘다고는 느끼지 않는다. 당신은 자신의 수치심이 자신에게 일어났던 일 때문이지 자기 자신 때문이 아니라는 것을 이해하기 시작한다. 이제 수치심은 감정일 뿐 존재의 상태가 아니다.

Rigorous Honesty(엄한 정직성)
당신은 선생님, 치료자, 후원자, 또는 다른 그룹 구성원들에 의해서 자신의 성격 결함(완벽주의, 판단, 분노, 비판적, 조종, 권력 추구 등)을 직면하게 된다. 정직하지 않을 때 직면을 당한다. 당신은 자신이 정직하지 못한 순간들을 인식해 가고 있다.

Yin/Yang Balance(음양의 균형)
당신의 삶은 균형을 잡아가고 있다. 전부 또는 전무가 아니다. 봉우리와 계곡이 그다지 극적으로 높거나 낮지 않다.

'잃어버린 나'를 드러낼 수 있도록 안내하는 지도

10

-제2기: 원가족 주문 깨트리기

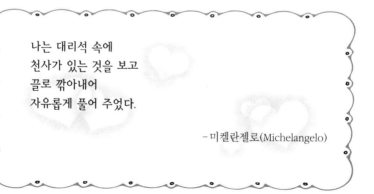

나는 대리석 속에
천사가 있는 것을 보고
끌로 깎아내어
자유롭게 풀어 주었다.

-미켈란젤로(Michelangelo)

성장한다는 것은 집을 떠나서 자립하여 어른이 된다는 것을 의미한다. 나는 이것이 인간이라면 누구나 겪어야 하는 가장 힘든 과제라고 생각한다. 그것은 연결의 환상을 깨어 버리고 분리와 홀로됨을 대면하는 것을 뜻한다.

성장한다는 것은 집을 떠나 우리가 가족체계 안에서 했던 역할들을 포기하는 것을 의미한다. 또한 우리의 주요 방어기제들을 의식으로 옮겨와 더욱 적절하게 사용할 수 있도록 하는 것을 의미한다. 방어기제의 마지막 층들은 가장 소중한 핵심을 덮고 있다. 이 부분을 건드리는 것은 감정적인 고통을 수반한다. 이것은 우리가 매우 두려워하는 **마땅히 겪어야 할 고통**이다.

중독적/강박적 행동에서 회복되고 있는 사람들에게 제1기는 생존을 위해 **꼭 필요한 것**이다. 제1기를 제대로 끝마치지 않으면 제2기의 작업을 잘하리라고 기대할 수 없다. 제1기에서 나는 성숙의 새로운 모델을 보여 주는 새로운 가족을 발견했다. 신뢰하기 시작했고 상처받기 쉬운 나의 내면을 나누기 시작했다. 그리고 다른 사람들의 눈에서 수용을 경험했고, 내 자신을 수용하기 시작했다. 내가 새로운 관계 안에 **정말로 소속**된 느낌이 들었다. 나는 나의 방어적인 성격 결함을 다루었으며 나의 감정을 느끼기 시작했다. 관계들을 통제하려는 시도를 멈추었다. 대단한 모험을 포기하고, 한 번에 하루씩 사는 '끔찍한 일상'에 정착했다. 의식에서는 술이나 약물을 하고 싶다는 생각이 사라졌다. 나의 망가진 의지는 회복되었고, 나 자신을 존중하게 되었다.

나는 이런 작업을 내가 상호의존의 문제가 있다는 것을 인식하기 10년 전쯤에 이미 했다. 알코올 중독에 대한 행동수정을 했고 더 이상 술을 마시지 않았다.

상호의존증 – 강박의 핵심

알코올 중독에서 회복된 지 10년이 지났는데도 나는 아직 **나의 질병의 불편함**을 다루지 못했다. 앞서 언급했듯이 버논 존슨은 이를 '알코올 중독의 이즘'이라고 불렀다. 이것이 바로 모든 강박/중독적 행동의 핵심이자 뿌리인 '상호의존증'이다.

회복된 지 10년이 지나도 나는 내가 여전히 매우 강박적이라는 사실을 발견했다. 이것은 제2기 작업을 위한 좋은 시작이 된다. **당신은 아직도 얼마나 강박적인가?** 상호의존증을 다루는 첫걸음을 내디딜 수 있는가? 상호의존증과 자기 자신을 동일시하지 않을 수 있는 정직함이 있는가?

제1기에서는 미켈란젤로가 대리석 속의 천사라고 불렀던 자신을 보게 되었다. 일단 우리가 **자신이 천사인 것을 받아들이게 되면,** 끌로 그것을 파내어 자유롭게 풀어 주어야 하는 일이 남는다. 제1기는 변화의 첫 시작이다. 우리는 행동을 수정했다. 즉, 우리는 약물, 음식, 성, 관계 집착, 쇼핑, 도박, 니코틴의 사용을 멈추고 사람들과 합류했다. 우리는 한계를 받아들였다. 방어기제의 껍질이 두 겹 벗겨져 나갔다. 그러나 우리는 여전히 의존적이었다. 많은 사람들이 강박성을 다른 곳에 전이시켰다. 일 중독자는 일을 끊고 술을 마시기 시작했고, 니코틴 중독자는 담배를 끊고 음식을 먹기 시작했으며, 알코올 중독자는 술을 끊고 중독적으로 일하기 시작했다.

제1단계 회복 자체에도 중독이 될 수 있다. 사람들은 매일의 삶의 문제들을 다루는 것을 회피하기 위해 회복 프로그램을 사용하기도 한다.

내가 휴스턴에 있는 팔머 약물 중독자 프로그램(PDAP)에서 상담자로 일했을 때, 그 프로그램을 사용하여 자신의 진정한 책임을 회피하려 하는 사람들이 줄을 이어 찾아왔다. 거의 대부분이 강박적인 소비로 인한 재정적인 문제를 가지고 있었다. 그들은 매우 요란한 프로그램에 참석하고는 있었지만 직장을 구해 일하는 것은 거부했다.

주문 깨트리기

우리의 핵심 문제를 들추어 내려면 상호의존증을 다루어야만 한다. 그리고 상호의존증은 원가족의 최면이라는 망상, 즉 원가족 주문을 드러내야만 다룰 수 있다. 제2기는 마법에서 풀려나는 시기다. 아이들은 마술적이며 자기 부모를 신으로 생각한다. 마법을 푸는 것은 누구나 하게 되는 자연스러운 일이다. 많은 원시 부족들은 어른으로 입문할 때 마법을 푸는 의식을 행하기도 한다.

호피족의 아이들의 성인 의식이 그 좋은 예다. 그들의 성인 의식은 마스크를 쓴 카치나(kachina) 신을 중심으로 진행이 된다. 카치나들이 마을을 방문한다. 의식이 진행되면 카치나들은 아이들에게 비밀 얘기를 해 주고 그들을 즐겁게 하기 위해 춤을 춘다. 카치나들은 도깨비 같은 가면으로 아이들을 무섭게 한다. 의식이 절정에 이르게 되면, 아이들은 오두막에 보내져서 카치나들의 춤을 기다리게 된다. 그들은 기다리는 동안에 춤추는 신들이 오두막으로 가까이 오며 부르는 소리를 들을 수 있다. 카치나들은 가면을 벗고 아이들 앞에 나타나 아이들을 놀라게 한다. 이제 어른이 되는 아이들은 생전 처음으로 카치나들이 사실은 **신으로 분장한 부모들**이라는 것을 배운다.

마법을 푸는 경험에 의해 의식이 성숙해지기 시작한다. 우리는 어린 시절의 마법의 환상에서 벗어나 어른의 삶에 대한 마법을 풀어야 한다. 나는 심리학자며 신학자인 샘 킨(Sam Keen)이 다음과 같이 말하는 것을 들은 적이 있다. "우리는 착각을 확신하는 것에서 그것이 착각이었음을 확신하는 것으로 옮겨가야만 한다."

가족의 주문은 강력한 힘이 있다. 내 친구 하워드 트러시(Howard Trush)는 이를 동물의 본능에 비유하여 다음과 같이 쓰고 있다.

> 우리는 알지도 못하는 사이에 이것을 배운다. 마치 말을 하게 되는 것과 같이 이것은 우리에게 제2의 본성처럼 된다.[1]

---

1 Howard Trush, *Close Encounters of the Intimate Kind; or How to Stay a Couple by Really Trying* (New York: Vantage Press, 1985).

제2기에는 이러한 주문을 깨는 일을 하게 된다. 이것이 두 번째 변화다. 첫 번째 변화에서는 주어진 행동의 지침에 따라 하나둘 씩 행동의 변화를 이룬다. 두 번째 변화에서는 행동이 한 방법에서 다른 방법으로 변화한다. 두 번째 변화에서는 우리의 강박증을 포기하게 된다. 이것은 이 단계에 오면 중독되었던 화학 물질을 중독되기 이전처럼 사용할 수 있게 된다는 말이 결코 아니다. **음식으로 섭취하는 중독은 고유한 중독 특성이 있다.** 최근의 연구에서는 일단 중독의 내성이 어느 수준을 넘어가면 정상적으로 사용했던 때로 돌아갈 수 없다고 한다.

제2기는 뒤로 돌아가서 버림받음에 의한 결과로서 생긴 **초기의 고통을 노출시키는 과정**이다. 우리는 버림받은 것에 대한 감정을 진짜 감정으로 만들어야 한다. 이는 초기 과정의 방어기제들을 포기한다는 뜻이다. 이 방어기제에는 부모와 가족에 대한 부인과 망상이 포함되어 있다.

수치심의 외면화

깊이 내면화된 수치심을 껴안음으로써 우리는 그것을 외면화하기 시작할 수 있다. 제1기에서 우리는 외면화 작업을 시작했다. 이것은 상당한 시간이 걸리는 과정이다(어떤 사람은 죽을 때까지 계속할 수 있다). 외면화 과정을 통해서 우리는 (a) 수치심을 감정으로 되돌린다(내면화는 수치심을 존재의 상태로 만들었다). (b) 수치심을 줄인다. (c) 수치심을 우리에게 전가한 '수치를 모르는' 초기 인물에게 그 수치심을 돌려준다. (d) 수치심의 에너지를 적극적인 행동으로 변환시킨다.

우리를 돌보던 '수치를 모르는' 사람에게 수치심을 돌려주려면 우리가 지니고 있는 수치심을 다루어야 한다. 우리를 돌보았던 사람은 통제, 완벽주의, 비판적인 판단, 권력 이동, 멸시, 또는 분노를 통해서 우리에게 수치심을 쏟아놓았다. 우리를 돌보았던 사람이 수치를 모르고 행동하며 하나님처럼 굴 때마다 우리가 그 수치심을 짊어지게 되었다. 이것은 유해한 교육에서 비롯된 수치심이었다. 이렇게 유발되었다고 해서 그 수치심이 우리 자신의 감정이 아니라는 말은 아니다. 그것은 **우리의 수치심**이다. 그러나 우리를 돌보아 주었던 사람이 자신의 수치심을 덮기 위해서 수치심에 대한 방어기제를 사용하여 우리에게 넘겨 준 것이 그 가운데 많이 들어 있다.

예를 들어, 엄마가 자신의 음주 문제, 아이들이 겪는 고통, 친밀감 없는 부부관계 등 자신의 삶의 상태를 부끄러워하고 있다고 하자. 그녀는 고통이 너무 심해지면 아이들에게 방을 치우라든가 설거지를 하라고 소리를 지른다. 엄마의 비난과 '~ 해야만 한다'는 말은 아이들에게 수치심을 심어 준다. 엄마는 자신의 수치심을 방어하는 방식으로 아이들에게 수치심을 심어 준다. 아이들은 그 수치심을 지니게 된다. 교류분석 이론가들은 이것을 **'뜨거운 감자 건네주기'**라고 불렀다.

수치심을 외면화하는 것은 수치심을 스스로 소유한 다음, 그것이 어디에서 왔는지 밝히는 과정이다. 내면화된 수치심 중에는 그 것을 지니고 있는 사람의 것이 아닌 것이 많다. 그러므로 다른 사람의 것은 되돌려 주고 수치심을 줄여야 한다. 우리가 어떻게 버림을 받았는지 깨닫고 거기에 대한 우리의 감정을 표현하는 것이 제2기의 시작이다. 밀러는 다음과 같이 쓰고 있다.

> 가장 큰 자기애적 상처(있는 그대로의 모습으로 사랑받지 못한 것)는 애도 작업이 없이는 치유될 수 없다.[2]

외면화 과정에서 궁극적으로 해야 할 일은 **애도 작업**이다. 애도만이 채워지지 않은 발달 과정의 의존 욕구를 치유할 수 있는 방법이다. 우리가 다시 그 시절로 돌아가 어린아이가 되어 부모에게서 우리의 필요를 채울 수 없기 때문에, 우리는 어린 시절의 자기 자신을 잃어버린 것과 그때의 의존 욕구들을 잃어버린 것에 대하여 **슬퍼해야만 한다.** 애도 작업은 인간의 여러 가지 감정을 수반하는 복합적인 과정이다.

애도 작업은 충격과 부인으로 시작된다. 그 다음에는 협상을 하고 상처, 슬픔, 분노, 죄책감, 후회를 거쳐 마지막으로 수용에 이른다. 사실 우리 중 많은 사람들이 평생 애도의 과정에 머물러 있다. 우리들은 충격과 부인의 수준에 머물러 있다.

제2기 작업은 제1기에서 시작한 작업의 토대 위에 세워진다. 우리는 이미 감정을 다시 느끼기 시작했다. 감정을 느낄 수 없으면

---

2 Alice Miller, *The Drama of the Gifted Child*, 85.

애도 작업을 할 수가 없다. 감정이 마비되어 있으면 감정을 느낄 수가 없다.

애도 작업은 '초기 고통 치료(original pain work)'라고 부르기도 한다. 밀러는 다음과 같이 말했다.

> 슬픔을 느끼지 않으면서 자유를 성취한다는 것은 거의 불가능하다. …… 슬퍼할 수 있는 능력, 즉 행복한 어린 시절의 환상을 포기하는 것을 통해 생동감과 창조력을 회복할 수 있다. ……만일 어떤 사람이 자기가 어렸을 때 자신의 모습 그대로는 결코 사랑받지 못했고 자신의 성취, 성공, 좋은 자질 때문에 사랑받았으며…… 이 사랑을 얻기 위해 자신의 어린 시절을 희생했다는 것을 경험할 수 있다면 그의 마음은 매우 깊이 흔들릴 것이다.[3]

이 작업은 매우 고통스럽다. 그렇기 때문에 우리가 부인과 망상에 빠져 있는 것이다. 왜 과거로 돌아가야 하는가? 왜 이 고통을 다시 겪어야 하는가? 사실 **우리는 그 고통을 결코 겪지 않았다.** 우리는 연결의 환상을 발달시켰고, 초기 방어기제들을 사용하여 분노, 상처, 버림받음의 고통을 회피하였다. 그리고는 그렇게 회피하고 있다는 것도 경직된 역할과 성격 특성의 방어기제를 사용하여 회피하였다. 우리는 **결정적인 순간**에 그만 감정 표현을 놓쳐 버렸다.

감정 표현을 놓친 것은 우리를 돌보아 주었던 사람이 우리가 화를 내거나 슬퍼하지 못하도록 했기 때문이었다. 그들은 유해한 교육에 의지해서 이를 정당화했다. 또한 우리가 감정 표현을 놓친 것

---

3 *Ibid.*, 56-57.

은 그것이 너무 고통스럽기 때문이었다. 당신의 감정은 그것을 표현해야만 당신의 것이 된다. 감정을 부인하는 것은 그것에 대한 통제력을 잃어버리게 되는 길이다. 일단 억압하고 부인하면, **더 이상 당신이 감정을 소유하지 못하고 감정이 당신을 소유한다.**

억압된 감정은 얼어붙은 에너지의 핵심을 형성하며, 그것이 무의식 안에서 당신의 삶을 움직인다. 강박적/중독적 행동은 정의상 **우리의 통제를 벗어난** 행동이다. 감정의 에너지는 어디론가 가야 한다. 당신은 감정을 억압하거나(내면으로 표출), 다른 사람들에게 투사하거나(자신의 결핍 때문에 수치심을 느낄 때 다른 사람들에게 결핍이 있어 보인다고 말한다), '바깥으로 표출' 할 수 있다.

나의 중독은 수치심을 바깥으로 표출한 행동이었다. 수치심을 극복하고 기분을 좋게 만들기 위해 술을 마시기 시작했지만, 만취로 인해 더 많은 수치스러운 행동을 하게 되었다. 한바탕 술잔치가 끝난 후, 화장실 변기 위에서(수치심 중독을 축하할 수 있는 최적의 장소) 나는 깊은 수치심과 후회를 느꼈다. 수치심을 감추고자 시작했던 것이 더욱 큰 수치심으로 끝이 났다. 이러한 악순환을 다람쥐 쳇바퀴라고 한다. 밀러는 이 사이클을 '**부조리의 논리**(the logic of absurdity)' 라고 불렀다.

이러한 자기 파괴에서 벗어나는 유일한 방법은 **마땅히 느껴야 할 고통을 껴안는 것이다. 당신은 느낄 수 있는 감정만 치유할 수 있다.** 밀러는 다음과 같이 썼다.

놓쳐 버린 것, 결정적인 순간에 놓쳐 버린 것(강조는 필자에 의한

것임)에 대해 슬퍼하는 것만이 진정한 치유로 인도할 수 있다.[4]

이 작업을 할 수 있는 방법은 많이 있으며, 어느 한 가지만 맞는 방법이라고 할 수 없다. 거의 모든 주요 학파들이 이 과정에 도움을 제공한다. 다만 '인지적 통찰'의 수준에만 머무는 치료는 피하라고 권하고 싶다. 나는 다음과 같은 밀러의 말에 동의한다.[5]

> 문제의 해결은 말이 아닌 **체험**을 통해서만 가능하다. 단지 어른으로서의 교정적인 체험이 아니라 어릴 적 두려움(슬픔, 분노)……을 다시 체험해야 한다. 아무리 말재주가 좋아도 말로만 하면 변화되지 않고, 심지어 더 깊어진 고통스러운 분열이 남아 있게 된다.

인지치료가 효과가 없고 유용하지 않다는 뜻이 아니다. 다만 이 단계에서는 그것이 효과적이지 않다는 말이다.

나는 인지적인 통찰을 사용하여 나의 고통을 감추었다. 나는 **감정**의 작업을 시작하기 전에 10년의 회복 기간을 거쳤다. 나는 내가 더 이상 기분 전환을 시켜 주는 화학 물질을 사용하지 않았으므로 중독을 멈추게 되었다고 믿었다. 그러나 나는 여전히 엄청나게 중독되어 있었다. 나는 여전히 통제적이었고 감정과 동떨어져 있었으며, 대단한 사람이었고 강박적이었다. 나의 결혼생활은 점차 친밀감이 줄어들었고, 친한 친구는 본래 하나도 없었다. 나의 상담자가 나의 역할 연기와 자신을 대단하게 여기는 것과 나의 외로움에

---

4 Miller, The Drama of the Gifted Child, 43.
5 Ibid., 99.

대하여 나를 직면시켰을 때 흔들렸다. 성공적인 대중 연설가요, TV 인사요, 상담자였던 것은 굉장한 방어기제였다. 나는 아첨과 칭찬을 많이 받았다. 나는 모든 종류의 사람들을 '돕고' 있었다. **나는 전문적인 상호의존증이었다.**

나의 질병 중의 질병은 나의 삶을 지배하던 만족할 줄 모르는 **상처받은 어린아이였다. 나는 그 아이의 고통을 체험해야만 했다.**

나는 자신이 상호의존증이라고 생각하고 있는 모든 사람들이 진정으로 중독에서 자유롭게 되기를 원한다면, 어떤 형태로든 애도의 과정을 거쳐야만 한다고 믿는다. 우리가 우리의 진정한 감정과 접촉하게 되면 그 감정을 표출하려는 에너지가 없어진다. 다시 밀러가 쓴 것을 보자.

> 환자가 자신의 감정을 경험하기 시작하고 나서 행동 표출을 멈추게 되는 것을 보면 정말 놀랍다.[6]

치료의 필요

나는 모든 사람에게 공식적인 치료가 필요하다고 믿고 있지는 않지만 내가 알기로는 많은 사람들이 그렇게 믿고 있다. 치료를 통해서 대부분의 사람들이 양육자에게 받지 못했던 반영과 일종의 본보기를 체험할 수 있다. 어떤 종류의 치료를 받는가 하는 것은 (감정을 다루어 주기만 한다면) 그 치료 작업을 행하는 치료자만큼

---

6 Miller, The Drama of the Gifted Child.

중요한 것은 아니다.

탁월한 유태계 실존주의자인 마틴 부버(Martin Buber)는 현재 사용되고 있는 모든 종류의 치료법들을 연구한 결과, 치료의 효과는 치료자의 이론이나 어떤 특정한 기법보다는 치료자와 내담자 사이의 **관계에 달려 있다**는 결론을 내렸다. 우리의 상호의존은 병리적인 관계에서 시작하고 병리적인 관계로 끝난다. 그러므로 돌보는 사람과의 좋은 관계는 중요한 치료 현상이 될 수 있다. 실제로 누군가와의 좋은 사랑의 관계는 치료의 효과가 있다. 교류분석의 창시자인 에릭 번(Eric Berne)은 "사랑은 자연의 심리치료다."라는 말을 하였다.

당신에게는 상담을 시작하기 전에 치료자를 잘 선택하기 위해서 궁금한 모든 질문을 치료자에게 할 수 있는 권리가 있다. 그들에게 상호의존증 치료를 성공적으로 했는지, 그리고 그룹치료에 대해서는 어떤 신념을 갖고 있는지 물어 보아야 한다.

이런 질문이 필요한 이유는 상호의존증의 치료에는 그룹치료가 가장 효과적이라고 믿기 때문이다. 상호의존증 치료자는 내담자를 그룹에 보내야 한다는 생각을 갖고 있어야 한다. 그룹은 12단계 그룹, 지지 그룹 또는 관계치료 그룹(Interactive Therapy Group) (사실상 이 세 가지를 모두 합친 것이 가장 이상적) 등이 있다. 상호의존증은 근본적으로 대인관계의 문제다.

티멘 서맥(Timmen Cermak) 박사는 다음과 같이 쓰고 있다.

장기적인 관계치료 그룹의 주된 목적은 상호의존증이 자연스럽게 나

타날 수 있는 환경을 제공하고자 하는 것이다. ……관계치료 그룹은 구
성원들이 실제 생활에서 하는 것처럼(사람들을 신뢰하지 않고, 자신의
감정을 억압하며, 자신의 필요를 희생해서 다른 사람들을 돌보고, 자기
자신에 대해서 조심스럽게 선택적으로만 드러내는 등) 그룹 안에서 행
동하고 있는 것을 스스로 자각할 수 있을 때 가장 효과가 있다. ……그
렇게 되면 그들은 평소에 자신들이 습관적이고 무의식적으로 그러한 행
동을 하고 있다는 것을 깨닫게 되고, 그룹 안에서 대체 행동을 실험해 볼
수 있게 된다.[7]

치료자나 그룹을 선택할 때, 간단한 지침을 사용해 볼 것을 추천
한다. 이 사람 또는 그룹 안에서 나는 **안전**하다고 느끼는가? 수치
를 당하지 않고 자신을 드러낼 수 있겠는가? 치료자나 그룹에 의해
서 수치를 경험하는 사람들도 있다. 감정 다루기 작업은 집중적인
워크숍에서도 할 수 있다.

이러한 감정 다루기 작업은 공식적인 치료가 아니더라도 할 수
는 있겠지만 사실 그렇게 하기는 매우 어렵다. 왜냐하면 깨트려야
하는 부인의 체계가 초기의 자아 방어기제들이기 때문이다. 초기
방어기제들은 어렸을 때부터 사용하던 것이기 때문에 자동적이고
무의식적으로 작동한다. 그러므로 우리 스스로는 잘 알 수가 없다.

제1기에 우리는 반영해 주는 거울을 필요로 하였다. 제2기에는
직면해 주는 거울이 필요하다. 우리는 우리가 자신의 감정을 얼마나

---

7 Cermak Timmen, *Diagnosing and Treating Co-dependence: A Guide for Professionals Who Work with Chemical Dependents, Their Spouses and Children* (Minneapolis, Minn.: Johnson Institute Books, 1986), 88-89.

회피하고 부인했는가를 보여 주는 직면의 피드백을 필요로 한다.

'컨테인먼트(containment, 머무르기 또는 담고 있기)'는 자신의 감정 안에 머무르게 한다는 뜻의 치료 용어다. 머무르기는 직면을 통해서 행해진다. 직면은 반영의 한 형태다. 우리는 상대방에게 그가 어떻게 보이고 들리는지 보여 주는 거울이다.

예를 들어, 내가 전에 참여하던 그룹에 한 남자가 있었는데 그는 자기 아내의 부정을 전적으로 용납했다고 말하고 있었다. 그런데 말하는 동안 그는 **주먹을 꽉 쥐고 있었고 목소리가 떨렸다.** 그래서 나는 그에게 그냥 "허버트, 당신이 아내의 부정을 전적으로 용납했다고 말할 때 당신은 주먹을 꽉 쥐고 있었고 목소리가 떨리더군요. 당신이 아내의 부정을 용납한 것같이 보이지가 않았어요."라고 말했다. 이것은 직면이었다. 그는 그 피드백이 맞으면 받아들이고, 아니면 거절할 수 있었다. 그룹의 두 사람이 그에게 비슷한 피드백을 주었다. 이런 방법으로 그는 자신이 미처 의식하지 못했던 것을 알게 되는 기회를 갖게 되는 것이다.

내 자신의 노출 과정에서 있었던 일이 기억난다. 나는 알코올 중독 시절의 자기 파괴적 행동에 대해 자세히 이야기하고 있었다. 그 것은 매우 고통스러운 경험이었지만 나는 얼굴에 미소를 띠고 있었던 것이다. 그룹의 한 사람이 나에게 다시 한 번 이야기해 보라고 하면서 이번에는 의식적으로 미소를 짓지 말기를 요청했다. 그래서 미소를 짓지 않고 다시 이야기를 하기 시작했는데 몇 분이 안 되어 나는 울고 있었다. 나의 안면 근육은 방어기제의 한 부분이었다. 근육도 슬픔을 회피하기 위하여 위장되어 있었다. 내가 볼 수 없었던 것을 보게 해 주었던 반영의 눈들이 없었다면, 나는 내 자신의 무의식적인 방어기제들을 직면할 길이 없었을 것이다.

교정적 체험

제2기에서는 어린 시절의 감정들을 재경험하는 것에서 한 발 더 나아가야 한다. 어린 시절의 재경험은 우리의 수치심을 줄이는 작업의 일부분이며 필요한 작업이다. 그러나 **교정적인 체험**이 필요하다. 교정적인 체험을 하려면 **우리 안에 숨어 있는 잃어버린 아이**를 노출시켜야 한다. 이제는 성인으로서 우리 내면의 아이를 껴안아 주고 다시 재양육할 기회를 많이 갖게 될 것이다. 또한 성인으로서 다른 사람들에게 받는 보살핌을 통해서 자신을 양육하는 법을 배울 수 있다.

여기서 내가 강조하고 싶은 말은 '성인으로서'이다. 애도 작업은 '교정적 체험'이 아니다. 나는 생애 초기의 감정과 버림받음에 의해서 느꼈던 감정을 재경험했다. 우리 내면의 감정들을 경험할 때 그 감정의 표출로서의 문제 행동이 해결된다. 애도 작업은 바로 이를 이루기 위한 것이다.

애도의 과정이 끝나면 교정적인 체험을 할 수 있게 된다. 우리의 모든 체험은 기호화되어 우리의 기억 장치에 새겨진다. 우리의 발달 단계는 마치 나무의 나이테와 같이 고스란히 남아 있다.

연령 퇴행 최면 작업은 이러한 발달 단계들이 각각 그대로 남아 있다는 것을 분명하게 보여 준다. 우리 각 사람 안에는 갓난아이, 유아, 학령 전 아이, 학령기 아이가 있다. 우리는 어린아이 때로 돌아가서 그때와 똑같이 느끼고 생각할 수 있다. 우리 안에는 사춘기 아이도 있어서 그 아이는 그 시절과 똑같이 느끼고 생각한다.

신경외과 의사인 와일더 펜필드(Wilder Penfield)는 뇌 절개 수술 중 실험을 통해 이와 같은 사실을 입증하였다. 그가 뇌의 어떤 부분을 자극하자 특정한 연령 단계의 정확한 감각과 기억이 경험되었다. 이러한 작업으로 에릭 번(Eric Berne)의 세 가지 뚜렷한 자아의 상태로 구성된 유명한 성격 모델의 기초가 형성되었다.

번은 우리가 세 가지 자아 상태를 가지고 있다는 것을 이론으로 만들었다. **어른 자아** 상태(Adult Ego State, 현재의 사고생활), **부모 자아**(Parent Ego, 우리 안에 기록되어 있는 검토되지 않은 생활 – 우리 부모의 복사판), **아이 자아** 상태(Child Ego State, 우리의 감정생활, 특히 어린아이로서 경험한 것과 같은 감정)가 그것이다.

우리가 차례로 거쳐 온 어린아이가 감정, 사고, 욕망의 완전한 에너지 상태로 우리 안에 살고 있다는 데 많은 사람들이 동의하고 있다. 우리의 **발달상 의존 욕구가 충족되지 않으면**, 각 발달 단계를 거치면서 점점 더 증가해야 할 에너지가 차단되어 버린다.

내면아이 작업에서 사용되는 교정적 체험은 우리가 연령 퇴행을 할 수 있으며, 그렇게 차단된 에너지를 재작업할 수 있다는 사실에 기초한다. 내면아이 작업의 또 다른 전제는 우리의 발달상의 욕구가 우리가 살아가는 동안 계속 재순환된다는 것이다.

예를 들어, 갓난아이 시절의 정서적 필요는 기본적인 신뢰다. 그 필요가 채워지지 않으면 상처를 입은 채로 다음 단계로 넘어간다. 기본적인 신뢰를 가지고 있지 못하다면, 유아가 되어서 엄마에게서 분리되고 모험을 하기가 더욱 어려워진다. 그리고 살아가면서 새로운 상황에 닥칠 때마다 계속해서 갓난아이 때의 문제가 올라오게 된다.

나는 미국 각지에서 내가 개발한 워크숍을 진행하고 있다. 나는 여러 가지 자료들을 사용하여(특히, 팜 레빈(Pam Levin)의 '힘의 주기 (Cycles of Power))' 이 워크숍을 디자인했다. 워크숍에서 나는 사람들에게 어린 시절의 발달 단계들을 다시 통과하게 하면서 각 단계에 관련된 교정적 체험을 할 수 있게 해 준다. 소그룹을 만들어서 작은 가족으로서 보살펴 주는 일을 하게 하기도 한다. 각 사람들은 그룹에서 특정한 발달 단계에 적합한 다양한 종류의 반영과 피드백을 받는다.

예를 들어, 갓난아이일 때는 안아 주고 먹여 주며 돌보아 주어야 한다. 갓난아이는 따뜻함을 느끼고 사람을 신뢰할 수 있다는 느낌을 가질 수 있어야 한다. 아기는 다음과 같은 말들을 들을 수 있어야 한다. "이 세상에 온 것을 환영한다." "네가 와 줘서 너무 기쁘구나." "내가 널 위해 여기 있을 테니 날 믿어도 된다." "너는 네 필요를 채우기 위해서 얼마든지 내 시간을 가질 수 있단다. 너를 재촉하지 않을게." "네가 아들이라 기쁘구나." "네가 딸이라 기쁘구나." "난 너를 만져 주고 싶고 안아 주고 싶단다." "내가 너를 있는 그대로 받아 줄게." "난 네 모든 것이 다 좋아."

워크숍을 진행하는 동안 나는 한 번에 한 사람씩 가운데로 나오게 했다. 그리고 그룹의 모든 사람들에게 그들의 경계선이 허용하는 한 가까이 그에게 다가가게 했다. 각 사람은 그 사람을 쓰다듬어 주거나 토닥거려 주거나 그냥 점잖게 살짝 만지면서 갓난아이가 들어야 하는 지지의 말을 한 가지씩 해 주었다. 그리고 자장가를 부르며 여러 번 빙빙 돌게 하고, 가운데 있는 사람은 계속 눈을 감은 채 듣고 있게 하였다.

처음 이렇게 해 보았을 때 믿을 수 없을 정도로 그들에게 너무나 강한 감정이 일어나는 것을 보았다. 가운데 나온 사람들 중에는 몇 초도 안 되어 깊이 흐느끼는 사람들도 있었다. 그 중에 내가 상담했던 내담자들이 많이 있어서 내가 한순간 깨닫게 된 사실이 있었는데, 그렇게 깊이 흐느끼는 사람들은 거의 다 가족체계 속의 역할이 **'잃어버린 아이'**였다. 그들은 갓난아이가 **느껴야만 했던** 초기의 신뢰를 단 한 번도 경험하지 못했던 것이다.

우리 안의 아픈 곳을 건드리면 우리는 그것을 깊이 느낀다. 잭 니클라우스가 다섯 번째 매스터즈 타이틀을 땄을 때, 그의 아들이 그를 껴안는 것을 보자 나는 금방 눈물이 났다. 아버지와 아들이 껴안는 것을 볼 때마다 나는 마음속에 아픔과 슬픔을 느끼곤 한다.

워크숍에서 우리는 모든 발달 단계를 하나씩 거치면서 사람들에게 그 단계에서의 필요를 채워 줄 수 있었는지 점검하게 하였다. 우리는 교정적 체험을 제공했으며 각 사람의 필요를 채울 수 있는 여러 가지 방법들을 제안해 주었다.

예를 들어, 잃어버린 아이들이 어른으로서 새로운 모험을 시작할 때는, 친구, 후원자, 지지 그룹이 그들 옆에 있어 주고 안아 주고 때로는 데리고 나가 외식(아기를 먹여 주는 것의 상징으로)도 시켜 주어야 한다. 또한 새로운 일을 시작하기 전날 담요를 두르고 앉아서 여러 가지 간식(물론 영양이 풍부한 것으로)을 먹게 하는 방법도 있다. 마사지와 거품 목욕도 효과적이다. 어른으로서 자신의 내면 아이를 돌보는 데 이러한 방법들을 사용할 수 있다.

워크숍 후반에는 심상과 명상을 통해서 내면아이와의 접촉을 하게 하였다. 나는 사람들에게 8세 이전의 사진을 가져오도록 하였다. 마음속의 심상을 통해 그 아이를 느껴 봄으로써 만날 준비를 하게 한다. 그리고 내면아이에게 나는 너의 미래에서 왔으며, 네가 어떻게 지내 왔는지 누구보다도 잘 알고 있다고 말해 주라고 한다. 그리고 나서 조 쿠더트의 책 『실패가 주는 충고』에 나오는 한 구절을 자신의 내면아이에게 들려 주도록 한다. "일생 동안 만나는 모든 사람 중에서 **너를 떠나지도 잃지도 않을 사람은 오직 나뿐이야.**" 또 각 사람에게 원한다면 다음과 같은 말을 덧붙이게 한다. "나는 너를 절대로 떠나지 않도록 최선을 다할게." 뒷부분이 중요하다. 왜냐하면 수치심 때문에 우리는 우리 자신을 포기했고 내면의 아이를 버렸기 때문이다.

이러한 경험은 내가 지켜보았던 가장 강력한 경험들 중의 하나다. 나는 약 17년 전에 나의 내담자들을 데리고 이 워크숍을 시작했는데 수년 동안 수정하면서 계속하고 있다.

나는 성인아이들에게 매일 몇 분씩 시간을 내어서 내면아이를 명상하고 만날 것을 강력하게 권하는 바다. 어릴 때의 사진을 지갑에 넣고 다니거나 탁자 위에 올려놓는 방법도 추천한다. 이 방법도 매우 효과가 있었다. 좌절감을 느끼거나 심한 경계심을 느낄 때, 나는 사진 속의 4세 된 소년인 나 자신을 바라보면서 내 안의 놀란 어린 소년에게 말을 건네는 것을 좋아한다. 이렇게 하면 도움이 많이 된다.

내면아이 치유에 대해서는 이 밖에도 할 말이 굉장히 많다. 더 자세하게 알고 싶다면 나의 책 『상처받은 내면아이 치유(Homecoming: Reclaiming and Championing Your Inner Child)』(오제은 역, 학지사)를 읽어보기 바란다.

이러한 치료 작업은 내가 처음으로 개발한 것은 아니다. 나는 단지 현재 이 분야에서 진행중인 여러 종류의 치료법을 종합한 것뿐이다. 특별히 찰스 휫필드 박사(Dr. Charles Whitfield)의 책 『내면아이 치유(Healing the Child Within)』를 추천하고 싶다. 시애틀의 치료자인 웨인 크리츠버그(Wayne Kritsberg)는 이 분야의 개척자다.

유해한 교육에 의해서 버림받았던 우리의 활기차고 자발적이며 자연스러운 아이와 접촉할 때 우리는 내면의 삶의 회복을 시작할 수 있다. 내면의 삶이 회복되면 제3기, 즉 자기 발견 과정의 토대가 마련된다. 일단 되돌아가서 잃어버렸던 자기와 만나게 된다면, 우리는 **진짜 자기**를 발견할 수가 있다.

집 떠나기

우리가 집을 떠나지 않는 한 잃어버렸던 자기를 양육할 수는 없다. 경직된 역할과 그 대본을 포기해야만 우리가 집을 떠날 수 있게 된다. 역할은 우리의 진정한 자기를 부인했다. 우리는 역기능적인 가족체계에 충성하기 위해서 이러한 경직된 역할들을 연기해 왔다. 우리는 그 역할들을 통해서 힘과 통제력을 얻었지만 너무나 많은 대가를 지불해야만 했다.

우리 한 사람, 한 사람은 어느 누구와도 비교할 수 없을 만큼 독특하고도 소중한 하나님의 자녀다. 우리는 우리 자신이 되기 위하여 태어났다. 우리가 우리 자신이 되려면 가족체계의 명령과 우리에 대한 부모의 의견이나 신념에서 자신을 분리해야만 한다. 예수 그리스도는 집을 떠나지 않고서는 하나님을 찾을 수도 없을 뿐더러 우리 자신 또한 더욱 찾을 수 없다고 강하게 말씀하셨다. 마태는 예수님의 말씀을 인용하여 "내가 세상에 평화를 주러 온 줄로 생각지 말라. 화평이 아니요, 검을 주러 왔노라. 내가 온 것은 사람이 그 아비와, 딸이 어미와 …… 불화하게 하려 함이니 사람의 원수가 집안 식구니라."[8]라고 말했다.

집을 떠난다는 것은 가족체계에서의 분리를 뜻한다. 그것은 이상화를 포기하고 부모가 우리를 영원히 보호해 주리라는 환상을 포기하는 것을 의미한다. 떠남과 분리됨에 의해서만 우리는 부모와의 **진정한 관계**를 맺을 수 있는 선택을 할 수 있다. 관계를 위해서는 분리와 독립이 반드시 필요하다.

일단 이 작업을 하게 되면 처음에는 가족과 많은 거리를 두어야 할 필요가 있다. 심하게 학대를 받은 사람들은 자신의 경계선을 침

8 신약성서, 마태복음 10:34-36.

범당하지 않기 위해서 원가족과 어느 정도까지 가까이 해야 하는지 신중하게 평가해 보아야 한다. 나는 독자들이 용서와 화해를 향하여 나아갈 수 있기를 바란다.

용 서

제2기는 용서의 단계다. 우리는 **자신을 용서하고 부모를 용서하고자 한다.** 용서한다는 것은 이전처럼 **주는 것**을 의미한다. 그것은 우리가 분노를 내려놓고 **우리를 묶고 있던** 에너지를 풀어 주는 것을 의미한다. 우리는 마술적인 어린아이의 절대적이고 신적인 존재로서의 부모가 아닌 정말로 **상처받은 사람으로서의 부모**를 사랑할 수 있다. 오직 분리에 의해서만 우리는 그들과 관계를 가질 수 있다. 오직 원가족의 주문을 깨트려야만 우리가 우리 자신의 삶을 가질 수 있다. 만일 당신의 부모가 여전히 당신을 학대한다면 그들로부터 물리적인 거리를 두어야 할 수도 있다. 그렇게 되면 용서의 작업에 시간이 걸리기야 하겠지만 그래도 그들을 용서할 수는 있다.

제2기 작업을 한 후에는 우리에게 종종 '살아남은 자의 죄책감'이 남기도 한다. 내가 이 단계에 있었을 때 내 자신이 마치 침몰하는 배를 버리고 떠나는 쥐처럼 느껴진다고 상담자에게 말했던 기억이 난다. 나의 어머니, 누나, 남동생 그리고 나는 외상을 함께 겪었다. 그런데 나만 거기서 빠져 나왔다. 나는 그들을 치료에 데려오려고 무진 애를 썼다. 그리고 나는 내게 좋은 일이 생길 때마다 그들에게 죄책감을 느꼈다. 그러나 결국 넷으로 분리를 해야만 하겠다고 느끼게 되었다. 많은 치료 작업 후에야 비로소 나는 내가 나 자신의 삶을 가질 수 있는 권리가 있다는 것을 깨달았다. 자기실현을 이룰 권리가 있고 특별한 개인으로서의 **자기 자신이 될 권리**가 있다는 것을 알게 되었다.

죄책감은 가족체계 역기능의 증상이다. 역기능적인 체계 안에서의 죄책감은 상호의존증을 감추어 준다. 죄책감은 밀착된 가족관계의 증상이다. 얼어붙은 미분화된 자아 덩어리로서의 역기능 가족 안에서는 조금이라도 자율성과 분리됨을 이룰 수 있는 권리가 아무에게도 없다. 이렇게 분화가 결여되어 있다는 것은 모두가 똑같아야 하고 **아무도 다를 수 있는 권리가 없다**는 뜻이다. 그래서 자율적이 되거나 가족과 달라지면 죄책감을 느끼게 되는 것이다.

자신의 선택이고 가족체계의 의무 때문이 아니라면 가족을 잘 돌보는 것이 나쁠 리는 없다. 나는 어머니를 사랑한다. 나는 아버지의 임종을 지켜보며 아버지에게 사랑한다고 말했다. 이제 아버지와의 관계에서 미해결된 과제는 더 이상 남아 있지 않다. 나는 형제와 자매를 사랑한다. 그렇기 때문에 그들과의 관계에서 **돌보는 자, 작은 부모**, 또는 **영웅**의 역할 하기를 거절했다. 내가 나 자신을 사랑하지 않으면 그들을 진정으로 사랑할 수 없다. 진정한 관계없이 역할을 연기한다면 오래된 가족 역기능은 계속될 것이다. 다행스럽게도 나의 형제와 자매는 회복 프로그램을 찾아 참석하고 있다.

가족의 주문을 깬다는 것은 밀착의 굴레를 깨는 것이다. 그것은 분리를 의미하고 **자기 자신의 문제**에 에너지를 쏟는 것(상호의존증의 경우는 매우 중요함)을 의미한다. 어떤 부모들은 자신들의 결핍을 한 번도 다룬 적이 없다. 그들은 자기 자신의 삶에 대해 결코 책임을 지지 않았다. 당신을 필요로 하는 부모의 많은 정서를 돌보느라 어린 시절을 포기했다면, 이제 **자기 자신의 삶에 집중할 수 있는 권리**(나는 하나님이 주신 의무라고 부르고 싶다)가 있음을 알아야 한다.

초기 고통을 재경험하고 우리의 **잃어버린 아이를 껴안는 것**이 제2기 작업이었다. 이 작업을 통해 얻은 것을 확고히 하고 강화하기 위해서는 유지 작업을 계속해야만 한다.

수치심에 관한 유지 작업

수치심에 관하여 유지 작업을 계속하는 것은 특히 중요하다. 이 작업을 잘하기 위해서는 내면에서 들려오는 초기 주요 인물들의 목소리들을 계속해서 검토해야만 한다. 이 목소리들은 "완벽해라, 강해야 한다, 나를 기쁘게 해, 열심히 해, 서둘러라" 등 몰아치는 방식으로 들려온다. 우리는 이 음성들을 각색하는 법을 배우고 거기에 대답하는 법을 배워야 한다. 또한 그렇게 수치심을 주는 목소리들에 대항하여 지지해 주는 새로운 목소리를 창조하는 법을 배워야 한다.

수치심은 또한 내면의 심상에 의하여 지속된다. 흠이 있는 자신의 이미지와 실제 수치를 당했던 기억들이 편도체라고 하는 뇌의 한 부분에 부호화되어 새겨져 있다. 이렇게 새겨진 기억과 유사한 일을 경험하게 되면 처음 수치를 당했던 때와 똑같이 반응을 하게 된다.

이러한 기억들을 치유하는 데 효과적인 강력한 '재배치 기법'이 있다. 이 기법으로 내면의 이미지들을 바꾸어 줄 수 있다. 이 기법에 대해서는 『당신을 묶고 있는 수치심의 치유(Healing the Shame That Binds You)』에서 자세히 소개하였다.

결론적으로 말해서, 회복은 한 번의 사건이 아닌 과정이다. "끝나기 전에는 끝나지 않는다." 이것은 요가 수행자 베라(Berra)의 말이다. 애도 작업은 치료 그룹이나 워크숍에서 시작할 수 있는데 대개는 수년 동안 계속된다. 자신의 내면아이와 연결되고 그와 함께 있어 주기로 했다면 작업을 계속해야 한다. 사랑은 타성을 극복하는 일이고 시간과 관심을 자기 자신에게 주는 모험을 할 수 있는 용기다. **당신의 잃어버린 아이를 껴안는 것은 자기를 사랑하는 일의 시작**이다. 이것은 평생을 위탁해서 해야 하는 일이며 용기를 필요로 한다. 기억하라, 당신이 일생 동안 만나는 모든 사람들 중에서 당신을 떠나지도 잃지도 않을 사람은 오직 당신뿐이라는 사실을!

'STAGE II UNCOVERY(제2기 자기 노출)' 를 사용하여 이 장에서 논의한 것을 요약해 보겠다.

Separation Process(분리의 과정)
개별화와 견고한 자존감을 성취하기 위해서는 반드시 원가족에서 분리해야 한다.

Trance Breaking(최면 깨트리기)
가족 주문을 깨트리는 일은 당신의 경직된 역할 연기를 거부함으로써, 또는 원가족의 규칙을 깨트림으로써 할 수 있다. 주문을 깨트리는 가장 극적인 방법은 당신이 버림받았다는 것을 인식하고 그것을 애도하는 것이다.

Anger and Resentment Work(분노 다루기)
어린 시절의 버림받음에서 비롯된 분노를 상징적으로 표현해 보는 것은 애도 작업의 일부분이다. 분노를 포기하고 용서로 가는 것이 중요하다.

Group Therapy(그룹치료)
그룹치료는 상호의존증을 위한 가장 뛰어난 치료 방법이다. 상호의존증의 모습이 그룹 안의 상호관계에서 자연스럽게 나타나기 때문이다.

Embracing Your Inner Child(당신의 내면아이 껴안기)
일단 애도 작업이 끝나면 교정 작업이 뒤따라야 한다. 교정 작업은 발달의 여러 단계상에 있는 과거의 상처받은 내면아이를 껴안는 것을 포함한다. 내면아이 작업은 상징적인 것이다. 상처받은 내면아이는 우리의 가장 상처받기 쉬운 감정들과 과거의 상처와 외상에 관련된 필요들의 은유다.

II. Second-Order Change(II. 두 번째 변화)
두 번째 변화에서는 초기의 자아 방어기제와 경직된 역할을 포기한다. 두 번째 변화가 잘 이루어지면 우리는 강박적 중독 성향을 멈추게 된다.

Uncovering Your 'Carried Shame' ('전이된 수치심' 드러내기)

수치심은 상호관계에서 전이된다(뜨거운 감자 건네주기). 수치심에 기초하고 있는 권위의 인물은 자기의 권위 밑에 있는 사람에게 수치심을 투사한다. 권위 밑에 있는 사람이 미성숙하고 튼튼한 경계선이 없으면 권위자의 수치심을 짊어지게 된다. 어린아이들은 매우 취약하기 때문에 부모의 수치심을 짊어질 수밖에 없다.

Normalcy and Averageness(정상과 표준)

우리가 어렸을 때는 자라온 환경이 정상이라고 생각했지만, 우리가 성숙함에 따라 그것이 정상이 아닐 수도 있다는 것을 깨닫게 된다. 성인아이들은 종종 사랑과 학대를 혼동한다. 우리 사회 전체는 유해한 교육의 규칙들을 정상으로 받아들여 왔다. 진정한 민주주의에 대한 새로운 인식이 형성됨에 따라서, 우리는 이러한 규칙들이 견고한 자존감을 형성하는 데 방해가 된다는 것을 깨닫고 있다.

Corrective Experiences Concerning Developmental Deficits (발달상의 결손에 관한 교정적 체험)

일단 우리의 상처받은 내면아이를 껴안게 되면, 어린 시절의 발달 단계에 따른 과제가 무엇인지를 배울 필요가 있다. 갓난아이, 유아, 학령 전 아이, 학령기 아이의 발달 과제를 어른으로서 배울 수 있다. 이렇게 배워 가는 것을 '교정적 체험'이라고 부른다.

Original Pain Grief Work(초기 고통 애도 작업)

모든 형태의 어린 시절의 버림받음 증상은 대부분 애도의 과정이 늦추어진 것 때문에 생긴다. 어린 시절의 슬픔을 슬퍼하는 것을 가리켜 '초기 고통 애도 작업'이라고 한다.

Values Clarification(가치의 명료화)

유해한 교육은 권위주의적인 방법으로 가치를 규정해 놓고 수치심, 두려움, 벌칙에 근거한 방법을 사용하여 우리에게 그것을 가르쳤다. 그렇게 하면 가치들이 내면화되지 않는다. 일단 주문을 깨트리고, 우리는 우리 자신의 가치를 새롭게 형성해야만 한다. 어린아이 였을 때 주어진 가치들을 비판적으로 검토하고 내면화하여 각각 자신의 것으로 만들어 가는 것이 성숙의 과정이다.

Ego Boundary Work(자아 경계선 작업)
경계선은 우리 자존감의 수호자다. 우리가 원가족의 주문을 깨고 유해한 교육으로 인해 우리가 얼마나 신체적, 정서적, 지적, 영적 경계선에 손상을 받았는지 깨닫게 된 후에는 경계선을 다시 세우는 작업을 해야 한다. 그것이 제2기에서 해야 하는 또 하나의 작업이다.

Recycling Childhood Developmental Dependency(어린 시절의 발달상 의존 욕구의 재순환): 어른으로서의 욕구들
우리는 성인으로서 자신의 부모가 되어 자신을 돌보고, 다른 사람들과의 관계에서 서로 부모 노릇을 해 줄 수 있다. 우리는 성인으로서의 돌봄을 충분하게 제공하는 것을 선택할 수 있다.

Yearning for Family Health-Survivor's Guilt(가족의 건강에 대한 갈망–살아남은 자의 죄책감)
우리가 일단 가족 주문을 깨트리면 가족을 현실적으로 보게 된다. 우리의 경직된 역할이 실제로는 아무에게도 도움이 되지 않았다는 것을 보게 된다. 새로운 자유와 생동감을 느낀다. 더 이상 가족의 피드백 순환 고리에 걸려 있지 않게 된다. 그리고 이러한 새로운 생동감을 온 가족이 경험하기를 원한다. 다른 가족은 그렇지 못한데 자신만 새로운 자유를 갖고 있는 것에 대해서 매우 죄책감을 느낀다.

진짜 자기를
발견할 수 있도록
안내하는 지도

11

-제3단계: 영적 각성과 온정적인 사회 행동

영적 생활은 인간 본질의 한 부분이다.
이것은 인간 본성을 규정하는 특성 중의 하나다.
이것이 없는 인간 본성은 충분히 인간다울 수 없다.

-아브라함 매슬로(Abraham Maslow)

우리의 삶은 우리의 신념에 의해서 제한을 받는다. 중독되어 있을 당시에 나는 나의 삶과 행복이 외부의 힘에 달려 있다고 믿었다. 그리고 그 신념에 의해 결정을 내렸다. 나의 거짓 신념은 나에게 잘못된 선택을 하게 만들었다. 결국 나는 내 신념에 따라서 내가 믿고 있는 세상을 창조하였다.

몇 년 전 나는 신념이 어떻게 해서 우리의 세계관을 형성하는지를 보여 주는 재미있는 실례를 하나 보게 되었다. 크리스마스 때 나는 내 친구와 그의 아저씨와 함께 갤러리아 몰에 갔다. 갤러리아는 휴가철에 휴스턴에서 가장 붐비는 쇼핑센터다. 교통 체증이 끔찍했다. 그곳까지 우리 집에서 6마일밖에 안 떨어져 있는데도 40분이나 걸렸다.

내 친구는 따뜻하고 사랑이 많은 사람이었다. 그의 미소는 전염성이 있었다. 그는 사람들을 좋아하고 사람들이 선하다고 **믿었다**. 그가 차를 운전했는데 몰에 도착하기까지 20분밖에 안 걸렸다. 그는 매력적인 미소로 사람들에게 차를 끼워 넣어 주기를 부탁했다. 그는 자기의 신념에 따라 자기가 믿고 있는 세상을 창조했던 것이다.

돌아오는 길에는 그의 아저씨가 운전을 하고 싶어 했다. 아저씨는 침울한 편이었고, 사람들이 아주 나쁘다고 믿고 있었다. 우리는 갤러리아 주차장에서 밖으로 나오는 데만 20분이 걸렸다. 아저씨는 사람들을 노려보았고 다른 운전자들에게 공격적으로 소리를 질러댔다. 아무도 차를 끼워 주지 않았다. 마침내 작고 귀여운 한 할머니가 자기 앞으로 들어오라고 손짓을 했다. 그러자 그는 그 할머니에게 손가락질을 했다! 그는 자기 신념에 따라 자신이 믿고 있는 세상을 창조했을 뿐만 아니라, 자신의 신념을 바꿀 수 있는 자료가 생겼어도 그것을 받아들이지 않았다.

우리의 신념은 우리가 믿고 있는 세상을 창조한다. 우리는 자기의 감정, 생각, 태도를 세상에 투사한다. 우리가 세상에 대한 자신의 신념을 바꾸면 새로운 세상을 창조할 수 있다. 우리 내면의 상태는 바깥세상을 창조할 수 있지만 그 반대는 성립되지 않는다. 나는 이렇게 단순한 영적 원리를 이해하는 데 42년이나 걸렸다. 상호의존증은 사실 **영적 파산 상태**다. 왜냐하면 상호의존증인 사람들은 행복이 우리의 외부에 달려 있다고 믿기 때문이다.

제3기는 우리의 옛 신념체계를 변화시킴으로써 시작한다. 우리가 중독되었던 거짓 신들은 우리를 실패로 이끌었다. 자신의 수치심을 껴안음으로써 우리는 자기 자신에 대한 감정을 받아들일 수 있었고 견고한 자존감을 세우는 일을 시작할 수 있었다.

제3기에서 우리는 **내면의 삶을 발견하는 여행**을 시작한다. 이 여행에는 영적 수련이 포함되어 있다. 영적 수련을 하려면 이전의 단계에서와 같은 태도가 필요하다. 즉, 결단하고 위탁하며 한 번에 하루씩 해야 한다.

제1기에서는 후원자가 필요했고 제2기에서는 지지 그룹 또는 치료자가 필요했던 것과 같이 제3기에서는 영적인 지도자가 필요하다. 당신이 새롭게 입적한 가족 안에서 그러한 사람을 찾을 수 있다. 다가가고 싶은 영적인 지도자를 알고 있으면, 그 사람에게 후원자 또는 인도자가 되어 달라고 부탁할 수도 있을 것이다. 주변에 실제의 삶과 가르침이 당신의 마음을 끄는 목사, 사제, 랍비, 또는 영적인 친구들도 있을 수 있다.

초기에는 인도자가 중요하다. 대부분의 사람들은 그냥 어렸을 때부터 하던 대로 기도하는데, 어떻게 하면 기도생활을 더 발전시킬 수 있는지 전혀 모르고 있다. 영적 일기와 저널을 사용하는 사람도 그리 많지 않다. 꿈의 해석과 꿈의 통합에 대해서 알고 있는 사람 또한 거의 없는 것 같다. 그래서 제3기에서는 영적인 지도자가 가장 중요하다.

12단계 프로그램은 우리를 인도하여 내면의 삶을 발달시키도록 해 준다. 12단계 프로그램은 옥스퍼드 운동의 여섯 가지 교리를 발전시킨 것이다. 이 여섯 가지 교리는 프랭크 뷰크너(Frank Buckner) 목사의 영적인 경험에 의해 탄생하였다. 단주 모임(AA)의 창시자들은 미국의 옥스퍼드 운동의 초기 참석자들이었다. 그들은 옥스퍼드 운동의 교리를 기초로 하여 12단계 프로그램을 만들었다.

단주 모임의 창시자였던 빌(Bill W.)과 밥 박사(Dr. Bob)는 알코올 중독의 궁극적인 문제가 무엇인지에 대해 분명한 생각을 갖고 있었다. 그들은 그것이 **'영적인 파산'**이라고 믿었다. 이에 대해서 앞서 상호의존증의 문제로 설명한 바 있다. 알코올 중독 또는 다른 중독의 **이즘**은 내면의 자기 분열로서 내면화된 수치심, 자기 의지의 반란, 상호의존증 등 여러 가지 이름으로 불린다.

마지막 12단계는 영적 각성에 대하여 이야기한다. 그리고 11단계는 기도와 묵상에 대해 다음과 같이 직접적으로 이야기하고 있다.

⑪ 기도와 명상을 통해서 우리가 이해하게 된 대로의 하나님과 의식적인 접촉을 증진하려고 노력했다. 그리고 우리를 위한 하나님의 뜻을 알도록 해 주시며, 그것을 이행할 수 있는 힘을 주시도록 간청했다.

영적인 탐구는 우리의 삶에 그저 약간의 유익을 더해 주는 것으로 시간 여유가 있고 마음이 내키면 한 번쯤 해볼 만한 그런 일이 아니다. 우리의 **영성**은 우리의 존재를 이루고 있다. 우리는 영적인 존재며 참된 영이 되기 위하여 몸을 필요로 하는 것이지, 땅에 속한 존재로서 영적이 되고자 하는 것이 아니다. 우리는 **본질적으로 영적**이다. 그렇기 때문에 버림받음이 영적인 문제라고 한 것이다.

우리 인간들은 본질적으로 영적이기 때문에 버림받고 학대당하고 밀착관계에 걸려드는 것은 영적으로 침범을 받는 것이다. 우리를 돌보는 사람이 파렴치한 행동을 했다면 그들은 자기가 하나님인 것처럼 행동한 것이다. 건강한 수치심은 우리가 유한하며 한계가 있고 실수하기 쉽다고 말해 준다. 우리를 돌보는 사람이 우리에게 파렴치한 행동을 했다면 우리는 그들의 수치심을 강제로 떠맡을 수밖에 없다. 우리의 자존감은 그 수치심에 의해서 상처를 입었다. 이러한 학대의 결과가 병리적 상호의존이다.

중독 안의 거짓 신들

영적 파산 상태인 상호의존증에 의해 우리는 거짓 신들을 섬기게 된다. 상호의존증이라는 질병인 중독은 작은 우상 숭배다. 그들은 하나님을 찾고 있지만 어차피 실패하게 되어 있다. 모든 중독은 영적으로 뒤틀린 현상이다.

모든 중독은 구원의 순간과 대속을 약속해 준다. 기분이 바뀌고 아드레날린으로 흥분하게 되면 그 순간에는 자기 분열과 소외감이 사라진다. 우리는 황홀경에 빠진다. 자신과 하나가 된다. 열광하게 된다(enthused). 그리스어로 'en theos'는 하나님과 하나라는 뜻이다. 그러나 영적인 지도자들이 가르치는 영원한 기쁨과 달리 이 황홀감은 가짜다.

영적 각성을 통한 자기 발견

제3기는 영적으로 각성하게 한다. 제3기에서 우리는 자기 발견의 진정한 여행을 시작한다. 우리는 이전에 가보지 못했던 곳으로 들어가게 된다. 과거에는 자아의 의미가 우리의 성취와 업적에 근거하고 있었다. 제3기에서는 자아와 자아 타입의 의미를 넘어서게 된다.

우리의 업적이 아닌 존재에 관해 새로운 의미가 부여된다. 우리는 우리의 자기됨, 즉 진짜 자기를 알아가게 된다. 이러한 인식은 역사적인 것이다. 그것은 시간을 초월하며 우리 안에서 일어난다.

심리학자 아브라함 매슬로 박사(Dr. Abraham Maslow)는 인간이 본래 가지고 있는 높은 잠재력에 대해서 평생을 연구하였다. 그는 인간의 위대함에 대하여 알고자 했다. 그는 **자기실현**을 이룬 사람들과 인간의 **절정 경험**에 관해 연구하는 데 많은 시간을 보냈다. 이러한 연구를 통해서 매슬로는 인간의 욕구에 위계가 있다는 결론을 내렸다. 인간의 가장 기본적인 욕구를 그는 '**충족되지 못한 욕구들**(deficiency needs)'이라고 불렀다. 나는 그것을 '**의존 욕구**(dependency needs)'라고 불렀다. 이 욕구들이 채워지지 않았을 때 생기는 문제들에 대해서는 앞서 논의한 바 있다.

매슬로는 일단 의존의 욕구가 채워지게 되면 그 상위 욕구로 옮겨갈 수 있게 된다고 믿었다. 상위의 욕구란 **존재적 욕구**(being needs)다. 존재적 욕구는 정체성, 개별성, 정의, 진리, 선함, 아름다움, 궁극적인 의미, 지혜 그리고 초월자와의 관계에 관한 것이다. 의존 욕구와 존재적 욕구는 짝을 이루고 있고 서로 연결되어 있다. 우리가 굶주려 있으면 정의와 진리를 추구하는 일 같은 것은 상상하기 어렵다. 마찬가지로 사랑과 애정에 굶주려 있으면 개별화나 정체성에 관심을 가질 수 없다.

매슬로는 의존 욕구와 존재적 욕구가 각각 그것을 지배하는 의식과 사고를 가지고 있다고 믿었다. 하위 욕구들은 자아의 영역이다. 상위 욕구들은 좀 더 확장된 의식의 영역이다. 좀 더 높은 수준의 의식(초월 의식)은 우리 영혼의 영역, 즉 우리의 **진짜 자기**다. 4장에서 나는 인간 의식에 관한 이론을 그림으로 제시하였다. 이 그림을 통해서 **진짜 자기로 향하는 길**은 자아의 문제들을 해결하는 것에 달려 있음을 볼 수 있었을 것이다.

미해결된 자아의 욕구

재클린 스몰(Jacquelyn Small)은 그녀의 저서 『변화시키는 것들 (Transformers)』에서 이렇게 말했다. "자아는 우리의 채워지지 않은 욕구가 남아 있는 단계를 향하여 그 욕구가 채워질 때까지 계속해서 우리를 뒤로 끌어당긴다." 어린 시절의 의존 욕구가 채워지지 않음으로 인해서 성인아이의 문제가 야기된다. 어린 시절에 의존 욕구를 채우지 못한 성인은 그 욕구들을 채우기 위해서 끊임없이 뒤로 이끌려 간다. 제1기는 이러한 욕구들을 드러내고 성인으로서 그 욕구들을 채울 수 있는 맥락을 제공해 주었다. 자아가 재건되면 우리는 자유롭게 자아를 뛰어넘어 갈 수 있다.

자아는 한정되고 비좁은 의식을 나타낸다. 자아가 손전등이라면 진짜 자기는 집중 조명등이다. 자아의 목적은 적응, 대처 그리고 생존이다. 우리는 자아를 수단으로 해서 세상에 대처하고 우리의 기본적인 의존 욕구들을 채워 나간다. 적절한 삶을 살기 위해서는 튼튼한 자아 경계선이 필요하다. 지나치게 경계심이 많고 상호의 존적인 생존자의 삶은 고통과 위협의 지배를 받는다. 우리의 경계선이 약해서 고통에 대항하여 끊임없이 경계하고 방어해야 하는 한 제3기의 진짜 자기를 발견하는 작업은 생각조차 할 수 없다.

우리의 자아 경계선이 튼튼할 때는 세상이 그리 위협적이지 않다. 우리는 자기 자신을 잘 돌볼 수 있다는 것을 알고 있다. 또한 대처할 수 있는 자원들이 자기 안에 있다는 것을 알고 있다. 그러므로 더 이상 지나치게 경계하며 살지 않아도 된다. 우리의 자아는 이제 자신을 뛰어넘어 확장되어 가는 작업을 할 수 있게 된다. 우리 자신을 뛰어넘는다는 것은 내면을 향하는 여행이기도 하지만, 동시에 외부를 향하여 사회로 다가가는 일이기도 하다.

내면으로의 여행

내면으로의 여행은 **영성을 열어 펼치는 여행**이다. 우리 인간은 본래 영적이기 때문에 인식을 깊이 파고들어가는 방법 외에는 우리의 본질적인 자기를 발견할 수 있는 방법이 없다. 궁극적인 정체성인 나의 영혼은 나의 가족이나 문화적 역할을 넘어서는 영역 안에 있다. 그러나 역설적인 것은 나의 가족과 문화를 통해서만 그것을 발견할 수 있다는 것이다.

영성 작가 초걍 트룽파(Chögyam Trungpa)는 다음과 같이 말했다. "영성은 완전히 평범한 것이다. 이는 세상의 그 어느 것보다도 평범한 것이다."

우리 대부분은 영성이 특별한 것이라고 생각한다. 그것은 우리의 내면의 삶이 매우 손상되었기 때문이다.

우리가 다시 자기 자신과 연결되면 어디에서나 영성을 발견할 수 있게 된다. 영적 각성에는 세 가지 차원이 있다. 이 장의 나머지 부분은 이에 초점을 맞추게 될 것이다.

① 우리의 일상적인 의식의 차원을 뛰어넘는 삶이 있다는 것을

11 진짜 자기를 발견할 수 있도록 안내하는 지도.
·

가리키는 자료들. 이러한 자료들이 점점 더 늘어나고 있다.

② 우리가 일상적인 의식을 뛰어넘는 삶을 성취하고 유지할 수 있도록 돕는 영성 수련

③ 동정심을 가지고 사는 삶의 중요성. 동정심을 가지고 사는 삶이란 조화로운 사회와 평화로운 세계를 육성하며 자연에 대해 깊은 존경심을 가지고 있는 지역사회를 발견하거나 만드는 것이다. 사회봉사에 참여하고 다른 사람들을 돌보는 일은 우리의 사랑의 능력을 확장시켜 주며, 자기 자신을 새롭고 깊이 있게 알아갈 수 있도록 해 준다. 우리는 동정심을 가지고 살 때 '진정한 민주주의'를 창조하게 된다.

자아 초월

최근 들어 많은 연구자들이 초월 의식 현상을 조사하고 있다. 샌프란시스코에 있는 랭글리 포터 정신의학 연구소(Langley Porter Psychiatric Institute)의 켄 펠리티어(Ken Pelletier), 메닝거즈(Menninger's)의 앨리스 그린(Alice Green), 러셀 타르그(Russel Targ), 제럴드 푸토프(Gerald Puthoff), W. 브루 조이(W. Brugh Joy), 칼 프리브림(Karl Pribrim), 프리츠 카프라(Pritz Capra) 같은 사람들은 우리의 의식이 높은 수준에 있을 때 큰 힘을 사용할 수 있다는 놀라운 사실에 합의했다. 그린 가족과 펠리티어는 연구심리학자들이고, 프리브림은 두뇌심리학자며, 타르그, 푸토프, 카프라는 물리

학자고, 브루 조이는 의사다.

심령술사인 올가 워렐(Olga Worrell)과 내 친구 잭 슈와츠(Jack Schwarz)는 초월 의식이 갖고 있는 굉장한 능력들을 일부 보여 주었다. 워렐은 매주 치유 집회를 열고 있는데, 많은 사람들이 그녀의 치유 능력을 인정하고 있다. 슈와츠는 소량(일주일에 세 끼)의 음식을 먹으며 하루에 두 시간밖에 자지 않는다. 그는 알파 뇌파 의식 상태를 유지하면서 12인치짜리 뜨개질 바늘로 자기 혈관을 통과하게 한다. 그런 다음 그 상처를 치료한다. 그는 이른바 불수의적 신체 작용(involuntary process)을 수의적으로 통제(voluntary control)할 수 있다. (그의 저서 『수의적 통제(Voluntary Control)』를 참고하기 바란다.)

내가 언급한 모든 사람들이 도달한 중요한 결론은 전체적인 인간의 의식은 좁은 범위의 자아의 의식보다 훨씬 더 크다는 것이다. 자아를 뛰어넘는 초월 의식이 있다고 하는 영원한 영적 지혜에 이들 모두가 동의하고 있다.

또한 이러한 의식이 모든 다른 창조물의 의식에 연결되어 있다는 것을 시사해 주는 증거들이 있다. 듀크 대학의 J. B. 라인(J. B. Rhine)의 텔레파시에 관한 초기 연구는 이 점을 분명히 지적하고 있다. 투시 초능력에 관한 스탠포드 연구소(SRI)의 푸토프(Puthoff)와 타르그(Targ)의 최근 연구는 사람이 초월 의식 상태에 있게 되면 **더욱 큰 힘**을 사용할 수 있다는 것을 보여 주는 강력한 자료들을 제공해 주었다. 그들이 믿기에 이러한 힘은 다른 모든 창조물의 의식과 **연결됨**으로써 가능하다는 것이다.

또한 확장된 의식을 통해서 큰 힘을 갖게 된다는 것을 지지해 주는 고대 전통들이 있다. 아메리칸 인디언들의 주술사들은 명상의 사용과 힘센 동물들과의 연합을 통해서 더 큰 힘을 사용할 수 있다고 믿었다. 예수님은 제자들에게 예수님 자신이 행했던 일보다 그들이 더 큰 일을 할 수 있을 것이라고 말씀하셨다.

스탠포드 연구소의 투시 초능력 실험은 몇몇 양자물리학의 결론들을 확인시켜 주었다. 이들 실험은 우리가 시간과 공간에 제한을 받지 않을 수 있다는 것을 시사해 준다. 밀폐된 방에 있는 사람이 30마일 떨어진 곳에 있는 다른 사람을 볼 수 있었다. 이 연구는 조지 레오나드(George Leonard)의 『조용한 맥박(The Silent Pulse)』과 해롤드 푸토프(Herold E. Puthoff)와 러셀 타르그(Russell Targ)의 『마음이 미치는 곳(Mind Reach)』에 기록되어 있다.

의식의 최고 정점에 있을 때 우리는 우주와 하나가 된다. 우리는 **세상**의 홀로그램이다. 세상은 체계며 우리는 전체인 동시에 부분이다. 자신의 길을 가는 우리 각자가 우주인 것이다. 많은 위대한 스승들이 수세기에 걸쳐 이것을 가르쳐 왔다. 자아는 분리와 망상을 만든다. 그러나 자아를 뛰어넘으면 분리는 없다. 우리는 모두 하나다. 현대 과학은 영원한 지혜를 따라잡고 있다.

현대 과학은 몸과 마음이 서로 적대적이지 않다는 것을 분명히 하고 있다. 몸과 마음은 에너지의 두 가지 다른 형태다. 현재 우리의 의식은 고주파 에너지로 이해되고 있다. 두 가지 형태로서의 몸과 마음은 서로 영향을 주고받는다.

마음과 물질이 같은 것이라면 우리는 물질을 좀 더 강력하고 심오한 방법으로 사용할 수 있다. 자아의 통제를 내려놓고 그것을 초월 의식에 넘겨 주는 방식은 강력한 결과들을 얻을 수 있는 방법이다. 단주 모임의 슬로건 중에 "놓아 보내고 하나님이 하시게 하라."는 것이 있다. 사람들은 이렇게 초월자에게 맡겼을 때 자신들의 삶에 놀라운 일이 일어났다고 이야기하고 있다.

이제까지 논의한 것들을 요약해 보겠다.

우리는 일상적인 자아 의식 이상의 존재다. 우리의 진짜 자기를 찾으려면 일상적인 자아 의식을 뛰어넘어야만 한다. 이 같은 결론은:

① 증가하고 있는 행동과학적 자료와 일치한다.
② 세계의 거의 모든 종교 전통에 없어서는 안 될 요소다.
③ 개인이 이를 완전히 믿으면 삶이 완전히 변하게 될 것이다.

이러한 결론으로 이끌어 가는 명제들은 다음과 같다.

① 우리 마음의 주요 활동 중에는 의식 밖에서 일어나고 있는 것들이 많이 있다. 그 예로 바이오피드백(biofeedback), 꿈, 직관에 의한 지식, 가족체계 그리고 자아 방어기제를 꼽을 수 있다.
② 암시 또는 자기 암시의 힘은 우리가 보통 생각하고 있는 것보다 훨씬 더 크다. 우리 모두는 어린아이였을 때 빠졌던 최면 상태의 주문에 의해서 아직도 살고 있다. 주문의 주요 요소들은 우리가 태어난 원가족과 문화권에서 온 것이다. 주문은 무의식적으로 작동한다.
③ 우리는 우리가 가장 깊이 원하는 것인데도 그 지식에 저항하

려 한다. 언어, 자아 방어기제, 부인, 망상, 가족체계, 문화적 역할들은 초월 의식으로 가지 못하도록 우리를 막고 있다.

④ 우리 각자는 무제한적인 능력을 가진 자신의 초의식(supra conscious)과 창의적, 통합적, 자기 조직적, 직관적인 마음에 접근할 수 있다. 이러한 것들은 **하나님의 형상**을 이루고 있는 인간 의식의 일부분이다.

⑤ 초월 의식은 모든 다른 형태의 의식과 연결되어 있다.

⑥ 자신의 창조적/무의식적 마음이 자신에 대한 **계획**을 가지고 있다는 것을 의심할 이유가 없다. 우리가 자신의 삶을 뒤돌아보면 그러한 계획이 있었다는 것이 분명해 보일 때가 종종 있다. 우리는 그것을 따를 수도 있고 무시할 수도 있다.

⑦ 초월자의 계획에 일치하도록 행동한다면 나의 행동이 주변의 모든 사람들의 궁극적인 복지와 조화를 이루게 될 것이다. 나는 온정을 가지고 사회를 위한 행동을 취하려 한다.

⑧ 계획을 실현하는 데 필요한 자원들을 언제든지 사용할 수 있다는 것을 의심할 이유가 없어 보인다. 아인슈타인은 마음과 물질이 모두 에너지라는 것을 보여 주었다. 물질 에너지보다 우위에 있는 마음의 에너지를 입증해 주는 풍성한 증거들이 있다(염력 등).

⑨ 건강한 삶이란 창조적/직관적 마음에 선택권을 넘겨 주는 삶이라고 할 수 있다. 기도와 묵상을 통해 창조적/직관적 마음과 의식적으로 접촉함으로써 그러한 삶을 살 수 있다.

⑩ 왜곡되지 않은 내면의 목소리를 듣기 위한 조건 중 하나는 사

물을 다르게 인지해 보고자 하는 자발적인 마음이다. 그렇게 하기 위해서는 자아를 내려놓은 상태에서 여러 가지 영적 수련을 해야 한다.[1]

이러한 명제들을 보면 희망이 생긴다. 그들이 약속하고 있는 것들을 실현하기 위한 방법인 기도와 묵상에 대하여 이제 살펴보도록 하자.

영적 수련

11단계는 기도와 묵상에 대하여 이야기한다. 기도와 묵상은 초월 의식의 문을 열어 주고 초월자와 의식적으로 접촉할 수 있는 기본적인 도구들이다.

모든 종교와 영적 전통들은 그것을 따르고자 하는 이들에게 기도하고 묵상할 것을 가르친다. 기도와 묵상을 하는 데는 여러 가지 방법들이 있다. 그 중 어느 한 가지만 **옳은 방법**이라고 할 수는 없으며, 사실 기도와 묵상의 기술 자체는 우리가 추구하는 목적이 아니다. 그것은 우주선을 발사할 때 쓰이는 보조 로켓과 같은 것이다. 보조 로켓이 하는 일은 우주선이 지구의 중력을 벗어나 우주 공간으로 나가도록 하는 것이다. 기도와 묵상의 기술은 자아의 밖으로 나갈 수 있게 하는 방법이다. 이를 통해 우리는 초월 의식이라는 확장된 공간에 도달하게 된다.

---

1 이 명제들은 윌리스 하먼(Willis Harman)의 강의에서 인용한 것이다.

일단 우리가 의식의 변화 상태에 도달하게 되면 우리의 초월자와 더욱 친밀하고 직접적인 교제를 할 수 있다. 중요한 것은 의식적인 접촉의 경험이다. 일단 이러한 인식의 수준에 있게 되면 자신의 더욱 본질적인 모습이 보인다. 우리의 운명은 진정한 자신을 알고 **진정한 자신이 되는 것**이라고 할 수 있다. 이것을 성취하는 일에 실패한다면 우리는 표적을 맞추지 못하는 것이 된다. 이와 같은 일을 완전하게 할 수 있는 사람은 아마도 위대한 성인들밖에 없을 것이다. 그렇지만 완전한 자기 인식(또는 깨달음)과 하나님과의 하나됨은 인간의 가장 심오한 소명이다.

영적인 내면의 삶에 다가가는 다른 방법들도 많이 있다. 꿈은 우리의 무의식에 접근하는 직접적인 방법일 뿐만 아니라 초월자가 우리를 만나 주는 직접적인 방법이라고 믿고 있는 사람들이 많이 있다. 나의 경험에서 꿈은 나 자신을 이해할 수 있는 소중한 자료가 되었다. 심리학자 융이 '큰 꿈(big dream)'이라고 불렀던 바, 나의 큰 꿈에 대한 이야기는 나의 책 『당신을 묶고 있는 수치심』과 『상처받은 내면아이 치유』에 나온다.

큰 꿈은 삶의 힘든 과정을 헤쳐 나갈 수 있도록 도와준다. 어떤 사람들은 저널을 쓰는 일(영적 묵상일지(QT)와 같은 것: 역자주)을 통해서 초월자와 교제함으로써 마음의 평안을 얻기도 한다. 그들은 초월자와의 대화를 기록하는 것은 일종의 기도로서 정신을 집중시키고 확장시켜 초월자의 현존을 경험할 수 있게 해 준다고 말한다.

예배, 종교 의식, 금식 또는 식욕 억제는 다른 형태의 영적 수련이다. 사실 영적 수련의 형태보다 더 중요한 것은 그 **동기의 진**

실성이다.

온정적인 사회 행동

마지막 12단계에 대해서는 앞에서 이미 이야기하였다. 12단계에서는 이전의 11단계들의 열매를 '영적 각성'이라고 묘사하고 있다. 12단계는 다음과 같은 말로 되어 있다.

⑫ 이러한 단계로써 생활해 본 결과 우리는 영적으로 각성되었고, 알코올 중독자들에게 이 메시지를 전하려고 노력했으며, 우리 생활의 모든 면에서도 이러한 원칙을 실천하려고 했다.

이 12단계에서는 사회 행동을 촉구하고 있다. 즉, 알코올 중독 회복자들에게 다음의 두 가지 일을 하라고 권한다.

① 고통을 당하고 있는 다른 알코올 중독자들에게 이 메시지를 전할 것
② 12단계의 원칙들을 생활의 모든 면에서 실천할 것

나는 이 12단계가 온정적인 사회 행동을 촉구하고 있다고 이해하고 있다. 알코올 중독은 중독 성향이라는 빙산의 일각에 지나지 않는다. 무엇에 관심을 갖게 되든지(돈벌기, 사람들에게 호감주기 등) 그것이 새로운 중독이 될 수 있다. 많은 영적인 지도자들은 하나님 의식이 없는 모든 삶의 형태가 중독이라고 주장하고 있다.

이 책을 통해서 나는 여러 가지 파괴적인 중독 행동들에 대해서 많은 이야기를 했다. 비록 내가 제시한 것과 같은 중독 성향에 해당되지 않는 사람들에게도 이러한 온정적인 사회 행동은 진짜 자기를 발견할 수 있는 한 가지 방법이 된다. 우리 인간은 본래 사회적이다. 우리는 우리를 돌보아 주었던 초기 인물들의 눈을 거울로 삼아 자신의 삶을 형성하였다. 우리의 견고한 자기됨의 기초는 우리의 생애 초기 인물과의 관계를 모형으로 해서 형성되었다. 견고한 자존감을 발달시키고 자기 자신의 선을 경험함에 따라서 우리는 다른 사람들의 선에도 다가가기를 원하게 된다. 선은 본래 전파되기 쉬운 것이다. 다른 사람들을 돌보는 것은 우리 인간의 전체성 중의 한 부분이다. 일단 자아의 의존 욕구가 채워지면 우리는 본성적으로 사랑과 돌봄이라는 인간 본래의 능력을 발달시키길 원하게 된다. 사랑과 돌봄은 인간의 상위 욕구다. 자기실현을 하고자 한다면 우리는 다른 사람들을 사랑하고 돌보아야만 한다. 자아실현이 진전됨에 따라 우리는 점점 더 다른 존재에 관심을 갖는 것을 가치 있게 여기게 된다.

우리가 구체적으로 어떠한 사회 행동을 해야 하는가는 사회 행동에 헌신하는 것 그 자체보다는 덜 중요하다. 에릭슨은 이러한 헌신을 생산성이라고 불렀다. 우리가 생산력이 있을 때는 생산적이고 창조적이며 사회적으로 가치 있는 방법으로 우리 외부를 향하여 뻗어 나가게 된다. 환경을 보호하는 일을 할 수도 있고 집 없는 사람들이나 죽어가고 있는 사람들을 도와줄 수도 있다. 자신의 외부를 향하여 도움을 주고자 하기만 한다면 구체적으로 무엇을 하는가는 그다지 중요하지 않다.

조지 버나드 쇼(George Bernard Shaw)는 인생의 진정한 의미는 자기 스스로가 '**위대한 이유**'라고 이름 붙일 수 있는 것을 위해 사는 것이라고 이야기한 적이 있다.

> 나는 죽기 전에 나를 남김없이 사용하고 싶다. …… 인생은 걸어가는 그림자가 아니라…… 오히려 빛나는 횃불이다. 나는 죽기 전에 이 횃불로 불을 붙여 다음 세대에 넘겨 주고 싶다.

뭔가 이루었다고 느끼고 있는 중년기 성인들은 자기 자신에게 집착하여 정체에 빠질 위험이 있다. 자기 정체는 자존감을 충분히 회복하지 못했다는 뜻이다. 자기 사랑과 자기 가치감을 충분히 갖게 되면 우리는 필연적으로 자신을 확장시키고 성장시키기를 원하게 된다. 깊은 내면의 삶을 발전시키며, 내면의 풍성함과 선함을 표현하여, 동정심을 가지고 다른 사람들을 위해 일함으로써 우리는 그러한 삶을 살 수 있다.

우리가 초월자와 더 없이 행복한 만남의 경험을 했다면 그것은 틀림없이 선이요 사랑이었을 것이다. 만약 그렇지 않았다면 그는 초월자가 아니었을 것이다. 왜냐하면 선과 사랑은 가장 수준 높은 (초월적인) 인간의 가치이기 때문이다. 그리고 그가 선과 사랑이었다면 우리의 초월자는 틀림없이 개인적인 인격이었을 것이다. 왜냐하면 개인들 간의 상호관계를 통해서만 우리가 선과 사랑을 경험할 수 있기 때문이다. 내면의 고요함 가운데 이루어지는 초월자와의 의식적인 접촉은 외부를 향하게 되고 다른 사람들을 향한 온정으로 표현되기를 원하게 될 것이다. 영적 각성의 열매는 우리가 받은 은혜로운 선과 사랑을 가지고 그것을 다른 사람들에게 전달해 주는 것이다.

성숙한 민주주의

온전히 자기실현을 하려면 우리가 살고 있는 지구도 돌보아야 한다. 즉, 온정적인 사회 행동을 자연과 세계 평화를 위한 일까지 확장시켜야 한다.

의식의 전개로 인해 인간의 자기실현이 더욱 긴급한 일이 되었다. 우리는 인간의 발전과 우주의 진보의 역동을 처음으로 인식하게 된 지점에 이르렀다. 이러한 새로운 단계의 의식으로 인해 모든 삶을 지배하는 몇몇 근본적인 법칙들이 드러났고 그 법칙들과 가족과의 관계를 볼 수 있게 되었다. 분화의 법칙은 세상의 차이점들이 우주가 그 자체를 인식하고 펼치게 되는 역동적인 과정의 일부분이라는 것을 우리에게 말해 준다. 세상에 존재하는 **차이점들은 문제의 일부가 아니라 해결책의 일부다.** 특별히 분화의 법칙은 개인의 자존감과 정체성 형성과 관련이 있다. 분화의 법칙은 또한 세계의 각 문화권들과 국가들의 차이점을 이해하는 데도 중요하다. 사람들은 자기 가족체계 안에서 밀착이 되면 그 밀착관계를 국가체계에 투사하는 경향이 있다. 밀착된 국가들은 편파적인 닫힌 체계가 된다. 닫힌 체계는 그와 다른 체계를 적으로 여긴다. 이것이 전쟁과 그로 인한 난폭한 파괴의 원인이다. 히틀러와 나치의 체계는 아리안족이 가장 우수한 민족이라는 최면과 같은 신념을 만들어 냈다. 그 신념은 세계적으로 유래가 없는 참혹한 살인과 파괴로 이 끌었다. 우리는 이를 결코 잊을 수 없을 것이며, 과연 어떻게 해서 히틀러의 독일이 가능할 수 있었는지에 대해서 이해하고자 하는 노력을 결코 멈춰서는 안 될 것이다.

이 질문이 내가 텔레비전 시리즈를 시작한 동기 중의 하나였다. 또한 이것이 이 책에서 내가 던지고 있는 질문 중의 하나이기도 하다. 나는 이 책의 내용을 통해 닫힌 체계가 파괴적일 수 있다는 것에 대해서 독자들이 조금이나마 인식할 수 있게 되기를 바란다. 닫힌 체계는 가족 구성원들을 자기 자신이 되지 못하게 하고 자존감을 박탈하기 때문에 굉장히 위험하다. 또한 닫힌 체계들은 피드백을 허용하지 않기 때문에 위험하다. 새로운 정보가 체계 안으로 들어가 통합이 되지 않으면, 체계는 자기 스스로 유지되고 절대화되어 버린다. 그 신념은 신성한 법이 되고, 그 규칙은 무오하며, 그 지도자는 전능하다. 이것은 정확하게 전제 군주제의 문제이며, 그것이 낳은 유해한 교육의 문제다.

어떻게 하면 우리가 서로의 **차이점**들을 받아들일 수 있을 것인가? 어떻게 하면 모든 문화와 그 문화만의 신화들, 모든 종교, 모든 인종이 지구의 생존을 위해 필요한 것이라는 것을 믿을 수 있게 될 것인가? 이와 같은 질문에 대해서는 나 자신도 완전한 해답을 가지고 있지는 못하다. 그러나 우리가 살아남기 위해서라도 **이러한 질문에 대답해야만 한다**는 것을 난 알고 있다. 우리 각자가 고요함 가운데 모든 생명이 서로 연결되어 있다는 것을 알고 사랑의 초월자를 보게 되는 풍성한 내면의 삶을 발달시킴으로써 책임감과 동정심, 사랑을 가지고 사회 행동에 참여할 수 있게 될 것이라고 나는 믿는다. 우리가 자신의 내면의 평화를 발견하고 사랑으로 사회 행동을 할 수만 있다면 **성숙한 민주주의**의 감각을 발달시킬 수 있다. 성숙한 민주주의는 **모든** 생명에 대한 연민과 사랑의 감정(시간에 구애받지 않는)이 내면화된 것이다. 모든 위대한 종교 전통 안에는 그 핵심에 성숙한 민주주의가 있다. 성숙한 민주주의의 정신으로 우리가 살고 있는 체계 안의 모든 부분들을 존중해 주며, 동시에 모든 부분들을 향하여 우리의 목소리를 낼 수 있어야 할 것이다. 이 말을 가족에게 적용하자면 가족 구성원들이 힘을 골고루 나누어 가지며 각자의 견해를 존중해야 한다는 뜻이다. 그리고 아직 태어나지 않은 태아에서 가장 나이 많은 노인에 이르기까지 가족의 각 사람은 고유하고 독특하며 신성한 사람으로 인정받고 존중받아야 한다는 뜻이다.

우리가 **진정 민주적인 가족**을 만들 수 있다면, 사회와 국가 또한 진정 민주적이 될 것이라고 기대할 수 있다. 융은 역사상 모든 주요한 사건들이 한 개인이나 몇몇 소수의 사람들에 의해서 일어났다고 말한 적이 있다. **가장 먼저 변화가 일어나야 하는 것**은 바로 개인들이다. 그러므로 가장 중요한 것은 각 개인의 영적인 각성이다.

행동 취하기

내가 12단계 회복 프로그램을 처음 시작했을 때 고통 중에 있는 다른 동료들을 돕는 일을 매일 두 가지씩은 해야 한다고 쓰인 작은 초록색 카드를 발견했다. 그리고 그 카드에는 그 일은 **아무도 모르게** 해야 한다고 쓰여 있었다. 그것은 선행을 촉구하는 카드였다. 선행을 할 때는 아무도 모르게 해야 하며, 다른 사람이 알게 되면 그 가치를 잃어버린다. 그런데 그렇게 한다는 것이 매우 힘들다는 것을 나는 발견했다. 그리고 내가 얼마나 나의 선행을 알리고 칭찬받기를 원하는지도 깨닫게 되었다. 나는 나의 선행에 대한 보상을 원했다. 나는 그 카드의 제안을 따라하기는 했지만 완벽하게 한 것은 아니고 인간적으로 하였다. 그런데 이 경험은 믿을 수 없을 정도로 내게 보답해 주었다

지역사회를 세우고 사회를 섬기는 일에 대해서 무엇을 해야 하는지 정확하게 이야기해 줄 수는 없다. 다만 무언가를 하도록 촉구하는 바다(아무도 모르게 매일 두 가지씩).

조화로운 사회를 세우는 일을 돕는 것은 우리의 영혼을 확장시키는 방법이다. 선행은 할 수만 있다면 정말 좋은 것이므로 선행을 많이 하기 바란다. 아마도 성자들만이 아무 사심 없이 선행을 할 수 있을 것이다. 우리는 성자들의 위대한 업적에 주눅들기보다는 도리어 그들을 통해서 영감을 받을 수 있어야 한다. 결국 그들 또한 인간이었으므로 우리라고 그렇게 하지 못할 이유는 없다. 우리

도 그들이 우리에게 보여 준 것처럼 사랑할 수 있다.

사심을 좀 가지고 한다 하더라도 선행을 통해서 우리는 많은 것을 얻을 수 있다. 사랑과 온정은 우리의 존재를 확장시켜 주고 우리가 자신을 뛰어넘을 수 있도록 해 준다. 다른 사람들을 사랑함으로써 우리는 이전의 자신보다 더 큰 존재가 된다. 그 사람을 진정으로 사랑하게 되면 우리 자신이 **그 사람**이 되는 것이기 때문이다. 우리가 그 사람이 된다는 것이 무엇을 뜻하는지를 경험하게 될 것이다. 사랑으로 비롯된 의식은 확장된 의식이다. 그것은 또한 우리를 모든 살아 있는 사물과 연결시켜 줄 수 있다. 우리가 점점 더 많이 **사랑할수록** 우리의 타인 의식은 확장된다.

평범해지기

우리 각자는 **독특하다.** 우리와 똑같은 사람은 이전에도 이후에도 절대 없기 때문이다. 그런 의미에서 우리는 정말 특별하다. 그러나 우리는 자신이 평범하다는 것도 알아야 한다. 나는 지구상의 모든 다른 사람들과 **똑같다.** 나는 똑같은 연약함을 가지고 몸부림친다. 나는 똑같은 운명의 지배를 받으며 죽음에 대해서도 똑같은 두려움을 가지고 산다. "나그네, 한 번 가면 돌아오지 않는 미지의 나라"라고 셰익스피어는 말했다. 아무도 인간의 유한성의 한계를 뛰어넘을 수 없다. 그러나 사랑을 하고 사회봉사를 위해 자신을 내어 줄수록 나는 점점 더 소속감을 느낄 수 있다. 하지만 자신이 특별하며 평범한 사회 행동을 하기에는 너무 대단하다고 믿으며, 그런 일은 다른 사람들이나 하라고 하는 사람은 소외와 고립을 경험하게 될 것이다.

지혜

위대한 영적 지도자 스리 오로비니(Sri Aurobini)는 "당신이 진정으로 가장 낮은 자를 이해하고 싶다면 그 전에 가장 높은 자를 알아야만 한다."라고 말했다. 온전함을 향한 여행의 세 번째 단계는 이전에 거쳐 온 모든 단계에 대해서 새로운 시각을 갖게 해 준다. 제3기는 온전함 그 자체로 우리를 인도한다. 온전해질수록 우리는 **무엇이 중요한지**를 더욱 명확하게 보게 된다.

지혜는 무엇이 중요하고 무엇이 중요하지 않은지를 아는 것이라고 정의할 수 있다. 지혜가 있으면 우리는 전체 그림을 볼 수 있다. 그래서 진실로 지혜롭게 되려면 많은 시간이 걸리는 것이다. 밤이 되어야 그 날 하루를 평가할 수 있는 법이다. 지혜는 우리가 전체를 앎으로써 부분들을 알 수 있도록 해 준다.

우리가 지혜로우면 모든 사물들이 서로 연결되어 있다는 것을 보게 된다. 지혜가 있으면 우리의 시야가 통합이 된다. 결코 양립되지 않는 것처럼 보이는 양 극단이 잘 들어맞는다는 것을 보게 된다. 우리는 삶과 죽음이 전체의 일부분이란 것을 이해하게 된다.

다시없는 기쁨

일단 우리가 **자신 안에서 위로를 발견하게 되면** 굉장한 변화가 일어난다. 먼저 새로운 차원의 평화와 평온이 찾아온다. 우리 내면의 삶은 전적으로 우리 자신에게만 속하게 된다. 그것은 외부의 어떤 것이 아니라 우리 자신에게만 달려 있게 된다. 우리는 이 내면의 세계에 의지할 수 있다. 왜냐하면 실제로 그것을 경험하기 때문이다. 그것은 결코 떠나가지 않을 것이다. 우리는 내면의 삶을 가지고 있기 때문에 더 이상 좋은 기분을 얻기 위해 외부에 있는 것에 의지하지 않아도 된다. 내면에서 평화와 평온이 솟아나오게 할 수 있다.

묵상이 숙달되면 새로운 마음의 능력이 나타난다. 영적인 스승들은 이것을 직관 또는 **깨달음**이라고 부른다. 그러나 이것은 지각에 의한 직관이나 지적인 직관이 아니다. 이는 오직 침묵과 고요에서 나온다.

침묵의 상태로 옮겨가는 것이 영적 수련의 진수다. 의식 세계(자아의 끊임없는 재잘거림과 혼잣말)를 고요하게 만드는 방법을 배우기 위해서는 연습이 필요하다. 이 연습은 하루에 한 번씩 하는 것이다. 묵상하는 법을 배울 때 굉장한 경험을 기대하지 않도록 매우 조심해야 한다. 자신이 대단하다고 생각하는 사람들은 하나님의 강림과 같은 특별한 경험을 기대한다. 묵상을 배운다고 하는 것은 오히려 바위 위에 물방울이 떨어지는 것과 같다. 시간이 지남에 따라 바위가 패이게 될 것이다. 상호의존적인 사람들은 물을 단번에 쏟아붓고 싶어 한다. 그러나 그것은 사실 바위에 그리 큰 영향을 주지 않는다.

침묵이 숙달되면 직관의 능력을 점점 더 잘 사용할 수 있게 된다. 직관적 능력은 **직접 하나님을 경험할 수 있는 능력**이다. "가만히 있어 내가 하나님 됨을 알지어다"(시편 46:10). 성경은 이렇게 말한다.

직접적인 의식적 접촉은 다시없는 기쁨을 경험하게 한다. 일단 이러한 기쁨을 경험하면 그 반대로 갈 수는 없다. 우리는 점점 더 그 기쁨을 원한다. 더욱더 평화와 평온에 목말라 한다. 기쁨을 원하고 바란다는 것은 내면의 왕국이 자라고 있다는 증거다.

의식적 접촉이 가져다 주는 깊은 평화와 평온은 모든 삶에 대한 관점을 변화시켜 준다. 새로운 자기는 새로운 상태의 의식이기 때문에 모든 삶을 새로운 관점에서 보기 시작한다.

완전한 당신의 삶

나의 경우, 내가 겪었던 모든 일들이 다 필요한 것이었음을 깨닫기 시작했다. 통합된 의식의 관점에서 보면 나의 부모님들은 완벽했다. 중독이 가져다 주는 고통을 잘 이해할 수 있기 위해서는 나 자신이 알코올 중독자가 될 필요가 있었다. 역기능 가족 안에서 자랐기 때문에 나는 가족 안에서의 역기능을 초래하는 규칙들을 배웠다. 내가 여기에 있게 된 것은 이 모든 것 덕분이다. 아버지가 알코올 중독이 아니고 가족체계가 역기능적이지 않았더라면, 아마도 나는 역기능 가족에 대한 텔레비전 프로그램을 만들 수 없었을 것이며 이 책을 쓰지도 않았을 것이다. 내 인생이 바로 그러했기 때문에 그 고통을 통해서 나의 의식이 진화되고 확장되었던 것이다. 프랑스의 소설가 레옹 블로이(Léon Bloy)가 이런 말을 했다. "우리의 가슴속에는 아직 존재하지 않는 장소들이 있다. 그 장소들이 존재하게 하려면 반드시 **고통**이 있어야 한다."

고통이 없었더라면 나는 중독의 사회와 그 사회가 사람들에게 주는 **고통의 증인**이 될 수 없었을 것이다. 내가 체계 안에 있었기에 체계를 충분히 이해할 수 있었고, 내가 회복이 되었기에 충분히 체계 밖에 서 있을 수 있게 되었으며, 우리 사회가 장려하고 인정해 주는 유해한 교육의 규칙들에 대항하여 맞설 수 있게 되었던 것이다. 나의 진짜 자기의 관점에서 볼 때 나의 인생은 완벽했다.

점점 더 자기 자신이 되어 감으로써 진짜 자기의 성장이 이루어진다. 나 자신과의 몸부림이 줄어든다. 내가 하는 일들 때문에 몸부림치는 일이 적어진다. 내가 몸부림치지 않아도 되는 유일한 일은 '**내 자신 되기**'다. 제3기의 변화를 위해서는 노력이 필요 없다. 재클린 스몰이 말한 것같이 "해야만 할 일이란 없다. 되어야 할 사람이 있을 뿐이다."

수년 전 내가 수도원에 있었을 때, 지금 내가 쓰고 있는 것에 관한 책들을 읽고 공부한 적이 있다. 그때 나는 매우 두려웠다. 매슬로의 다음과 같은 말을 읽었던 기억이 난다. "자기실현을 이룬 사람들은 더 이상 자기가 다른 사람들에게 어떤 인상을 주는지에 대해 신경쓰지 않으며 자신의 고독을 **사랑**한다." 그는 또한 자기실현을 이룬 사람들은 자신에 대한 다른 사람들의 의견을 흥미 있게 듣기는 하지만 그런 의견에 거의 **영향**을 받지 않는다고 하였다. 매슬로에 의하면, 자기실현을 이룬 사람들의 자기 의식은 **통합**이 되어 있다.

자기실현을 이룬 사람들에게는 일과 **놀이**는 하나다. 더욱 천진난만하고 어린아이 같아질수록 그들은 더욱 성숙해진다. 점점 더 개별화될수록 그들은 더욱 그룹에 소속되며 더욱 친밀해진다.

매슬로의 자기실현을 이룬 사람들에 관한 글을 읽을 당시 내게는 모든 것이 매우 혼란스러웠다. 위대한 신비주의 철학자 크리슈나무르티(Krishnamurti)의 책에서 "우리는 **홀로** 있을 수 있는 비범한 능력이 있어야만 한다."라는 글을 읽고 당황했던 기억이 난다. 홀로 있는다는 말이 '버림받음'이라는 나의 주제를 건드렸던 것이다.

이제는 이 모든 말이 무엇을 의미하는지 조금이나마 이해할 수 있게 되었다. 이제 나는 나의 초월자와 내 자신에게 속한다. 나는 나의 삶과 내 삶의 결과가 완전히 나의 책임이라는 것을 기꺼이 받아들인다. 내가 행하는 것은 나다. 그것을 위해 내가 왔다. 주립병원의 들것에 실려 있던 그 시절에서 초월 의식을 탐구하는 데까지 나는 참 길고도 머나먼 여행을 거쳐 왔다. **그러나 이 모든 것이 강박증과 중독들 때문이었으며, 나는 사실 하나님을 추구하고 있었으면서도 그것을 알지 못했다.** 나는 황홀감, 자기와 하나됨, 세계와 하나됨 그리고 변화를 원했다. 그런데 이제야 비로소 나는 그것들을 갖게 되었다.

비뚤어진 줄 위에 하나님께서 똑바로 써 주신 것이 나는 참 기쁘다.

아직도 강박증과 중독증으로 몸부림치고 있는 분들에게 다시 한 번 약속을 상기시켜 주고 싶다. 만일 여러분이 12단계 작업을 철저히 한다면 그 약속이 당신에게도 이루어질 것이다. 그 약속이 당신에게도 이루어진다는 것을 나는 확언할 수 있다. 단주 모임의 큰 책(big book)에는 다음과 같은 말이 씌여있다.

우리는 새로운 자유와 행복을 알게 될 것이다.
우리는 과거를 후회하거나 과거의 문을 닫아 버리기를 원하지 않을 것이다.
우리는 고요함이라는 단어를 이해하며 평화가 무엇인지 알게 될 것이다.
우리가 아무리 저울 눈금에도 못 미치는 삶을 살았다 하더라도,
우리의 경험이 다른 사람들에게 유익을 끼칠 수 있다는 것을 보게 될 것이다.
쓸모 없다는 느낌, 자기 연민은 사라질 것이다.
우리는 이기적인 것에 관심이 없어지고 친구들에게 관심을 갖게 될 것이다.
자기 추구는 어느덧 사라질 것이다.
인생에 대한 태도와 관점이 모두 바뀔 것이다.
사람들에 대한 두려움과 경제적 불안정에 대한 두려움이 떠나갈 것이다.
종종 우리에게 좌절감을 주던 상황을 다루는 법을 직관적으로 알게 될 것이다.
우리가 할 수 없는 일을 **하나님**께서 우리를 위해 해 주신다는 것을 어느날 갑자기 깨닫게 될 것이다.

이 장의 골자는 'STAGE III DISCOVERY(제3기 자기 발견)' 의 머리글자를 사용하여 요약할 수 있다.

Spiritual Awakening(영적 각성)

당신은 풍성한 내면의 삶을 가지고 있다. 더 이상 슬픔과 고통 덩어리가 아니다. 당신은 자연의 힘이 되고 싶어 하며 창조주와 하나가 되고 싶어 한다.

Transpersonal-Beyond Ego(트랜스퍼스널–자아 초월)

당신은 통제하고자 하는 마음을 내려놓는다. 자신이 가지고 있는 자원들과 친구들을 신뢰하고, 그들이 자신의 필요들을 채우도록 한다. 기도와 묵상을 연습한다.

Aloneness as Solitude(홀로 됨)

당신은 홀로 있는 시간을 기다린다. 계속해서 자기 자신과 교제하며 그것을 즐긴다. 자신을 발견하기 위해 이러한 고독의 시간을 사용한다.

God Consciousness(하나님 의식)

당신은 매일 기도한다. 그리고/또는 묵상을 한다. 하루에도 여러 번 의식적인 접촉을 갖는다. 덜 외롭고 덜 놀란다.

Expanded Consciousness(확장된 의식)

당신의 모든 삶을 새롭게 바라본다. 삶의 목적을 인식하고 있다. 더 높은 목적이라는 관점을 가지고 자신의 가족체계를 바라본다. 당신은 회전하고 있는 것이 아니라 발전하고 있다.

III Third-Order Change(세 번째 변화)

당신은 변화되고 있다. 나아지고 있는 정도가 아니라 전혀 다른 사람이 되었다. 자기 자신을 자신의 내부에서 발견하고 있다. 모든 규칙들을 초월하였다.

Deep Democracy(진정한 민주주의)

당신은 차이점들이 얼마나 중요한지 안다. 당신은 자신을 사랑하고 인정하며, 그 사랑을 온정의 방법으로 다른 사람들에게 나누어 준다.

Intuitive Vision(직관적 시야)

당신은 강력한 통찰력과 깨달음의 순간을 경험한다. 때때로 하나님의 임재에 대한 직접적인 지식을 갖는다. 하나님과의 교제를 통해 자기 자신을 알 수 있게 된다.

Spiritual Disciplines(영적 훈련)

당신은 묵상을 연습한다. 당신은 하나님과의 의식적인 접촉을 위해서 매일 시간을 따로 떼어 놓는다. 당신은 영적인 삶을 위한 시간을 보낸다. 영성을 공부한다.

Compassionate(동정심)

당신은 더욱 창조적으로 사랑을 한다. 받기 위해 주는 사랑을 뛰어넘는 그런 사랑을 한다. 사회봉사에 헌신한다. 아무도 모르게 선행을 한다.

Oneness, Unification Polarity(하나 됨, 양극의 통합)

당신은 세상을 흑과 백으로 보지 않는다. 슬픔 없이는 기쁨이 없고, 고통 없이는 즐거움이 없으며, 어두움 없이는 빛이 없고, 죽음 없이는 생명이 없다는 것을 알고 있다. 개별화될수록 당신은 더욱 친밀해지며 성숙해지고 어린아이 같아진다.

Values Concerned with Being(존재에 관련된 가치들)

당신은 진리와 정직에 가장 큰 관심을 갖는다. 전에는 결코 볼 수 없었던 곳에서 아름다움을 발견하고, 전에는 결코 볼 수 없었던 곳에서 선을 발견한다. 소유욕과 집착이 줄어든다. 당신의 삶은 덜 복잡해지고 더 단순해진다.

Energized and Empowered(힘과 정력을 부여받음)

당신은 이전의 어느 때보다 힘이 넘친다. 자신과 하나됨을 느끼며 더 이상 내면의 전쟁에 힘을 쏟지 않는다. 주변 사람들에게 강한 영향력을 갖고 있다.

Reverence for Life, Peacemaking(삶에 대한 존중, 평화 만들기)
당신은 생명을 낳는 일에 관심을 갖는다. 태어났을 때보다 더 나은 세상을 남기고 싶어 한다. 사람들 간의 관계와 세계의 평화를 위해 일한다.

Yearning for God, Bliss(하나님을 갈망함, 기쁨)
하나님 그리고 모든 사물과 하나되는 절정의 순간을 경험한다. 당신은 일치감을 느꼈고, 분리가 착각이었음을 알게 되었다. 평화, 사랑, 진리, 선, 아름다움을 더 많이 원한다. 개인적인 사랑과 하나님과의 하나됨을 갈망한다.

에필로그:
전통적 가치관의 개혁

내가 처음 『가족』을 집필한 이후, 현대 사회는 더욱더 혼란에 빠졌고 난폭해졌다. 학교에서 아이들끼리 하는 싸움이 이제는 칼부림이 되었다. 아주 어린 애들조차 주먹 싸움을 하는 일이 늘어났고, 심지어 자기보다 더 어린아이를 죽이기도 한다. 이혼율은 계속해서 높아만 가고 있다. 파산한 아빠들은 부모로서의 책임을 포기하고 가족을 버리고 있다. 사람들은 전례 없이 총을 사들이고 있으며, 이웃끼리 모여 자체적으로 경비대를 결성하기도 한다. 많은 정치인들이 가족의 중요성에 대하여 연설은 많이 하면서도 좋지 않은 행실이 밝혀져 비난을 받곤 한다. 우리는 대통령과 영부인조차도 확실하게 믿을 수가 없다. 텔레비전 설교자들이 탐욕과 정욕이 드러나 법정으로 가게 되는 일도 생긴다. 모든 종교와 종파의 성직자들의 성적인 문제 행동은 그 도를 넘어서고 있다.

진정한 미덕과 도덕이 땅에 떨어졌다. 튼튼한 가족, 친밀감 있고 위탁된 결혼, 책임감 있는 부모 역할, 훈련, 정직, 미덕과 훌륭한 인격, 헌신, 인내, 열심히 일하는 것, 하나님과 국가에 대한 사랑, 진정한 우정, 웃어른 존경 등의 전통적인 가치관이 현대 사회에서는 어느덧 사라진 것 같아 보인다.

전통적인 가치관으로 돌아가자는 목소리가 커지고 있다. 그러나 그것은 대부분 극단적인 우파의 목소리다. 그들은 지나치게 극단적이고 폭력적이기 때문에(낙태 수술을 하는 의사를 살해하는 등) 사람들은 오히려 그들에게서 등을 돌리고 있다. 나는 보수적인 사람이다. 그러나 우파 사람들이 주장하는 전통적인 가치관은 전제군주시대의 것과 다를 바가 없으며, 유해한 교육을 부활시키자고 하는 것처럼 보인다.

우리가 전통적인 가치관을 회복하려면 먼저 '성숙한 민주주의'에 근거한 새로운 자아 인식을 확립하고, 가족체계에 대한 새로운 지식의 도움을 받아 그 가치관들을 새롭게 개정해야만 할 것이다. 또한 새롭게 발견된 감정 두뇌의 중요성을 고려해야 한다. 예전에는 감정을 억압하였다. 감정 지능을 발달시키려면 우리에게 감정이 필요하다. 또한 우리는 발달심리를 이해해야만 하며, 자연스러운 수치심이 자존감을 형성하는 데 중요한 역할을 한다는 것도 알아야 한다.

전통적인 가치관을 새롭게 개정하기 위해 내가 첫 번째로 제안하고 싶은 것은 전반적인 교육 실행 방법의 **변화**다. 우리는 아이들에게 가치관과 도덕관을 가르치는 방법을 바꾸어야 한다. 군주적, 가부장적 방법으로 가치관을 가르치고 도덕적인 성품을 형성하게 하려고 했던 노력은 실패로 돌아간 것이 분명하다. 1930년대 초 독일의 가정에서는 그 누구보다도 철저하게 옛 방식으로 교육을 실시했다. 전제군주적 교육은 권위와 맹목적 순종에 근거한 것이었다.

유해한 교육 방법에 의해서 말로 수치심을 심어 주고 체벌을 가하며 위협함으로써 우리는 아이들을 착한 아이로 키우려 했다. 아이들이 자신의 발달 수준에 따라 완전히 정상적으로 행동할 때도 종종 그들을 모욕했다.

내 자신이 받았던 도덕 교육을 보더라도 그 방법이 실패했다는 것을 볼 수 있다. 나보다 교리문답을 더 잘 알고 있었던 아이는 없었고, 나보다 더 순종적이고 도움이 되는 아이도 없었다. 그러나 나는 자라면서 이러한 가치들을 배척하게 되었고, 성인기 초기에는 확연한 성격 결함과 양심의 구멍들을 내 안에서 보게 되었다.

나는 내 아이들을 높은 도덕감을 가진 아이들로 키우기 위해 고전을 면치 못했다. 그래서 결국 도덕과 가치를 가르치는 새로운 모델을 찾아낼 수밖에 없었다. 내가 깨닫게 된 것은 선하게 되고자 하는 것은 자신이 **스스로 원해야 한다**는 것이었다. 진실로 도덕적인 사람은 선을 원하는 법이다. 도덕적인 사람들은 자신을 위해서 선을 추구한다. 그들은 죄책감이 실린 의무감이나 벌받을 것에 대한 두려움을 주는 엄격한 법에 쫓기는 것이 아니다.

전통적인 가치관을 새롭게 개정하기 위해서는 가치관을 형성하고 분명히 해서 그것을 내면화하는 **과정**을 배워야 한다. 그리고 그렇게 할 수 있도록 도와주는 좋은 방법들을 배워야 한다. 사람들은 덕스러운 행동을 함으로써 미덕을 배운다. 그리고 우리가 관계를 맺고 있는 사람들의 미덕을 경험함으로써 덕스러운 행동을 하고자 하는 **동기**를 가질 수 있게 된다. 우리를 돌보는 초기 인물들이 덕스러운 행동을 하는 것을 지켜보고 경험함으로써 미덕을 스스로 원하는 마음이 우리 안에 발달해 간다. 고대 사람들은 미덕에 대한 욕구를 '**바른 욕구**(right appetite)' 라고 불렀다. 바른 욕구는 습관처럼 경험에 의해서 생기는 것이지 법 규정에 의해서 생기는 것이 아니다. 맹목적인 순종은 다른 선택의 기회를 주지 않는다. 전제군주제에서는 권위자의 명령에 의해서 선한 행동을 한다. "내가 그렇게 말했으니, 넌 그렇게 해야만 해."라는 말은 내가 어렸을 때 자주 듣던 말이다.

우리는 가치들을 존중하고 소중히 여겨야만 한다. 견고한 가치관을 가진 사람은 자신이 믿고 있는 것을 고수하는 열정이 있으며, 필요하다면 공공연하게 선포를 하기도 한다. 그리고 그 가치관에 따른 행동을 반복해서 해야만 한다. 가치관에 따른 행동을 반복해서 하다 보면 그것이 그 사람의 성품의 구성 요소로 내면화된다.

아이들은 발달 단계에 맞는 것만 배울 수 있다. 어린 시절의 특징은 정서적, 지적, 도덕적, 영적으로 준비되는 특정한 발달 단계가 있다는 것이다. 이러한 발달 단계를 이해한다면 아이들에게 무리하게 가치관을 강요할 수 없다는 것을 분명히 알 수 있다. 그들의 인지적, 정서적 능력을 고려해 주어야 그들은 배울 수 있다. 발달 단계에 대한 새로운 지식으로 인해 우리는 과거의 도덕 교육이 재편성되어야 한다는 것을 알게 되었다. 이 새로운 지식은 우리에게 가치를 형성하는 과정이 내용만큼이나 가치를 내면화하는 데 중요하다는 것을 말해 준다. 과정을 배우는 것과 내용을 배우는 것 사이의 대조가 오래된 불교 교리에 적절하게 묘사되어 있다.

> 물고기 요리를 사람들에게 대접하면, 그들은 하루 동안 만족하겠지만……
> 물고기 잡는 법을 가르쳐 주면, 그들은 평생을 만족할 것이다.

십계명을 암송하게 하고 벌을 주어 억지로 순종하게 하며 이것을 믿어야만 한다고 말해 주는 것은 사람 안에 도덕적인 성품을 만들어 내지 못한다. 그러나 사람들에게 가치관이 어떻게 형성되는

지를 보여 주는 과정을 가르치면, 그들은 **자기 자신 안에 가치관을
내면화하는 법**을 알아가게 된다. 이것이 바로 철학자 존 듀이(John
Dewey)가 가르친 것이다.

듀이와 그의 제자 루이스 래스(Louis Raths)의 업적은 시드니 사
이먼(Sydney G. Simon), 리랜드 휴(LeLand Howe), 하워드 키르셴
바움(Howard Kirschenbaum) 등의 교육자들에 의해서 알려졌다.
래스는 가치를 형성하는 방법에 관심을 가지고 있었다는 점에서
종래의 전제군주적인 태도와 확연히 구별이 된다. 그에 의하면 가
치관의 형성은 다음과 같은 7단계로 이루어져 있다.

신념과 행동에 상 주기

① 높이 평가해 주고 소중히 여겨 준다.
② 상황에 맞는 방법으로 공개적으로 지지한다.

신념과 행동의 선택

③ 여러 가지 중에서 선택하게 한다.
④ 결과를 고려한 후 선택하게 한다.
⑤ 자유롭게 선택하게 한다—자신의 신념에 따라 행동하기

신념에 따른 행동

⑥ 행동하기

⑦ 패턴, 일관성 그리고 반복성을 가지고 행동한다.

이러한 접근법의 목적은 사람들에게 다른 사람의 가치관을 받아들이도록 억지로 강요하거나 명령하는 것을 피하고, 그들이 이 7가지 과정을 활용하여 자신의 가치관을 형성하도록 돕는 것이다. 다른 사람의 가치관을 무작정 받아들이고, 맹목적인 순종, 죄책감이 실린 의무감, 벌받을 것에 대한 두려움 때문에 행동하게 되면 자유롭게 선택하는 행동을 하기 어렵다.

이러한 과정 중심의 새로운 접근법에 대한 연구 결과에서는 수천 명의 교사들이 다음과 같은 보고를 했다고 한다. 즉, 이 방법으로 교육을 받은 아이들과 학생들은 덜 냉담하고, 덜 경솔했으며, 덜 맥이 빠져 있었고, 덜 순응적이고, 덜 반항적이었다고 한다. 또한 그들은 더 열정적이었고, 사고가 더 비판적이며, 결정이 된 것에 더 잘 따랐다고 한다.

교육 개정을 위해서 두 번째로 중요한 맥락은 **민주주의 의식**이다. 힘은 골고루 분배되어야만 한다. 계급이 있어서는 안 된다. 부족들이 서로 제휴해서 공존하고 있는 문화를 광범위하게 공부하도록 하여 그들에게서 새로운 양육법을 조금씩 배워야 할지도 모르겠다. 우리가 원시적이라고 부르는 아메리칸 인디언들은 자녀들을 때리는 짓을 결코 지지하지 않았다. 얼마나 아이러니인가! 우리는 높은 문화 수준을 자랑하면서도 수세기 동안이나 어린 자녀들을 훈련하는 데 신체적 폭력이라는 수단을 사용해 왔던 것이다.

새로운 의식의 형태로서의 진정한 민주주의는 여러 가지 근원에서 탄생하였다. 민주주의의 시작은 프랑스 혁명과 미국의 독립에서 비롯된 것이 분명하다. 19세기 실존주의 운동도 민주주의의 발달을 도왔다. 실존주의자들은 감정을 중요하게 생각했으며, 이성만큼이나 의지도 중요하다고 주장했다. 그들은 의지와 감정을 이성의 통제 밑에 두어야 한다는 이성주의를 비판하였다. 성숙한 민주주의는 나치 붕괴 이후에 그 반동으로 성장했다. 나치주의를 통해서 전제군주제 형태로는 **어느 것이나** 인간을 학대하고 파멸시킬 가능성이 있다는 것을 분명하게 볼 수 있었다.

이 책의 핵심인 일반체계이론은 정적인 핵심보다 역동적인 과정을 강조한 앙리 베르그송(Henry Bergson), 알프레드 노스 화이트헤드(Alfred North Whitehead), 마틴 하이데거(Martin Heidegger) 등이 주도했던 이전의 철학운동을 지지함으로써 진정한 민주주의의 성장을 도왔다. 앨빈과 하이디 토플러(Alvin & Heidi Toffler)가 사회 의식의 제3의 물결이라고 부른 지식의 혁명은 지구촌 사람들의 공통적인 인성을 이해하는 데 도움을 주었다. 기술과 통신의 발달에 의해서 우리는 **하나의 지구촌**을 이루게 되었다. 오늘날 우리 아이들은 이라크 아이들과 인터넷상으로 모노폴리 게임을 할 수 있다.

통신의 발달은 지구상의 다양한 문화를 접할 수 있게 해 준다.

우리는 이제 이 세상에 다양한 종교와 신념과 사상이 있다는 것을 알고 있다. 현대 물리학은 우주를 전에 우리가 이해하고 있었던 것보다 훨씬 더 복잡하고 이해하기 어려운 것으로 묘사하고 있다. 그것은 에너지계 안에 있는 모든 요소들이 다 표현되어야 한다는 것의 중요성을 강조한다.

이 책에서 우리는 기능적인 부모 역할의 목적은 자녀들의 건강한 **자아 분화**라는 것을 배웠다. 발전 과정이 계속되기 위해서는 모든 종류의 동물과 해양 생물이 필요할 뿐만 아니라 모든 종류의 정치적, 문화적, 종교적 **차이점**들도 받아들여야 할 필요가 있다는 것이다. 이것이 바로 성숙한 민주주의가 우리에게 요구하는 것이다.

앞서 전통적인 가치관으로 여기고 있는 여러 가지 항목들을 꼽아 보았다. 어떻게 하면 이것들을 우리의 새로운 민주주의 의식에 비추어 새롭게 개정할 수 있을 것인가? 이제 12가지 전통 가치의 개정에 관련하여 간단히 몇 가지 제시하고자 한다. 나는 현재 이 주제를 깊이 있게 논의하는 책을 집필 중에 있다. 그 책이 출판이 되면 이 문제에 관하여 좀 더 상세한 이야기들을 접할 수 있을 것이다. 12가지 전통적인 가치들은 다음과 같다.

① 하나님(초월자)을 향한 사랑과 헌신
② 법과 질서(자연법적 도덕)
③ 인간의 권리
④ 인간 자유의 보존
⑤ 사랑의 가족

⑥ 튼튼한 결혼

⑦ 책임감 있는 부모 역할

⑧ 훈련

⑨ 인내와 열심히 일하는 것

⑩ 미덕과 훌륭한 인격

⑪ 국가에 대한 사랑과 전통에 대한 존경

⑫ 경건—웃어른에 대한 존경과 보살핌

하나님(초월자)을 향한 사랑과 헌신

미국에서 한때는 '하나님'이라는 단어가 공통된 의미를 지니고 있었다. 이제는 사정이 다르다. 나는 하나님이라는 단어를 내가 초월자에 대해서 이해하고 있는 고유한 의미를 가지고 사용한다. 나의 초월자는 나의 주관적인 의미 추구의 열매며 나의 영성과 신앙이 결부된 것이다.

성숙한 민주주의 의식이 내면화됨에 따라서 우리는 우리의 문화를 이루고 있는 매우 다양한 것들을 받아들인다. 우리의 궁극적인 관심사는 우리가 장차 살아남아야 한다는 것과 지구상에 진정한 평화를 이루어야 한다는 것이다. 그렇다고 기독교인들에게 예수 그리스도에 대한 열정적인 사랑과 헌신을 바치지 말라는 것이 아니다. 다만 기독교인들에게 나그네, 즉 그들과 **다른 사람들**을 사랑하라는 가르침을 깨우쳐 주고 싶은 것이다. 또한 종교적 지역주의라는 닫힌 체계를 깨도록 요청하려는 것이다. 종교적 지역주의는 지구상에 사랑과 용납의 공동체를 세우는 일에 조금도 도움이 되지 않는다.

지식의 혁명에 의해서 나타난 지식의 팽창으로 인해 우리는 종교적 사고의 상대성을 뼈아프게 인식하게 되었다. 우리 중에 그 누가 인간의 궁극적인 질문에 대한 답을 **확실하게 안다**고 주장할 수 있겠는가? 우리가 어디에서 왔으며 어디로 가는지, 우리를 돌보는 인격적인 하나님이 있는지, 천국과 지옥이 있는지와 같은 질문에 대하여 아무도 그 대답을 **알지** 못한다. 그렇기 때문에 하나님과 하나님(당신 자신의 초월자)에 대한 지식과 본질은 논리나 이성으로 알 수 있는 것이 아니라 믿음에 속한 일이 되는 것이다. 그러나 당신이 그를 어떻게 부르든지 초월자의 존재를 믿는 것은 논리에 맞는 일임이 확실하다.

하나님(초월자)을 사랑하는 것은 건강한 수치심에 뿌리를 둔다. 독일의 철학자 니체는 "수치심은 **영성**의 근원이다."라고 말했다. 수치심은 우리가 유한하며 도움이 필요하고 실수하기 쉽다는 것을 말해 준다.

살아 계신 하나님에 대해 적절하게 반응하는 것이 바로 수치심이다. 건강한 수치심은 문자 그대로 겸손, 경외심 그리고 존경심을 의미한다. 인간의 본성은 지구상의 다른 생물들과 우리를 구분해 주는 감정인 건강한 수치심에 그 뿌리를 두고 있다. 수치심이 없다면 우리는 수치를 모르는 사람이 되고, 자기 자신이나 자신의 돈 또는 자신의 힘을 우상화하게 될 것이다. 그것들이 우리의 신이 되는 것이다. 우리가 진정한 의미의 수치심을 갖고 있으면 우리 자신보다 더 큰 어떤 존재가 있다는 것을 알 수 있다.

당신이 스스로 선택한 하나님을 사랑하고 예배하기를 촉구하는 바다. 이와 같은 개정된 전통 가치관은 새 천년의 진정한 민주주의 문화를 창조하는 주춧돌임이 분명하다.

법과 질서(자연법적 도덕)

건강한 수치심을 잘 기르면 그것은 죄책감 또는 도덕적 수치심으로 자라난다. 죄책감은 우리의 양심을 안전하게 지켜 주고, 우리 가족과 사회가 어떤 도덕적 법칙을 발달시키든지 그 범위 안에서 살도록 해 준다. 건강한 수치심이 있으면 도덕적으로 책임을 질 줄 아는 기반이 마련된다.

일단 양심과 영성의 기초로서 건강한 수치심이 확고해지면 자연법적 도덕성에 대한 신념이 쉽게 올 수 있다. 인류 역사상 어떤 것은 좋다고 생각하고 어떤 것은 좋지 않다고 여기는 믿음을 갖고 있지 않던 사람은 한 사람도 없었을 것이다. 모든 사람들은 선한 일은 해야 하고 악한 일은 피해야 한다고 믿는다. 고대인들에게는 그것이 자명한 제1원칙이었다. 그들은 그것을 자연 도덕법의 기초라고 믿었다.

현대인들은 자명한 규칙이 없고 절대적인 것이 없다고 주장한다.

그러나 내가 생각하기에는 선과 평화를 찾는 사람들이 악과 전쟁을 찾는 사람보다 많다는 것이 자명해 보인다. 심지어 테러리스트들도 자신들이 선의 편이며 자신들의 권리를 위해, 또는 종종 그들의 하나님을 위해서 싸우고 있다고 믿는다. 그들 또한 자기들은 옳으며 적은 잘못되었다는 믿음에 의해서 행동하는 것이다. 오클라호마 연방 청사를 폭파한 사람들은 정부가 너무나 악하기 때문에 그 점을 증명하기 위해서 자기들이 무고한 사람들의 생명을 취한 것이라고 믿고 있다. 나는 그들이 악하다고 생각한다. 그들이 아무리 연방 정부가 악하다고 믿더라도 무고한 사람을 죽이는 것은 결코 도덕적으로 선이 될 수 없다는 도덕의 절대성이 있기 때문이다.

오클라호마 시에는 나쁜 사람들보다는 선한 사람들이 더 많이 있었다. 우리는 자신의 이익이나 생명을 돌보지 않고 다른 사람들을 구하기 위해서 일하던 사람들을 경외하는 마음으로 지켜보았다. 도덕적 선은 도덕적 악보다 훨씬 더 바람직하다. 이에 대해 반론을 제기할 사람은 아무도 없을 것이다. 우리의 도덕적 가치의 내용에는 이론이 있을 수 있겠지만, 아무도 도덕적 가치가 필요 없다고 주장하지는 않을 것이다. 그렇게 주장한다면 도덕적 가치가 없는 것이 좋다고 주장하는 것처럼 자기 모순에 빠지는 것이다.

우리의 도덕적 가치관을 새롭게 개정하기 위해서는 절대적이라고 믿고 있는 몇몇 영역을 제외하고는 우리와 다르게 생각하는 사람들을 **용납**해야만 할 것이다.

인간의 권리

인간의 권리에 관한 전통적 가치관을 시대에 맞게 개정하기 위해서는 어린아이들의 권리부터 시작해야 할 필요가 있다. 아이들을 학대하는 것이 우리 사회의 **가장 큰 문제**다. 선조들이(종종 하나님의 이름으로) 수없이 행했던 바, 아이들에게 수치심을 주는 일을 할 수 있는 권리가 우리에게는 없다. 선조들이 좋은 의도를 가지고 있었고 다만 성숙한 민주주의를 알지 못해서 그렇게 했다는 것은 인정하지만, 그렇다고 하더라도 우리는 그들의 방법과 신념들이 학대적인 것이었다고 분명히 말해 줘야만 한다. 우리 인간의 권리 장전에는 유색 인종, 여자, 어린아이 그리고 성에 대하여 우리와 다른 관점을 가지고 있는 사람들도 포함시켜야 할 것이다.

인간 자유의 보존

인간의 기본권 중 하나는 자유다. 하지만 인류 중에는 인간의 자유를 온전하게 누리지 못하는 사람들이 아직도 수백만에 이른다. 그리고 인류 역사상 대부분이 노예로 살았던 사람들이 많았던 시대였다. 심지어 인간의 자유의 수호자로서 자부심을 가지고 있는 미국조차 많은 시민들이 권리를 박탈당하고 있다. 이것은 달라져야만 한다.

전통적인 가치인 자유는 법이라는 문맥 안에서 이해되어 왔다. 자유는 이성과 자연법에 기초하고 있는 권리였다. 자연법을 범한 사람들의 자유는 부정되었다.

자유는 또한 불합리와 훈련되지 않은 방종과는 반대되는 것으로 이해되었다. 누가 말했는지는 모르겠지만, "자유의 여러 가지 가면들 중에서 **훈련**이 가장 이해하기 어렵다."라는 말을 나는 이해할 수 있다. 에필로그에서는 훈련의 의미에 대하여 이 점을 추가하려 한다. 즉, 이성을 잃고 훈련되지 못한 훈련자로서 아이들을 때리는 것은 자유와 상관없는 일이라는 것이다. 우리에게 자유가 있다고 해서 무엇이든지 하고 싶은 대로 할 수 있는 것은 아니다. 그렇게 한다면 문명화된 사회가 존속할 수 없을 것이다.

또한 성숙한 민주주의 인식이 우리에게 요청하는 것은 우리와 다르게 생각하고 가르치는 사람들을 인정하고 용납하라는 것이다. 사회적으로 용인받고 있는 다수(특히, 다수가 강한 종교 신앙에 의해서 지지를 받고 있는 경우)의 합의된 실체와 다른 의견을 가지고 있는 사람들의 권리도 우리는 계속해서 지지해 주어야 한다.

성숙한 민주주의는 대표 민주주의와는 다르다. 성숙한 민주주의는 모두가 참여하는 근본적인 형태를 요구한다. 일반적인 의견과 매우 다르다고 할지라도 모든 사람이 목소리를 낼 수 있어야 하고 그 목소리를 들어 주어야 한다. 사회체계로서의 지구는 **모든 목소리**가 자신을 표현할 수 있는 동등한 권리를 가지기 전에는 조화롭다고 할 수 없을 것이다.

사랑의 가족

가족은 사회생활의 기초다. 앞으로는 가족에 대하여 무엇을 가르치든 가족이 체계라는 사고에 근거해야만 한다. 사회체계로서의 가족은 각 구성원들에게 막강한 영향력을 지니며 그 구성원들 전체의 합보다도 크다. 가족 안에서 절대적이어야 하는 유일한 법은 **사랑의 법**이다. 역설적이지만 사랑은 법으로는 통제할 수 없으며 오직 본을 보여 줄 수 있을 따름이다.

튼튼한 결혼

가족체계이론은 결혼을 가족의 중요한 요소로 본다. **부부관계가** 잘되면 가족이 잘된다. 부부관계는 평등과 힘의 분배에 기초하여야 한다. 견고한 자존감을 갖고 있지 못한 개인은 배우자와 친밀한 유대관계를 형성하는 데 어려움이 있다. 그들은 또한 자유롭고 오염되지 않은 방법으로 사랑하는 데 어려움이 있다. 우리가 자신을 사랑하지 않으면서 다른 사람을 실제로 사랑할 수는 없다. 한편으로 자기 사랑은 다른 사람의 사랑에 의해서 도움을 받는다. 우리는 우리를 돌보아 주던 사람의 사랑에 의지하여 인생을 시작한다. 그들의 **사랑** 없이는 적절하게 발달할 수가 없다.

우리의 견고한 자존감을 형성하는 발달 단계를 좀 더 잘 이해할 필요가 있다고 나는 믿고 있다. 아직 해결되지 않은 발달 단계상의 의존 욕구를 지닌 채로 결혼한 부부들은 결혼 후 결혼생활 가운데 각자의 발달 단계를 반복하게 되며, 결국에는 그 미해결 욕구들을 꺼내 놓게 되고 다시 다룰 수밖에 없게 되어 있다.

튼튼한 결혼에 대한 전통적인 신념을 새롭게 개정하는 가장 중요한 방법은 결혼 준비를 위해서 **교육**을 시키는 것이다. 결혼을 하려면 법적으로 혈액 검사를 하게 되어 있다. 우리가 고등학생들에게 어렸을 때의 **발달상의 손상이 결혼에 어떤 영향을 미치는지** 잘 가르쳐 준다면 어떤 변화가 일어날지 상상해 보기 바란다. 바로 이러한 과거의 '뜨거운 주제' 때문에 얼마나 많은 사람들이 이혼을 하게 되는지 모른다. 그러므로 고등학교 과정 중에 발달상의 손상을 회복시킬 수 있는 얼마 간의 시간들이 포함될 수 있으면 좋겠다.

그러한 손상들은 우리의 아버지나 어머니 또는 두 사람 모두와의 관계가 좋지 않았기 때문에 생겼을 수 있다. 혈액 검사를 실시하는 것보다는 오히려 고등학교 과정에 다음과 같은 것을 포함시키는 것이 더욱 중요할 것으로 보인다.

- 대화 기술을 가르치는 과정을 제공한다.
- 부부가 치료 장면에서 '뜨거운 주제'를 다루는 사례를 소개한다.
- 삶의 기술을 가르치는 과정을 제공한다. 분노를 표현하되 감정에 머무르며 수치심을 주지 않는 방법으로 표현하는 법, 자기 주장 훈련 등을 가르친다.
- 감정에 이름을 붙이고 표현하는 것에 대해 가르친다.
- 자녀 양육 기술을 가르치는 과정을 제공한다.

이러한 준비는 결혼을 튼튼하게 하며 계속적으로 상승하고 있는 **이혼율**을 멈추게 할 수 있을 것이다.

책임감 있는 부모 역할

책임감 있는 부모가 되려면 어떻게 해야 하는가에 대해서 우리가 이해하고 있는 것을 새롭게 개정하기 위해서는 부모의 책임이 어디까지인지를 분명하게 이해할 필요가 있다. 부모는 다음과 같은 일을 해야 한다.

- 자기 자신의 어린 시절의 발달상 의존 욕구를 갱신하는 작업

을 한다. 자녀를 기르면서 부모는 이러한 작업을 할 수 있는 기회를 갖게 된다.

- 기능적인 결혼의 본을 보인다.
- 자녀들 곁에 있어 준다. 시간을 내준다. 교육과 본보기를 모두 사용하여 가르친다. 신체적으로 돌보아 주고 관심을 기울인다.
- 건강한 수치심을 지니고 있으며, 부모가 모든 것을 다 아는 것은 아니며, 항상 옳은 것이 아니며, 실수도 하며, 부모는 신이 아니며, 부모에게도 초월자가 있다는 것을 아이들에게 말해 준다.
- 어떻게 부모 역할을 해야 하는지를 배우는 일에 기꺼이 시간을 낸다.
- 최종적인 가족 규칙과 경계선에 대하여 함께 의논하여 결정하며 집행은 확고하게 하도록 서로 지지한다.
- 자기 훈련이 되어 있는 훈련자가 된다.

훈련

정신과 의사 스콧 펙은 자신의 베스트셀러 『아직도 가야 할 길』에서 훈련에 관해 이야기했는데, 그의 글은 전통적인 생각을 근본부터 새롭게 바꿔 주는 것이었다. 그것을 요약하여 3장에서 소개한 바 있다. 펙은 훈련의 목적이 **삶의 고통을 줄이는 것**이라는 점을 분명히 했다. 훈련이란 가련하고 의무감에 얽매인 고통이라고 하는 것이 군주적이고 가부장적인 훈련에 대한 개념이었다. 훈련에 대한 새로운 개념에는 절제, 정의, 꿋꿋함, 신중함 같은 종전의 가치들 위에 책임감의 발달에 대한 강조가 포함되어야 한다. 나는 펙의 생각에 덧붙여 다음과 같은 것들을 제안하는 바다.

부모의 훈련은 수치심을 심어 주는 것이어서는 안 되며 그 훈련 방법을 새롭게 고안해야 한다. 훈련의 목적은 **자녀에게 힘을 부여하는 것**이다. 훈련의 방법에서 과연 그 방법이 견고한 자존감을 세우는 데 어떤 도움이 되는지를 검토해 보아야 할 필요가 있다. 이 모델에서는 어떤 행동에서 비롯된 결과 자체가 잘못된 행동에 대한 충분한 벌이 될 수 있다. 그러나 이것도 발달 단계와 성숙도에 알맞아야 할 것이다. 또한 훈련에 대한 개념을 새롭게 하기 위해서는 자녀를 협박하고 겁을 준다거나, 손바닥으로 때리고, 꼬집고, 밀치고, 주먹으로 치는 등 체벌을 사용하는 부모들에게 벌금을 물리거나 법적 제재를 강화해야 한다는 것이 나의 생각이다. 이를 어떻게 강화해야 하는지가 문제겠지만, 이러한 법 그리고/또는 벌금 제도가 있다는 것 자체가 부모의 자녀 양육을 **좀 더 인간적인 것으로** 개선하는 데 도움이 될 것이다.

인내와 열심히 일하는 것

단순히 일은 일이기 때문에 일을 하는 것이 가치가 있다고 주장할 생각은 없다. 일을 위해 일을 하는 것은 중독적일 수 있으며 견고한 자존감을 약화시킨다. 일은 의미가 있어야 하고 우리의 자존감을 높여 줄 수 있어야 한다. 일이 우리의 자존감을 강화시켜 줄 때 그 일은 가치가 있는 일이 된다. 우리가 하는 일이 다른 사람들에게도 가치 있는 것을 주게 된다면 이상적일 것이다.

우리가 의미 있다고 여기는 어떤 일을 하기로 스스로 결정했을 때 인내는 가치가 있다. 고통을 오래 참는다는 식의 인내는 가치 없는 일이다. 인내가 가치 있는 것이 될 때는 다음과 같을 때다.

① 일이 자신의 잠재력이 나타나도록 도와준다.
② 일이 자기 중심을 극복하고 자기 자신을 영적으로 확장시키게 해준다.
③ 일이 적절한 삶을 살 수 있을 정도의 충분한 돈을 벌 수 있게 해 준다.

미덕과 훌륭한 인격

성품과 미덕을 발달시키는 데 대한 우리의 생각을 전체적으로 새롭게 할 필요가 있다. 현재 겪고 있는 도덕성의 위기는 유해한 교육에서 가르치는 순종의 미덕이 진정으로 덕 있는 사람을 만들어 내는 데 실패했다는 것을 보여 준다. 정치계와 종교계 그리고 우리 사회의 폭력이 그 증거다.

미덕과 성품을 기르기 위한 교육을 새롭게 개정하기 위해서는 철학자 아리스토텔레스와 중세 신학자 토마스 아퀴나스로 대표되는 고대 전통을 다시 생각해 보는 것이 좋겠다. 그들의 도덕관은 신중한 도덕관이었다. 오늘날에는 '신중함'이라는 것의 의미를 완전히 잃어버렸다. 아리스토텔레스와 아퀴나스는 신중함을 덕 있는 '영혼'이라고 생각했다. 진정 덕스러운 모든 덕은 신중한 것이었다.

신중함은 실제적인 지적 능력의 덕이다. 그것은 해야 할 일을 올바르게 따져 보는 것으로 정의된다. 신중함은 도덕적인 '노하우'

다. 신중한 사람은 선에 대해 모든 것을 아는 지식이 없이도 선을 **행한다**. 신중함은 그에 대한 설교보다는 선함의 본을 보며 발달하게 된다. 신중함은 또한 '**올바른 욕구**(right appetite)'에 달려 있다. 올바른 욕구는 선한 행동을 해 보고 그것이 주는 기쁨을 경험할 때 발달한다. 신중함은 또한 오늘날 **감성 지수**(EQ)라고 부르는 것과 관련이 있다. 감성 지수에 대해서는 앞서 논의한 바 있다. 가정에서나 학교에서 덕을 가르치는 법을 새롭게 개정하려면 우리는 우리의 감정을 교육시켜야 한다.

덕 있는 삶을 살면 그 열매로 온정을 가지고 사랑하는 능력이 생긴다. 우리가 덕 있는 행동을 하게 되면 자기 자신을 존중하고 사랑하게 된다. 다른 사람들을 사랑하고 싶어 하지 않으면서 자기 자신을 진정으로 사랑할 수는 없다. 선함은 본래 전파되기 쉬운 것이다. 사랑을 가지고 우리는 다른 사람들에게 다가가며 우리 자신을 확장시킨다. 우리는 더 큰 존재가 된다. 우리 자신이 확장되고 더욱 온전한 자기 자신이 된다. 인격이 훌륭한 사람이 된다.

온정은 점점 더 성숙한 민주주의와 동의어가 되어 가고 있다. 온정 있는 헌신과 모든 생명에 대한 책임감은 가난한 자, 병든 자, 집 없는 자, 연약한 자들을 돌보게 한다. 온정은 또한 **지구**를 사랑하고 돌보게 한다.

국가에 대한 사랑과 전통에 대한 존경

우리가 성숙한 민주주의 가정에서 자라난다면 **힘**을 함께 나누어 가지고자 하며, 다른 가족 구성원들과 연대감을 느끼고자 하는 욕구를 갖게 된다. 그리고 그 욕구가 우리의 도시로 향하게 되며, 나아가 국가를 향한 넘치는 사랑이 된다. 국가는 가족의 연장이다. 어떤 사람들은 정부가 너무 강해지면 개인의 삶에 간섭을 하게 된다고 생각하지만 우리는 국가 정부의 가치를 인정해야 한다. 그리고 우리에게 정치에 참여할 수 있는 기회가 주어질 때마다 적극적으로 참여해서 뜻을 이루어야 한다.

정적을 조롱하고 모욕하는 최근의 정치 관행은 타락의 증거로서 우리에게 경종을 울리고 있다. 선거에서 이긴 후에도 계속해서 정적을 조롱하고 모욕하는 일은 더욱더 타락한 행동이라 하겠다. 라디오 진행자인 러시 림보(Rush Limbaugh)는 매일 미국 대통령을 공격하고 있는데, 이것은 국가를 매우 무시하는 태도를 보여 주는 것이다.

성숙한 민주주의는 우리에게 근본적인 통합을 이루는 **메타 기술**을 배우도록 요청한다. 그렇게 하려면 우리의 의견에 반대하는 사람의 입장이 되어 보고, 그의 동기를 생각해 보며, 한동안 그의 입장이 맞는 것처럼 행동해 보아야 한다. 정치적으로 반대의 입장을 가지고 있는 사람들이 이렇게 할 수 있다면, 양쪽 모두 더욱 강력한 입장을 가질 수 있게 되고 이로 말미암아 더욱 힘을 갖출 수 있게 될 것이다. 어느 정도 이러한 일이 일어나고 있기는 하지만, 의도적인 계획을 가지고 한다면 더욱 효과가 있을 것이다. 언젠가는 이러한 메타 기술을 가지고 있는지를 기준으로 삼아 우리의 지도자를 선택하는 날이 오기를 바란다.

또 하나 경종을 울리는 것은 다양한 모습의 무장 조직이 나타나는 추세가 있다는 것이다. 그들의 편집증적인 두려움은 유해한 교육을 통해서 배운 것이다. 전제군주제는 **두려움**을 제외한 인간의 모든 감정들을 억압할 것을 요구했다. 권위에 대한 두려움은 좋은 것으로 여겨졌다. 그것은 맹목적인 순종을 부추겼다. 무장 조직은 권위에 대한 두려움을 사용하여 극단적인 반란을 일으키기도 한다.

우리는 분노를 건설적으로 사용하여 적극적인 행동(무기가 아니라)을 취하고, 정부가 하는 일에 대해 우리가 좋지 않다고 생각하는 부분을 변화시킬 수 있는 일을 할 수 있다. 우리가 가족 안에서 성숙한 민주주의를 경험한다면 대표 민주주의를 뛰어넘어 정부의 일에 각자가 진정으로 참여하기 위해 노력하게 될 것이다. 민주주의는 변화와 발전을 기대하고 있으며 진행되고 있는 일에 대하여 우리 모두가 **자기 목소리**를 내기를 원한다. 이런 식으로 전통적인 가치관이 새롭게 바뀐다면 냉담과 절망으로 인해 아무것도 하지 않는 것 같은 일은 다시는 없을 것이다.

성숙한 민주주의는 또한 우리에게 과거의 정부 형태, 또는 발전하고 있는 민주주의 의식의 이전 단계들을 존중할 것을 요구한다. 영국은 과거에 대한 존경심의 상징으로 국왕 제도를 유지하고 있다.

나라의 전통들은 케케묵은 과거의 잔재물이 아니다. 그것들은 살아 있는 형태들로서 분화의 과정을 거쳐 우리가 현재 한 국가로서 가지고 있는 힘의 자원들이 되었다. 전통은 살아 있는 과거다. 우리는 반드시 우리의 전통을 사랑해야 하지만 경직된 전통주의에 빠져서는 안 된다. 신학자 마틴 마티(Martin E. Marty)가 말하는 것을 들은 적이 있다. "전통은 죽은 사람들의 살아 있는 믿음이다. 반면 전통주의는 살아 있는 사람들의 죽은 믿음이다." 이 말은 우리의 국가와 전통들을 사랑하고 존경하는 가치를 새롭게 개정하는 데 사용할 수 있는 좋은 슬로건이 될 수 있다.

경건 ─ 웃어른에 대한 존경과 보살핌

선조들은 '경건'의 덕에 대하여 이야기했다. 그것은 사회의 나이 많은 어른들을 돌보고 존경해야 한다는 것이었다. 그들은 노인들을 존경하고 그들이 이룬 모든 일에 대해 감사했다. 또한 노인들에게는 지혜가 있기 때문에 그들을 돌보고 존경하고 인정했다. 11장에서 지혜에 대해 이야기했다. 나는 그것이 대부분 우리 인생의 황혼기에 온다고 말했다. 왜냐하면 그때가 되어야 우리가 살아 온 삶을 전체적으로 볼 수 있기 때문이다. 선조들의 경우 그들은 책을 통해 배울 수 없었고 오직 경험을 통해서만 배울 수 있었기 때문에 지혜가 특별히 중요했다. 지혜로운 사람이 죽으면 그것은 마치 큰 서점에서 단 한 권밖에 없는 책을 잃어버린 것과도 같았다.

그렇지만 노인이라고 모두 지혜로운 것은 아니다. 노인이 인생에서 아무것도 배우지 못했다면 우리는 그를 어리석다고 할 것이다. 그러나 어리석은 **노인**일지라도 우리는 부모에게 감사해야 한다. 그들은 생명의 기적을 만들어 내는 일에 참여했기 때문이다. 생명이 귀하다는 것을 우리는 안다. 부모들이 우리에게 잘못한 것이 아무리 많더라도 그들이 우리에게 생명을 준 것은 여전히 사실이다.

나이 드신 부모님을 돌보는 개인적인 태도는 우리가 그들과의 관계에서 이룬 우정의 정도에 따라서 매우 다를 수 있다. 그들이 우리를 학대했었더라도 우리가 그들을 돌보아 줄 수는 있다. 단 그들과의 사이에 튼튼한 물리적 **경계선**을 세워 놓고 있어야 한다. 경건은 덕이며 새롭게 개정된 전통적 가치관에 포함되어야 한다.

우리의 전통적인 가치관은 우리에게 위대한 국가를 이룩하게 하였다. 우리 각자는 우리의 삶에서 이러한 가치들을 새롭게 개정하고 재창조하는 일을 해야만 한다. 그것이 **우리 앞에 놓인 과제**다. 마지막으로 셰익스피어의 말로 요약하고 맺으려 한다.

> 인간사에는 조수가 있으니
> 만조를 타면 행운을 얻게 되리.
> 그러지 못하면 그들의 인생 항해는
> 얕은 곳, 비탄 가운데 갇히게 되리.
> 이제 우리는 만조의 바다 위에 떠 있으니.
> 조류가 도울 때 그 물결을 타야만 하리.
> 그렇지 않으면 우리의 모험은 실패로 끝나리니.[1]

---

1 *William Sh. Julius Caesar*, 4.3. 217-223.

참고문헌

나는 다음과 같은 책들, 논문들, 테이프들을 이 책의 자료로 사용했다는 것을 감사의 마음으로 밝히고자 한다. 그리고 이 자료들을 진심으로 독자들에게 추천한다.

Berger, Peter L., & Luckmann, Thomas (1966). *The Social Construction of Reality: A Treatise in the Sociology of Knowledge*. Garden City, NY: Doubleday Anchor.

Bohr, Neils (1964). *Atomic Physics and the Description of Nature*. New York: Cambridge University Press.

Bowen, Murray (1960). "A Family Concept of Schizophrenia" in *The Etiology of Schizophrenia*. Dan Jackson(Ed). New York: Basic Books.

_____ (1985). *Family Therapy in Clinical Practice*. Northvale, NJ: Jason Aronson.

Bradshaw, John (1988). *Healing the Shame That Binds You*. Deerfield Beach, Fla.: Health Communications, Inc.

_____ (1990). *Homecoming: Reclaiming and Championing Your Inner Child*. New York: Bantam Books.

_____ (1992). *Creating Love: The Next Stage of Growth*. New

York: Bantam Books.

_____ (1995). *Family Secrets: What You Don' t Know Can Hurt You.* New York: Bantam Books.

Carns, Patrick (1992). *Out of the Shadows: Understanding Sexual Addiction.* Minneapolis, Minn.: CompCare.

Cermak, Timmen (1986). *Diagnosing and Treating Co dependence: A Guide of Professionals Who Work with Chemical Dependents, Their Spouses and Children.* Minneapolis, Minn.: Johnson Institute Books,.

Coudert, Jo (1987). *Advice from a Failure.* Lanham, Md.: Scarborough House.

Dossey, Larry (1982). *Space, Time and Medicine.* Boulder, Colo.: Shambhala Publications, Inc.

Erickson, Milton H., et al. (1976). *Hypnotic Realities: The Induction of Clinical Hypnosis & Forms of Indirect Suggestions.* New York: Irvington.

Erickson, Erik (1963). *Childhood and Society.* New York: W. W. Norton & Co.

Farber, Leslie H. (1987). *The Ways of the Will.* Houston. Colophon House.

Firestone, Robert (1985). *The Fantasy Bond: Structure of Psychological Defenses.* New York: Human Sciences Press.

Foley, Vincent (1974). *An Introduction to Family Therapy.* Philadelphia: W. B. Saunders Co./Grune & Stratton Incorporated.

Forward, Susan (1979). *Betrayal of Innocence: Incest and Its Devastation.* New York: Penguin Books.

Fossum, Merle A., and Mason, Marilyn J. (1992). *Facing Shame:*

Families in Recovery. New York: Simon & Schuster.

Frederickson, Renee (1992). *Repressed Memories: A Journey to Recovery from Sexual Abuse.* New York: Simon & Schuster.

_____. 이 테이프는 다음의 주소로 주문할 수 있다. Frederickson & Associates, 821 Raymond Avenue, St. Paul, MN 55114.

Goleman, Daniel (1995). *Emotional Intelligence.* New York: Bantam Books.

Harper, James, and Hoopes, Margaret (1987). *Birth Order Roles and Sibling Patterns in Individual and Family Therapy.* Gaithersburg, Md.: Aspen Publishers, Inc.

Hoffman (1979). *No One Is to Blame: Getting a Loving Divorce from Mom & Dad.* Palo Alto, Calif.: Science & Behavior.

Jackins, Harvey (1978). *The Human Side of Human Beings: The Theory of Re-Evaluation Counseling.* Seattle, Wash.: Rational Island Publications.

Kaufman, Gershen (1992). *Shame: The Power of Caring*(3rd rev. ed.). Rochester, Vt.: Schenkman Books, Inc.

Kellogg, Terry. 이 테이프는 다음 주소로 주문할 수 있다. 20300 Excelsior Boulevard, Minneapolis, MN. 55331.

Kohlberg, Lawrence (1981). *Essays on Moral Development* (1st ed.). San Francisco: Harper and Row.

Leonard, George Burr (1978). *The Silent Pulse: A Search for the Perfect Rhythm That Exists in Each of Us.* New York: E. P. Dutton,.

Levin, Pam (1988). *Cycle of Power. A User' s Guide to Seven Seasons of Life.* Deerfield Beach, Fla.: Health Communications, Inc.

Lynch, William F (1987). *Images of Hope: Imagination as Healer of the Hopeless.* Notre Dame, Ind.: University of Notre Dame

Press.

McCall, Cheryl. "Special Report: The Cruelest Crime." *Life 7*, No. 13 (December, 1984), 35-62.

Mellody, Pia. *Permission to Be Precious*. 이 테이프는 다음의 주소로 주문할 수 있다. P.O. Box 1739, Wickenburg, AZ 85358.

Midelfort, Cristian (1957). *The Family in Psychotherapy*. New York: McGraw Hill.

Miller, Alice (1981). *The Drama of the Gifted Child*. New York: Basic Books.

_____ (1983). *For Your Own Good: Hidden Cruelties in Child Rearing and the Roots of Violence*. New York: Farrar, Straus, Giroux.

Mindell, Arnold (1993). *The Leader as Martial Artist: An Introduction to Deep Democracy*. San Francisco: HarperSanFrancisco.

Omar Khayyám (1879). *The Rubaiyat of Omar Khayyám*. Trans. by Edward FitzGerald. New York: Doubleday & Co., Inc.

Peck, M. Scott (1978). *The Road Less Traveled: A New Psychology of Love, Traditional Values & Spiritual Growth*. New York: Simon and Schuster.

Peele, Stanton (1978). *Love and Addiction*. New York: Taplinger Publishing Co.

Puthoff, Harold E., and Targ, Russel (1977). *Mind Reach: Scientists Look at Psychic Ability*. New York: Delacorte Press/E. Friede.

Putney, Snell, and Putney, Gail (1986). *The Adjusted American*. New York: HarperCollins Publishers, Inc.

Rilke, Rainer Maria (1969). *Letters of Rainer Maria Rilke,* Vol. I: 1892 -1910, Vol. 2: 1910-1926. Trans. by Jane Barnard Greene and M. C. Herter Norton. New York: W. W. Norton & Co.

Satir, Virginia (1983). *Conjoint Family Therapy.* (3d ed. rev. and expanded). Palo Alto, Calif.: Science and Behavior.

_____ (1976). *Making Contact.* Millbrae, Calif.: Celestial Arts.

Schwarz, Jack (1978). *Voluntary Controls: Exercises for Creative Meditation & for Activating the Potential of the Chakras.* New York: NAL Dutton.

Small, Jacquelyn (1994). *Transformers: The Artists of Self-Creation.* Marina Del Rey, Calif.: DeVorss & Co.

Targ, Russell, and Harary, Keith (1984).*The Mind Race: Understanding and Using Psychic Abilities.* New York: Ballantine.

Targ, Russell, and Puthoff, Harold E (1977) *Mind-Reach: Scientists Look at Psychic Ability.* New York: Dell Publishing Co.

Toffler, Alvin (1980). *The Third Wave.* New York: Bantam Books.

Trush, Howard (1985). *Close Encounters of the Intimate Kind; or How to Stay a Couple by Really Trying.* New York: Vantage Press.

Verny, Thomas R (1981). *The Secret Life of the Unborn Child.* New York: Summit Books.

Walker, Lenore E (1979). *The Battered Woman,* New York: Harper & Row.

Whitfield, Charles L (1987). *Healing the Child Within.* Deerfield Beach, Fla.: Health Communications.

Wilber, Ken (Ed.) (1982). *The Holographic Paradigm and Other Paradoxes: Exploring the Leading Edge of Science.* Boulder, Colo.: Shambhala Publications, Inc.

Wynne, Lyman C (1961). *Exploring the Base for Family Therapy.* New York: Family Service.

◑ 저자 소개 --

존 브래드쇼(John Bradshaw)

저자 존 브래드쇼는 가족치료사이며 내면아이 치료 전문가이다.

그는 원래 신부가 되기 위해 캐나다에서 사제 수업을 받았던 적도 있었으며, 토론토 대학교에서 신학과 심리학, 영성 분야에서 3개의 학위를 취득했다.

미국의 PBS(교육방송) 텔레비전 〈인간성장의 8단계〉의 진행자와 대중강연가로서 그리고 가족치료와 내면아이치료 워크숍의 인도자로서 수많은 사람들의 상처받은 내면을 치료하고 가족관계를 회복시키는 일을 20년 넘게 해 왔으며, 그가 저술한 『가족』『수치심의 치유』그리고『상처받은 내면아이 치유』가 뉴욕 타임스 연속 베스트셀러를 기록하면서 전 세계적으로 널리 알려지게 되었다. 이 책에서 브래드쇼는 오늘날 우리 모두의 치유를 위해 가장 중요한 도구인 가족치료의 진수를 탁월한 대중적 언어로 소개하고 있다.

◐ 역자 소개 --

오제은(吳濟恩)

캐나다 퀸즈대학교를 졸업하고 하버드대학교에서 가족치료와 목회상담학을 전공
하여 석사학위를 취득한 후, 맥길대학교에서 종교심리학 전공으로 Ph.D. 과정을 수
료했고, 토론토대학교에서 박사학위를 취득했다. 그리고 보스턴의 로저스 메모리
얼병원에서 상담인턴십 과정과, 케임브리지 가족치료연구소에서 가족치료전문가
과정을, 버지니아 부부치료전문가 수련센터에서 이마고(IMAGO) 부부치료전문가
과정을 마쳤다. 또한 스위스 칼 융 연구소(C. G. Jung Institute)에서 수학했고, 에
모리대학교에서 영성과 심리치료 과정과 라 호야(La Jolla)의 엔카운터 그룹을 이수
했다. 백석대학교 상담대학원 교수로 재직했으며, 현재 숭실대학교 상담심리전공
교수, 숭실대 부부가족상담연구소 소장과 학생상담센터 센터장으로 재직하면서, 여
성가족부 소관 비영리법인 (사)한국가족상담협회 회장과 한국부부상담학회 회장,
한국상담전공대학원협의회 회장으로 활동 중이다.

아시아인 최초로 국제공인 이마고(IMAGO) 부부치료전문가 자격을 취득했으며,
미국 APA 임상감독(Diplomate), 미국 AAPC 상담교수(PCE), 한국가족상담협회,
한국상담심리학회, 한국상담학회, 한국부부상담학회의 수련감독(Supervisor)으로
서 상담전문가 양성 및 개인상담, 가족상담, 부부관계치료, 내면아이치료 그룹 등을
인도하고 있다. 또한 KBS 1TV 〈아침마당〉과 〈여성공감〉, 〈오제은 박사의 목요클
리닉〉, MBC TV 〈생방송 오늘아침〉, EBS TV 〈성공시대〉, CBS TV 〈오제은 교수의
비전특강〉, CTS TV 〈밀레니엄 가족치료 특강〉 등에서 생방송 상담 및 특별강연과
기고 등을 통한 대중상담가로서 상담의 대중화를 위해 애쓰고 있다.

〈주요약력〉
퀸즈대학교(Queen's University) 졸업
하버드대학교(Harvard University) 대학원(석사)
맥길대학교(McGill University) 대학원(Ph.D. 과정)
토론토대학교(University of Toronto) 대학원(박사)
(현) 숭실대학교 상담심리전공 교수
  사단법인 한국가족상담협회 회장, 한국부부상담학회
  회장
  한국상담전공대학원협의회 회장
국제공인 이마고(IMAGO) 부부치료전문가(CIT)
미국 APA 임상감독(Diplomate)
한국가족상담협회, 한국부부상담학회, 한국상담심리학회,
  한국상담학회 수련감독(Supervisor)
– 이메일 jayoh@ssu.ac.kr
– http://jayoh.org

진정한 나를 찾아 떠나는 심리여행

가족

Bradshaw on: The Family —Rev. ed.

2006년 7월 28일 1판 1쇄 발행
2023년 8월 10일 1판 23쇄 발행

지은이 • 존 브래드쇼
옮긴이 • 오제은
펴낸이 • 김진환
펴낸곳 • ㈜ 학지사

121-837 서울특별시 마포구 서교동 352-29 마인드월드빌딩 5층
대표전화 • 02)330-5114   팩스 • 02)324-2345
등록번호 • 제313-2006-000265호

홈페이지 • http://www.hakjisa.co.kr
커뮤니티 • http://cafe.naver.com/hakjisa

ISBN 978-89-5891-308-5 03180

정가 13,000원

◈◈ 내면아이 치료 ◈◈

'상처받은 내면아이 치료'는 각 개인의 어린 시절의 발달과정을 되돌아보게 하고 각 발달단계에 따른 미충족 욕구와 미해결과제가 아직 치료되어 있지 않은 상태를 발견하게 하며, 아직 치유되지 않은 상처를 내면에 품은 상태에 있는 '내면아이'와의 직접적인 접촉을 시도한다. 그리고 아직 각 개인이 과거에 끝내지 못했던 작업(Unfinished Business), 특히 '어린 시절에 해결하지 못했던 슬픔' 등을 끝낼 수 있도록 도와주는 발달단계적 치료를 통해서 내면의 통합이 이루어지게 함으로써 가치체계의 핵심요소를 직접적으로 치유하는 가장 빠르고 강력하며 최고의 임상효과를 인정받는 심리치료이다. 또한 '내면아이 치료'는 특히 상처받은 내면아이를 계속 품고 있음으로 인해 계속되는 심리적 문제들과 대인관계 그리고 가족체계의 역기능 결과로부터 비롯된 가족관계 문제들, 특히 학대, 폭력, 중독문제(사람의존 중독, 알코올, 섹스, 일, 종교, 스포츠, 인터넷, 도박, 분노중독) 등을 치료하는 데 있어서 매우 효과적이다.

◈◈ 내면아이치료 연구소 소개 ◈◈

가족치료와 내면아이치료 전문가인 존 브래드쇼(John Bradshaw)에 의해 개발되어 내면치료와 대인관계 및 가족치료, 중독치료에 있어서 가장 빠르고 강력하며 최고의 임상효과를 인정받은 '상처받은 내면아이치료(Inner Child Therapy)'를 한국에 정착시키고자 학술연구와 내면아이치료 전문가 양성을 위해 설립된 국제적 수준의 비영리 내면아이치료 연구기관이다.

◈◈ 자기사랑세미나 ◈◈

오제은 박사가 인도하는 '자기사랑세미나'는 어린 시절 상처받은 내면아이를 품은 채로 성인아이(adult child)가 되어 진짜 '나'를 잃어버리고 살아가는 사람들에게 내가 진정 누구인지, 내가 나를 어떻게 돌봐야 하는지, 그리고 어떻게 사랑해야 하는지를 알려 준다. '내 자신'을 이 세상 그 무엇보다도 소중히 여기고 사랑할 수 있게 되기까지의 진정한 자기사랑의 기쁨을 체험하는, 가장 소중한 '나'를 만나러 가는 여행을 경험하는 세미나이다.

✿✿ 집단상담 '영성과 내면아이 치유' ✿✿

오제은 박사가 인도하는 집단상담 '영성과 내면아이 치유'는 3박 4일간의 집단 상담 프로그램으로서, 과거의 심리치료와는 달리 우리 안의 '상처받은 내면아이'를 발견하고 가치체계의 핵심요소를 직접적으로 치유함으로써 가장 빠르고, 강력하며, 치유와 성장에 결정적인 효과를 가져온다. 영성수련과 내면치유의 주요한 방법들을 통합적으로 적용하여 참가자들로 하여금 과거의 상처치유와 전인적인 성장의 기회를 마련해 준다. 또한 아직 치료되지 않은 내면의 상처로 인해 현재도 계속되는 심리적 문제들과 대인관계 및 가족관계(부모, 부부, 자녀) 그리고 학대, 폭력, 중독문제로 고통당하는 이들에게 큰 도움을 줄 것이며, 특히 내면치료, 가족치료, 부부상담, 중독치료를 위한 최고의 절정경험(peak experience)이 될 것이다.

✿✿ '상처받은 내면아이치유 세미나' ✿✿

오제은 박사가 지도하는 '상처받은 내면아이치유 세미나'는 우리에게 고통이 있는 진짜 이유가 무엇인지, 어떻게 하면 그 고통을 치유할 수 있는지에 관하여 내면아이치료 이론과 더불어 상처받은 내면아이를 직접 만나 치유하는 실제적인 치료 작업을 집중적으로 훈련한다. 또한 내면아이치료 시연과 참가자들의 직접 참여를 통해 내면아이치료 이론과 실제를 습득하고 직접 임상적으로 적용할 수 있도록 훈련하는 과정이다.

✿✿ 내면아이치료 교육지도자 과정 ✿✿

내면아이치료를 중심으로 오제은 박사가 인도하는 〈내면아이치료 교육지도자〉 과정은 '내면아이치료(Inner Child Therapy)'의 이론과 실제를 공부하는 과정이다. '내면아이치료'의 전반적인 이론 교육과 함께 실제 적용할 수 있는 '상처받은 내면아이치료'를 집중적으로 훈련한다. 집단상담 〈영성과 내면아이치유〉와 〈상처받은 내면아이치유 세미나〉를 수료하면, '내면아이치료 교육지도자' 수료증이 발급된다. '내면아이치료 교육지도자'는 〈내면아이치료 교육〉을 실시할 수 있다.

❖❖ 내면아이치료 전문가 과정 ❖❖

내면아이치료를 중심으로 오제은 박사가 인도하는 '내면아이치료 전문가' 과정은 '내면아이치료(Inner Child Therapy)'를 중점적으로 수련한 '내면아이치료 전문가'를 배출하는 과정으로서, (1) 집단상담 〈영성과 내면아이치유〉 (2) 상처받은 내면아이치유 세미나 (3) 임상수련과정(총 3학기 인턴십 – 한 학기당 10주로 구성)을 이수하고 (4) 인턴십 과정 진행 중이나 그 후에 내면아이치료 상담실습(115시간)을 실시하고, (5) 과제를 제출하여 통과된 후 (6) 협력 슈퍼바이저 과정을 이수하게 되면, '내면아이치료 전문가' 응시자격이 주어진다.

- 오제은 박사 교수 홈페이지 http://jayoh.org
  연구실 (02)797-0825/828-7204

기타 문의

- 한국가족상담센터 http://www.familykorea.org (02)2285-5915
- (사)한국가족상담협회 http://www.kafc.or.kr (02)584-0870
- 내면아이치료 연구소 홈페이지 http://www.innerchildtherapy.org
  070-7425-0496